Lei de Improbidade Administrativa

Lei de Improbidade Administrativa
Lei n. 14.230/2021

COMENTÁRIOS E ANÁLISE COMPARATIVA

2023

Coordenadores

Fábio Scopel Vanin
Ilton Norberto Robl Filho
Wesley Rocha

ALMEDINA

LEI DE IMPROBIDADE ADMINISTRATIVA
LEI N. 14.230/2021: COMENTÁRIOS E ANÁLISE COMPARATIVA

COORDENADORES: Fábio Scopel Vanin, Ilton Norberto Robl Filho, Wesley Rocha

DIRETOR ALMEDINA BRASIL: Rodrigo Mentz
EDITORA JURÍDICA: Manuella Santos de Castro
EDITOR DE DESENVOLVIMENTO: Aurélio Cesar Nogueira
ASSISTENTES EDITORIAIS: Larissa Nogueira e Letícia Gabriella Batista
ESTAGIÁRIA DE PRODUÇÃO: Laura Roberti

DIAGRAMAÇÃO: Almedina
DESIGN DE CAPA: FBA

ISBN: 9786556279435
Outubro, 2023

Dados Internacionais de Catalogação na Publicação (CIP)
(Câmara Brasileira do Livro, SP, Brasil)

Lei de improbidade administrativa : lei n.
14.230/2021 : comentários e análise
comparativa / coordenação Fábio Scopel Vanin,
Ilton Norberto Robl Filho, Wesley Rocha. --
São Paulo : Almedina, 2023.
Vários autores.
Bibliografia.
ISBN 978-65-5627-943-5
1. Artigos - Coletâneas 2. Direito
administrativo - Brasil 3. Improbidade
administrativa - Legislação - Brasil I. Vanin,
Fábio Scopel. II. Filho, Ilton Norberto Robl.
III. Rocha, Wesley.

23-163675 CDU-35.086(81)(094.56)

Índices para catálogo sistemático:

1 Brasil : Improbidade administrativa : Direito administrativo : Leis comentadas 35.086(81)(094.56)

Aline Graziele Benitez - Bibliotecária - CRB-1/3129

Este livro segue as regras do novo Acordo Ortográfico da Língua Portuguesa (1990).

EDITORA: Almedina Brasil
Rua José Maria Lisboa, 860, Conj.131 e 132, Jardim Paulista | 01423-001 São Paulo | Brasil
www.almedina.com.br

Para Gerusa, pelo carinho e companheirismo.

Fábio

Para meus filhos, Luiz e Maria Luiza.

Ilton

Para minha filha, Louise Antonella.

Wesley

SOBRE OS COORDENADORES

Fábio Scopel Vanin
Professor da Área de Conhecimento de Ciências Jurídicas da UCS, com atuação na Graduação e no PPGDIR – Mestrado e Doutorado. Doutor em Direito pela UNISC, com Bolsa do Lincoln Institute, de Cambridge, EUA e Aprofundamento de Pesquisa junto a Universidade da Corunha, Espanha. Mestre em Direito pela Universidade de Caxias do Sul. Advogado.

Ilton Norberto Robl Filho
Professor da Faculdade de Direito da UFPR e do Instituto Brasileiro de Ensino, Desenvolvimento e Pesquisa (IDP – Brasília). Realizou Pós-Doutorado na Pontifícia Universidade Católica do Rio Grande do Sul (PUC-RS). Doutor e Mestre em Direito pela Universidade Federal do Paraná (UFPR), com estudos doutorais (sanduíche) na Faculdade de Direito da Universidade de Toronto. Foi Pesquisador Visitante na Universidade Nova Lisboa - Portugal e no Max Planck Institute em Heidelberg – Alemanha. Advogado, sócio do escritório Marrafon, Robl & Grandinetti Advocacia.

Wesley Rocha
Mestrando do Centro Universitário de Brasília (UniCeub). Pós-graduado na Universidade de Brasilia-UNB. Professor de Pós-graduação. Conselheiro Titular do Conselho de Administração de Recursos Fiscais (CARF), Vice-presidente de Turma. Presidente da ACONCARF gestão 2019/2020 e 2022/2023. Presidente da Subcomissão da Reforma Tributária da OAB-DF,

triênio 2019/2021 (membro/consultor convidado). Coordenador da Comissão Especial da Reforma Tributária da OAB-DF, triênio 2022/2024. Advogado Licenciado.

SOBRE OS AUTORES

Angela Cassia Costaldello
Professora Titular de Direito Administrativo da Universidade Federal do Paraná (UFPR). Pesquisadora Visitante (Visiting Fellow) da Universidade de Palermo – Itália. Doutora em Direito do Estado pela Universidade Federal do Paraná. Advogada.

Antônio Rodrigo Machado
Professor do Instituto Brasileiro de Ensino, Desenvolvimento e Pesquisa (IDP). Mestre em Direito pelo Centro Universitário de Brasília. Doutorando em Direito Constitucional pelo IDP. Advogado.

Antônio Veloso Peleja Júnior
Professor da Universidade Federal de Mato Grosso (UFMT). Doutor pela Pontifícia Universidade Católica de São Paulo (PUC-SP). Mestre pela Universidade do Estado do Rio de Janeiro (UERJ). Juiz de Direito no Tribunal de Justiça do Estado do Mato Grosso.

Atalá Correia
Professor do IDP. Doutor em Direito Civil pela Universidade de São Paulo (USP). Juiz de Direito no Tribunal de Justiça do Distrito Federal e Territórios.

Bruno D'Oliveira Marques
Mestrando em Direito pela UERJ. Juiz de Direito no Tribunal de Justiça do Estado do Mato Grosso.

Carolina Costa Ferreira
Professora do Programa de Pós-Graduação em Direito Constitucional do IDP. Doutora e Mestra em Direito, Estado e Constituição pela Universidade de Brasília (UnB). Pesquisadora Visitante da Cátedra Victor Nunes Leal (STF – 2021-2022). Pesquisadora do Grupo de Investigaciones en Ciencias Penales y Criminológicas da Universidad Pablo de Olavide (CIPEC – UPO – Sevilha – Espanha). Coordenadora do Instituto Brasileiro de Ciências Criminais (IBCCrim – DF). Advogada criminalista.

Carolina Cyrillo
Professora Adjunta de Direito Constitucional e Administrativo da Faculdade Nacional de Direito (FND) da Universidade Federal do Rio de Janeiro (UFRJ). Coordenadora do Núcleo Interamericano de Direitos Humanos da Faculdade Nacional de Direito da UFRJ. Doutoranda em Direito Constitucional na Universidade de Buenos Aires (UBA). Doutoranda em Teorias Contemporâneas do Direito na UFRJ. Mestre em Direito em Filosofia e Teoria do Direito pela Universidade Federal de Santa Catarina (UFSC). Docente de Elementos de Derecho Constitucional na Universidade de Buenos Aires (UBA).

Caroline Perestrello Gonçalves Machado
Pós-graduada pela Fundação Getúlio Vargas (FGV). Advogada criminalista.

Clarissa Bueno Wandscheer
Professora do Programa de Pós-graduação Mestrado em Direito (PPGD) da Universidade Positivo. Doutora em Direito Econômico e Socioambiental pela Pontifícia Universidade Católica do Paraná (PUC-PR). Presidente da Comissão de Direito Ambiental da OAB/PR (2022-2024) e Professora do Programa de Pós-graduação Mestrado em Direito (PPGD) da Universidade Positivo.

Cynthia Gruendling Juruena
Professora Substituta da Pontifícia Universidade Católica do Paraná (PUC--PR). Doutora em Direito pela PUC-PR, com bolsa Capes proex tipo I. Mestre em Direito pela Universidade de Santa Cruz do Sul (UNISC), com bolsa Capes prosup tipo II. Pós-doutorado em andamento na PUC-PR. Diretora acadêmica do Instituto Brasileiro de Direito Parlamentar.

Délio Lins e Silva Júnior
Presidente da OAB/DF Triênio 2019/2021 e 2022/2024. Advogado criminalista.

Fabiano da Rosa Tesolin
Professor da Graduação e Pós-Graduação em Direito da Faculdade Presbiteriana Mackenzie Brasília – FPMB. Doutorando em Direito pela UFPR. Mestre em Direito Processual Civil pela PUC-SP. Instrutor Interno da Escola Corporativa do Superior Tribunal de Justiça – ECORP/STJ. Membro da Comissão de Juristas nomeada pela Presidência da Câmara dos Deputados para elaboração de anteprojeto de reforma da Lei de Improbidade Administrativa. Ex-Assessor de Ministro do Superior Tribunal de Justiça – STJ. Secretário-executivo da Escola Nacional de Formação e Aperfeiçoamento de Magistrados – ENFAM.

Fábio Lima Quintas
Professor do IDP, vinculado ao programa de pós-graduação, nos cursos de Mestrado e Doutorado. Pós-doutor em Ciências Jurídico-Processuais pela Faculdade de Direito da Universidade de Coimbra (2021). Doutor em Direito do Estado (Direito Constitucional) pela Universidade de São Paulo (2013). Mestre em Direito e Estado pela Universidade de Brasília (2005). Advogado

Fábio Scopel Vanin
Professor da Área de Conhecimento de Ciências Jurídicas da UCS, com atuação na Graduação e no PPGDIR – Mestrado e Doutorado. Doutor em Direito pela UNISC, com Bolsa do Lincoln Institute, de Cambridge, EUA e Aprofundamento de Pesquisa na Universidade da Corunha, Espanha. Mestre em Direito pela Universidade de Caxias do Sul. Advogado.

Gilmar Ferreira Mendes
Professor do IDP. Doutor em Direito pela Universidade de Münster – Alemanha. Ministro do Supremo Tribunal Federal.

Gustavo Fernandes Sales
Mestrando em Direito Constitucional pelo IDP. Especialista em Ordem Jurídica e Ministério Público pela Fundação Escola do Ministério Público do Distrito Federal e Territórios – FESMPDFT. Juiz de Direito Substituto do Tribunal de Justiça do Distrito Federal e dos Territórios.

Ilton Norberto Robl Filho
Professor Adjunto da UFPR e do Programa de Mestrado e Doutorado do IDP. Pós-Doutor em Direito Constitucional pela Pontifícia Universidade Católica do Rio Grande do Sul (PUC-RS). Doutor em Direito pela UFPR. Foi Pesquisador Visitante na Faculdade de Direito da Universidade Nova de Lisboa – Portugal, na Universidade de Toronto – Canadá e no Max Planck Institute de Heidelberg – Alemanha. Membro da Comissão Nacional de Estudos Constitucionais do Conselho Federal da Ordem dos Advogados do Brasil. Advogado.

Jules Michelet Pereira Queiroz e Silva
Professor do IDP. Doutor em Direito Econômico, Financeiro e Tributário pela USP. Mestre em Direito, Estado e Constituição pela UnB. Consultor Legislativo e Advogado.

Lucas Faber de Almeida Rosa
Mestre em Direito pela Universidade de São Paulo. Juiz Auxiliar no Supremo Tribunal Federal.

Luis Henrique Madalena
Doutor em Teoria e Filosofia do Direito pela Universidade do Estado do Rio de Janeiro (UERJ). Mestre em Direito Público pela Universidade do Vale do Rio dos Sinos (UNISINOS). Editor Adjunto da Revista Eletrônica da Academia Brasileira de Direito Constitucional (ABDConst). Vice-Diretor Financeiro da ABDConst. Coordenador da Pós de Teoria do Direito, Dogmática Crítica e Hermenêutica da ABDConst. Advogado.

Luiz Alberto Gurgel de Faria
Professor de Direito Tributário na Universidade Federal do Rio Grande do Norte (UFRN), atualmente em colaboração com a UnB, e no IDP. Professor do Programa de Pós-Graduação em Direito (PPGD) da Universidade Nove de Julho (UNINOVE). Doutor e Mestre em Direito Público pela Universidade Federal de Pernambuco (UFPE). Membro da Academia Norte-rio-grandense de Letras (ANRL), da Academia de Letras Jurídicas do Rio Grande do Norte (ALEJURN) e do Instituto Potiguar de Direito Tributário (IPDT). Ministro do Superior Tribunal de Justiça (STJ).

Luiza Cristina Fonseca Frischeisen
Professora do IDP. Doutora em Direito pela USP. Mestre em Direito do Estado pela PUC-SP. Subprocuradora Geral da República, membro do Ministério Público Federal.

Marco Aurélio Marrafon
Professor da Faculdade de Direito da UERJ. Doutor e Mestre em Direito do Estado pela Universidade Federal do Paraná, com estudos doutorais na Università degli Studi di ROMA TRE – Itália. Membro da Comissão Nacional de Estudos Constitucionais do Conselho Federal da Ordem dos Advogados do Brasil. Foi Presidente da Academia Brasileira de Direito Constitucional (ABDConst). Advogado.

Maria Tereza Uille Gomes
Professora do Programa de Pós-graduação Mestrado em Direito (PPGD) da Universidade Positivo. Doutorado em Sociologia na UFPR. Ex-Conselheira do CNJ. Pesquisadora da Agenda 2030 no Judiciário Brasileiro.

Marilda de Paula Silveira
Professora do IDP. Doutora e Mestre em Direito Administrativo pela UFMG. Advogada.

Mauro Campbell Marques
Ministro do Superior Tribunal de Justiça – STJ, integrante da Corte Especial, Primeira Seção e Segunda Turma do STJ. Diretor-Geral da Escola Nacional

de Formação e Aperfeiçoamento de Magistrados – ENFAM. Presidente da Comissão de Regimento Interno do STJ. Ex-Ministro Corregedor do Tribunal Superior Eleitoral – TSE. Ex-Corregedor-Geral do Conselho da Justiça Federal – CJF. Presidente da Comissão de Juristas nomeada pela Presidência da Câmara dos Deputados para elaboração de anteprojeto de reforma da Lei de Improbidade Administrativa.

Melissa Guimarães Castello
Doutora em Direito pela Pontifícia Universidade Católica do Estado do Rio Grande do Sul. Mestre em Direito pela University of Oxford (revalidado pela UFRGS). Procuradora do Estado do Rio Grande do Sul. Presidente da Fundação Escola Superior de Direito Tributário.

Renan Guedes Sobreira
Mestre em Direito Constitucional, Centro de Estudios Políticos y Constitucionales de la Presidencia de España e Universidad Internacional Menéndez Pelayo. Pós-graduado em Direito Parlamentar, Universidad Nacional Autónoma de México. Servidor do Tribunal de Justiça do Estado do Paraná. Vice-Presidente do Instituto Brasileiro de Direito Parlamentar.

Rodrigo Luís Kanayama
Professor Associado de Direito Financeiro da UFPR. Doutor em Direito pela UFPR. Membro da Comissão Nacional de Estudos Constitucionais do Conselho Federal da Ordem dos Advogados do Brasil. Advogado.

Rodrigo Maia da Fonte
Mestre do Mestrado Profissional em Direito do PPGPD da Escola Nacional de Formação e Aperfeiçoamento de Magistrados – Enfam. Graduado pela Universidade Federal de Pernambuco (UFPE). Juiz Federal do TRF da 5ª Região.

Victor Marcel Pinheiro
Professor do IDP. Doutor em Direito do Estado pela Faculdade de Direito da Universidade de São Paulo (USP). Visiting Scholar na Universidade de Columbia (EUA). Consultor Legislativo do Senado Federal e Advogado.

Wesley Rocha

Mestrando do Centro Universitário de Brasília (UniCeub). Pós-graduado na Universidade de Brasilia-UNB. Professor de Pós-graduação. Conselheiro Titular do Conselho de Administração de Recursos Fiscais (CARF), Vice-presidente de Turma. Presidente da ACONCARF gestão 2019/2020 e 2022/2023. Presidente da Subcomissão da Reforma Tributária da OAB-DF, triênio 2019/2021 (membro/consultor convidado). Coordenador da Comissão Especial da Reforma Tributária da OAB-DF, triênio 2022/2024. Advogado Licenciado.

APRESENTAÇÃO

A presente obra é uma produção coletiva de juristas brasileiros, em especial de direito público, sendo desenvolvida com o objetivo de comentar as alterações da Lei de Improbidade Administrativa promovidas pelo advento da Lei n. 14.230, de 25 de outubro de 2021.

O propósito central do livro é apresentar a nova norma, seus aspectos inovadores, com enfoque para as mudanças aprovadas, em comparação ao texto original da Lei n. 8.429, de 02 de junho de 1992. Pretende-se, ainda, apontar possíveis controvérsias na interpretação e na aplicação das novas disposições legais.

A Improbidade Administrativa é tema de relevância para o bom andamento administração pública, em consonância com os princípios constitucionais. As regras de responsabilidade precisam ser coerentes com os desafios contemporâneos da gestão pública, possibilitando que a atuação de servidores e agentes políticos objetivem a consecução do interesse público.

Para permitir uma visão ampla do tema, o livro conta com artigos de autores que desempenham diferentes funções relacionadas ao direito público: Ministros de Cortes Superiores, Juízes, Procuradores, Consultores do Congresso Nacional e Advogados, além de professores de universidades de diversas localidades do país. Ao longo dos 18 capítulos do livro, estão contempladas todas as modificações recentes, tais como: os atos que importam enriquecimento ilícito, causam prejuízo ao erário e atentam contra os princípios da administração pública; a responsabilidade de sucessores e herdeiros; a indisponibilidade de bens; o acordo de não persecução penal; as normas penais e; entre outros.

Os capítulos estão dispostos de maneira didática, tornando possível ao leitor a identificação de tópicos essenciais de seu interesse, de modo a que possa compreender cada especialidade trazida pela alteração legislativa.

As novas regras da Lei de Improbidade Administrativa têm impacto direto e imediato em toda a administração pública brasileira. O livro contribui ao esclarecer os dispositivos que passaram a valer com o texto normativo vigente.

Os organizadores Fábio Scopel Vanin, Ilton Norberto Robl Filho e Wesley Rocha agradecem ao diferenciado grupo de juristas a inspiração, a dedicação e a confiança, fundamentais para a consolidação desta obra original e atual, que se soma aos relevantes estudos de direito público do Brasil.

Fábio Scopel Vanin
Ilton Norberto Robl Filho
Wesley Rocha
Coordenadores

SUMÁRIO

1
Perfil Constitucional do Regime de Improbidade Administrativa: Repercussões Sistêmicas e a Lei 14.230/2021

Gilmar Ferreira Mendes
Lucas Faber de Almeida Rosa

1

A Constituição Federal de 1988 inaugurou nova fase no enfrentamento de atos de corrupção, em sua acepção mais ampla, com o implemento de mecanismos institucionais com abrangência e complexidade inéditas[1]. Esse arcabouço normativo prevê a convivência de múltiplos regimes de responsabilização de agentes públicos e privados envolvidos no maltrato da coisa pública.

Os atos de improbidade administrativa certamente constituem a categoria que, por sua institucionalização recente, causou maior celeuma na comunidade jurídica, no que concerne à sua acomodação em face dos regimes jurídicos de responsabilização preexistentes e à adequação do produto da atuação do legislador ordinário às normas da Constituição Federal.

[1] FIGUEIREDO, Marcelo. Probidade Administrativa. 6ª edição. São Paulo: Editora Malheiros, 2009. P. 46.

A questão é, portanto, dúplice. De um lado, há um problema de interpretação constitucional, de saber o espaço constitucional da improbidade administrativa, enquanto fator de delimitação de atos valorados negativamente pelo Constituinte. De outro, verifica-se juízo de adequação do modelo erigido pelo legislador ordinário aos mandamentos constitucionais pertinentes.

Após três décadas de vigência da Constituição Federal, é possível afirmar que o processo de construção do sistema de improbidade administrativa avançou significativamente, a partir de decisões judiciais e alterações legislativas que culminaram na ampla reforma implementada pela Lei 14.230/2021.

Nesse contexto, este trabalho tem como objetivo estudar o projeto constitucional de combate a atos de improbidade para dele extrair as premissas a serem observadas pelo Poder Judiciário, bem como sua repercussão na interpretação da legislação vigente.

Para tanto, as reflexões estão divididas em duas partes, além desta introdutória e das considerações finais. A primeira será reservada ao estudo das normas constitucionais instituidoras do sistema de enfrentamento da improbidade administrativa. Na segunda, a redação original da Lei n. 8.429/1992 será cotejada com os dispositivos constitucionais pertinentes, sobretudo naquilo que deles discrepava. Além disso, serão traçadas as linhas gerais inauguradas pela reforma da Lei n. 14.230/2021, com reflexões acerca de caminhos interpretativos dessa nova etapa da tutela da moralidade administrativa no Brasil.

2

Não é novidade que o cuidado com o patrimônio público ocupou espaço preferencial no projeto constitucional de 1988. A moralidade administrativa foi expressamente alçada ao patamar de princípio da Administração Pública (art. 37) e dessa norma floresceram, no próprio texto constitucional, as bases de novo e autônomo sistema de responsabilização civil de agentes públicos e privados cujas condutas atentam contra a probidade.

Os contornos constitucionais desse sistema evidenciam o rigor do Constituinte com os atos de improbidade administrativa, no que estabelece que "importarão a suspensão dos direitos políticos, a perda da função pública, a indisponibilidade dos bens e o ressarcimento ao erário, na forma e gradação previstas em lei, sem prejuízo da ação penal cabível" (art. 37, § 4º). Da mesma forma, o inciso V do art. 15 da Constituição Federal corrobora a possibilidade de suspensão dos direitos políticos em casos de improbidade administrativa.

Ademais, como reforço na proteção da probidade administrativa, sob o ângulo da higidez do erário, o § 5º do art. 37 previu a imprescritibilidade das ações de ressarcimento ao erário.

Dois pontos impõem a atenção do intérprete quando analisado o dispositivo que veicula o eixo constitucional de tutela da improbidade (art. 37, § 4º): (i) as sanções foram elencadas de forma exauriente, embora se tenha determinado que a conformação legislativa do preceito necessariamente seja implementada em obediência à proporcionalidade, daí a utilização da expressão gradação; e (ii) a delimitação do conteúdo dos atos de improbidade foi remetida ao legislador ordinário.

O segundo aspecto bem denota os desafios enfrentados nas três últimas décadas pela comunidade jurídica na construção de legislação apropriada à Constituição, considerando espectro tão amplo de possibilidade de atuação do legislador, sobretudo em relação ao próprio conteúdo dos atos de improbidade. Esse ponto será abordado em tópico posterior deste trabalho.

Agora, cabe observar com cuidado o primeiro aspecto, uma vez que as sanções delimitadas com maior especificidade pelo Constituinte fixam as balizas desse sistema de responsabilização.

Com efeito, as sanções reservadas aos atos de improbidade são graves e em grande medida equiparadas àquelas atreladas à prática de crime comum, conforme evidenciado pelo próprio art. 15, que em seu inciso III atribui à condenação criminal transitada em julgado a mesma consequência, no tocante aos direitos políticos, daquela atribuída às condutas ímprobas.

Essa penalidade de suspensão dos direitos políticos também está presente no sistema de responsabilidade político-administrativa de agentes políticos, os denominados crimes de responsabilidade. Basta observar que o Presidente da República, se condenado pelo Senado Federal em processo de *impeachment*, pode ser inabilitado para o exercício de função pública pelo prazo de oito anos (art. 52, parágrafo único, da Constituição Federal).

Também os Ministros de Estado, os Ministros do Supremo Tribunal Federal e o Procurador-Geral da República estão sujeitos à inabilitação para o exercício de qualquer função pública, em virtude da prática de crime de responsabilidade, por força do art. 2º da Lei 1.079/1950.

No que concerne à sanção de perda do cargo ou função pública, novamente os sistemas penal, de improbidade administrativa e de crimes de responsabilidade mostram-se coincidentes. Todos preveem a possibilidade de condenação do imputado a essa drástica penalidade.

A superposição de regimes de responsabilidade foi salientada pelo Ministro Gilmar Mendes, coautor deste artigo, em voto proferido no paradigmático julgamento da Reclamação nº 2.138 (acórdão publicado no DJe de 18/04/2008):

> Em verdade, manifestei-me há muito sobre o tema, cujo estudo, em co-autoria com o professor Arnoldo Wald, publicado em março de 1997 no jornal Correio Braziliense – Competência para julgar improbidade administrativa -, foi citado no voto do eminente Ministro Jobim. Referido estudo voltava-se, exatamente, à competência para julgamento das ações de improbidade.
> Naquela ocasião, a par de externar algumas perplexidades, foram firmados alguns posicionamentos sobre o tema. De plano, apontou-se a incompetência dos juízes de primeira instância para processar e julgar causas de improbidade administrativa em que sejam réus ministros de Estado ou membros de tribunais superiores,(...) tendo em vista, sobretudo, a natureza das sanções aplicáveis .
> Nesse ponto asseverou-se que, Admitir a competência funcional dos juízes de primeira instância implicaria (...) subverter todo o sistema jurídico nacional de repartição de competências. Isso porque a Lei 8.429/92 haveria de ser entendida como seguindo as regras constitucionais da competência hierárquica. A não ser assim, também a ação de improbidade ajuizada (...) contra o Presidente da República, que não encontra expressa previsão no texto do artigo 102 da Constituição Federal, poderia ser aforada perante o juiz de primeiro grau de jurisdição, que, por sua vez, seria competente para impor-lhe a sanção de perda de perda do cargo , o que configuraria patente absurdo como já demonstrado pelo Ministro Nelson Jobim.

Assim, naquele estudo de 1997, firmou-se posicionamento no sentido de que as ações de improbidade ajuizadas contra as referidas autoridades deveriam observar a regra de competência fixada no artigo 102, I, c , da Constituição. Registrou-se, ainda, que tal prerrogativa constitucional de foro decorreria não em razão de qualquer suspeição contra o juiz de primeiro grau, mas, fundamentalmente, em decorrência do significado da decisão no quadro político-institucional.

Afirmou-se, ademais, que a simples possibilidade de suspensão de direitos políticos, ou a perda de função pública, isoladamente consideradas, seria suficiente para demonstrar (...) o forte conteúdo penal, com incontestáveis aspectos políticos da ação de improbidade. Nesse ponto, seguindo a doutrina, observou-se que a sentença condenatória proferida nessa peculiar ação civil é dotada de efeitos que, em alguns aspectos, superam aqueles atribuídos à sentença penal condenatória, sobretudo na perspectiva do equilíbrio jurídico-institucional. Tal observação, registrou-se, daria razão àqueles que entendem que, sob a roupagem da ação civil de improbidade, o legislador acabou por elencar, na Lei 8.429/92, uma série de delitos que, teoricamente, seriam crimes de responsabilidade e não crimes comuns.

Lembrou-se, também, que muitos dos ilícitos descritos na Lei de Improbidade configuram, igualmente, ilícitos penais, que podem dar ensejo à perda do cargo ou da função pública, como efeito da condenação, como fica evidenciado pelo simples confronto entre o elenco de atos de improbidade, constante do art. 9º da Lei 8.429/92, com os delitos contra a Administração. Tal coincidência, afirmou-se, (...) evidenciaria a possibilidade de incongruências entre as decisões na esfera criminal e na ação civil com sérias conseqüências para todo o sistema jurídico.

Decorridos mais de cinco anos da publicação do referido estudo, podemos verificar hoje que as reflexões ali colocadas jamais poderiam ser consideradas meras especulações abstratas. Multiplicam-se as ações de improbidade ajuizadas em Primeira Instância, com o propósito de afastar de suas funções autoridades que gozam de prerrogativa constitucional de foro. Hoje, tenho a firme convicção de que os atos de improbidade descritos na Lei 8.429 constituem autênticos crimes de responsabilidade.

A coincidência de regimes não se restringe às consequências dos atos inquinados, alcançando também seu próprio conteúdo, já que a tutela da probidade administrativa é objeto de inúmeros tipos penais, assim como dos tipos abertos referentes a infrações político-administrativas.

A ressaltar essa óptica, são crimes de responsabilidade as seguintes condutas, quando atribuídas ao Presidente da República e aos Ministros de Estado (art. 9º da Lei 1.079/1950): (i) omitir ou retardar dolosamente a publicação das leis e resoluções do Poder Legislativo ou dos atos do Poder Executivo; (ii) não prestar ao Congresso Nacional dentro de sessenta dias após a abertura da sessão legislativa, as contas relativas ao exercício anterior; (iii) não tornar efetiva a responsabilidade dos seus subordinados, quando manifesta em delitos funcionais ou na prática de atos contrários à Constituição; (iv) expedir ordens ou fazer requisição de forma contrária às disposições expressas da Constituição; (v) infringir no provimento dos cargos públicos, as normas legais; (vi) usar de violência ou ameaça contra funcionário público para coagi-lo a proceder ilegalmente, bem como utilizar-se de suborno ou de qualquer outra forma de corrupção para o mesmo fim; (vii) proceder de modo incompatível com a dignidade, a honra e o decoro do cargo. Essas condutas enquadram-se, em maior ou menor grau, aos tipos de improbidade administrativas elencados nos artigos 9º, 10 e 11 da Lei 8.429/1992.

Semelhante contexto normativo gera uma questão de interpretação constitucional, em verdadeiro exercício de prevalência da concordância prática dos comandos do Poder Constituinte. A solução desse dilema passa pela acomodação de sistemas de responsabilização inequivocamente superpostos, sem que sejam vulnerados outros postulados básicos do texto constitucional. Neste ponto, três desdobramentos principais do tema devem ser abordados: (i) competência; (ii) coerência sistêmica; e (iii) equidade.

Em relação ao primeiro aspecto, é natural que a coexistência de sistemas de responsabilidade, especialmente quando alcançam agentes políticos com prerrogativa de foro, implique questionamentos quanto à competência para processar e julgar esses feitos. Em síntese, como compatibilizar, por exemplo, a competência constitucional do Supremo Tribunal Federal para processar e julgar "nas infrações penais comuns e nos crimes de responsabilidade, os Ministros de Estado e os Comandantes da Marinha, do Exército e da Aeronáutica, ressalvado o disposto no art. 52, I, os membros dos Tribunais Superiores, os do Tribunal de Contas da União e os chefes de missão diplomática de caráter permanente (art. 102, inciso I, alínea "c")", com a possibilidade de ajuizamento, perante juiz de primeiro grau, de ação de improbidade administrativa sobre os mesmos fatos e com consequências jurídicas similares?

De fato, a prerrogativa de foro, conforme lição doutrinária há muito consolidada[2], envolve a proteção do cargo, não apenas em relação à valoração jurídica dos fatos, mas também no que concerne às suas consequências drásticas, do ponto de vista da própria estrutura de poder. E quando em jogo a tutela da probidade sujeita a regimes de responsabilização diversos, mas próximos em suas consequências, o desequilíbrio do arranjo institucional é evidenciado.

A questão é incrementada diante da competência estrita do Supremo Tribunal Federal, que foi em regra equiparada nos crimes comuns e de

[2] Conforme leciona Gilmar Ferreira Mendes, "A prerrogativa de foro não se confunde com privilégio, como tem assoalhado certa doutrina. Essas críticas assentavam-se, em parte, no modelo constitucional anterior à Emenda Constitucional n. 35/2001, que impedia o curso de processo contra parlamentares sem a devida licença. Após o advento da referida alteração constitucional, os processos contra os parlamentares passaram a ter tramitação regular – inclusive os anteriormente pendentes –, ficando a sua eventual suspensão condicionada a uma manifestação da Casa Legislativa a que pertence o parlamentar. É justamente a peculiar posição dos agentes políticos que justifica o tratamento constitucional diferenciado em relação aos demais agentes públicos. Não chega a ser uma novidade a constatação de que os agentes políticos encontram-se numa posição institucional absolutamente inconfundível com a dos demais agentes públicos. De fato, tal como ensina Hely Lopes Meirelles, os agentes políticos, dentro de sua área, são as autoridades supremas da Administração Pública. Possuem plena liberdade funcional e estão a salvo de responsabilização civil por seus eventuais erros de atuação, a menos que tenham agido com culpa grosseira, má-fé ou abuso de poder. Observa ainda Hely Lopes que tais prerrogativas têm por escopo garantir o livre exercício da função política. Percebeu o ilustre administrativista, sobretudo, a peculiaridade da situação dos que governam e decidem, em comparação àqueles que apenas administram e executam encargos técnicos e profissionais. (...) Não parece ser outro o ethos da prerrogativa de foro entre nós, conforme se extrai da lição de Victor Nunes Leal, ao observar que a "jurisdição especial, como prerrogativa de certas funções públicas, é, realmente, instituída não no interesse da pessoa do ocupante do cargo, mas no interesse público do seu bom exercício, isto é, do seu exercício com o alto grau de independência que resulta da certeza de que seus atos venham a ser julgados com plenas garantias e completa imparcialidade" (Curso de Direito Constitucional, São Paulo: Saraiva, 2020. P. 517).

responsabilidade, mas contraditoriamente diferenciada em relação às ações de improbidade. Esse cenário possibilitaria a transposição da competência da Suprema Corte, uma vez que em virtude dos mesmos fatos magistrado de primeira instância poderia aplicar sanções reservadas a competência constitucional daquele Tribunal.

O Supremo Tribunal Federal debruçou-se sobre essa questão no já mencionado julgamento da Reclamação 2.138, estabelecendo, por maioria, que "os Ministros de Estado, por estarem regidos por normas especiais de responsabilidade (CF, art. 102, I, "c"; Lei nº 1.079/1950), não se submetem ao modelo de competência previsto no regime comum da Lei de Improbidade Administrativa (Lei nº 8.429/1992)". O acórdão foi assim resumido:

> RECLAMAÇÃO. USURPAÇÃO DA COMPETÊNCIA DO SUPREMO TRIBUNAL FEDERAL. IMPROBIDADE ADMINISTRATIVA. CRIME DE RESPONSABILIDADE. AGENTES POLÍTICOS. I. PRELIMINARES. QUESTÕES DE ORDEM(...) II. MÉRITO. II.1.Improbidade administrativa. Crimes de responsabilidade. Os atos de improbidade administrativa são tipificados como crime de responsabilidade na Lei nº 1.079/1950, delito de caráter político-administrativo. II.2.Distinção entre os regimes de responsabilização político-administrativa. O sistema constitucional brasileiro distingue o regime de responsabilidade dos agentes políticos dos demais agentes públicos. A Constituição não admite a concorrência entre dois regimes de responsabilidade político-administrativa para os agentes políticos: o previsto no art. 37, § 4º (regulado pela Lei nº 8.429/1992) e o regime fixado no art. 102, I, "c", (disciplinado pela Lei nº 1.079/1950). Se a competência para processar e julgar a ação de improbidade (CF, art. 37, § 4º) pudesse abranger também atos praticados pelos agentes políticos, submetidos a regime de responsabilidade especial, ter-se-ia uma interpretação ab-rogante do disposto no art. 102, I, "c", da Constituição. II.3.Regime especial. Ministros de Estado. Os Ministros de Estado, por estarem regidos por normas especiais de responsabilidade (CF, art. 102, I, "c"; Lei nº 1.079/1950), não se submetem ao modelo de competência previsto no regime comum da Lei de Improbidade Administrativa (Lei nº 8.429/1992). II.4.Crimes de responsabilidade.

> Competência do Supremo Tribunal Federal. Compete exclusivamente ao Supremo Tribunal Federal processar e julgar os delitos político-administrativos, na hipótese do art. 102, I, "c", da Constituição. Somente o STF pode processar e julgar Ministro de Estado no caso de crime de responsabilidade e, assim, eventualmente, determinar a perda do cargo ou a suspensão de direitos políticos. II.5.Ação de improbidade administrativa. Ministro de Estado que teve decretada a suspensão de seus direitos políticos pelo prazo de 8 anos e a perda da função pública por sentença do Juízo da 14ª Vara da Justiça Federal – Seção Judiciária do Distrito Federal. Incompetência dos juízos de primeira instância para processar e julgar ação civil de improbidade administrativa ajuizada contra agente político que possui prerrogativa de foro perante o Supremo Tribunal Federal, por crime de responsabilidade, conforme o art. 102, I, "c", da Constituição. III. RECLAMAÇÃO JULGADA PROCEDENTE.
> (Rcl 2138, Relator(a): NELSON JOBIM, Relator(a) p/ Acórdão: GILMAR MENDES (ART.38,IV,b, DO RISTF), Tribunal Pleno, julgado em 13/06/2007, DJe-070 DIVULG 17-04-2008 PUBLIC 18-04-2008 EMENT VOL-02315-01 PP-00094 RTJ VOL-00211-01 PP-00058)

Perceba que, diante da concorrência de regimes de responsabilização, com implicações na própria estrutura de competências do Poder Judiciário, foi afastada a sistemática da improbidade administrativa, relativamente a agentes políticos sujeitos ao escrutínio do Supremo Tribunal Federal sob a égide de delitos político-administrativos. A fundamentação adotada pela Corte sugere que o eixo da competência foi o fator interpretativo que permitiu a acomodação parcial dos sistemas de responsabilização. Quando o agente público está sujeito a julgamento por crime de responsabilidade perante o Supremo Tribunal Federal, afasta-se sua submissão às regras da improbidade administrativa. Porém, ausente hipótese de competência constitucional do Supremo Tribunal Federal, como é o caso de prefeitos, aplica-se simultaneamente os diversos regimes.

Semelhante raciocínio foi adotado pelo Min. Teori Zavascki por ocasião do julgamento da Pet 3240-AgR. Embora tenha admitido a existência de duplo regime sancionatório, afirmou que a proximidade verificada entre as instâncias criminal e de improbidade justificaria a extensão da prerrogativa de foro a esta modalidade.

No entanto, prevaleceu no Plenário o entendimento de que não só o duplo regime sancionatório de agentes políticos é possível, à exceção do Presidente da República, como também que a prerrogativa de foro relativa a crimes comuns e de responsabilidade não é extensível às ações de improbidade. O acórdão foi assim ementado[3,4]:

[3] Pet 3240 AgR, Relator(a): TEORI ZAVASCKI, Relator(a) p/ Acórdão: ROBERTO BARROSO, Tribunal Pleno, julgado em 10/05/2018, ACÓRDÃO ELETRÔNICO DJe-171 DIVULG 21-08-2018 PUBLIC 22-08-2018.

[4] Esse entendimento foi recentemente reafirmado pelo Plenário da Corte, ao apreciar o Recurso Extraordinário 976.566, cujo acórdão foi assim resumido: "CONSTITUCIONAL. AUTONOMIA DE INSTÂNCIAS. POSSIBILIDADE DE RESPONSABILIZAÇÃO PENAL E POLÍTICA ADMINISTRATIVA (DL 201/1967) SIMULTÂNEA À POR ATO DE IMPROBIDADE ADMINISTRATIVA, DEVIDAMENTE TIPIFICADO NA LEI 8.429/92. INEXISTÊNCIA DE BIS IN IDEM. 1. "Fazem muito mal à República os políticos corruptos, pois não apenas se impregnam de vícios eles mesmos, mas os infundem na sociedade, e não apenas a prejudicam por se corromperem, mas também porque a corrompem, e são mais nocivos pelo exemplo do que pelo crime" (MARCO TÚLIO CÍCERO. Manual do candidato às eleições. As leis, III, XIV, 32). 2. A norma constitucional prevista no § 4º do art. 37 exigiu tratamentos sancionatórios diferenciados entre os atos ilícitos em geral (civis, penais e político-administrativos) e os atos de improbidade administrativa, com determinação expressa ao Congresso Nacional para edição de lei específica (Lei 8.429/1992), que não punisse a mera ilegalidade, mas sim a conduta ilegal ou imoral do agente público voltada para a corrupção, e a de todo aquele que o auxilie, no intuito de prevenir a corrosão da máquina burocrática do Estado e de evitar o perigo de uma administração corrupta caracterizada pelo descrédito e pela ineficiência. 3. A Constituição Federal inovou no campo civil para punir mais severamente o agente público corrupto, que se utiliza do cargo ou de funções públicas para enriquecer ou causar prejuízo ao erário, desrespeitando a legalidade e moralidade administrativas, independentemente das já existentes responsabilidades penal e político-administrativa de Prefeitos e Vereadores. 4. Consagração da autonomia de instâncias. Independentemente de as condutas dos Prefeitos e Vereadores serem tipificadas como infração penal (artigo 1º) ou infração político-administrativa (artigo 4º), previstas no DL 201/67, a responsabilidade civil por ato de improbidade administrativa é autônoma e deve ser apurada em instância diversa. 5. NEGADO PROVIMENTO ao Recurso Extraordinário. TESE DE REPERCUSÃO GERAL: "O processo e julgamento de prefeito municipal por crime de responsabilidade (Decreto-lei 201/67) não impede sua responsabilização por atos de improbidade administrativa previstos na Lei 8.429/1992, em virtude da autonomia das instâncias". (RE 976566, Relator(a): ALEXANDRE DE MORAES, Tribunal Pleno, julgado em 13/09/2019, PROCESSO ELETRÔNICO REPERCUSSÃO GERAL – MÉRITO DJe-210 DIVULG 25-09-2019 PUBLIC 26-09-2019).

Direito Constitucional. Agravo Regimental em Petição. Sujeição dos Agentes Políticos a Duplo Regime Sancionatório em Matéria de Improbidade. Impossibilidade de Extensão do Foro por Prerrogativa de Função à Ação de Improbidade Administrativa. 1. Os agentes políticos, com exceção do Presidente da República, encontram-se sujeitos a um duplo regime sancionatório, de modo que se submetem tanto à responsabilização civil pelos atos de improbidade administrativa, quanto à responsabilização político-administrativa por crimes de responsabilidade. Não há qualquer impedimento à concorrência de esferas de responsabilização distintas, de modo que carece de fundamento constitucional a tentativa de imunizar os agentes políticos das sanções da ação de improbidade administrativa, a pretexto de que estas seriam absorvidas pelo crime de responsabilidade. A única exceção ao duplo regime sancionatório em matéria de improbidade se refere aos atos praticados pelo Presidente da República, conforme previsão do art. 85, V, da Constituição. 2. O foro especial por prerrogativa de função previsto na Constituição Federal em relação às infrações penais comuns não é extensível às ações de improbidade administrativa, de natureza civil. Em primeiro lugar, o foro privilegiado é destinado a abarcar apenas as infrações penais. A suposta gravidade das sanções previstas no art. 37, § 4º, da Constituição, não reveste a ação de improbidade administrativa de natureza penal. Em segundo lugar, o foro privilegiado submete-se a regime de direito estrito, já que representa exceção aos princípios estruturantes da igualdade e da república. Não comporta, portanto, ampliação a hipóteses não expressamente previstas no texto constitucional. E isso especialmente porque, na hipótese, não há lacuna constitucional, mas legítima opção do poder constituinte originário em não instituir foro privilegiado para o processo e julgamento de agentes políticos pela prática de atos de improbidade na esfera civil. Por fim, a fixação de competência para julgar a ação de improbidade no lo grau de jurisdição, além de constituir fórmula mais republicana, é atenta às capacidades institucionais dos diferentes graus de jurisdição para a realização da instrução processual, de modo a promover maior eficiência no combate à corrupção e na proteção à moralidade administrativa. 3. Agravo regimental a que se nega provimento.

Como se vê, o Supremo Tribunal Federal, ao reformular seu entendimento, não solucionou a concorrência de regimes de responsabilização no eixo da competência, mantendo aberta a questão relativa à compatibilização sistemática em face de princípios constitucionais como o da proporcionalidade e do *non bis in idem*[5].

Assim, é necessário adentrar nos demais desdobramentos da questão constitucional em tela – coerência sistêmica e equidade. O argumento principal utilizado na jurisprudência e na doutrina para assegurar a coerência sistêmica, inclusive no voto condutor do acórdão formalizado no julgamento da Pet 3240-AgR, refere-se à independência das instâncias[6]. Em parte, essa solução encontra respaldo no próprio texto constitucional, que em seu art. 37, § 4º, estabelece que as sanções decorrentes da prática de atos de improbidade aplicam-se “sem prejuízo da ação penal cabível”.

[5] O princípio do *non bis idem*, além de radicado constitucionalmente na expressão dos princípios da legalidade, da proporcionalidade e da individualização da pena, encontra assento convencional, especificamente no art. 8º, n. 4, do Pacto de San Jose da Costa Rica: “O acusado absolvido por sentença passada em julgado não poderá se submetido a novo processo pelos mesmos fatos”. Na jurisprudência da Corte Interamericana de Direitos Humanos, vide a sentença proferida no caso Loayaza Tomayo vs. Peru (https://www.corteidh.or.cr/docs/casos/articulos/seriec_33_esp.pdf – acesso em 13/04/2022, às 10:30). No § 66 da sentença, a Corte esclarece que o princípio do non bis idem, em sua formulação americana, é mais protetivo que outros ordenamentos jurídicos, porque se refere expressamente a fatos imputados ao réu e não apenas a infrações: “Este principio busca proteger los derechos de los individuos que han sido procesados por determinados hechos para que no vuelvan a ser enjuiciados por los mismos hechos. A diferencia de la fórmula utilizada por otros instrumentos internacionales de protección de derechos humanos (por ejemplo, el Pacto Internacional de Derechos Civiles y Políticos de las Naciones Unidas, artículo 14.7, que se refiere al mismo“delito”), la Convención Americana utiliza la expresión “los mismos hechos”, que es un término más amplio en beneficio de la víctima. En el caso presente, la Corte observa que la señora María Elena Loayza Tamayo fue procesada en el fuero privativo militar por el delito de traición a la pátria que está estrechamente vinculado al delito de terrorismo, como se deduce de uma lectura comparativa del artículo 2, incisos a, b y c del Decreto-Ley Nº 25.659 (delito de traición a la patria) y de los artículos 2 y 4 del Decreto-Ley Nº 25.475 (delito de terrorismo). 68. Ambos decretos-leyes se refieren a conductas no estrictamente delimitadas por lo que podrían ser comprendidas indistintamente dentro de un delito como em otro, según los criterios del Ministerio Público y de los jueces respectivos y, como em el caso examinado, de la “propia Policía (DINCOTE)”. Por lo tanto, los citados decretos-leyes en este aspecto son incompatibles con el artículo 8.4 de la Convención Americana”.

[6] GARCIA, Emerson; ALVES, Rogério Pacheco. Improbidade Administrativa. 9ª edição. São Paulo: Saraiva, 2019. P. 717.

Ocorre que essa exceção expressa, a par de não resolver a concorrência em relação a crimes de responsabilidade, penalidades eleitorais e outros regimes administrativos (como o da Lei Anticorrupção), tampouco enfrenta as disfunções substantivas decorrentes da concorrência de regimes de responsabilização.

O princípio da independência das instâncias consiste em solução formal, voltada a abordar de forma processual a coexistência de regimes de responsabilização decorrentes da multiplicidade de obrigações de naturezas diversas que podem ser violadas pelo mesmo fato jurídico. Fala-se em solução formal porque esse postulado enfrenta a concorrência de regimes sob o ângulo funcional, buscando fundamento no princípio da separação dos poderes[7], e não a partir do cotejo material de atos e sanções.

Essa construção teórica, malgrado consolidada na prática dos Tribunais, tem se mostrado cientificamente inconsistente, implicando o afastamento de postulados fundamentais da ordem jurídica vigente, especialmente os princípios da proporcionalidade e do *non bis in idem*. Com efeito, a independência das instâncias conduz à dupla punição sobre o mesmo fato e inviabiliza o controle da proporcionalidade da punição, assim como a individualização da pena. O princípio da segurança jurídica tampouco é assegurado pela atuação independente das instâncias, uma vez que a absolvição em uma seara não é em regra observada sob outro regime[8]. Confira-se, a propósito, as reflexões oportunas de Fábio Medina Osório[9]:

> No sistema brasileiro, a subordinação da autoridade administrativa à autoridade judicial, no campo do Direito Administrativo Sancionador, é bastante limitada, mormente em matéria de ilícitos relacionados a especiais relações de sujeição, sobretudo no terreno disciplinar.

[7] OSÓRIO, Fábio Medina. Direito Administrativo Sancionador. Ed. 2022 – versão digital. Thomson Reuters Brasil. P. RB-4.3.

[8] ARAÚJO, Valter Shuenquener de. O princípio da interdependência das instâncias punitivas e seus reflexos no Direito Administrativo Sancionador. In: Revista Jurídica da Presidência Brasília v. 23 n. 131 Out. 2021/Jan. 2022 p. 635.

[9] OSÓRIO, Fábio Medina. Direito Administrativo Sancionador. Ed. 2022 – versão digital. Thomson Reuters Brasil. P. RB-4.3.

> Menor ainda é a subordinação da autoridade judiciária extrapenal à autoridade judiciária penal, na clássica tradição do princípio da independência das instâncias e das autoridades. Não se desconhece, por evidente, que o juiz penal possui alguma prevalência em relação ao juiz extrapenal, dados os efeitos das sentenças penais e, quiçá, tendo em conta o princípio da fragmentariedade do Direito Penal. Na prática forense, o que mais preocupa os acusados em geral, em numerosos domínios, não é o desencadear de ações penais, mas a propositura desenfreada de ações públicas punitivas, como aquelas que visam à imposição de sanções aos atos de improbidade administrativa ou mesmo noutros campos, como o disciplinar. Não se pode desconhecer que os mesmos fatos, na seara penal, podem constituir crimes de menor potencial ofensivo, ou delitos de baixo apenamento, como é o caso da prevaricação, e ao mesmo tempo caracterizar atos ímprobos ou graves infrações administrativas. Instâncias judiciais autônomas e independentes podem, pois, atuar simultaneamente. Uma profunda desconfiança em relação ao sistema penal, concretamente dirigida aos juízes dessa área especializada, reforça as reformas tendentes ao alargamento do espectro de incidência das normas sancionadoras da improbidade, abrindo espaço a outras normas similares, em setores diversos. O problema ocorre quando tais instâncias passam a atuar contraditoriamente, sem o mínimo de coerência, gerando descrédito, insegurança e falta de proporção nas respostas punitivas.

É dizer, por se tratar de elemento formal de coerência, esse princípio não assegura a consistência material das respostas do sistema de Justiça, tampouco atenta a argumentos de equidade. A afirmação da independência entre as instâncias permite respostas distintas do Estado para a mesma conduta. Admite ainda que um mesmo ato ilícito seja objeto de multas aplicadas cumulativamente em processos administrativos, cíveis, criminais e eleitorais[10].

[10] AgInt no REsp 1620286/DF, Rel. Ministra REGINA HELENA COSTA, PRIMEIRA TURMA, julgado em 23/02/2021, DJe 01/03/2021; AgRg no AREsp 606.352/SP, rel. Min. ASSUSETE MAGALHÃES, Segunda Turma, DJe 15/12/2015; REsp 1454036/MG, Rel. Ministro MAURO CAMPBELL MARQUES, SEGUNDA TURMA, julgado em 09/10/2018, DJe 24/10/2018.

A título de exemplo, colhe-se da jurisprudência do Superior Tribunal de Justiça que os mesmos fatos imputados a prefeito candidato à reeleição, consubstanciados na utilização da máquina administrativa para campanha eleitoral, resultaram na inelegibilidade do réu, em montante cumulativo e sem compensação, em decorrência de condenações nas searas cível e eleitoral[11]. Noutros termos, no mencionado precedente houve a soma dos períodos de suspensão aplicados nas diferentes instâncias, sem a possibilidade de compensação ou adequação ao critério da proporcionalidade.

É possível afirmar que nem mesmo a partir de perspectiva de coerência sistêmica o princípio da independência das instâncias soluciona os conflitos decorrentes da coexistência de regimes de responsabilização. Isso é evidente quando se analisa, por exemplo, o enfrentamento da corrupção por meio de acordos de leniência celebrados no âmbito de regimes superpostos de responsabilização, em que a doutrina constata que "o envolvimento de múltiplas autoridades em casos de leniência dificulta a efetividade dos mecanismos vigentes"[12].

[11] AgInt nos EDcl no REsp 1718270/RJ, Rel. Ministro GURGEL DE FARIA, PRIMEIRA TURMA, julgado em 17/05/2021, DJe 26/05/2021.

[12] LUZ, Reinaldo Diogo & SPAGNOLO, Giancarlo. Leniency, collusion, corruption, and whistleblowing. Journal of Competition Law and Economics, 2017. No mesmo sentido: ATHAYDE, Amanda. Manual de Acordos de Leniência no Brasil: teoria e prática. Belo Horizonte: Editora Fórum, 2019. Na jurisprudência: (...) 1. O ordenamento jurídico pátrio assistiu a um espraiamento da figura dos acordos de Leniência Administrativa, em paralelo ao uso de institutos análogos na seara criminal. Esse movimento foi influenciado pelo esforço internacional de convergência na adoção de políticas judiciais e legislativas de combate à corrupção. 2. A coexistência de múltiplos regimes de leniência requer um esforço normativo de alinhamento dos incentivos premiais dos sistemas e de criação de mecanismos de cooperação entre as agências responsáveis pelo enforcement das legislações. Dentre os importantes fatores de incongruência dos regimes que podem comprometer os incentivos dos agentes econômicos em colaborar com as autoridades públicas no desvendamento de ilícios ressaltam-se: (i) a ausência ou a imprecisão de previsões legais sobre a extensão dos benefícios da leniência à esfera penal e (ii) a pluralidade de metodologias de cálculo da reparação dos danos. 3. A partir de uma interpretação sistemática da Lei 12.846/2013, conhecida como Lei Anticorrupção, é possível compreender que o diploma instituiu verdadeiro regime duplo de responsabilização das pessoas jurídicas. Dentro desse regime duplo, a prática dos chamados atos lesivos à Administração Pública definidos no art. 5º da lei pode tanto ensejar (i) responsabilidade administrativa, que é regulamentada nos Capítulos III e IV do diploma, quanto (ii) responsabilidade judicial, que é regulamentada no Capítulo VI da lei. 4. Quando a celebração do Acordo de Leniência Anticorrupção envolver simultaneamente a CGU e a AGU, o alcance dos

O legislador ordinário percebeu os limites do postulado da independência das instâncias e preconizou sua relatividade, por meio do estabelecimento de exceções que permitem a comunicação entre as decisões proferidas em diferentes searas. É o que preconiza o art. 935 do Código Civil, segundo o qual "a responsabilidade civil é independente da criminal, não se podendo questionar mais sobre a existência do fato, ou sobre quem seja o seu autor, quando estas questões se acharem decididas no juízo criminal". Da mesma forma, os arts. 91 e 92 do Código Penal impactam diretamente as instâncias cível e administrativa[13].

benefícios opera tanto sobre o regime de responsabilização administrativa, que é guardado pela CGU, quanto sobre o regime de responsabilização judicial, que é guardado pela AGU, na esfera federal. 3. As impetrantes celebraram acordos de leniência com a CGU/AGU e com o MPF que continham previsões expressas no sentido de afastar as sanções administrativas da Lei Anticorrupção, as sanções previstas nos incisos I a IV do artigo 87 da Lei 8.666/1993 e ainda os efeitos e as penalidades previstas na Lei 8.429/1992. Além disso, os acordos previam a obrigação de reparação integral do dano. 4. Diante da sobreposição fática entre os ilícitos admitidos pelas colaboradoras perante a CGU/AGU e o objeto de apuração do controle externo, a possibilidade de o TCU impor sanção de inidoneidade pelos mesmos fatos que deram ensejo à celebração de acordo de leniência com a CGU/AGU não é compatível com o princípio constitucional da segurança jurídica e com a noção de proporcionalidade da pena. 5. Apesar de a Lei Anticorrupção (Lei 12.846/2013) não precluir a incidência da Lei 8.443/1992, nos casos concretos a imposição de inidoneidade pelo TCU poderia resultar em ineficácia das cláusulas dos acordos de leniência que preveem a isenção ou a atenuação das sanções administrativas estabelecidas nos arts. 86 a 88 da Lei 8.666/1993, por consequência, esvaziando a força normativa do art. 17 da Lei 12.846/2013. 6. A Lei 8.433/1992 prevê outros meios menos gravosos para que o TCU possa garantir a reparação integral do dano ao erário, tais como a decretação de indisponibilidade de bens (art. 44, § 2º) e a aplicação de multa (arts. 57 e 58). Essas medidas sancionatórias devem ser manejadas pela Corte de Contas considerando a sua proporcionalidade e os impactos sobre os acordos pactuados com a Administração Pública. 7. Segurança concedida para afastar a possibilidade de o TCU declarar a inidoneidade das impetrantes pelos fatos abarcados por acordo de leniência firmado com a AGU/CGU ou com o MPF. (MS 35435, Relator(a): GILMAR MENDES, Segunda Turma, julgado em 30/03/2021, PROCESSO ELETRÔNICO DJe-131 DIVULG 01-07-2021 PUBLIC 02-07-2021)

[13] Art. 91 – São efeitos da condenação: (...) I – tornar certa a obrigação de indenizar o dano causado pelo crime.
Art. 92 – São também efeitos da condenação: I – a perda de cargo, função pública ou mandato eletivo: a) quando aplicada pena privativa de liberdade por tempo igual ou superior a um ano, nos crimes praticados com abuso de poder ou violação de dever para com a Administração Pública; b) quando for aplicada pena privativa de liberdade por tempo superior a 4 (quatro) anos nos demais casos.

A providência, embora adequada, não se mostra suficiente para solução dos problemas advindos da superposição de regimes de responsabilização em toda sua extensão, especialmente no que tange ao sistema de improbidade administrativa, conforme evidenciam os precedentes do Superior Tribunal de Justiça já colacionados.

Essa situação expõe a persecução estatal de comportamentos ilícitos a dissonâncias em relação a postulados relevantes do ordenamento jurídico pátrio, como o já mencionado princípio da proporcionalidade, que norteia a análise de eventuais excessos ou proteção deficiente de direitos fundamentais, e o princípio de *ne bis in idem*. Semelhante cenário impele o intérprete e o legislador ordinário, em seu papel conformador, a buscar não mais a separação das instâncias punitivas, mas, sim, a sua integração.

Essa foi também a conclusão alcançada pelo Min. Teori Zavascki no já mencionado exame da Pet 3240-AgR, após constatar os laços de identidade entre as sanções criminais e aquelas relativas a atos de improbidade:

> É justamente essa identidade substancial das penas que dá suporte à doutrina da unidade da pretensão punitiva (ius puniendi) do Estado, cuja principal consequência "é a aplicação de princípios comuns ao direito penal e ao direito administrativo sancionador, reforçando-se, nesse passo, as garantias individuais" (OSÓRIO, Fábio Medina. Direito administrativo sancionador, SP:RT, 2000, p. 102; ENTERRIA, Eduardo García de; FERNANDEZ, Tomás-Ramon. Curso de direito administrativo, trad. Arnaldo Setti, SP:RT, 1991,p. 890). Realmente, não parece lógico, do ponto de vista dos direitos fundamentais e dos postulados da dignidade da pessoa humana, que se invista o acusado das mais amplas garantias até mesmo quando deva responder por infração penal que produz simples pena de multa pecuniária e se lhe neguem garantias semelhantes quando a infração, conquanto administrativa, pode resultar em pena muito mais severa, como a perda de função pública ou a suspensão de direitos políticos. Por isso, embora não se possa traçar uma absoluta unidade de regime jurídico, não há dúvida que alguns princípios são comuns a qualquer sistema sancionatório, seja nos ilícitos penais, seja nos administrativos, entre eles o da legalidade, o da tipicidade, o da responsabilidade subjetiva,

o do non bis in idem, o da presunção de inocência e o da individualização da pena, aqui enfatizados pela importância que têm para a adequada compreensão da Lei de Improbidade Administrativa.

A integração de regimes de responsabilidade, ao exigir resposta consistente e coerente do Estado a práticas ilícitas, fornece também critérios hermenêuticos importantes para a construção do sistema de improbidade. A compreensão de que as sanções a atos de improbidade coincidem em grande parte, no que concerne à sua extensão e gravidade, com o regime penal e dos crimes de responsabilidade, impõe a comunicabilidade de premissas que compõem o devido processo legal.

Nesse sentido, ao analisar o Tema 1199 da Repercussão Geral, o Plenário do Supremo Tribunal Federal, embora não tenha endossado a completa coincidência do sistema de improbidade administrativa com o direito penal, expressamente estabeleceu que ao processo de responsabilização por ato de improbidade administrativa aplicam-se os postulados do direito administrativo sancionador[14].

[14] O Ministro Relator, Alexandre de Moraes, consignou que "Na impossibilidade de aplicação do Direito Penal ao sistema de improbidade, por expressa determinação constitucional que prevê responsabilidades diversas (CF, art. 37, §4º), a nova lei optou, expressamente, por estabelecer a aplicação do Direito Administrativo Sancionador no âmbito do sistema de improbidade administrativa, reforçando a natureza civil do ato de improbidade. E o fez, para garantir um maior rigor procedimental nas investigações e uma maior efetividade na aplicação do contraditório e ampla defesa". Com base nessa premissa, o Plenário assentou as seguintes teses de julgamento: "1) É necessária a comprovação de responsabilidade subjetiva para a tipificação dos atos de improbidade administrativa, exigindo-se – nos artigos 9º, 10 e 11 da LIA – a presença do elemento subjetivo – DOLO; 2) A norma benéfica da Lei 14.230/2021 – revogação da modalidade culposa do ato de improbidade administrativa -, é IRRETROATIVA, em virtude do artigo 5º, inciso XXXVI, da Constituição Federal, não tendo incidência em relação à eficácia da coisa julgada; nem tampouco durante o processo de execução das penas e seus incidentes; 3) A nova Lei 14.230/2021 aplica-se aos atos de improbidade administrativa culposos praticados na vigência do texto anterior da lei, porém sem condenação transitada em julgado, em virtude da revogação expressa do texto anterior; devendo o juízo competente analisar eventual dolo por parte do agente; 4) O novo regime prescricional previsto na Lei 14.230/2021 é IRRETROATIVO, aplicando-se os novos marcos temporais a partir da publicação da lei" (ARE 843.989, Plenário, Relator Min. Alexandre de Moraes, DJe de 12/12/2022).

O sistema de responsabilização de atos de improbidade deve comportar, a partir do perfil constitucional revelado pelo conjunto de sanções a ele atrelados, a tipicidade adequadamente delimitada, inclusive em relação ao elemento subjetivo da conduta, de modo a permitir o exercício do contraditório e da ampla defesa, bem como limitar as atividades de persecução estatal e de entrega da prestação jurisdicional. Essa moldura não se limita à tipologia da improbidade, alcançando também os próprios meios processuais que conduzem à imposição de penalidades severas aos imputados.

Ademais, as próprias sanções devem ser previstas e conformadas pelo legislador ordinário de forma gradativa – tal como determina o próprio texto constitucional (art. 37, § 4º) –, em atenção à gravidade dos atos inquinados. Semelhante exigência decorre não apenas de dispositivo específico direcionado aos atos de improbidade, mas também da própria incidência do direito fundamental à individualização da pena (art. 5º, inciso XLVI).

As questões levantadas até aqui nos permitem sugerir, para análise da legislação ordinária que conforma o sistema de improbidade administrativa, a existência de perfil constitucional que possibilita e emoldura o regime de responsabilização de condutas maculadas por essa ilegalidade qualificada.

As sanções previstas no art. 37, § 4º, da Constituição Federal e a concorrência de regimes de responsabilização revelam a gravidade do sistema de improbidade, a exigir a integração dos sistemas repressivos do Estado em dois planos: (i) principiológico, por meio do diálogo das fontes normativas que informam e estruturam os regimes de responsabilidade, tal como ampla defesa, contraditório, devido processo legal, tipicidade e individualização das penas; e (ii) operacional, consubstanciado na compatibilização prática dos sistemas de responsabilização, como ocorre com as regras de competência, abrangendo ainda normas infraconstitucionais de comunicação entre as imputações e suas consequências.

3

A Lei 8.429/1992 foi o produto do legislador ordinário na atividade de conformação do mandamento constitucional previsto no art. 37, § 4º, da Constituição Federal. Desde sua publicação, o diploma suscitou dúvidas e controvérsias na doutrina. A despeito de sua importância para o ordenamento jurídico que então se adequava e fortalecia em torno dos preceitos da Constituição de 1988, restou inequívoco que o diploma não se amoldou corretamente aos postulados constitucionais pertinentes, especialmente no tocante às garantias do cidadão com condutas alegadamente enquadradas nos tipos de improbidade.

Não foram poucas as distorções engendradas pela opção legislativa inicial. O diploma previu em seu art. 10 a possibilidade de punição de atos de improbidade praticados a título de culpa. Ou seja, abrandou a exigência do elemento subjetivo da conduta, de modo que o regime gravoso de responsabilidade alcançasse não apenas o gestor ímprobo, mas também o inepto ou incompetente.

Essa conformação legislativa diluiu as barreiras delimitadoras de sistema rigoroso de improbidade administrativa e reduziu o *standard* probatório para punição dos agentes imputados. Não se exigiu, em relação a condutas que causam prejuízo ao erário (art. 10), a análise e formação de conjunto probatório concernente à intenção do agente. Com isso, para além do incentivo à tramitação de ações de improbidade pobremente instruídas, estabeleceu-se relação desproporcional entre a gravidade da conduta e as sanções aplicadas.

Os Tribunais reconheceram essa inadequação e paulatinamente delimitaram o conceito de culpa para fins de configuração de ato de improbidade, exigindo-a na modalidade grave. No julgamento da AIA nº 30, o saudoso Ministro Teori Zavascki salientou que "não se pode confundir improbidade com simples ilegalidade. A improbidade é ilegalidade tipificada e qualificada pelo elemento subjetivo da conduta do agente. Por isso mesmo, a jurisprudência do STJ considera indispensável, para a caracterização de improbidade, que a conduta do agente seja dolosa, para a tipificação das condutas descritas nos artigos 9º e 11 da Lei 8.429/92, ou pelo menos eivada de culpa grave, nas do artigo 10"[15].

Nada obstante, mesmo a exigência da culpa grave gerava alguma perplexidade, tendo em vista a imprecisão do conceito, cuja indeterminação inviabilizava a construção de norte interpretativo seguro[16]. E de toda forma, a culpa,

[15] AIA 30/AM, Rel. Ministro TEORI ALBINO ZAVASCKI, CORTE ESPECIAL, julgado em 21/09/2011, DJe 28/09/2011

[16] MUDROVITSCH, Rodrigo de Bittencourt; NÓBREGA, Guilherme Pupe da. Comentários à lei de improbidade administrativa e ao projeto de sua reforma. Rio de Janeiro: Lumen

independentemente se leve ou grave, parecia contrastar com a severidade do regime de improbidade.

Essa constatação, relacionada ao plano principiológico e às premissas constitucionais da concorrência de regimes sancionatórios, conduziu ao recorte das consequências dos atos de improbidade, quanto ao seu elemento subjetivo, pelo Supremo Tribunal Federal, que interpretou restritivamente o comando do § 5º do art. 37 da Constituição Federal no julgamento do Tema 897 da Repercussão Geral.

A Corte entendeu que a imprescritibilidade de ações de ressarcimento ao erário alcança apenas ato doloso tipificado na Lei de Improbidade Administrativa[17]. Semelhante distinção foi implementada pelo Min. Gilmar Mendes ao apreciar liminar em ação direta de inconstitucionalidade para afastar a possibilidade de suspensão de direitos políticos nas hipóteses de atos culposos de improbidade administrativa[18]:

> Para a aferição da proporcionalidade da medida legislativa, deve-se averiguar se tal medida é adequada e necessária para atingir os objetivos perseguidos pelo legislador, e se ela é proporcional (em sentido estrito) ao grau de afetação do direito fundamental restringido.
> Observe que as duas situações objeto desta ação direta de inconstitucionalidade são sensivelmente menos graves do que os demais atos de improbidade. Tem-se condutas culposas que resultam em dano ao erário e atos que, embora dolosos, afiguram-se residuais e são tratados pelo próprio diploma de forma mais branda.
> A reprovabilidade dessas condutas, quando analisada à luz dos parâmetros constitucionais descortinados, não se mostra elevada a ponto de justificar a supressão dos direitos políticos.
> Sob o ângulo sistêmico, a desproporcionalidade das normas em tela implica inconsistência grave, cujos contornos contrariam outros

Juris, 2021. P. 59-60.

17 RE 852475, Relator(a): ALEXANDRE DE MORAES, Relator(a) p/ Acórdão: EDSON FACHIN, Tribunal Pleno, julgado em 08/08/2018, PROCESSO ELETRÔNICO REPERCUSSÃO GERAL - MÉRITO DJe-058 DIVULG 22-03-2019 PUBLIC 25-03-2019.

18 ADI 6678-MC, Relator por substituição (nos termos do art. 38, inciso I, do Regimento Interno) Min. Gilmar Mendes, DJe de 05/10/2021.

postulados constitucionais relevantes, como a isonomia. Reporto-me às outras sanções que implicam a suspensão de direitos políticos, ou mesmo parte deles, como o direito de ser eleito.

As penalidades de suspensão de direitos políticos objeto desta ação direta variam de 3 a 8 anos, a depender da conduta. Isso significa que esses atos de improbidade implicam a supressão temporária do direito de participação política em patamar superior, por exemplo, aos condenados pelos crimes de lesão corporal grave e gravíssima (Código Penal, artigo 129, §§ 1º e 2º).

Ao adentrar o campo dos crimes contra a Administração Pública, cuja afinidade temática com os atos de improbidade é inegável, a incoerência permanece. Tendo em vista que a dosimetria da pena inicia-se no mínimo legal, é possível verificar que a suspensão de direitos políticos das condutas ímprobas em tela é superior aos crimes de peculato (Código Penal, artigo 312), concussão (Código Penal, artigo 316) e corrupção passiva (Código Penal, artigo 317).

Isso significa que o agente público que "celebrar contrato de rateio de consórcio público sem suficiente e prévia dotação orçamentária, ou sem observar as formalidades previstas na lei" (art. 10, inciso XV, da Lei 8.429/1992), ainda que culposamente, poderá ter os direitos políticos suspensos por período superior ao cidadão condenado pelo desvio de verbas públicas.

Ademais, quando se considera apenas tipos penais que admitem a modalidade culposa, é flagrante a exorbitância da suspensão de direitos políticos por ato de improbidade culposo que gere prejuízo ao erário, superior até mesmo ao homicídio culposo (Código Penal, artigo 121, § 3º), sem falar no envenenamento de água potável ou de substância alimentícia ou medicinal (Código Penal, artigo 270) ou na falsificação, corrupção, adulteração ou alteração de produto destinado a fins terapêuticos ou medicinais (Código Penal, artigo 273, § 2º).

Mesmo no tocante às hipóteses de inelegibilidade instituídas pela Lei Complementar 135/2010, que notoriamente recrudesceu os requisitos mínimos de acesso aos cargos eletivos, a inconsistência dos preceitos impugnados nesta ação direta é evidente. Basta observar que apenas "ato doloso de improbidade administrativa que importe lesão

> ao patrimônio público e enriquecimento ilícito" implica o decote do direito político relativo à elegibilidade (art. 1º, alínea "l").
> É dizer, o próprio legislador ordinário considerou que apenas atos dolosos e de maior gravidade ensejam a suspensão parcial do conjunto de direitos políticos do cidadão.
> Neste momento processual preambular, não há como cogitar-se, mesmo em face dos critérios adotados pelo legislador em sua tarefa de conformação, que as condutas ímprobas culposas e aquelas enquadradas no art. 11 da Lei 8.429/1992 revestem-se de gravidade apta a justificar a supressão dos direitos políticos do cidadão apenado.

Esse conjunto de precedentes conduziu à exclusão, na reforma engendrada pela Lei 14.230/2021, de atos de improbidade administrativa culposos. O novo § 1º do art. 1º do diploma prevê que são "atos de improbidade administrativa as condutas dolosas tipificadas nos arts. 9º, 10 e 11 desta Lei, ressalvados tipos previstos em leis especiais". O § 3º do dispositivo reforça que "o mero exercício da função ou desempenho de competências públicas, sem comprovação de ato doloso com fim ilícito, afasta a responsabilidade por ato de improbidade administrativa". E no caput dos artigos 9º, 10 e 11 novamente a adequação típica é restrita a ações ou omissões dolosas.

A par desse aspecto, o próprio dolo foi reenquadrado. Exigiu-se o dolo específico, ou seja, "a vontade livre e consciente de alcançar o resultado ilícito tipificado nos arts. 9º, 10 e 11 desta Lei" não bastando a voluntariedade da agente (§ 2º do art. 1º). Essa compreensão é corroborada pela redação do § 1º do art. 11 do diploma, segundo o qual "somente haverá improbidade administrativa, na aplicação deste artigo, quando for comprovado na conduta funcional do agente público o fim de obter proveito ou benefício indevido para si ou para outra pessoa ou entidade". O preceito, aliás, foi erigido à condição de norma geral do sistema de improbidade por força do § 2º do art. 11[19].

[19] "§ 2º Aplica-se o disposto no § 1º deste artigo a quaisquer atos de improbidade administrativa tipificados nesta Lei e em leis especiais e a quaisquer outros tipos especiais de improbidade administrativa instituídos por lei".

Procedeu-se, portanto, a correção de rumos que melhor adequa os tipos de improbidade às garantias constitucionais relativas à legalidade, à tipicidade e à proporcionalidade.

Também em relação às sanções, houve adequação aos parâmetros constitucionais até aqui descritos. Foi estabelecida gradação quantitativa e qualitativa entre os tipos de improbidade administrativa previstos nos arts. 9º, 10 e 11, na linha do que decidido pelo Min. Gilmar Mendes no já mencionado exame da ADI 6678-MC. As condutas previstas no art. 11, porque menos graves, não mais comportam a penalidade de perda da função pública e de suspensão dos direitos políticos.

Da mesma forma, a dosimetria da pena, sobre a qual se omitiu a Lei 8.429/1992, recebeu tratamento pormenorizado na reforma. O art. 17-C, inciso IV, estabeleceu parâmetros para aplicação das sanções, tais como "os princípios da proporcionalidade e da razoabilidade", "a natureza, a gravidade e o impacto da infração cometida", "a extensão do dano causado", "o proveito patrimonial obtido pelo agente", "as circunstâncias agravantes ou atenuantes", "a atuação do agente em minorar os prejuízos e as consequências advindas de sua conduta omissiva ou comissiva", "os antecedentes do agente".

Esses critérios normativos impõem ao magistrado o ônus de fundamentar a aplicação da sanção a circunstâncias concretas, aproximando a dosimetria da pena relativa a atos de improbidade àquela aplicada na seara pena. Em síntese, a constrição da fundamentação da sanção potencializa a incidência do princípio constitucional da individualização da pena, assim como a observância dos postulados da razoabilidade e da proporcionalidade.

Da mesma forma, e ainda na seara da proporcionalidade das sanções, o § 5º do art. 12 prevê que "no caso de atos de menor ofensa aos bens jurídicos tutelados por esta Lei, a sanção limitar-se-á à aplicação de multa, sem prejuízo do ressarcimento do dano e da perda dos valores obtidos, quando for o caso". O dispositivo inaugura capítulo importante na parametrização dos atos de improbidade conforme sua gravidade e consequências, possibilitando que, tal como ocorre no Direito Penal, atos de menor ofensividade recebam resposta adequada e proporcional do Sistema de Justiça.

Trata-se de hipótese relevante da comunicabilidade principiológica entre instâncias primitivas a que nos referimos como imperativo constitucional na primeira parte deste trabalho. No mesmo conjunto de dispositivos está inserido o § 9º do art. 12, que condiciona a execução das sanções previstas na Lei de Improbidade ao trânsito em julgado da sentença condenatória. Há aqui importante exemplo de consistência sistêmica na atuação coordenada dos órgãos de persecução cível e criminal.

Ainda no campo processual, houve inequívoco desenvolvimento legislativo na regulamentação da medida cautelar de indisponibilidade de bens, outro tema tratado de forma genérica pela Lei 8.429/1992. A liminar foi restrita aos bens e valores necessários para assegurar o integral ressarcimento do erário (art. 16, § 10) e sua concessão agora depende da "demonstração no caso concreto de perigo de dano irreparável ou de risco ao resultado útil do processo, desde que o juiz se convença da probabilidade da ocorrência dos atos descritos na petição inicial com fundamento nos respectivos elementos de instrução"[20].

Essa regência, tal como a melhor especificação dos requisitos da petição inicial (art. 16, § 6º)[21], corrobora a afirmação dos direitos à ampla defesa e ao contraditório, na proporção das penalidades aplicáveis em severo regime de responsabilização do particular. O mesmo ocorreu no que concerne ao afastamento, pelo § 19 do art. 17, da presunção de veracidade dos fatos alegados pelo autor em caso de revelia, da imposição de ônus da prova ao réu e do ajuizamento de mais de uma ação de improbidade administrativa pelo mesmo fato.

Além disso, o próprio instituto da prescrição recebeu tratamento mais detalhado, com prazos próprios, não mais vinculados aos de outras instâncias, como a criminal ou a administrativa (art. 23). As hipóteses de suspensão e interrupção da prescrição foram minuciosamente abordadas, com a previsão de lapsos específicos para investigações (art. 23, parágrafos 1º a 5º) e a possibilidade de reconhecimento da prescrição intercorrente (art. 23, §8º).

[20] Sob a égide da redação original da Lei 8.429/1992, prevalecia no Superior Tribunal de Justiça o entendimento de que a decretação de indisponibilidade dos bens prescinde da demonstração de perigo de dano irreparável.

[21] Art. 16 (...) § 6º A petição inicial observará o seguinte: I – deverá individualizar a conduta do réu e apontar os elementos probatórios mínimos que demonstrem a ocorrência das hipóteses dos arts. 9º, 10 e 11 desta Lei e de sua autoria, salvo impossibilidade devidamente fundamentada; II – será instruída com documentos ou justificação que contenham indícios suficientes da veracidade dos fatos e do dolo imputado ou com razões fundamentadas da impossibilidade de apresentação de qualquer dessas provas, observada a legislação vigente, inclusive as disposições constantes dos arts. 77 e 80 da Lei nº 13.105, de 16 de março de 2015.

Em regra, portanto, a reforma legislativa modernizou o processo do sistema de improbidade administrativa, adequando-o às exigências relativas ao devido processo legal e às tendências dele decorrentes, como a possibilidade de solução negocial da lide (art. 17-B).

A par desses avanços, é forçoso reconhecer que a maior contribuição da Lei 14.230/2021 refere-se à integração entre as diferentes instâncias punitivas do Estado brasileiro na defesa da probidade administrativa. Conforme examinamos na primeira parte deste trabalho, o perfil constitucional da improbidade administrativa revela não apenas sua gravidade, mas também sua concorrência com outros regimes de responsabilidade, que não raro implicam a superposição de condutas e sanções. Disso decorre a necessidade de acomodação de premissas e consequências.

O legislador ordinário mostrou-se atento a esses imperativos ao aprovar a Lei 14.230/2021. Inúmeros preceitos buscaram racionalizar a atuação estatal e adequá-la às exigências dos direitos e garantias fundamentais. Nessa linha, é possível afirmar que o art. 12, parágrafos 6º, 7º e 10, o art. 21, parágrafos 3º, 4º e 5º, e o art. 23-C lançam as bases para a convivência de normas punitivas no sistema de tutela da probidade administrativa.

O art. 12, ao tratar da aplicação das sanções por atos de improbidade administrativa, estabelece que a reparação do dano ao erário "deverá deduzir o ressarcimento ocorrido nas instâncias criminal, civil e administrativa que tiver por objeto os mesmos fatos" (§ 6º). Ademais, estabelece que "As sanções aplicadas a pessoas jurídicas com base nesta Lei e na Lei nº 12.846, de 1º de agosto de 2013, deverão observar o princípio constitucional do *non bis in idem*".

As normas expressamente centralizam o princípio do *non bis in idem* na aplicação de sanções cíveis, criminais e administrativas, impondo ao intérprete a dedução do ressarcimento referente ao mesmo fato. O § 5º do art. 21 amplia o alcance desta determinação para qualquer penalidade e não apenas para a reparação do dano, preceituando que "sanções eventualmente aplicadas em outras esferas deverão ser compensadas com as sanções aplicadas nos termos desta Lei". A referência extensiva a "outras esferas" permite inferir que mesmo sanções na arena eleitoral devem ser compensadas com penalidades relacionadas a atos de improbidade administrativa.

No campo do Direito Eleitoral, o § 10 do art. 12 constitui elemento integrativo importante para a coerência do sistema. O dispositivo prevê que "Para efeitos de contagem do prazo da sanção de suspensão dos direitos políticos, computar-se-á retroativamente o intervalo de tempo entre a decisão colegiada e o trânsito em julgado da sentença condenatória".

O preceito harmoniza a sanção de suspensão dos direitos políticos relativa a atos de improbidade, cuja execução em regra é iniciada apenas com o trânsito em julgado da sentença condenatória (art. 12, § 9º), com a hipótese prevista na alínea "l" do art. 1º da Lei Complementar 64/1990, segundo a qual são inelegíveis "os que forem condenados à suspensão dos direitos políticos, em decisão transitada em julgado ou proferida por órgão judicial colegiado, por ato doloso de improbidade administrativa que importe lesão ao patrimônio público e enriquecimento ilícito, desde a condenação ou o trânsito em julgado até o transcurso do prazo de 8 (oito) anos após o cumprimento da pena".

Assim, para evitar a sobreposição de prazos de inelegibilidade – deflagrada por decisão proferida por órgão judicial colegiado – e de suspensão de direitos políticos em sede de improbidade – exequível com o trânsito em julgado, unificou-se a contagem dos respectivos prazos, com a retroação da penalidade aplicada em ação de improbidade administrativa.

Os parágrafos 3º e 4º do art. 21 compatibilizam os sistemas de responsabilização no plano do exame da configuração dos elementos dos tipos de improbidade, sem limitar a vinculação do juízo de improbidade às sentenças penais. É assim que o § 3º prescreve que "As sentenças civis e penais produzirão efeitos em relação à ação de improbidade quando concluírem pela inexistência da conduta ou pela negativa da autoria".

O § 4º detalha a repercussão da absolvição criminal em processo de improbidade sobre os mesmos fatos, estabelecendo que todos os fundamentos previstos no art. 386 do Código de Processo Penal comunicam-se com a ação de improbidade, impedindo seu trâmite. Corolário dessa previsão é que mesmo a sentença criminal absolutória baseada na insuficiência do conjunto probatório implica a extinção da ação de improbidade ou obsta o seu ajuizamento.

Há, portanto, inequívoca ampliação da repercussão recíproca dos sistemas de responsabilização, com a finalidade de evitar a violação ao princípio do *non bis idem* e de canalizar resposta congruente e proporcional do Estado aos atos ofensivos à probidade administrativa.

Por fim, e ainda no campo da coordenação de esforços persecutórios, o art. 23-C preceitua que "atos que ensejem enriquecimento ilícito, perda patrimonial, desvio, apropriação, malbaratamento ou dilapidação de recursos públicos dos partidos políticos, ou de suas fundações, serão responsabilizados nos termos da Lei nº 9.096, de 19 de setembro de 1995". Assim, controvérsias envolvendo a má aplicação de recursos públicos destinados a partidos políticos serão analisadas exclusivamente à luz da legislação específica, perante a Justiça Eleitoral.

4

A edição da Lei 14.230/2021 parece consistir em evolução no processo de construção do sistema de improbidade administrativa que concretize o postulado da probidade sem infirmar outros princípios constitucionais de igual relevo, sobretudo no que tange a direitos fundamentais assegurados aos cidadãos que figuram na condição de réus em ações de improbidade administrativa.

O diploma refinou os tipos de improbidade não só por meio de correções pontuais de redação – de que são exemplos o inciso VII do art. 9º e os incisos VIII, X e XIX do art. 10, mas também mediante a definição do elemento subjetivo das condutas, afastando a punição de comportamentos culposos e exigindo dolo específico.

A par desse aspecto, renovou mecanismos processuais, incrementou as exigências legais de fundamentação do magistrado, em relação a medidas cautelares e à própria dosimetria das sanções, e aproximou o sistema de improbidade do paradigma de justiça negocial que já impera em outras esferas, inclusive na criminal.

Naturalmente, mesmo diante desses avanços, há ainda pontos que exigirão do sistema de Justiça análise cuidadosa. Nesse sentido, o art. 17, § 10-F, ao buscar potencializar as garantias dos réus, evitando decisão condenatória surpresa, acabou por engessar o magistrado, vinculando-o à capitulação do Ministério Público, circunstância ausente inclusive no processo penal.

Com efeito, o § 10-C do art. 17 estabelece que é vedado ao juiz "modificar o fato principal e a capitulação legal apresentada ao autor", enquanto o § 10-F do mesmo dispositivo prevê que é nula a decisão que "condenar o requerido por tipo diverso daquele definido na petição inicial". Noutros termos, o legislador fechou as portas, no sistema de improbidade, a fenômenos correlatos à *emendatio libelli* e à *mutatio libelli* do processo penal.

Esses institutos processuais são relevantes pois possibilitam que o magistrado exerça o controle sobre a capitulação da pretensão do autor, também e sobretudo para proteger o réu de imputações incorretas ou inadequadas. A crítica doutrinária a esses mecanismos, a exigir a observância do princípio da congruência, refere-se ao exercício do direito de defesa pelo réu quando da modificação da capitulação e não à existência do próprio instituto, que desempenha função relevante no desenvolvimento processual[22].

Além disso, o § 11 do art. 16, ao regulamentar a ordem de indisponibilidade de bens, inverteu aquela prevista no art. 835 do Código de Processo Civil, que prevê a preferência pelo dinheiro ou por títulos e valores mobiliários. A nova redação da Lei de Improbidade Administrativa estabelece a prioridade de "veículos de via terrestre, bens imóveis, bens móveis em geral, semoventes, navios e aeronaves, ações e quotas de sociedades simples e empresárias, pedras e metais preciosos" em detrimento do bloqueio de contas bancárias.

O preceito coloca em risco a efetividade do processo judicial e subverte o elemento principal de todo o sistema de tutela da improbidade: a tutela da probidade no trato da coisa pública. Há proteção deficiente desse valor constitucional, com retirada de meios relevantes para consecução dos objetivos fundamentais do regime de responsabilização. Basta observar que a Lei de Improbidade Administrativa posiciona o direito da Administração Pública de ver ressarcidos os prejuízos causados por malfeitos de agentes públicos e privados em patamar inferior ao direito de credores em geral, regidos pelo Código de Processo Civil.

A despeito dessas ressalvas pontuais, a relação entre o sistema de improbidade e o Direito Constitucional alcançou grande avanço com a edição da

[22] Nesse sentido, Néviton Guedes aponta que "o argumento mais poderoso contra a possibilidade de modificação *ex officio* da causa de pedir centra-se, obviamente, na incontornável violação aos princípios constitucionais do contraditório e da ampla defesa, já que o requerido, na ação de improbidade, desenvolverá sua defesa vinculando-se aos fatos e às consequências jurídicas inicialmente dispostos pelo autor da demanda" (O princípio da congruência na ação civil pública de improbidade administrativa. In: MARQUES, MAURO CAMPBELL [et. al.]. Improbidade administrativa: temas atuais e controvertidos. Coordenação: Ministro Mauro Campbell Marques. Rio de Janeiro: Forense, 2017

Lei 14.230/2021, sobretudo com a instituição de dispositivos integradores das diferentes instâncias de responsabilização estatal.

A repercussão obrigatória de fundamentos absolutórios e a compensação de sanções aplicadas em diferentes instâncias implementam a integração dos sistemas a nível operacional. No plano principiológico, conforme já apontado, é nítida a aproximação com premissas hermenêuticas do Direito Penal, como a individualização da pena, a proporcionalidade, a tipicidade e o *non bis idem*.

Etapa importante desse processo consistirá no exame, pelo Supremo Tribunal Federal, da ADI 7236, da relatoria do Min. Alexandre de Moraes, em que são impugnados vários dispositivos da nova Lei de Improbidade Administrativa, inclusive o art. 21, § 4º, que trata justamente da comunicabilidade dos fundamentos absolutórios da esfera penal[23].

Há, portanto, farto material para reflexão da comunidade jurídica, a quem cabe a construção de regime de responsabilização consistente e adequado ao perfil constitucional dos mecanismos de tutela da probidade administrativa. O caminho é certamente longo, mas as bases para o aperfeiçoamento do sistema estão lançadas.

Referências

ARAÚJO, Valter Shuenquener de. O princípio da interdependência das instâncias punitivas e seus reflexos no Direito Administrativo Sancionador. In: Revista Jurídica da Presidência Brasília v. 23 n. 131 Out. 2021/Jan. 2022.

ATHAYDE, Amanda. Manual de Acordos de Leniência no Brasil: teoria e prática. Belo Horizonte: Editora Fórum, 2019.

BRASIL. Superior Tribunal de Justiça. AgInt no REsp 1620286/DF. Primeira Turma. Rel. Min. Regina Helena Costa, DJe de 01/03/2021.

[23] Em 27 de dezembro de 2022, o relator da ADI 7236, Min. Alexandre de Moraes, deferiu em parte o pedido liminar formulado pela Associação Nacional dos Membros do Ministério Público – CONAMP para suspender a eficácia dos artigos 1º, § 8º; 12, § 1º; 12, § 10; 17-B, § 3º; 21, § 4º; assim como para conferir interpretação conforme à Constituição Federal ao art. 23-C da Lei de Improbidade Administrativa "no sentido de que os atos que ensejem enriquecimento ilícito, perda patrimonial, desvio, apropriação, malbaratamento ou dilapidação de recursos públicos dos partidos políticos, ou de suas fundações, poderão ser responsabilizados nos termos da Lei 9.096/1995, mas sem prejuízo da incidência da Lei de Improbidade Administrativa" (ADI 7236-MC, Relator Min. Alexandre de Moraes, DJe de 10/01/2023).

BRASIL. Superior Tribunal de Justiça. AgRg no AREsp 606.352/SP. Segunda Turma, Rel. Min. Assusete Magalhães, DJe de 15/12/2015.

BRASIL. Superior Tribunal de Justiça. REsp 1454036/MG. Segunda Turma. Rel. Min. Mauro Campbell Marques, DJe de 24/10/2018.

BRASIL. Superior Tribunal de Justiça. AgInt nos EDcl no REsp 1718270/RJ. Primeira Turma. Rel. Min. Gurgel de Faria, DJe de 26/05/2021.

BRASIL. Superior Tribunal de Justiça. AIA 30/AM. Corte Especial. Rel. Min. Teori Albino Zavascki, DJe de 28/09/2011.

BRASIL. Supremo Tribunal Federal. Reclamação nº 2.138. Plenário. Relator para acórdão Min. Gilmar Mendes. DJe de 18/04/2008.

BRASIL. Supremo Tribunal Federal. Pet 3240-AgR. Plenário. Relator para acórdão Min. Roberto Barroso. Dje de 22/08/2018.

BRASIL. Supremo Tribunal Federal. RE 976566. Plenário. Relator Min. Alexandre de Moraes. DJe de 26/09/2019.

BRASIL. Supremo Tribunal Federal. MS 35.435. Segunda Turma. Relator Min. Gilmar Mendes. DJe de 02/07/2021.

BRASIL. Supremo Tribunal Federal. RE 852475. Plenário. Relator Min. Alexandre de Moraes. Relator para acórdão Min. Edson Fachin. DJe de 25/03/2019.

BRASIL. Supremo Tribunal Federal. ADI 6678-MC, Relator por substituição Min. Gilmar Mendes, DJe de 05/10/2021.

BRASIL. Supremo Tribunal Federal. ARE 843.989, Plenário, Relator Min. Alexandre de Moraes, DJe de 12/12/2022.

BRASIL. Supremo Tribunal Federal. ADI 7236-MC, Relator Min. Alexandre de Moraes, DJe de 10/01/2023.

CIDH. Corte Interamericana de Direitos Humanos. caso Loayaza Tomayo vs. Peru. In: https://www.corteidh.or.cr/docs/casos/articulos/seriec_33_esp.pdf. Acesso em 13/04/2022, às 10:30.

FIGUEIREDO, Marcelo. Probidade Administrativa. 6ª edição. São Paulo: Editora Malheiros, 2009.

GARCIA, Emerson; ALVES, Rogério Pacheco. Improbidade Administrativa. 9ª edição. São Paulo: Saraiva, 2019.

LUZ, Reinaldo Diogo & SPAGNOLO, Giancarlo. Leniency, collusion, corruption, and whistleblowing. In: Journal of Competition Law and Economics, 2017.

MARQUES, MAURO CAMPBELL [et. al.]. Improbidade administrativa: temas atuais e controvertidos. Coordenação: Ministro Mauro Campbell Marques. Rio de Janeiro: Forense, 2017.

MENDES, Gilmar Ferreira; BRANCO, Paulo Gustavo Gonet. Curso de Direito Constitucional, São Paulo: Saraiva, 2020.

MUDROVITSCH, Rodrigo de Bittencourt; NÓBREGA, Guilherme Pupe da. Comentários à lei de improbidade administrativa e ao projeto de sua reforma. Rio de Janeiro: Lumen Juris, 2021.

OSÓRIO, Fábio Medina. Direito Administrativo Sancionador. Ed. 2022 – versão digital. Thomson Reuters Brasil. P. RB-4.3.

2
O histórico legislativo da Lei nº 14.230/2021: a tramitação do Projeto de Lei nº 10.887/2018 no Congresso Nacional

Victor Marcel Pinheiro

Introdução

Passados por volta de 30 anos da promulgação da Lei nº 8.429, de 2 de junho de 1992, houve sua mais ampla reforma com a Lei nº 14.230, de 25 de outubro de 2021, fruto do Projeto de Lei nº 10.887/2018. Embora seja frequente a afirmação de que estaríamos diante de uma "nova Lei de Improbidade Administrativa", a verdade é que o legislador optou por manter a lei anterior vigente fazendo modificações em sua lógica e estrutura normativas.

O presente artigo tem por objeto investigar o processo legislativo que culminou na Lei nº 14.230/2021. Como será visto, a elaboração da Lei foi fruto de amplo processo de debate público, iniciado por Comissão de Juristas, com dezenas de audiências públicas e análise de questões constitucionais e legais sensíveis para a disciplina do sancionamento dos atos de improbidade administrativa. A seguir será examinado o porquê da relevância do estudo do histórico legislativo da Lei n 14.230/2021, as principais diretrizes jurídicas e políticas que embasaram o Projeto nº 10.887/2018 e um exemplo de questão controvertida profundamente debatida no Congresso Nacional relativa à natureza jurídica da ação de improbidade administrativa e sua legitimidade ativa.

1. Por que examinar o histórico legislativo de uma lei?

O primeiro questionamento a ser enfrentado é o do porquê de se investigar o histórico legislativo de uma determinada lei. Por "histórico legislativo" entende-se as principais etapas do processo legislativo (entre elas, iniciativa, emendamento, deliberação e votação), o comportamento dos parlamentares mediante relatórios, pareceres, discursos, apresentação de emendas e a participação de outros atores sociais (como juristas, entidades públicas e privadas, experts e cidadãos em geral) nesse processo de elaboração de normas institucionalizado.

Ressalta-se que ainda há uma postura de pouca valorização do histórico legislativo como fonte de interpretação do direito. As palavras de Carlos Maximiliano ecoam no presente de que a interpretação judicial do direito seria revestida de "mais garantias de competência técnica e imparcialidade; os parlamentares combatem e *votam* por paixão, e não raro preferem palavras a ideias" (MAXIMILIANO, 1992, p. 142).

Embora não seja objeto principal do presente texto, cabe destacar que a teoria do direito tem experimentado uma revitalização da teoria da legislação e do papel desempenhado pelo processo legislativo nas democracias contemporâneas[1]. Nessa esteira, há, pelo menos, duas grandes finalidades em se examinar o processo de formação das leis.

A primeira e mais tradicional tem por objetivo examinar o processo de formação das leis para compreender o significado das normas jurídicas assim editadas. Em outras palavras, a tarefa aqui é eminentemente de hermenêutica jurídica para identificar-se a melhor interpretação de um texto normativo. Essa perspectiva remonta ao elemento "histórico" da intepretação jurídica,

[1] Para uma análise aprofundada das razões desse fenômeno e suas interseções com a teoria do direito, ver (PAULA, 2010; NASCIMENTO, 2019).

em que se leva em consideração à "vontade do legislador" apresentada durante o debate legislativo e consignada no texto normativo.

Cabe relembrar aqui a discussão presente há mais de século na teoria do direito entre a teoria "subjetivista" (*mens legislatoris*) e a teoria "objetivista" (*mens legis*), ou seja, entre a preponderância da "vontade do legislador" ou "vontade da lei" como critérios de intepretação jurídica[2]. Como destaca Karl Larenz, "a cada uma destas teorias subjaz uma parte da verdade", de modo que é suficiente aqui reconhecer que interpretar um texto normativo passa por examinar o contexto político no momento de sua elaboração, atualizando seu sentido com as circunstâncias presentes ao lado dos demais cânones da interpretação jurídica (LARENZ, 2005, p. 446-450). Na mesma direção, Dworkin aponta que o início do processo de interpretação jurídica deve partir do texto revestido de autoridade e da intenção dos legisladores – entendida não no sentido do estado psicológico de pessoas concretas – mas das melhores justificativas normativas disponíveis para compreender um evento histórico (DWORKIN, 2006, p. 120-1).

Já a segunda finalidade da investigação do histórico legislativo diz respeito ao controle judicial de constitucionalidade das leis. Para essa finalidade há também duas perspectivas distintas.

Em uma primeira perspectiva, o histórico legislativo é relevante para fins de controle judicial de constitucionalidade formal das leis. Trata-se de uma visão mais tradicional na dogmática jurídica e que entende que o desrespeito às normas constitucionais que regem o processo legislativo leva à sua inconstitucionalidade. Tem crescido a visão de que também as normas dos regimentos das Casas Legislativas podem servir de parâmetro de controle de constitucionalidade caso sejam violadas, nesse caso, levando à mesma consequência de inconstitucionalidade formal[3].

Já a segunda perspectiva do exame do histórico legislativo diz respeito ao grau de deferência judicial em face da decisão tomada pelos legisladores. Gilmar Ferreira Mendes já alertava para a questão da necessidade de se repensarem as condições e limites judiciais para revisão dos fatos e prognoses

[2] Para uma profunda análise crítica desse debate e do ideal de racionalidade "do legislador" e da legislação, ver (WINTGENS, 2012).

[3] Em defesa da visão, ver (SILVA FILHO, 2003) e (BARBOSA, 2010).

legislativas, ou seja, quais fatos fundamentaram e quais objetivos justificaram a promulgação de uma lei (MENDES, 2000). Trata-se de questão central para a clássica discussão da relação entre democracia e constitucionalismo, em que as condições da gênese democrática de uma lei se tornam um dos aspectos centrais a partir do qual se pode construir um modelo dogmático coerente de jurisdição constitucional[4].

Nesta segunda perspectiva, tem crescido o que no direito comparado se denominada controle "semiprocedimental" de constitucionalidade, em que a constitucionalidade material de uma norma também leva em consideração elementos procedimentais[5]. Isso fica mais claro quando da utilização de princípios constitucionais como parâmetros de controle judicial de constitucionalidade, por exemplo, por meio do exame de proporcionalidade, em que, em última análise, examinam-se os limites de discricionariedade dos legisladores. Como já destacava Canotilho: o exame de proporcionalidade objetiva "situar constitucionalmente o espaço de prognose legislativa" (CANOTILHO, 2001, p. 274).

Com isso, torna-se relevante examinar o histórico legislativo de uma lei em concreto para avaliar o grau de deferência a ser concedido à opção democraticamente tomada pelo Poder Legislativo. Embora não seja o foco do presente texto, cabe salientar que a Constituição Federal de 1988 disciplina o processo legislativo não apenas por regras expressas, mas também por princípios constitucionais, que formam o devido processo legislativo. Nesse sentido, há princípios que estruturam a tomada de decisão legislativa e se fundam diretamente no caráter representativo e deliberativo da nossa democracia, entre eles, a igualdade política, participação social, publicidade, deliberação e eficiência. Desse modo, defende-se que quanto mais aderente o processo de elaboração de uma lei em concreto for a esses princípios, maior deferência deve existir em face da tomada da decisão legislativa, especialmente no caso de incerteza epistêmica sobre os fatos, prognoses e pressupostos normativos que a fundamentaram[6].

[4] Para a reconstrução do debate das relações entre constitucionalismo e democracia à luz dos pressupostos da teoria discursiva do direito, ver (OLIVEIRA, 2016).

[5] Para uma revisão desse debate, ver (MESSERSCHMIDT, 2016).

[6] Victor Marcel Pinheiro, "Devido processo legislativo: princípios, elaboração das leis ordinárias pelo Congresso Nacional e controle judicial", Tese de doutorado em elaboração (no prelo), 2022, Cap. 7.

Para o que interessa ao presente texto, é, portanto, imperativo salientar a fundamental importância de se conhecer em maiores detalhes como foi o processo de elaboração da Lei nº 14.230/2021 para, de um lado, construir uma interpretação adequada do seu significado e, de outro lado, avaliar a constitucionalidade de suas normas à luz de um modelo de jurisdição constitucional, em que a tomada de decisão legislativa está no centro da nossa democracia.

Diferentemente de tentar encontrar o estado subjetivo individual dos parlamentares que aprovaram o texto da Lei nº 14.230/2021, examina-se seu histórico legislativo para tentar identificar quais foram os argumentos apresentados durante sua elaboração, bem como suas principais etapas procedimentais em que houve a participação de parlamentares e outros atores para avaliar o grau de abertura discursiva e amadurecimento da tomada de decisão legislativa para fins de sua correta compreensão (PINHEIRO, 2022, Cap. 7).

2. O histórico legislativo da Lei 14.230/2021 e sua principal diretriz: a maior delimitação dos atos sancionados pelo regime da improbidade administrativa

A despeito de haver diversos projetos de lei apresentados no Congresso Nacional que objetivavam modificações na Lei nº 8.429, de 1992, em 22 de fevereiro de 2018 foi tomada iniciativa decisiva pelo Presidente da Câmara dos Deputados em designar uma Comissão de Juristas para elaboração de um anteprojeto de sua reforma[7]. Já em seus *consideranda*, o Ato do Presidente da Câmara reconhecia o grande volume de decisões judiciais, especialmente dos Tribunais Superiores, que careciam de uma sistematização por via legislativa.

A Comissão realizou seis reuniões, sendo a última destinada a uma audiência pública com representantes da Ordem dos Advogados do Brasil, Ministério

[7] Ato do Presidente da Câmara dos Deputados de 22/02/2018, publicado no DCD – Suplemento – de 23/02/2018, p. 9. Com posteriores modificações, a Comissão de Juristas foi composta pelos seguintes membros: Presidente: Mauro Campbell Marques (Ministro do Superior Tribunal de Justiça), Alexandre Sankievicz, Adauto Amaral Oliveira, Cassio Scarpinella Bueno, Emerson Garcia, Fabiano da Rosa Tesolin, Fábio Bastos Stica, Guilherme de Souza Nucci, Lília Ribeiro Fernandes, Marçal Justen Filho, Mauro Roberto Gomes de Mattos, Ney Bello, Rodrigo Mudrovitsch e Sérgio Cruz Arenhart.

Público, Poder Judiciário e professores para discussão dos principais pontos a serem objeto de modificação. Finalizados os trabalhos da Comissão, suas conclusões e propostas foram apresentadas perante a Câmara dos Deputados como Projeto de Lei nº 10.887, em 17 de outubro de 2018, com autoria do Deputado Roberto de Lucena (PODE-SP).

A principal diretriz do Projeto e que perpassou todo o debate legislativo foi diferenciar a natureza jurídica e a consequente repercussão no plano sancionatório dos atos de improbidade administrativa, violadores do princípio da moralidade nos termos do art. 37, § 4º, da Constituição Federal, dos atos meramente irregulares, que devem ser objeto de disciplina menos grave. Isso decorreu da percepção de que houve uma aplicação excessivamente ampla do regime jurídico da Lei nº 8.429, de 1992, e que deveria ser readequada à realidade da administração pública no Brasil. Conforme consta da Justificação do Projeto:

> De um atento exame do texto, par e passo da observação da realidade, conclui-se que não é dogmaticamente razoável compreender como ato de improbidade o equívoco, o erro ou a omissão decorrente de uma negligência, uma imprudência ou uma imperícia. Evidentemente tais situações não deixam de poder se caracterizar como ilícitos administrativos que se submetem a sanções daquela natureza e, acaso haja danos ao erário, às consequências da lei civil quanto ao ressarcimento. O que se compreende neste anteprojeto é que tais atos desbordam do conceito de improbidade administrativa e não devem ser fundamento de fato para sanções com base neste diploma e nem devem se submeter à simbologia da improbidade, atribuída exclusivamente a atos dolosamente praticados.[8]

Como principais inovações que foram apresentadas já no momento inicial do Projeto e que foram convertidas na Lei nº 14.230, de 2021, destacam-se:

1) Revogação da previsão de atos de improbidade na modalidade culposa;
2) Afastamento do dolo no caso de intepretação razoável da lei;

[8] Justificação do Projeto de Lei n 10.887/2018, Dep. Roberto de Lucena (Podemos-SP), p. 19.

3) Possibilidade de que atos de baixa lesividade sejam sancionados apenas com multa;
4) Legitimidade ativa exclusiva do Ministério Público para ajuizamento da ação de improbidade administrativa; e
5) Possibilidade de celebração de acordo de não persecução cível.

Após a apresentação do Projeto, houve a constituição de Comissão Especial na Câmara dos Deputados, em razão de ser matéria de competência de mais de três comissões permanentes, nos termos do art. 34, inciso II, de seu Regimento Interno, sendo designado relator o Deputado Carlos Zarattini (PT-SP). Durante pouco mais de um ano de seu funcionamento, foram realizadas 14 audiências públicas com a presença de diversas autoridades públicas, acadêmicos e profissionais do direito que ofereceram contribuições para aperfeiçoamento do texto em debate.

Em face da urgência da matéria, foi aprovado pelo Plenário da Câmara dos Deputados requerimento de urgência em 15 de junho de 2021, sendo a matéria discutida e votada no dia seguinte. Foi designado novamente relator em Plenário o Dep. Carlos Zarattini (PT-SP) sobre o Projeto e sobre as 16 emendas a ele apresentadas. Seguindo a intenção original do Projeto, destacou o Relator nessa ocasião em seu parecer a diferença de contexto político no momento de edição da Lei nº 8.429, de 1992, e sua reforma em discussão:

> Em 1991, foi enviado ao Congresso Nacional, por iniciativa do Poder Executivo, o Projeto de Lei nº 1.446/91, que sofreu ampla reformulação, para culminar em junho de 1992, seis meses antes do impeachment do Presidente Fernando Collor de Mello, na sanção do principal instrumento normativo contra os atos de improbidade administrativa praticados por agentes públicos, qual seja, a Lei nº 8.429/1992 (Lei de Improbidade Administrativa), que estabeleceu três categorias de improbidade administrativa – violação aos princípios, dano ao erário e enriquecimento ilícito –, bem como especificou hipóteses casuísticas para cada espécie de improbidade.
> Portanto, a Lei nº 8.429/1992 foi concebida em momento histórico do País, onde se buscava o combate à corrupção na administração pública, bem como o combate ao enriquecimento ilícito de agentes públicos.

> Hoje, é inquestionável a necessidade de se reformular a Lei de Improbidade Administrativa – LIA. São incontáveis os casos de condenações por irregularidades banais, que não favorecem nem prejudicam ninguém além do próprio agente público, punido severamente com multas vultosas e suspensão de direitos políticos. Com isso, cada vez mais as pessoas de bem vão se afastando da vida pública, em prejuízo da população.[9]

Após apresentação de emenda substitutiva global, o Projeto foi aprovado e remetido ao Senado Federal.

Recebido no Senado Federal em 9 de julho de 2021, o Projeto passou a tramitar como Projeto de Lei nº 2.505, de 2021, sendo realizada Sessão de Debate Temático em Plenário para sua discussão com a presença de diversas autoridades públicas. O Projeto foi enviado para a Comissão de Constituição, Justiça e Cidadania (CCJ) do Senado Federal, onde foi objeto de nova audiência pública.

Foram apresentadas 55 emendas na CCJ do Senado, tendo sido aprovado o parecer de relatoria do Senador Weverton (PDT/MA), com emenda substitutiva global. Na mesma linha de argumentação apresentada na Câmara dos Deputados, foi mantida a principal diretriz do projeto de delimitar o escopo do regime sancionatório aos atos de improbidade administrativa àqueles de maior gravidade, em que há dolo específico do agente em praticar um ato almejando finalidade ilícita. Como consta do Parecer aprovado na Comissão:

> Cabe ponderar que o afastamento da modalidade culposa de improbidade não significa que o ato praticado sem dolo, mas como culpa, seja considerado lícito e, portanto, não passível de punição. A culpa não dolosa, por negligência, imperícia e imprudência de servidor público, por exemplo, pode ser considerada ilícita, conforme estabelece o art. 117, XV, da Lei nº 8.112, de 1990, e passível de ser punida com demissão, consoante o art. 132, XIII, daquela Lei.

[9] Parecer de Plenário do Dep. Carlos Zarattini ao Projeto de Lei n 10.887/2018, Sessão Deliberativa Extraordinária de 16/06/2021, pp. 6-7.

> No mesmo sentido, a Lei nº 12.376, de 30 de dezembro de 2010, que alterou o Decreto-Lei nº 4.657, de 4 de setembro de 1942 (Lei de Introdução às normas do Direito Brasileiro), acrescentou a esse diploma legal o art. 28, que estabelece que o agente público responderá pessoalmente por suas decisões ou opiniões técnicas em caso de dolo ou erro grosseiro, quando não há dolo, mas fica caracterizada a chamada culpa grave, que é fronteiriça ao dolo.
> Desse modo, a supressão da modalidade culposa de ato improbidade administrativa não significa que ilícitos culposos deixarão de existir ou que não serão passíveis de punição, mas significa que tais ilícitos serão tratados por diplomas normativos de outras espécies e não pela lei de improbidade.[10]

Enviada ao Plenário, o Projeto foi objeto de mais 13 emendas, tendo sido objeto de novo parecer em Plenário proferido pelo Senador Weverton (PDT-MA) e aprovado em 29 de agosto de 2021, tendo sido remetido à Câmara dos Deputados para apreciação das emendas do Senado Federal, como exige o art. 65, parágrafo único, da Constituição Federal.

Em fase final na Câmara dos Deputados, o projeto foi objeto de parecer monocrático em Plenário pelo Deputado Carlos Zarattini (PT-SP), sendo debatido e aprovado nas sessões realizadas nos dias 5 e 6 de outubro. Em 25 de outubro de 2021, houve a sanção sem vetos do Projeto, promulgado como Lei nº 14.230.

O percurso acima mostra que a Lei nº 14.230/2021 foi fruto de uma ampla discussão dentro e fora do Congresso Nacional, que movimentou diversos setores do meio jurídico. Embora tenha havido a adoção de regime de urgência regimental na Câmara dos Deputados, a verdade é que a nova Lei foi objeto de intensa atividade legislativa, mediante elaboração do anteprojeto por comissão de juristas, audiências públicas e debate parlamentar durante mais de três anos.

Se pode assim afirmar que, além de não ostentar vícios manifestos de constitucionalidade formal, a lei foi fruto de um processo de elaboração que

[10] Parecer CCJ nº 14/2021, Senado Federal, Rel. Sen. Weverton (PDT-MA), aprovado em 29/09/2021, p. 23-4.

alcançou elevado grau de concretização dos princípios do devido processo legislativo, o que deve repercutir no momento da avaliação de sua constitucionalidade material. Especialmente no caso da realização do exame de proporcionalidade com a avaliação do grau de concretização e restrição a princípios constitucionais, deve ser reconhecido que boa parte dessa atividade de ponderação já fora feita de modo expresso no momento de sua elaboração, o que implica uma maior deferência (ainda que não absoluta) com as opções legislativas.

Como a Justificação do Projeto e os pareceres dos relatores demonstram, a Lei nº 14.230/2021 foi elaborada a partir da percepção de que era necessário corrigir a tônica da Lei nº 8.429/1991, de modo a oferecer maior segurança jurídica ao bom gestor que, por vezes, pode cometer equívocos de boa-fé ou adotar interpretações legais razoáveis que ao final de um processo judicial não são compartilhadas pelos magistrados.

Ela é, portanto, resultado de uma reação legislativa (ou *backlash* legislativo) a iniciativas de autoridades públicas e à jurisprudência, especialmente do STJ, que, durante os praticamente trinta anos de sua vigência, potencializaram seus mecanismos sancionatórios (MONTEIRO NETO, 2021, p. 107-6). Como ressaltado durante a tramitação da Lei, esse cenário criou a situação paradoxal em que possíveis agentes públicos deixam de assumir uma determinada função com receio de serem acionados judicialmente para responder a uma ação de improbidade administrativa com eventual condenação por "irregularidades banais" – retomando-se as palavras do Relator na Câmara dos Deputados.

Essa mudança de paradigma nas atividades de fiscalização e controle da administração pública vem na mesma linha das modificações realizadas pela Lei nº 13.655, de 25 de abril de 2018, que alterou a Lei de Introdução às Normas do Direito Brasileiro (Decreto-Lei nº 4.657, de 4 de setembro de 1942). Em seu art. 22, é previsto que os "obstáculos e as dificuldades reais do gestor e as exigências das políticas públicas a seu cargo" deverão ser levados em consideração na intepretação das normas de gestão pública, bem como as circunstâncias práticas da tomada de decisão consideradas para a imputação de sanção ao gestor.

Essa mudança afasta o "irrealismo jurídico" de que o direito seria um sistema completo de normas que podem ser compreendidas de modo unívoco pelo gestor público e de superestimar as condições fáticas materiais para concretização de políticas públicas (JORDÃO, 2018, p. 65-70). Essa postura, na prática, colocava um pesado fardo sobre os gestores públicos de constantemente terem suas condutas questionadas e eventualmente sancionadas pela adoção de interpretações jurídicas razoáveis e tomada de decisões em contextos de recursos e informações escassos.

Assim como a reforma da Lei de Introdução às Normas do Direito Brasileiro, a Lei nº 14.230/2021 também procura afastar a caracterização de atos irregulares de menor gravidade como atos de improbidade administrativa na tentativa de oferecer maior segurança jurídica para que o bom gestor possa desenvolver suas atividades, ainda que eventuais equívocos de boa-fé possam ser cometidos. Essa é, portanto, a principal diretriz que decorre do exame do processo legislativo da Lei e que deve guiar a interpretação de suas normas.

3. Um exemplo de análise de questão jurídica controvertida: a natureza jurídica de ação de improbidade administrativa e sua legitimidade ativa

Durante a elaboração da Lei nº 14.230/2021, dezenas de temas foram debatidos e modificações foram aprovadas ao regime jurídico então vigente de combate aos atos de improbidade administrativa. Uma, entretanto, foi objeto de debates e disputa política desde os trabalhos da Comissão de Juristas: a natureza jurídica da ação de improbidade administrativa e sua legitimidade ativa.

Já na versão original do Projeto nº 10.887/2018, foi adotada a perspectiva de que ação judicial por atos de improbidade administrativa tem natureza sancionatória claramente se diferenciando da ação de natureza reparatória civil. Nos termos da Justificação do Projeto, não deveria se "manter questões de estado ao alvedrio das alterações políticas e nem tratar questões de ato de improbidade como se administrativas fossem"[11].

Por essa razão, já desde sua primeira versão, o Projeto previu que a ação de improbidade administrativa seria proposta por iniciativa exclusiva do Ministério Público[12]. Trata-se de tema que foi debatido em profundidade já na

[11] Justificação do Projeto de Lei n 10.887/2018, Dep. Roberto de Lucena (Podemos-SP), p. 24.

[12] Projeto nº 10.887/2018: "Art. 17. A ação para a aplicação das sanções de que trata esta lei será proposta pelo Ministério Público."

audiência pública da Comissão de Juristas que elaborou o Anteprojeto[13] e que praticamente perpassou todo o debate sobre a lei tanto na Câmara dos Deputados, quanto no Senado Federal.

Na fase inicial de apreciação da matéria no Plenário da Câmara dos Deputados, foram apresentadas as Emendas nº 2 (Dep. Tadeu Alencar – PSB-PE) e 3 (Dep. Fábio Trad – PSD-MT), que almejavam reintroduzir a legitimidade ativa dos demais entes públicos para propositura da ação por improbidade administrativa. As Emendas apresentavam Justificação extensa e contemplaram argumentos sobre a possível inconstitucionalidade da restrição da legitimidade ativa para ação de improbidade em face dos arts. 129, § 1º, 131 e 132, da Constituição Federal, destacando que haveria uma opção constitucional por um regime de combate à improbidade administrativa com competências compartilhadas entre diferentes órgãos públicos dos entes federativos. No mérito, apontavam para a importância de se manter os esforços de combate à corrupção de modo descentralizado e coordenado, inclusive à luz da experiência da Lei nº 12.846, de 1º de agosto de 2013 (Lei Anticorrupção), e tratados internacionais dos quais o Brasil faz parte, como a Convenção das Nações Unidas contra a Corrupção, a Convenção sobre Combate à Corrupção de Funcionários Públicos estrangeiros em Transações Comerciais Internacionais na OCDE e Convenção Interamericana Contra a Corrupção da OEA.

As emendas foram rejeitadas pelo Plenário, tendo o Relator, Dep. Carlos Zarattini (PT-SP), apresentado sobre elas o seguinte parecer em Plenário:

> As Emendas nºs 2 e 3, dos Deputados Tadeu Alencar e outros e Fábio Trad e outros, objetivam a reintrodução, no projeto de lei, da legitimidade ativa da Advocacia Pública para a proposição de ações de improbidade. Com o devido acatamento à manifestação exarada, o regime das sanções previstas na Lei de Improbidade encerram restrições a direitos fundamentais de cidadania, como a suspensão dos direitos políticos dos agentes considerados ímprobos. Por esta razão, na mesma linha adotada no sistema penal, é imprescindível que a atuação seja

[13] https://www.camara.leg.br/noticias/539896-anteprojeto-sobre-reforma-da-lei-de-improbidade-sera-apresentado-no-dia-14-a-rodrigo-maia/

> feita por meio de órgão legitimado e isento. Ademais, a suspensão de direitos políticos impacta diretamente as disputas eleitorais, razão pela qual a manutenção da exclusividade da titularidade ativa no Ministério Público de modo a impedir a intervenção de agentes políticos no manejo de ações de improbidade.[14]

Depois de aprovado o texto do substitutivo em Plenário, foi apresentado Destaque para Votação em Separado da Emenda nº 2. Ao defender a aprovação da Emenda de sua autoria, o Dep. Tadeu Alencar (PSB-PE) ressaltou novamente a importância de os entes lesados promoverem a ação de improbidade administrativa e que eventuais abusos no seu manejo poderiam ser coibidos com base na Lei dos Crimes de Abuso de Autoridade (Lei nº 13.869, de 5 de setembro de 2019). A Emenda foi rejeitada por 357 votos contrários.

O tema voltou novamente à discussão no Senado Federal.

Foi apresentada a Emenda nº 19 (Sen. Alvaro Dias – PODE-PR), que objetivava a reintrodução da legitimidade ativa dos demais entes públicos para ajuizamento da ação de improbidade administrativa com argumentação semelhante às Emendas nº 2 e nº 3 sobre este ponto apresentadas na Câmara dos Deputados.

Nos termos do Parecer nº 14/2021 da CCJ do Senado, de Relatoria do Sen. Weverton (PDT-MA), entendeu-se pela rejeição da Emenda. No Parecer, foi pontuado haver vício de inconstitucionalidade na redação aprovada na Câmara dos Deputados pelo caráter ainda dúbio da natureza jurídica da ação por improbidade administrativa, que poderia ser confundida com uma ação de natureza reparatória cível, que, desse modo, deveria ter sua legitimidade ativa ampliada para outros entes públicos, conforme o § 1º, do art. 129, da Constituição Federal.

Para sanar esse vício, foi introduzido o art. 17-D que definiu que "a ação por improbidade administrativa é repressiva, de caráter sancionatório, destinada à aplicação de sanções de caráter pessoal previstas nesta Lei, e não constitui ação civil". Nos termos do Parecer:

[14] Sessão Extraordinária do Plenário da Câmara dos Deputados, 16/06/2021, Notas taquigráficas, 18h16min.

Do ponto de vista da constitucionalidade material, porém, vislumbro a necessidade de saneamento da proposição. Com efeito, dentre as principais alterações trazidas pelo Projeto de Lei nº 2.505, de 2021, está a restrição da legitimidade ativa ad causam para propor ações civis públicas de improbidade administrativa, limitando-a apenas ao Ministério Público competente, o que não se afigura, à primeira vista, compatível com o regramento constitucional.
(...)
Isso porque o § 1º do artigo 129 da Constituição dispõe expressamente que a legitimação do Ministério Público para as ações civis a ele incumbidas não impede a de terceiros, nas mesmas hipóteses, de modo que, de princípio, o Projeto de Lei nº 2.505, de 2021, padece de inconstitucionalidade ao excluir a legitimidade das pessoas jurídicas interessadas – União, Estados, Distrito Federal e Municípios –, isto é, como terceiros, para fins do referido dispositivo constitucional.
Esse vício, contudo, não impede o aproveitamento da opção política do legislador ordinário em limitar a legitimidade ativa da ação de improbidade, como proposto no Projeto de Lei nº 2.505, de 2021. Referindo-se o § 1º do artigo 129 da Constituição às ações civis (públicas), a alteração da natureza jurídica das ações de improbidade administrativa na legislação, reconhecendo-as como ações sancionatórias, de caráter repressivo, afasta a referida condicionante constitucional da legitimação para a causa a terceiros. (...)
A definição explícita, clara e incontroversa de que as ações de improbidade administrativa, destinadas à imposição de sanções pessoais, não se confundem com as ações civis públicas, cuja vocação é a proteção do patrimônio público e social, do meio ambiente e de outros interesses difusos e coletivos, esvazia eventual pecha de inconstitucionalidade do Projeto de Lei nº 2.505, de 2021.[15]

[15] Parecer nº 14/2021 da CCJ do Senado Federal, Rel. Sen. Weverton (PDT-MA), 29/09/2021, p. 20-21.

A Emenda nº 19 voltou ao debate no Plenário do Senado Federal. Após a aprovação do texto base, foi apresentado Destaque para Votação em Separado. Foi, entretanto, mais uma vez rejeitada.

O exposto acima demonstra que a questão da natureza jurídica da ação por improbidade administrativa e sua legitimidade ativa foram debatidas à exaustão pelo Congresso Nacional, tendo sido objeto de debates já na comissão de juristas, passando pelos pareceres proferidos sobre a matéria e com múltiplas votações específicas. Houve o enfretamento dos argumentos jurídicos, inclusive constitucionais, e políticos para a tomada de decisão legislativa, especialmente os relacionados ao art. 129, § 1º, da Constituição Federal. Houve modificação específica do Projeto no Senado Federal para, de um lado, não se excluir a legitimidade ativa de outros entes públicos para a propositura de ações civis públicas e, de outro lado, deixar expresso que as ações por improbidade administrativa não são de natureza cível sendo sua legitimidade ativa restrita ao Ministério Público.

Como exposto acima, o exame do histórico legislativo aqui influencia tanto a interpretação sobre a natureza jurídica da ação de improbidade administrativa quanto a avaliação da constitucionalidade da restrição de sua legitimidade ativa.

De um lado, há argumentos de que a ação de improbidade administrativa continuaria a ser espécie das ações coletivas *lato sensu*, atraindo o regime jurídico de proteção de direitos difusos consubstanciando em diplomas como a Lei nº 4.717, de 29 de junho de 1965 (Lei da Ação Popular), Lei nº 7.347, de 24 de julho de 1985 (Lei da Ação Civil Pública) e do Código de Defesa do Consumidor. De outro lado, há o entendimento de que, com a Lei nº 14.230/2021, a ação por improbidade administrativa afasta-se desse modelo, aproximando-se do direito penal e de seu regime jurídico, especialmente à luz dos princípios e regras do direito administrativo sancionador[16].

Como o histórico legislativo da Lei nº 14.230/2021 revela, toda a lógica de modificação da Lei nº 8.429/1991 foi a de tornar a ação por ato de improbidade administrativa de natureza claramente punitiva dentro do regime jurídico

[16] São ilustrativas do caráter candente dessa discussão as posições antagônicas de Fredie Didier Jr. e Hermes Zaneti Jr. em obra em coautoria (DIDIER JR. e ZANETI JR., 2022, p. 23-33).

de direito sancionatório. Isso foi reforçado pela caracterização da natureza jurídica dessa ação, expressamente afastando-se a ação civil pública, bem como pela previsão da incidência dos princípios do direito administrativo sancionador. Isso reforça a visão de que o regime jurídico de direito material e processual da Lei nº 8.429/1992 está muito mais próximo do direito sancionador do que do direito da tutela coletiva de direitos coletivos *lato sensu*, ainda que, secundariamente, também possa ter esse objetivo.

Há também controvérsia relevante sobre a constitucionalidade da restrição da legitimidade ativa da ação de improbidade administrativa apenas para o Ministério Público. Foram ajuizadas duas ADIs no STF (ADI nº 7.042 e 7.043), que questionaram a introdução dessa restrição no art. 17-B na Lei nº 8.429/1992, entre outros, por possível violação ao art. 129 e 132 da Constituição Federal.

Foi concedida monocraticamente medida cautelar pelo Relator das ações, Min. Alexandre de Moraes, que conferiu interpretação conforme à Constituição a dispositivos da Lei nº 14.230/2021 para reconhecer a legitimidade ativa concorrente do Ministério Público com as pessoas jurídicas interessadas para a proposição da ação por ato de improbidade administrativa. Em sua decisão, o Ministro entendeu pela presença do *fumus boni iuris* nas alegações de que poderia haver um retrocesso no combate à corrupção no Brasil, em afronta ao princípio da eficiência nas atividades da Administração Pública de combate aos atos de improbidade administrativa, nos termos do art. 37, *caput* e § 4º, bem como à possibilidade de os demais entes públicos ajuizarem ações civis, conforme o art. 129, § 1º, todos da Constituição Federal.[17]

Um ponto a ser destacado é que não houve no curso dessas ações menção ao histórico legislativo da Lei nº 14.230/2021. Os argumentos utilizados em via judicial foram expressamente enfrentados durante diversos momentos do processo de elaboração da lei questionada, tendo sido objeto de propostas, emendas e votações em separado tanto na Câmara dos Deputados quanto no Senado Federal. Houve ampla participação de interessados e especialistas em processo de elaboração que durou mais de três anos. Isso, contudo, não foi levado em consideração de modo expresso nessas ações até o momento.

[17] STF, ADI 7.042 e ADI. 7.042, Rel. Min. Alexandre de Moraes, decisão monocrática, j. 17/02/2022.

Naturalmente não se trata aqui de entender que pelo fato de se terem debatido questões no processo legislativo que elas não possam ser reexaminadas em via judicial. O controle jurisdicional das leis é atividade que amplifica o debate constitucional sobre as opções legislativas e permite que exista um amplo exame de compatibilidade formal e material das normas questionadas em face da Constituição Federal.

O argumento aqui é o de que, do ponto de vista da acomodação dogmática entre democracia e jurisdição constitucional, deve ser dada relevância ao processo legislativo em concreto pelo qual uma lei foi produzida, de modo a conhecer-se a extensão da possibilidade de participação igualitária de parlamentares e demais interessados no processo de sua construção, com avaliação de alternativas, maturação da questão pelos debates e os argumentos apresentados publicamente para justificar a decisão tomada. Isso jamais torna a norma produzida imune de controle judicial, mas permite que exista maior ou menor deferência à decisão legislativa conforme o processo de sua elaboração.

Conclusões

Como visto, o processo de elaboração das leis é um dos momentos centrais de criação do direito em uma democracia que revela quais questões de ação coletiva eram objeto de atenção da sociedade e quais soluções foram para elas pensadas. Essa tarefa é de fundamental importância, de um lado, para a adequada interpretação da norma legislativa e, de outro lado, para o seu controle judicial de constitucionalidade.

Não se trata de uma investigação subjetiva individual do estado mental de cada um dos parlamentares, mas, entre outros, do exame das justificativas dos projetos, pareceres e emendas, dos discursos parlamentares e dos demais atores sociais participantes desse processo para identificar as principais diretrizes e antagonismos presentes naquele momento e como elas foram resolvidas nas diversas etapas do procedimento legislativo.

Foi visto que a principal diretriz que motivou a propositura e aprovação do Projeto de Lei nº 10.887/2018 foi a diferenciação de regime jurídico dos atos de improbidade administrativa em relação às demais irregularidades de menor gravidade praticadas por agentes públicos. Em diversos momentos do processo de elaboração da Lei, foi reforçada a ideia de que as sanções por improbidade administrativa somente deveriam ser imputadas em casos dolosos graves e não em situações de culpa, nas quais há outros mecanismos de punição e reparação civil do ente lesado.

Como exemplo de questão analisada a partir de seu histórico legislativo, verificou-se que houve amplo e profundo debate nas duas Casas do Congresso Nacional a respeito da legitimidade ativa exclusiva do Ministério Público para o ajuizamento da ação de improbidade administrativa e de sua natureza punitiva não-cível. Desde os trabalhos da Comissão de Juristas até a fase final de tramitação foram enfrentados diversos argumentos sobre a constitucionalidade e mérito desta opção. Desse modo, a correta interpretação dos respectivos dispositivos da Lei nº 14.230/2021 e o debate corrente sobre a constitucionalidade dessa opção legislativa devem levar em consideração essa circunstância para atribuir-lhe relevância jurídica.

Cabe ressaltar que há diversas outras questões que foram debatidas no Congresso Nacional durante a tramitação da Lei nº 14.230/2021 e que podem ser objeto de análise pormenorizada à luz de seu histórico legislativo. Como exemplos, a redefinição da culpabilidade para os atos de improbidade administrativa e seu afastamento para casos de interpretações legais, regulamentares ou contratuais razoáveis, a fixação de rol taxativo para os atos de improbidade administrativa na modalidade violação aos princípios da administração pública e a retroatividade *in melius* das modificações feitas na Lei nº 8.429/1992, considerada sua natureza administrativo-sancionatória.

Portanto, o exame do histórico legislativo pode oferecer – não uma suposta intepretação autêntica da Lei – mas um bom ponto de partida para a compreensão das profundas modificações pelas quais passou o regime jurídico do sancionamento dos atos de improbidade administrativa e quais foram as questões enfrentadas e soluções adotadas democraticamente pela sociedade brasileira mediante a elaboração da Lei nº 14.230/2021 pelo Congresso Nacional.

Referências

BARBOSA, Leonardo Augusto de Andrade. **Processo legislativo e democracia**. Belo Horizonte: Del Rey, 2010.

CANOTILHO, J. J. Gomes. **Constituição Dirigente e Vinculação do Legislador:** Contributo para a Compreensão das Normas Constitucionais Programáticas. 2a. ed. Coimbra: Coimbra Editora, 2001.

DIDIER JR., Fredie.; ZANETI JR., Hermes. **Curso de Direito Processual Civil**. 16a. ed. Salvador: Jus Podium, v. 4, 2022.

DWORKIN, Ronald. **Justice in Robes**. Cambridge: Harvard University, 2006.

JORDÃO, Eduardo. Art. 22 da LINDB: acabou o romance – reforço do pragmatismo no direito público brasileiro. **Revista de Direito Administrativo**, p. 63-92, nov. 2018.

LARENZ, Karl. **Metodologia da Ciência do Direito**. 4a. ed. Lisboa: Fundação Calouste Gulbenkian, 2005.

MAXIMILIANO, Carlos. **Hermenêutica e Aplicação do Direito**. 12a. ed. Rio de Janeiro: Forense , 1992.

MENDES, Gilmar Ferreira. Controle de constitucionalidade: hermenêutica constitucional e revisão de fatos e prognoses legislativos pelo órgão judicial. **Revista Jurídica Virtual**, v. 8, p. 1-14, 2000.

MESSERSCHMIDT, Klaus. The Procedural Review of Legislation and the Substantive Review of Legislation: Opponents or Allies? In: MESSERSCHMIDT, K.; OLIVER--LALANA, D. **Rational Lawmaking under Review:** Legisprudence According to the German Federal Constitutional Court. [S.l.]: Springer, 2016. p. 373-404.

MONTEIRO NETO, José Trindade. Medidas cautelares: a questão da indisponibilidade de bens. In: AL., J. T. C. F. E. **Reforma à Lei de Improbidade Administrativa – Lei nº 14.230/2021**. [S.l.]: Almunus, 2021. p. 107-116.

NASCIMENTO, Roberta Simões. **Teoria da Legislação e Argumentação Legislativa:** Brasil e Espanha em perspectiva comparada. Curitiba: Alteridade, 2019.

OLIVEIRA, Marcelo Andrade Cattoni de. **Devido processo legislativo:** uma justificação democrática do contrle jurisdicional de constitucionalidade das leis e do processo legislativo. 3a. ed. Belo Horizonte: Fórum, 2016.

PAULA, Felipe de. Processo legislativo, doutrina e academia: hipóteses de afastamento e efeitos deletérios. **Fórum Administrativo**, n. 210, 2010.

PINHEIRO, Victor Marcel. **Devido processo legislativo:** princípios, elaboração das leis ordinárias pelo Congresso Nacional e controle judicial. São Paulo: Tese de doutorado no prelo a ser apresentada à Faculdade de Direito da Universidade de São Paulo, 2022.

SILVA FILHO, Derly Barreto e. **Controle dos atos parlamentares pelo Poder Judiciário**. São Paulo: Malheiros, 2003.

WINTGENS, Luc J. **Legisprudence:** Practical Reason in Legislation. Surray: Ashgate, 2012.

3
Em busca do Equilíbrio do Sistema de Responsabilização por Atos de Improbidade Administrativa

Angela Cassia Costaldello
Rodrigo Luís Kanayama

Introdução

A Lei de Improbidade Administrativa (LIA – Lei 8.429, de 2 de junho de 1992) foi um importante marco da Administração Pública brasileira, pois agregou forte normatização ao sistema de responsabilização dos agentes públicos em geral, definiu agudamente a tendência, em especial da jurisprudência, em face de atos violadores da moralidade administrativa (prevista no art. 37, *caput*, da Constituição da República (CRFB).

Embora tenha sido, desde o início da década de 1990, uma evolução, o tempo revelou seus problemas. Interpretações dissonantes entre si, excesso de rigor e insegurança jurídica proporcionaram dificuldades à aplicação da LIA e do funcionamento da Administração Pública. Por muitas vezes, a decisão sobre a existência da improbidade administrativa ficava sob o juízo de agentes dos órgãos de controle, do Poder Judiciário e do Ministério Público, com pouca comunicação entre eles.

Por essas razões, após tramitação legislativa com muitas emendas e longos debates, foi aprovada a Lei 14.230, de 25 de outubro de 2021. Trata-se, na nossa visão, de importante modificação que pretende promover estabilidade e segurança na aplicação da LIA e evita riscos interpretativos ao agente público. Haverá previsibilidade para as consequências das tomadas de decisão, o que pode representar avanços para a qualidade da gestão pública.

Neste trabalho, analisaremos as alterações legislativas nos três primeiros artigos da LIA. São normas que trazem conceitos legais (conceitos sobre o sistema de responsabilização, sobre agentes públicos e suas equiparações). São dispositivos que orientam a interpretação das regras da LIA e devem ser cuidadosamente examinadas, visando bem interpretá-la.

1. O sistema de responsabilização por atos de improbidade administrativa: ontem e hoje

Desde 1992, vige a Lei de Improbidade Administrativa. No início de sua vigência, pouco se falou na imprensa sobre ela.[1] Entretanto, transcorridos alguns meses, a LIA tornou-se peça-chave no sistema de responsabilização dos agentes públicos e, possivelmente, umas das principais leis aplicáveis à Administração Pública.

Sua ação ampla foi o motivo de discórdia entre aqueles que defendem as ações governamentais e suas fragilidades e aqueles que defendem a forte atuação de órgãos de controle. Em suma, o que esteve em jogo desde 1992 é o limite da Administração Pública: até onde irá a liberdade do agente público e qual o ponto de ação que se considera ato ímprobo.

De todo modo, o art. 1º da LIA, em sua redação original[2], levava sua aplicação ao agente público (servidor ou não), e entidades que se beneficiassem de

[1] Uma busca simples no acervo do Jornal *O Estado de S. Paulo* mostra que, em junho de 1992, mês de sua publicação, não houve uma única menção ao termo *improbidade*. E, no mês seguida, em julho, foram apenas 3. Disponível em https://acervo.estadao.com.br/procura/#!/Improbidade|||/Acervo///1/1870|1990/1992/7/, acesso em abril de 2022.

[2] Art. 1º Os atos de improbidade praticados por qualquer agente público, servidor ou não, contra a administração direta, indireta ou fundacional de qualquer dos Poderes da União, dos Estados, do Distrito Federal, dos Municípios, de Território, de empresa incorporada ao patrimônio público ou de entidade para cuja criação ou custeio o erário haja concorrido ou concorra com mais de cinqüenta por cento do patrimônio ou da receita anual, serão punidos na forma desta lei.

subvenções, benefícios ou incentivos fiscais ou creditícios. E a jurisprudência vem admitindo a aplicação da LIA até mesmo a estagiários[3] ou pareceristas[4] que tenham praticado alguma de suas proscritas condutas.

O art. 2º da LIA, também na sua versão de 1992, definia o que se entendia por *agente público* para fins de aplicação da norma punitiva, "todo aquele que exerce, ainda que transitoriamente ou sem remuneração, por eleição, nomeação, designação, contratação ou qualquer outra forma de investidura ou vínculo, mandato, cargo, emprego ou função" nas entidades mencionadas no art. 1º. Na versão vigente, a LIA tornou-se mais específica e diz "o agente político, o servidor público e todo aquele que exerce ainda que transitoriamente ou sem remuneração, por eleição, nomeação, designação, contratação ou qualquer outra forma de investidura ou vínculo, mandato, cargo, emprego ou função nas entidades referidas no art. 1º desta Lei". Tornou clara a aplicabilidade ao agente político (separando-o do servidor público) devido à discussão pretérita acerca dessa interpretação. [5]

A polêmica relaciona-se ao *bis in idem* na aplicação da pena – ou seja, o agente político não poderia, segundo parte da doutrina e da jurisprudência, ser condenado por improbidade administrativa porque sofreria as penalidades por cometimento de crime de responsabilidade. Ainda que a alteração da LIA

Parágrafo único. Estão também sujeitos às penalidades desta lei os atos de improbidade praticados contra o patrimônio de entidade que receba subvenção, benefício ou incentivo, fiscal ou creditício, de órgão público bem como daquelas para cuja criação ou custeio o erário haja concorrido ou concorra com menos de cinqüenta por cento do patrimônio ou da receita anual, limitando-se, nestes casos, a sanção patrimonial à repercussão do ilícito sobre a contribuição dos cofres públicos.

[3] Conferir Informativo 568 do Superior Tribunal de Justiça, onde foi publicado o REsp 1.352.035-RS, Rel. Min. Herman Benjamin, julgado em 18/8/2015, DJe 8/9/2015.

[4] STJ – AgInt no REsp 1726457/MS, Rel. Ministro OG FERNANDES, SEGUNDA TURMA, julgado em 08/06/2021, DJe 17/12/2021

[5] Ainda que houvesse discussão sobre a aplicação da LIA a determinados agentes políticos (como Ministros de Estado ou o Presidente da República), Ricardo Alberto Kanayama, ao analisar decisões judiciais, concluiu que "em 81% dos casos houve a presença de algum agente político de cargo eletivo no polo passivo da ação de improbidade, sendo que em 73% do total de casos de improbidade envolvia um prefeito" (KANAYAMA, Ricardo Alberto. p. 121. Improbidade por violação aos Princípios da Administração Pública: um diagnóstico da fundamentação das decisões do Tribunal de Justiça de São Paulo. Disponível em https://bibliotecadigital.fgv.br/dspace/bitstream/handle/10438/28949/Ricardo%20A.%20Kanayama%20-%20Dissertac%20a%20o%20versa%20o%20final%20definitiva.pdf?sequence=5

tenha trazido expressamente a previsão de agente político (e só se lê o termo no *caput* do art. 2º), não parece que o debate terminará, já que o *bis in idem* prosseguirá existindo, na concepção defendida pelos autores.

A amplitude da LIA não termina no art. 2º. No artigo seguinte havia a disposição, em seu *caput*, de que a LIA era aplicável "àquele que, mesmo não sendo agente público, induza ou concorra para a prática do ato de improbidade ou dele se beneficie sob qualquer forma direta ou indireta". A nova redação passou a "induza ou concorra dolosamente para a prática do ato de improbidade". Incluiu o dolo, que acaba por abranger o benefício direto ou indireto. Ou seja, não basta o benefício, mas o responsável deve ter agido com dolo – lembrando (e que será adiante analisado) que o dolo foi definido pela nova redação, no §2º do art. 1º.

Não obstante a permanência dessas imprecisões, as inovações advindas da Lei 14.230/2021 vieram corrigir desvios, conflitos interpretativos e interpretações contrárias ao funcionamento harmônico dos Poderes públicos. É seguro afirmar que a nova LIA, pós-2021, trouxe medidas para preservar a política, as escolhas dos gestores públicos, as incertezas do cotidiano da Administração Pública.

O surgimento da Lei 13.655/2018, que incluiu dispositivos à Lei de Introdução às Normas do Direito Brasileiro, é outra referência na mitigação das incertezas do administrador público. A nova LIA veio para aprimorar ainda mais a relação dos órgãos controladores (incluindo o Poder Judiciário) com a Administração Pública. Não nos parece que se pretendeu, simplesmente, conceder liberdade irresponsável àqueles agentes públicos cujas condutas que estão sob a LIA; pelo contrário, busca-se previsibilidade, segurança jurídica e comportamento coerente dos órgãos de controle.

Também não é equivocado afirmar que a LIA de 1992 foi uma profunda transformação benéfica para a Administração Pública. Foi um dos resultados trazidos pelos processos históricos que culminou com a CRFB de 1988 – que trouxe a moralidade administrativa como princípio – que levou a sua aprovação. Nada além do que Pablo Lucas Verdù denominou de *sentimento constitucional*[6] No entanto, igualmente não é equivocado dizer que se

[6] VERDÚ, P. L. O sentimento constitucional: aproximação ao estudo do sentir constitucional como modo de integração política. Rio de Janeiro: Forense, 2004.

ultrapassaram limites interpretativos, a ponto de causar paralisia na atuação pública (o receio de ser responsabilizado pessoalmente, com riscos para seu próprio patrimônio – a começar pela necessária contratação de advogado para defesa).

Por essas razões, entendemos que a LIA de 2021 foi aprimorada. E explicaremos no decorrer do texto.

2. O *medo* e o apagão

Não se trata de assunto recente: a dificuldade dos gestores públicos em criar soluções para a Administração Pública. Na verdade, não para criá-las, necessariamente, mas para implementá-las sem receio de sofrer sanções previstas em lei.

Para Rodrigo Valgas dos Santos, está presente o *Direito Administrativo do Medo* [7], medo paralisante do ato de decidir e implementar decisões. Embora não exista *surveys* que possam nos trazer uma visão mais clara da atuação administrativa perante órgãos de controle e do Poder Judiciário, é possível deduzir que muitas ações administrativas não são realizadas por receio da responsabilização, inclusive de aplicação da LIA.

O risco para o gestor público não é, precisamente, o rigor da lei ou interpretações extensivas da jurisprudência. Essas facetas sancionatórias são necessárias para que exista comprometimento e responsabilidade na tomada de decisões na Administração Pública. O risco é a imprevisibilidade da aplicação da lei, ou seja, a criação – proposital ou não – de uma zona cinzenta que permite a adoção de critérios políticos, ou de conveniência e oportunidade, para decidir sobre a responsabilização por improbidade administrativa.

Ao se criar a *zona cinzenta*, o poder decisório da Administração Pública é deslocado para os órgãos de controle, que passam a ter o controle da agenda. Alocação de recursos públicos, por exemplo, passará pela análise de atores alheios ao processo de escolha política, podendo ou não ocasionar a

[7] "Por Direito Administrativo do Medo, queremos significar: a interpretação e aplicação das normas de Direito Administrativo e o próprio exercício da função administrativa pautadas pelo medo em decidir dos agentes públicos, em face do alto risco de responsabilização decorrente do controle externo disfuncional, priorizando a autoproteção decisória e a fuga da responsabilização em prejuízo do interesse público". (SANTOS, Rodrigo Valgas dos. Direito Administrativo do Medo. São Paulo: Thomson Reuters, 2022, p. XIV)

responsabilização do gestor público eleito caso não estejam de acordo com suas decisões. A indefinição das consequências decisórias poderá causar paralisia administrativa, situação prejudicial ao funcionamento do Estado.

3. As inovações

Não foram poucas as inovações. Na linha da LINDB alterada em 2018 (pela Lei 13.655/2018), a LIA 2021 pretende proporcionar, como já mencionado, maior segurança jurídica ao destinatário da Lei. A eliminação da *volatilidade* (ou, pelo menos, a sua mitigação) reduz as assimetrias interpretativas, restabelecendo o equilíbrio entre os atores. O agente público volta a ter preservada a sua competência para escolher o melhor caminho a ser trilhado – sob sua perspectiva (seja política e/ou técnica) –, evitando que sua competência seja partilhada com órgãos de controle (os quais permanecem com sua relevante função de controlar a legalidade, legitimidade e economicidade, desde que não haja superposição de competências).

Vejamos, agora, quais foram as alterações da LIA.

3.1. Ementa

LIA (Lei 8.429/1992)	**LIA (com redação da Lei 14.230/2021)**
Dispõe sobre as sanções aplicáveis aos agentes públicos nos casos de enriquecimento ilícito no exercício de mandato, cargo, emprego ou função na administração pública direta, indireta ou fundacional e dá outras providências.	Dispõe sobre as sanções aplicáveis em virtude da prática de atos de improbidade administrativa, de que trata o § 4º do art. 37 da Constituição Federal; e dá outras providências.

Não apenas o corpo da LIA foi alterado, mas a ementa igualmente foi modificada para trazer o novo espírito da Lei. Antes, destacava as sanções decorrentes de enriquecimento ilícito. Agora, refere-se às sanções em caso de improbidade administrativa, tendo como referência o §4º do art. 37 da CRFB de 1988. A LIA não pune, apenas, *enriquecimento ilícito*, mas outros atos violadores dos princípios da Administração Pública.

Há que se atentar para um viés mais profuso que advém da finalidade a LIA: garantir a *boa administração.* Princípio implícito no sistema brasileiro, *a boa administração,* do qual é consectário o princípio da eficiência e que traz vários desdobramentos – desde a previsão em âmbito procedimental[8] ao desenvolvimento da própria atividade administrativa – tem na LIA um dos seus aspectos normativos. Nesse passo, a dupla (mas não apenas) função da *boa administração* – a interna, verificada nos processos de decisões; e a externa, constatada na materialização das funções administrativas – vê a concretude do princípio que teve seu status alterado para um direito fundamental dos cidadãos.

Destarte, a medida em que os agentes públicos encontram estabilidade nas decisões dos órgãos e controle e do Poder judiciário no que concerne à regularidade de suas escolhas, as ações de gestão e administrativas, assim como as políticas, tendem a ser mais consentâneas com o atendimento das exigências da sociedade.

3.1.1. Art. 1º

LIA (Lei 8.429/1992)	**LIA (com redação da Lei 14.230/2021)**
Art. 1° Os atos de improbidade praticados por qualquer agente público, servidor ou não, contra a administração direta, indireta ou fundacional de qualquer dos Poderes da União, dos Estados, do Distrito Federal, dos Municípios, de Território, de empresa incorporada ao patrimônio público ou de entidade para cuja criação ou custeio o erário haja concorrido ou concorra com mais de cinqüenta por cento do patrimônio ou da receita anual, serão punidos na forma desta lei.	Art. 1º O sistema de responsabilização por atos de improbidade administrativa tutelará a probidade na organização do Estado e no exercício de suas funções, como forma de assegurar a integridade do patrimônio público e social, nos termos desta Lei. § 1º Consideram-se atos de improbidade administrativa as condutas dolosas tipificadas nos arts. 9º, 10 e 11 desta Lei, ressalvados tipos previstos em leis especiais.

[8] Presente no Código de Procedimento Administrativo Português de 2015 (art. 5º), no Código Europeu de Boa Conduta Administrativa, aprovado pelo Parlamento Europeu em 2001, e em outros ordenamentos, como o italiano.

Parágrafo único. Estão também sujeitos às penalidades desta lei os atos de improbidade praticados contra o patrimônio de entidade que receba subvenção, benefício ou incentivo, fiscal ou creditício, de órgão público bem como daquelas para cuja criação ou custeio o erário haja concorrido ou concorra com menos de cinqüenta por cento do patrimônio ou da receita anual, limitando-se, nestes casos, a sanção patrimonial à repercussão do ilícito sobre a contribuição dos cofres públicos.	§ 2º Considera-se dolo a vontade livre e consciente de alcançar o resultado ilícito tipificado nos arts. 9º, 10 e 11 desta Lei, não bastando a voluntariedade do agente. § 3º O mero exercício da função ou desempenho de competências públicas, sem comprovação de ato doloso com fim ilícito, afasta a responsabilidade por ato de improbidade administrativa. § 4º Aplicam-se ao sistema da improbidade disciplinado nesta Lei os princípios constitucionais do direito administrativo sancionador. § 5º Os atos de improbidade violam a probidade na organização do Estado e no exercício de suas funções e a integridade do patrimônio público e social dos Poderes Executivo, Legislativo e Judiciário, bem como da administração direta e indireta, no âmbito da União, dos Estados, dos Municípios e do Distrito Federal. § 6º Estão sujeitos às sanções desta Lei os atos de improbidade praticados contra o patrimônio de entidade privada que receba subvenção, benefício ou incentivo, fiscal ou creditício, de entes públicos ou governamentais, previstos no § 5º deste artigo.

	§ 7º Independentemente de integrar a administração indireta, estão sujeitos às sanções desta Lei os atos de improbidade praticados contra o patrimônio de entidade privada para cuja criação ou custeio o erário haja concorrido ou concorra no seu patrimônio ou receita atual, limitado o ressarcimento de prejuízos, nesse caso, à repercussão do ilícito sobre a contribuição dos cofres públicos. § 8º Não configura improbidade a ação ou omissão decorrente de divergência interpretativa da lei, baseada em jurisprudência, ainda que não pacificada, mesmo que não venha a ser posteriormente prevalecente nas decisões dos órgãos de controle ou dos tribunais do Poder Judiciário.

O art. 1º tornou-se, na LIA 2021, norma fundante do sistema de responsabilização por atos de improbidade administrativa. Deixou de ter somente o *parágrafo único* para ter 8 parágrafos. Nesses parágrafos estão os detalhes da aplicação da LIA e que pretendem proporcionar maior segurança jurídica.

Primeiro, o *caput* do art. 1º é, agora, explícito sobre a finalidade da lei: a tutela da *probidade na organização do Estado e no exercício de suas funções, como forma de assegurar a integridade do patrimônio público e social.* O patrimônio público e social deve ser protegido pela probidade não apenas na ação dos agentes públicos, mas na própria organização do Estado.

Diferentemente da redação anterior, a recente preocupa-se com os bens a serem tutelados pela LIA, não apenas com as sanções. Esse ponto demonstra a busca, pelo legislador, de salvaguardar os interesses, das pessoas jurídicas de direito público e de direito privado que compõem os arcabouços estatal e da sociedade como um todo. Este é, possivelmente, o ponto onde a finalidade da LIA de apresentaste mais hialina: a *boa administração.*

Após, para assegurar a previsibilidade das condutas ímprobas, o §1º estabelece que os arts. 9º, 10 e 11 da LIA preveem os atos dolosos típicos, indicando a impossibilidade de interpretações extensivas que venham a estender as hipóteses sancionáveis (e, por isso, o §4º prevê a aplicação dos princípios constitucionais do direito administrativo sancionador).[9] Dessa forma, a interpretação dos atos dolosos típicos deverá ser literal, sem permitir analogia.

Quanto ao dolo, o art. 1º e seus parágrafos foram explícitos. Dolo é, para a LIA, "a vontade livre e consciente de alcançar o resultado ilícito tipificado, (...) não bastando a voluntariedade do agente" (§2º). Em seguida, o §3º reforça que não haverá improbidade administrativa "sem comprovação de ato doloso com fim ilícito". A LIA 2021 definiu expressamente a exigência de dolo, afastando a culpa como elemento subjetivo capaz de ensejar ato de improbidade.

Não é demais anotar que há opiniões no sentido de que a LIA veio exigir o dolo específico, superando o entendimento do Superior Tribunal de Justiça no sentido de que bastava o dolo genérico para configurar a improbidade[10].

[9] Conforme Fábio Medina Osório,
"Nesse contexto, cabe dizer que a Reforma da Lei de Improbidade Administrativa (Lei 8.249/92) consagrou, explicitamente, como se disse, a aplicabilidade dos princípios constitucionais do Direito Administrativo Sancionador ao campo da improbidade administrativa. Ao fazê-lo, apenas consolidou direitos fundamentais aos réus e acusados em geral, reforçando o Estado Democrático de Direito.
(...)
Quer-se dizer, assim, que às ações de improbidade se aplicam os princípios penais, por simetria, também incidentes no regime jurídico do Direito Administrativo Sancionador. Deve-se reconhecer, de modo definitivo, que cabe ao Direito Administrativo a tipificação das infrações e sanções previstas e contempladas nas Leis de Improbidade Administrativa e Empresarial. E, sendo assim, trata-se de normas de Direito Administrativo Sancionador, mesmo que venham a ser aplicadas diretamente pelo Judiciário".
(OSÓRIO, Fábio Medina. Direito Administrativo Sancionador. São Paulo: Thomson Reuters Brasil, ed. 2022, p. RB-2.2, disponível em https://proview.thomsonreuters.com/launchapp/title/rt/monografias/107536121/v8/page/RB-2.2)

[10] Da jurisprudência do Superior Tribunal de Justiça: AgInt no REsp 1872310/PR, Rel. Ministro Benedito Gonçalves – 1ª Turma, julgado em 05/10/2021, DJe 08/10/2021, em poucos dias antes da entrada em vigor da Lei nº 14.230, de 25/10/2021.

Outra modificação relevante é a do §8º, sobre divergências interpretativas: "Não configura improbidade a ação ou omissão decorrente de divergência interpretativa da lei, baseada em jurisprudência, ainda que não pacificada, mesmo que não venha a ser posteriormente prevalecente nas decisões dos órgãos de controle ou dos tribunais do Poder Judiciário". Este é outro cerne de polêmica.

Se de um lado surgiram posicionamentos alegando cláusula genérica que, além de criar um terreno de impunidade (pela suposta "benevolência" e abertura normativa), geraria insegurança juridica; de outro, divergências de interpretação da legislação são inerentes à aplicabilidade do Direito. De qualquer sorte, a se tomar como base o raciocínio que a hermenêutica resulta da apreciação de um conjunto de dados concretos, da realidade, e concomitantemente, de projeções subjetivas do intérprete, as divergências sobre como dada regra deverá ser interpelada e aplicada, é uma álea inafastável. Aliás, é exatamente das divergências e das reflexões que delas se originam que o Direito se constrói. Assim, ao eximir de conduta ímproba os agentes públicos, cujas decisões, ações ou omissões que se originem ou se fundem em divergências exegéticas – ainda que exista jurisprudência, sedimentada ou não, mesmo que venha a ser derrotada ou modificada -, traz segurança jurídica aos agentes públicos que podem dar efetividade à ampla processualidade inerente às atividades de gestão, afastando a aura de ameaça por eventual, possível e incerta responsabilização.

O art. 1º da LIA 2021 tornou-se o pilar da lei, não apenas trazendo o âmbito de aplicação – órgãos ou entidades sujeitos à proteção (ainda o faz, mas não é o principal item do artigo). Agora, o art. 1º será norma orientadora da interpretação da LIA. Alcance do tipo, exigência de dolo, atuação concreta em face da jurisprudência não pacificada são comandos interpretativos a ser adotados na aplicação da LIA. Não se trata de letra vazia, mas de necessário guia para adoção de sanções ao agente.

Garantem-se, portanto, os direitos constitucionais definidos pela Constituição da República vigente, permitindo-se a retroatividade da lei mais benéfica, bem como outros princípios também aplicados ao Processo Penal aos acusados.

Há retroatividade das recentes modificações da LIA, não apenas por serem mais benéficas aos réus que, atualmente, integram processos judiciais no polo passivo. As alterações favoráveis aos réus devem ser adotadas aos processos em andamento e para fatos pretéritos para preservar a isonomia entre os agentes públicos que praticaram atos considerados ímprobos no passado e os atuais. [11]

Evidentemente, a jurisprudência definirá o sentido da lei, no que tange à retroatividade. O assunto ainda aguarda conclusão de julgamento pelo Supremo Tribunal Federal – Tema 1.199 –, julgamento que deve findar em breve, e não é pacífico na literatura jurídica. [12]

[11] "Se há uma mudança nos padrões valorativos da sociedade, nada mais razoável do que estender essa mudança ao passado, reconhecendo uma evolução do padrão axiológico, preservando-se, assim, o princípio constitucional da igualdade e os valores relacionados à justiça e à atualização das normas jurídicas que resguardam direitos fundamentais. O engessamento das normas defasadas e injustas não traria nenhuma vantagem social. A retroatividade decorre de um imperativo ético de atualização do Direito Punitivo, em face dos efeitos da isonomia."
(...)
"Se no Brasil não há dúvidas quanto à retroatividade das normas penais mais benéficas, parece-nos prudente sustentar que o Direito Administrativo Sancionador, nesse ponto, não se equipara ao Direito Criminal, dado seu maior dinamismo. O fato de não haver a equiparação, não obstante, pouco revela sobre a retroatividade das normas sancionatórias mais benéficas. Ao contrário, a ausência de equiparação apenas demonstra que eventual retroatividade poderia ocorrer em níveis diferenciados, com intensidade variada. É possível homologar a tese da retroatividade das normas mais favoráveis aos interesses dos acusados em geral, em homenagem aos valores constitucionais que dão suporte à norma penal veiculadora desse mesmo benefício. As normas podem ser distintas em seus contornos, intensidades e alcances, mas os valores que as embasam podem assemelhar-se, até mesmo assumindo identidade comum no campo constitucional, sem prejuízo aos espaços divergentes.
"Pensamos que, em tese, o problema há de ser resolvido à luz de alguns critérios gerais facilmente perceptíveis na ordem jurídica brasileira, não se podendo partir, aprioristicamente, de forma absoluta, de uma presunção de retroatividade das normas mais benéficas no Direito Administrativo Sancionador, como se fosse este equiparado ao Direito Penal, por várias razões relevantes, mas, sobretudo, pela ausência de identidade entre estes ramos jurídicos, como temos afirmado. Porém, se é certo que não se pode arrancar de uma presunção absoluta, também é verdade que não se pode ignorar os fatores normativos condicionantes da retroatividade da norma mais benéfica, no campo punitivo. Soluções equilibradas advêm desse olhar marcado pela complexidade e pelo respeito aos detalhes e matizes dos ramos jurídicos em jogo." (OSÓRIO, Fábio Medina. Direito Administrativo Sancionador. São Paulo: Thomson Reuters Brasil, ed. 2022, p. RB-4.2, disponível em https://proview.thomsonreuters.com/launchapp/title/rt/monografias/107536121/v8/page/RB-4.2).

[12] O Título do Tema 1.199 do STF é: "Definição de eventual (IR)RETROATIVIDADE das disposições da Lei 14.230/2021, em especial, em relação: (I) A necessidade da presença do elemento subjetivo – dolo – para a configuração do ato de improbidade administrativa, inclusive no artigo 10 da LIA; e (II) A aplicação dos novos prazos de prescrição geral e intercorrente". No voto do Ministro Alexandre de Moraes – que reconheceu a Repercussão Geral do Recurso

3.1.2. Art. 2º

LIA (Lei 8.429/1992)	LIA (com redação da Lei 14.230/2021)
Art. 2° Reputa-se agente público, para os efeitos desta lei, todo aquele que exerce, ainda que transitoriamente ou sem remuneração, por eleição, nomeação, designação, contratação ou qualquer outra forma de investidura ou vínculo, mandato, cargo, emprego ou função nas entidades mencionadas no artigo anterior.	Art. 2º Para os efeitos desta Lei, consideram-se agente público o agente político, o servidor público e todo aquele que exerce, ainda que transitoriamente ou sem remuneração, por eleição, nomeação, designação, contratação ou qualquer outra forma de investidura ou vínculo, mandato, cargo, emprego ou função nas entidades referidas no art. 1º desta Lei. Parágrafo único. No que se refere a recursos de origem pública, sujeita-se às sanções previstas nesta Lei o particular, pessoa física ou jurídica, que celebra com a administração pública convênio, contrato de repasse, contrato de gestão, termo de parceria, termo de cooperação ou ajuste administrativo equivalente.

A inovação mais significativa vem do parágrafo único do art. 2º (o *caput* foi somente *atualizado* ao minudenciar a condição juridica daqueles que se encontram sob a égide da LIA), que estendeu a aplicação (além do *caput* do art. 2º) às pessoas físicas ou jurídicas (privadas) que venham a utilizar recursos *de origem pública* mediante celebração de *ajuste administrativo.* Os recursos públicos transferidos pelo Estado à pessoa privada deverão ser utilizados corretamente, e não importará qual o *nomen juris* do instrumento que venha a ser firmado entre as partes (pode ser convênio ou outro). [13]

Extraordinário com Agravo 843.989 –, presente um escorço do estado da literatura jurídica, com diferentes opiniões acerca da retroatividade da lei benéfica no Direito Administrativo Sancionador.

[13] As razões do veto do inciso II, §1º do art. 25 da Lei de Responsabilidade Fiscal (Lei Complementar 101/2000) explicam essa pluralidade de instrumentos de parceria: "O estabelecimento

Ante a tal providência legislativa, resta vencida a celeuma antes verificada de que, a depender do tipo de ajuste (e, sabe-se, há uma infinidade deles na praxe administrativa), poderiam estar infensos à probidade. Este é um dos aspectos rechaça o argumento da impunidade que teria sido introduzida pela LIA, pós-2021.

3.1.3. Art. 3º

LIA (Lei 8.429/1992)	LIA (com redação da Lei 14.230/2021)
Art. 3° As disposições desta lei são aplicáveis, no que couber, àquele que, mesmo não sendo agente público, induza ou concorra para a prática do ato de improbidade ou dele se beneficie sob qualquer forma direta ou indireta.	Art. 3º As disposições desta Lei são aplicáveis, no que couber, àquele que, mesmo não sendo agente público, induza ou concorra dolosamente para a prática do ato de improbidade. § 1º Os sócios, os cotistas, os diretores e os colaboradores de pessoa jurídica de direito privado não respondem pelo ato de improbidade que venha a ser imputado à pessoa jurídica, salvo se, comprovadamente, houver participação e benefícios diretos, caso em que responderão nos limites da sua participação. § 2º As sanções desta Lei não se aplicarão à pessoa jurídica, caso o ato de improbidade administrativa seja também sancionado como ato lesivo à administração pública de que trata a Lei nº 12.846, de 1º de agosto de 2013.

desta exigência em lei complementar compromete importantes programas de responsabilidade deste Ministério, onde a eliminação da figura do convênio proporcionou notável avanço quantitativo e qualitativo" (BRASIL. Razões do veto. Lei de Responsabilidade Fiscal. Disponível em http://www.planalto.gov.br/ccivil_03/leis/Mensagem_Veto/2000/Vep101-00.htm, acesso em maio de 2022).
Por não haver apenas convênio nas parcerias, a LIA 2021 precaveu-se e foi ampla.

O art. 3º expõe uma situação diversa do que regula o art. 2º. O art. 2º estendia as sanções àquelas pessoas privadas que recebem recursos públicos em razão de *ajuste administrativo*. Independentemente da ação do agente público, no caso do parágrafo único do art. 2º, há a equiparação da pessoa privada ao agente público, podendo ela ser sancionada isoladamente. Em outros termos: a pessoa privada poderá praticar ato ímprobo.

No caso do art. 3º, na linha da jurisprudência, a improbidade existirá se a pessoa (pessoa física ou jurídica) que não é agente público "induza ou concorra dolosamente para a prática do ato de improbidade." Não será aplicável a LIA 2021 aos sócios, aos cotistas, aos diretores e aos colaboradores de pessoa jurídica de direito privado, "salvo se, comprovadamente, houver participação e benefícios diretos, caso em que responderão nos limites da sua participação".

Destaque-se a aplicação da Lei à pessoa jurídica, desde que não haja sanção, também, pela Lei nº 12.846/2013 (Lei Anticorrupção), uma vez que esta disciplina a responsabilização de pessoas jurídicas, nos planos administrativo e cível, pela prática de atos contra a administração pública, nacional ou estrangeira, com a evidente coincidência da responsabilidade administrativa. Este, certamente, permanece como lugar de dissonâncias.

4. O que se espera das inovações

Em perspectiva, as inovações trazidas pela Lei nº 14.230/2021, já na ementa e nos seus primeiros artigos, têm como temática central providências que se inclinam a uma maior segurança jurídica para os agentes públicos nas suas decisões, debelando o engessamento tão característico em gestões marcadas pelo medo e pelas ameaças de responsabilização por atos, ao talante dos órgãos de controle e do Poder Judiciário, de serem consideradas como ímprobos.

Por óbvio, não afasta, por completo (e nem seria plausível imaginar-se) as incertezas que a atividade de aplicação do Direito e a subsunção, das infindáveis situações concretas verificáveis na atuação dos agentes públicos, às regras e aos princípios. Contudo, apresenta algumas possibilidades de aplicação e de interpretação que permitem, aos agentes públicos, tomarem decisões com menos hesitação e risco.

As mudanças legislativas, por alterarem, em certa medida, a racionalidade na interpretação e e aplicação dos institutos, cremos, deve redundar em duas frentes: na tomada das decisões administrativas em vista da boa administração e da eficiência, e na aferição e valoração dos atos de improbidade pelos órgãos de controle e pelo Poder Judiciário.

A determinação mais precisa das pessoas (físicas e jurídicas) cujos ações e omissões estão sujeitas à LIA espanca dissensões vivenciadas anteriormente. Ainda, ao excluir os sócios os cotistas, os diretores e os colaboradores de pessoa jurídica de direito privado há patente aplicação da teoria da desconsideração da personalidade jurídica. Este é mais um avanço em prol da segurança jurídica também daqueles que se relacionam com a Administração Pública.

4
Nova Lei de Improbidade Administrativa – observações quanto aos Artigos 7º e 8º A – da representação e comunicação ao Ministério Público e da responsabilidade de sucessores e herdeiros

Luiza Cristina Fonseca Frischeisen1

Introdução

A Constituição da República de 1988, como sabemos, em seu artigo 37, estabeleceu os princípios que devem reger a administração pública e atos praticados por seus integrantes, sejam aqueles que ocupam funções permanentes ou temporárias[2], a saber, legalidade, impessoalidade, moralidade, publicidade

[1] Subprocuradora Geral da República, membro do Ministério Público Federal, Bacharel em Direito pela Universidade do Estado do Rio de Janeiro-UERJ, Mestre em Direito do Estado pela Pontifícia Universidade Católica de São Paulo-PUC/SP e Doutora em Direito pela Universidade de São Paulo-USP

[2] E, em caso de eventual infração, será analisada a legislação relacionada à equiparação ao funcionário público, nas diversas esferas de responsabilidade, criminal, civil e disciplinar. A referida equiparação está prevista tanto na legislação penal, artigo 327 e parágrafos do Código Penal, com na Lei de improbidade Administrativa, na nova redação, no artigo 2º e parágrafo único.

e eficiência, e, no parágrafo 4º, estabeleceu que **"os atos de improbidade importarão a suspensão de direitos políticos, a perda da função pública, a indisponibilidade de bens e o ressarcimento ao erário, na forma e gradação prevista em lei, sem prejuízo da ação penal cabível".**

Em razão do disposto acima, foi editada a Lei nº 8.429 de 02/06/1992, que ficou conhecida como Lei de Improbidade Administrativa-LIA. Tal lei foi aplicada durante quase 30 anos, com consequente construção de jurisprudência, especialmente, pelo Superior Tribunal de Justiça, uma vez que o mesmo tem a função constitucional de interpretação final das leis e uniformização da interpretação dada, pelos diversos tribunais de nosso país, à legislação vigente[3]. A referida Lei 8.429/1992 foi alterada pela Lei nº 14.230 de 25/10/2021, que, embora, não tenha revogado a Lei anterior, trouxe modificações profundas à Lei vigente.

Uma das características da Lei 8.429/1992 era a pluralidade de legitimados para a propositura de ações de improbidade administrativa, prevista em seu artigo 17, que incluía o Ministério Público e pessoas jurídicas interessadas. A Lei 14.230/2021 modificou completamente esse artigo para concentrar no Ministério Público a legitimidade exclusiva, na nova redação do artigo 17, cabendo ao Ministério Público também assumir as ações em andamento.[4]

[3] Exemplos de julgados e uniformização de interpretação podem ser vistos em https://www.stj.jus.br/sites/portalp/Paginas/Comunicacao/Noticias/11032022-Jurisprudencia-em-Teses-traz-novos-entendimentos-sobre-acoes-de-improbidade-administrativa.aspx, entretanto, com a nova LIA, parte dos julgados está superado. Acesso em 30.01.2023.

[4] Entretanto, essa disposição legislativa foi questionada no Supremo Tribunal Federal em duas Ações Diretas de Inconstitucionalidade, propostas pela Associação Nacional dos Procuradores dos Estados e do Distrito Federal – ANAPE (ADI 7042) e Associação Nacional dos Advogados Públicos Federais – ANAFE (ADI 7043), distribuídas à relatoria do Ministro Alexandre de Moraes, que deferiu, parcialmente, medida cautelar na ADI 7042 para: a) conceder interpretação conforme a Constituição Federal ao caput e parágrafos 6-A, 10-C e 14 do artigo 17 da Lei 8429/1992 com a redação da Lei 14230/21, no sentido da existência de legitimidade ativa concorrente entre o Ministério Público e as pessoas jurídicas interessadas para a propositura da ação por ato de improbidade administrativa, b) suspender os efeitos do paragrafo 20 do artigo 17 da Lei 8429/92 com a redação dada pela Lei 14230/21, em relação a ambas as ADIs 7042 e 7043 e c) suspender os efeitos do artigo 3º da Lei 14230/2021.Em 31/08/2022, o Plenário do STF, por maioria, julgou parcialmente procedentes os pedidos formulados na ação direta para: (a) declarar a inconstitucionalidade parcial, sem redução de texto, do caput e dos §§ 6º-A e 10-C do art. 17, assim como do caput e dos §§ 5º e 7º do art. 17-B, da Lei 8.429/1992, na redação dada pela Lei 14.230/2021, de modo a restabelecer a existência de legitimidade

E justamente em razão da legitimidade exclusiva do Ministério Público para a propositura da Ação de Improbidade Administrativa (suspensa por força de liminar em Ações Diretas de Inconstitucionalidade, no STF, como mencionado na nota de rodapé 4), que o artigo 7º da LIA, na nova redação, trouxe a disposição: **"Se houver indícios de ato de improbidade, a autoridade que conhecer dos fatos representará ao Ministério Público competente para as providências necessárias".**

1. Da Representação ao Ministério Público

Como dito anteriormente, a LIA, com a redação da Lei 14.230/2021, em seu artigo 7º, trouxe a previsão expressa da obrigação de representação ao Ministério Público, por aquele que estiver exercendo função na administração, ao ter conhecimento de ato de improbidade.

Importante lembrar que o dever de funcionário público de reportar indícios de ato ilegal ao superior hierárquico ou à autoridade pública competente para a investigação e o direito de terceiro de encaminhar peças de informações ao Ministério Público ou à outra autoridade que tenha atribuição de investigação[5], nas diversas instâncias de apuração (criminal, cível ou disciplinar) estão inscritas em diversas normas. E para a autoridade que recebe a representação poderá surgir o dever de instaurar procedimento para apuração, se a mesma contiver informações mínimas, que abram a possibilidade de investigação[6].

ativa concorrente e disjuntiva entre o Ministério Público e as pessoas jurídicas interessadas para a propositura da ação por ato de improbidade administrativa e para a celebração de acordos de não persecução civil; (b) declarar a inconstitucionalidade parcial, com redução de texto, do § 20 do art. 17 da Lei 8.429/1992, incluído pela Lei 14.230/2021, no sentido de que não existe "obrigatoriedade de defesa judicial"; havendo, porém, a possibilidade dos órgãos da Advocacia Pública autorizarem a realização dessa representação judicial, por parte da assessoria jurídica que emitiu o parecer atestando a legalidade prévia. Em suma, os entes públicos que sofreram prejuízos em razão de atos de improbidade também estão autorizados, de forma concorrente com o Ministério Público, a propor ação e a celebrar acordos de não persecução civil em relação a esses atos (STF. Plenário. ADI 7042/DF e ADI 7043/DF, Rel. Min. Alexandre de Moraes, julgados em 31/8/2022).

[5] A LIA prevê a possibilidade do encaminhamento por terceiro em seu artigo 14.

[6] O dever de representar ao Ministério Público alcança Cortes de Contas e Poder Judiciário, além dos órgãos de controle interno e externo dos diversos entes administrativos da União,

A Lei 8.112/1990, Estatuto do Servidor Público Federal, por exemplo, trata do tema nos artigos 116, XII,143 e 145 quando estabelece as condições para a instauração de sindicância ou procedimento disciplinar (que deverá seguir o devido processo legal).

Nesse sentido vale citar Antônio Carlos Alencar Carvalho[7]: "**O ordenamento jurídico federal consagra a denúncia de irregularidades, tecnicamente conceituada com representação do direito administrativo, como instituto dos mais relevantes para a gestão das atividades da Administração Pública, sempre com o amplo e lídimos respeito aos princípios constitucionais e infraconstitucionais de regência, particularmente da moralidade e da legalidade**".

E dependendo das circunstâncias do ilícito, da apuração, da omissão verificada e do grau de responsabilidade, o não reportar, quando havia obrigação legal (e aqui poderá ser apurada também a equiparação ao funcionário público por aquele que exerce função pública) poderá ser considerado modalidade crime de prevaricação, previsto no artigo 319 do Código Penal[8] ou ainda de condescendência criminosa previsto no artigo 320 também do Código Penal.[9]

Por outro lado, as Leis Orgânicas do Ministério Público, como a Lei Complementar 75/1993, que rege os ramos do Ministério Público da União (Ministério Público Federal, Ministério Público do Trabalho, Ministério Público do Distrito Federal e Territórios e Ministério Público Militar[10]) e a Lei Nacional do Ministério Público, Lei nº 8.625 de 12/02/1993, que rege

Estados e Municípios, nesse sentido, item 26 da Nota Técnica nº 01/2021 da 5ª Câmara de Coordenação e Revisão do Ministério Público Federal: http://www.mpf.mp.br/atuacao- tematica/ccr5/notas-tecnicas/docs/nt-1-2021-aplicacao-lei-14230-2021-pgr-00390794-2021.pdf. Acesso em19/04/2022.

[7] Em Manual de Processo Disciplinar, 4ª edição, página 395, Editora Forum, Belo Horizonte, 2014.

[8] Prevaricação: Código Penal, artigo 319: Retardar ou deixar de praticar, indevidamente, ato de ofício, ou praticá-lo contra disposição expressa de lei, para satisfazer interesse ou sentimento pessoal. Pena: detenção, de três meses a um ano e multa.

[9] Condescendência criminosa: Código Penal, artigo 320: Deixar o funcionário, por indulgência, de responsabilizar subordinado que cometeu infração no exercício do cargo ou, quando lhe falte competência, não levar o fato ao conhecimento da autoridade competente. Pena: detenção, de quinze dias a um mês, ou multa.

[10] Lembrando que o MPT e o MPM não têm atribuição para investigação no âmbito de improbidade.

Ministérios Públicos Estaduais complementadas pelas Leis Complementares Estaduais, estabeleceram entre os deveres dos membros do Ministério Público normas relacionadas ao impulso de representações recebidas e os atos que podem praticar com tal finalidade.

É importante ressaltar que as representações recebidas devem conter dados mínimos de autoria e materialidade que permitam a investigação do ato considerado ímprobo.

Considerando que todos os ramos do Ministério Publico recebem inúmeras representações, de diversos temas, diariamente, e, contam, inclusive, com diversos setores de atendimento aos cidadãos e de recebimento de requerimentos e documentos, por meio de portais eletrônicos, existem normas tanto do Conselho Nacional do Ministério Público – CNMP, como atos internos do órgãos normativos (no caso do Ministério Público Federal, do seu Conselho Superior) que tratam das regras para recebimento, autuação, distribuição e encaminhamento das referidas representações.

Aqui trataremos, em razão do seu alcance e abrangência, da Resolução nº 174, de 04/07/2017, com as modificações da Resolução nº 189, de 18/06/2018[11], do Conselho Nacional do Ministério Público, que rege a forma de recebimento, autuação e distribuição de documentos e representações recebidas por todos os ramos, cujo nome usado internamente é notícia de fato, e que se aplica a representações especificamente previstas no artigo 7º da LIA.

As representações devem ser feitas, como a LIA menciona, com indícios de materialidade do ato considerado como ímprobo e até mesmo acompanhado de investigação de órgão interno, em caso de envolvimento de servidores, o que poderá dar origem a outras esferas de responsabilidade, mas a análise da constituição ou não do ato de improbidade e autoria cabe ao Ministério Público[12].

Para apuração de atos de improbidade, de ofício ou mediante representação, o Ministério Público, a quem cabe, por dever constitucional, a proteção do patrimônio público e social (artigo 129, inciso III), poderá instaurar o Inquérito Civil Público ou procedimento assemelhado ou, ainda, se os fatos

[11] https://www.cnmp.mp.br/portal/images/Resolucoes/Resoluo-174-1.pdf, acessado em 30/01/2023.

[12] Da mesma forma que exige da representação de terceiros, no artigo 14, §1º, da atual LIA.

constituírem, em tese, também crime, requisitar instauração de Inquérito Policial (artigo 22 da LIA).

Cabe sempre relembrar que a autoridade administrativa não precisa aguardar o fim de eventual apuração em processo administrativo de caráter disciplinar ou não, para representar ao Ministério Público, sendo certo que poderá haver prova emprestada entre as diversas esferas de atribuição, com eventual solicitação ao juiz competente, no caso em que na investigação tiver sido necessário, para o alcance de provas, autorizações judiciais, na forma da legislação vigente[13]. Quando do conhecimento de ato, que pode constituir improbidade, a remessa de representação ao Ministério Público, em prazo célere também contribui para evitar a prescrição na propositura de eventual ação de improbidade.[14]

O Ministério Público, ao receber a representação, para além das medidas já previstas no artigo 22 da LIA, poderá propor ação de improbidade, se entender que a representação contém dados suficientes, mas também poderá arquivar a referida representação (autuada como notícia de fato), se estiverem presentes as condições previstas no artigo 4º da Resolução nº 174/2017 com a redação da Resolução nº 189/2018:

[13] Nesse sentido: AGRAVO REGIMENTAL. PETIÇÃO. COLABORAÇÃO PREMIADA. PEDIDO DE COMPARTILHAMENTO DE TERMOS DE DEPOIMENTO. COMPETÊNCIA DO ÓRGÃO JURISDICIONAL HOMOLOGADOR. INSTRUÇÃO DE PROCEDIMENTO DEFLAGRADO PARA APURAÇÃO DE ATOS DE IMPROBIDADE ADMINISTRATIVA. POSSIBILIDADE. INSURGÊNCIA DESPROVIDA. 1. Ainda que remetidos a outros órgãos do Poder Judiciário para as apurações dos fatos declarados, remanesce competência ao juízo homologador do acordo de colaboração premiada a deliberação acerca de pretensões que envolvem o compartilhamento de termos de depoimento prestados pelo colaborador. 2. É assente na jurisprudência desta Corte a admissibilidade, em procedimentos administrativos, de prova emprestada do processo penal (RE 810.906, Rel. Min. ROBERTO BARROSO, julgado em 25.5.2015, DJe de 28.5.2015), assim como já se decidiu pela admissibilidade para o fim de subsidiar apurações de cunho disciplinar (INQ-QO 2.725, Rel. Min. CARLOS BRITTO, julgado em 25.6.2008, publicado em 26.9.2008, Tribunal Pleno). 3. Havendo delimitação dos fatos, não se verifica causa impeditiva ao compartilhamento de termos de depoimento requerido pelo Ministério Público estadual com a finalidade de investigar a prática de eventual ato de improbidade administrativa por parte de agente público. 4. Agravo regimental desprovido. (Pet 7065 AgR, Relator(a): EDSON FACHIN, Segunda Turma, julgado em 30/10/2018, ACÓRDÃO ELETRÔNICO DJe-037, DIVULG 19-02-2020, PUBLIC 20-02-2020).

[14] Prazos de prescrição estão previstos no artigo 23 da LIA.

Art. 4º A Notícia de Fato será arquivada quando: (Redação alterada pela Resolução nº 189, de 18 de junho de 2018)

I – o fato narrado já tiver sido objeto de investigação ou de ação judicial ou já se encontrar solucionado; (Redação alterada pela Resolução nº 189, de 18 de junho de 2018)

II – a lesão ao bem jurídico tutelado for manifestamente insignificante, nos termos de jurisprudência consolidada ou orientação do Conselho Superior ou de Câmara de Coordenação e Revisão; (Redação alterada pela Resolução nº 189, de 18 de junho de 2018)

III – for desprovida de elementos de prova ou de informação mínimos para o início de uma apuração, e o noticiante não atender à intimação para complementá-la. (Redação alterada pela Resolução nº 189, de 18 de junho de 2018)

§ 1º O noticiante será cientificado da decisão de arquivamento preferencialmente por correio eletrônico, cabendo recurso no prazo de 10 (dez) dias.

§ 2º A cientificação é facultativa no caso de a Notícia de Fato ter sido encaminhada ao Ministério Público em face de dever de ofício.

§ 3º O recurso será protocolado na secretaria do órgão que a arquivou e juntado à Notícia de Fato, que deverá ser remetida, no prazo de 3 (três) dias, ao Conselho Superior do Ministério Público ou à Câmara de Coordenação e Revisão respectiva para apreciação, caso não haja reconsideração.

§ 4º Será indeferida a instauração de Notícia de Fato quando o fato narrado não configurar lesão ou ameaça de lesão aos interesses ou direitos tutelados pelo Ministério Público ou for incompreensível. (Incluído pela Resolução nº 189, de 18 de junho de 2018)

§ 5º A Notícia de Fato também poderá ser arquivada quando seu objeto puder ser solucionado em atuação mais ampla e mais resolutiva, mediante ações, projetos e programas alinhados ao Planejamento Estratégico de cada ramo, com vistas à concretização da unidade institucional. (Incluído pela Resolução nº 189, de 18 de junho de 2018)

Art. 5º Não havendo recurso, a Notícia de Fato será arquivada no órgão que a apreciou, registrando-se no sistema respectivo, em ordem cronológica, ficando a documentação à disposição dos órgãos correicionais.

2. Da Responsabilidade de Sucessores e Herdeiros

O tema da responsabilidade de sucessores e herdeiros do(a) condenado(a) por ato ímprobo sofreu grande modificação na LIA com a alteração da Lei 14.230/2021.

Na versão anterior da Lei de Improbidade, o artigo 8º previa que: **"O sucessor daquele que causar lesão ao patrimônio público ou se enriquecer ilicitamente está sujeito** às cominações desta lei até o limite **da herança".**

Na atual versão, o artigo 8º foi modificado e possui a seguinte redação:

> Art. 8º O sucessor ou o herdeiro daquele que causar dano ao erário ou que se enriquecer ilicitamente estão sujeitos apenas à obrigação de repará-lo até o limite do valor da herança ou do patrimônio transferido. (Redação dada pela Lei nº 14.230, de 2021)
>
> Art. 8º-A A responsabilidade sucessória de que trata o art. 8º desta Lei aplica-se também na hipótese de alteração contratual, de transformação, de incorporação, de fusão ou de cisão societária. (Incluído pela Lei nº 14.230, de 2021)
>
> Parágrafo único. Nas hipóteses de fusão e de incorporação, a responsabilidade da sucessora será restrita à obrigação de reparação integral do dano causado, até o limite do patrimônio transferido, não lhe sendo aplicáveis as demais sanções previstas nesta Lei decorrentes de atos e de fatos ocorridos antes da data da fusão ou da incorporação, exceto no caso de simulação ou de evidente intuito de fraude, devidamente comprovados. (Incluído pela Lei nº 14.230, de 2021)

Portanto, enquanto a redação anterior tratava das cominações legais (previstas no artigo 12 e modificadas pela atual redação) a responsabilidade do sucessor e do herdeiro diminuíram, porque excluem, por exemplo, a multa civil e a indisponibilidade de bens, para incluir, somente, o ressarcimento do dano, até o limite da herança ou do patrimônio transferido, o que poderá afetar, inclusive, a condenação por dano moral.

A possibilidade de responsabilidade do herdeiro ou sucessor, incluindo a multa e danos morais, para ressarcimento do dano (salvo nos casos do artigo 11 da LIA na antiga redação) era tema consolidado na jurisprudência do Superior Tribunal de Justiça, como firmado no Agravo Interno no Recurso Especial 1.524.498/PE[15], relator Ministro Gurgel de Faria que dispôs : **" De acordo com a jurisprudência desta Corte, o direito à indenização por danos morais ostenta caráter patrimonial, sendo, portanto transmissível ao cônjuge e ao herdeiro do *de cujus*"** e ainda Agravo em Recurso Especial 1.766.470[16], relator Ministro Mauro Campbell Marques. As ementas dos citados acórdãos seguem abaixo transcritas:

> PROCESSUAL CIVIL E ADMINISTRATIVO. REGIME MILITAR. ANISTIA POLÍTICA. INDENIZAÇÃO POR DANOS MORAIS. HERDEIROS. LEGITIMIDADE. PRESCRIÇÃO. INAPLICABILIDADE. CONDENAÇÃO. REVISÃO DO QUANTUM. IMPOSSIBILIDADE. SÚMULA 7 DO STJ. INCIDÊNCIA.
> 1. O Plenário do STJ decidiu que "aos recursos interpostos com fundamento no CPC/1973 (relativos a decisões publicadas até 17 de março de 2016) devem ser exigidos os requisitos de admissibilidade na forma nele prevista, com as interpretações dadas até então pela jurisprudência do Superior Tribunal de Justiça" (Enunciado Administrativo n. 2).
> 2. **De acordo com a jurisprudência desta Corte, o direito à indenização por danos morais ostenta caráter patrimonial, sendo, portanto, transmissível ao cônjuge e aos herdeiros do de cujus.**
> 3. O prazo quinquenal previsto no Decreto n. 20.910/1932 é inaplicável às ações que objetivam reparação por danos morais ocasionados por torturas sofridas durante o período do regime militar, demandas que

[15] Disponível em: https://processo.stj.jus.br/processo/revista/documento/mediado/? componente=ITA&sequencial=1786115&num_registro=201500817552&data=20190220&peticao_numero=201800509532&formato=PDF. Último acesso em 30.01.2023.

[16] Disponível em: https://processo.stj.jus.br/processo/dj/documento/mediado/? tipo_documento=documento&componente=MON&sequencial=121183825&tipo_documento=documento&num_registro=202002518278&data=20210211&tipo=0&formato=PDF. Último acesso em 30.01.2023.

são imprescritíveis, tendo em vista as dificuldades enfrentadas pelas vítimas para deduzir suas pretensões em juízo.
4. A jurisprudência do Superior Tribunal de Justiça admite, em caráter excepcional, a alteração do quantum arbitrado a título de dano moral caso se mostre irrisório ou exorbitante, em clara afronta aos princípios da razoabilidade e da proporcionalidade.
5. Na espécie, a parte recorrente não logrou demonstrar que o valor arbitrado, a ser repartido entre seis autores, seria excessivo, de forma que o acórdão recorrido deve ser mantido.
6. Manifestamente improcedente a irresignação, é de rigor a aplicação da sanção prevista no art. 1.021, § 4º, do CPC/2015.
7. Agravo interno desprovido, com imposição de multa.
(AgInt no REsp 1524498/PE, Rel. Ministro GURGEL DE FARIA, PRIMEIRA
TURMA, julgado em 13/12/2018, DJe 20/02/2019)

ADMINISTRATIVO E PROCESSUAL CIVIL. AGRAVO EM RECURSO ESPECIAL. ENUNCIADO ADMINISTRATIVO 3/STJ. IMPROBIDADE ADMINISTRATIVA. AUSÊNCIA DE PREQUESTIONAMENTO. SÚMULAS 282/STF E 211/STJ. ART. 8º DA LEI 8.429/92. **TRANSMISSIBILIDADE**

DAS PENAS PECUNIÁRIAS AOS HERDEIROS ATÉ O LIMITE DA HERANÇA. SÚMULA 568/STJ. JULGADOS DO STJ. AGRAVO CONHECIDO PARA CONHECER PARCIALMENTE DO RECURSO ESPECIAL E, NESSA EXTENSÃO, NEGAR-LHE PROVIMENTO.

A nova redação tem sido objeto de considerações variadas e também está relacionada a uma outra questão, a aplicação retroativa da LIA para processos já sentenciados[17].

[17] O Supremo Tribunal Federal, por unanimidade, apreciando o tema 1.199 da repercussão geral, deu provimento ao recurso extraordinário (ARE 843989/PR) para extinguir a ação, e, por maioria, o acompanhou os fundamentos do voto do Ministro Alexandre de Moraes (Relator) para decidir que incide a Lei 14.230/2021 em relação aos atos de improbidade administrativa

Por outro lado, há que se pensar que o patrimônio de condenado por ato improbo pode ter sido acrescido por bens materiais ou não, que estejam relacionados com o proveito da improbidade, com o desvio ou apropriação de valores ou bens públicos, nesse sentido, a herança não poderá ser percebida na integralidade e o ressarcimento não poderá ser somente do dano no sentido material, mas há também o dano coletivo. Essa será uma discussão, o que é claramente pessoal e intransferível, e o que faz parte da herança lícita.

A Lei 14.230/2021 inovou com a inclusão do artigo 8º-A, que trata dos efeitos de condenação por ato de improbidade em pessoas jurídicas, deixando claro que as regras gerais do artigo 8º também se aplicam na hipótese de alteração contratual, de transformação, de incorporação, de fusão ou de cisão societária, no entanto, ao contrário do que estabeleceu para herdeiros e sucessores pessoas físicas ou espólio, em caso de pessoa jurídica, se houve fraude ou simulação, outras penas além do ressarcimento poderão ser aplicadas.

E nesse sentido, a interpretação da Nota Técnica nº 1/2021 da 5ª Câmara de Coordenação e Revisão do Ministério Público Federal que no item 27 explicita:

culposos praticados na vigência da Lei 8.429/92, desde que não exista condenação transitada em julgado, cabendo ao juízo competente o exame da ocorrência de eventual dolo por parte do agente. Os prazos prescricionais previstos na Lei 14.230/2021 não retroagem, sendo aplicáveis a partir da publicação do novo texto legal (26.10.2021).
Tese fixada pelo STF:
1) É necessária a comprovação de responsabilidade subjetiva para a tipificação dos atos de improbidade administrativa, exigindo-se — nos artigos 9º, 10 e 11 da LIA — a presença do elemento subjetivo — DOLO;
2) A norma benéfica da Lei 14.230/2021 — revogação da modalidade culposa do ato de improbidade administrativa —, é IRRETROATIVA, em virtude do artigo 5º, inciso XXXVI, da Constituição Federal, não tendo incidência em relação à eficácia da coisa julgada; nem tampouco durante o processo de execução das penas e seus incidentes;
3) A nova Lei 14.230/2021 aplica-se aos atos de improbidade administrativa culposos praticados na vigência do texto anterior da lei, porém sem condenação transitada em julgado, em virtude da revogação expressa do texto anterior; devendo o juízo competente analisar eventual dolo por parte do agente;
4) O novo regime prescricional previsto na Lei 14.230/2021 é irretroativo, aplicando-se os novos marcos temporais a partir da publicação da lei.
STF. Plenário. ARE 843989/PR, Rel. Min. Alexandre de Moraes, julgado em 18/8/2022.

> "A responsabilidade de pessoa jurídica sucessora nos novos artigos 8º e 8º A deve abranger, além de ressarcimento do dano causado pela improbidade administrativa, o pagamento de valores imponíveis a título de multa civil sob pena de contradição normativa interna e comprometimento da função de prevenção, dissuasão e repressão dos atos de improbidade, imputados a pessoa jurídica sucedida em harmonia com o artigo 4ºda Lei 12846/2013".

Isso porque o artigo 4º da Lei 12846/2013, conhecida por Lei Anticorrupção (e que dispõe sobre a responsabilização objetiva e civil de pessoas jurídicas pela prática de atos contra a administração pública nacional e estrangeira), na qual são previstos os acordos de leniência, contém regras expressas sobre sucessão de empresas.

> Art. 4º Subsiste a responsabilidade da pessoa jurídica na hipótese de alteração contratual, transformação, incorporação, fusão ou cisão societária.
>
> § 1º Nas hipóteses de fusão e incorporação, a responsabilidade da sucessora será restrita à obrigação de pagamento de multa e reparação integral do dano causado, até o limite do patrimônio transferido, não lhe sendo aplicáveis as demais sanções previstas nesta Lei decorrentes de atos e fatos ocorridos antes da data da fusão ou incorporação, exceto no caso de simulação ou evidente intuito de fraude, devidamente comprovados.
>
> § 2º As sociedades controladoras, controladas, coligadas ou, no âmbito do respectivo contrato, as consorciadas serão solidariamente responsáveis pela prática dos atos previstos nesta Lei, restringindo-se tal responsabilidade à obrigação de pagamento de multa e reparação integral do dano causado.

Portanto, a interpretação das regras de obrigações de pessoas jurídicas sucessoras daquelas envolvidas em atos de improbidade deverá levar em consideração tanto a Lei 12.846/2012 como a Lei 8.429/1992, com a redação da Lei 14.230/2021, vez que ambas fazem parte do sistema normativo de repressão a atos de corrupção, no âmbito do direito administrativo sancionador.

Referências

Carvalho, Antonio Carlos Alencar - Manual de Processo Administrativo Disciplinar e Sindicância, Fórum Editora, 4ª edição, 2014, Belo Horizonte.

Eche, Luís Mauro Lindemeyer, A inconstitucionalidade do art. 8º da Lei 8429/92 com a redação dada pela Lei 14230/22, em www.jus.com.br, acessado em 30.01.2023.

Fazzio Júnior, Waldo. Improbidade Administrativa, Editora Atlas, 4ª edição, 2016, São Paulo.

Garcia, Mônica Nicida - Responsabilidade do Agente Público, Fórum Editora, 2ª edição, 2009, Belo Horizonte.

Ministério Público Federal, Nota Técnica nº **01/2017** da 5ª Câmara de Coordenação e Revisão do Ministério Público Federal, em portal do Ministério Público Federal, atuação temática, 5ª CRR, Notas Técnicas.

Notícia sobre o II Congresso de Administração Pública e Processo, realizado no dia 7/12/2017, na sede do Tribunal de Contas de Santa Catarina (TCE/SC), em Florianópolis. Disponível em: https://tce-sc.jusbrasil.com.br/noticias/529463471/desembargadora-defende-dialogo-harmonico-entre-lia-e-lac-no-ii-congresso-de-administracao-publica-no-tce-sc. Último acesso em 30.01.2023.

5
Atos de improbidade administrativa que importam enriquecimento ilícito. Comentários ao artigo 9º

Melissa Guimarães Castello

Introdução

O art. 9º da Lei nº 8.429/1992 pode ser considerado o coração do sistema de responsabilização por atos de improbidade administrativa[1]. Juntamente com os artigos 10 e 11 da citada lei, ele arrola os atos de improbidade. E o art. 9º trata especificamente daqueles que importam enriquecimento ilícito do agente público[2], conforme detalhado a seguir.

Para a adequada compreensão do modelo de responsabilização decorrente do art. 9º, este capítulo será dividido em duas partes: a primeira será dedicada à análise do seu *caput*, que sofreu modificações com o advento da Lei nº 14.230/2021; e a segunda tratará dos seus incisos, para os quais a lei de 2021 trouxe aprimoramentos sistêmicos pontuais.

[1] Conforme FIGUEIREDO, *apud* ZIMMER JÚNIOR, Aloísio. *Corrupção e Improbidade Administrativa – Ed. 2018.* Ed: RT. p. RB-3.7. Disponível em https://proview.thomsonreuters.com/launchapp/title/rt/monografias/154420339/v1/page/RB-3.7, acesso em 02 abr. 2023.

[2] Neste capítulo, o termo "agente público" será utilizado para compreender tanto o "agente público" *stricto sensu*, quanto o "agente político", nos termos do art. 2º da LIA.

1. O *Caput* do Art. 9º

1.1. Os agentes que podem ser responsabilizados com base no art. 9º

O art. 9º tipifica como ato de improbidade administrativa a conduta do agente público ou agente político que obtém qualquer tipo de vantagem patrimonial indevida. Para bem compreender a abrangência do artigo, é necessário retornar aos conceitos de agente público ou agente político, que estão previstos no art. 2º da Lei nº 8.429/1992, abrangendo "o servidor público e todo aquele que exerce, ainda que transitoriamente ou sem remuneração, por eleição, nomeação, designação, contratação ou qualquer outra forma de investidura ou vínculo, mandato, cargo, emprego ou função nas entidades referidas no art. 1º desta Lei". Já o art. 1º, § 5º, coloca sob a tutela da Lei de Improbidade Administrativa (LIA) os três Poderes das três esferas da Federação, bem como os entes da Administração Indireta.

Ou seja, todos aqueles que são formalmente designados para o exercício do serviço público, independentemente de remuneração, podem ser responsabilizados por improbidade administrativa, se exercerem conduta vedada pelo art. 9º.

Além disso, em tese seria possível responsabilizar os particulares – pessoas físicas ou jurídicas – que celebrem contratos ou convênios com o Poder Público. Essa possibilidade decorre do novo parágrafo único do art. 2º, segundo o qual "no que se refere a recursos de origem pública, sujeita-se às sanções previstas nesta Lei o particular, pessoa física ou jurídica, que celebra com a administração pública convênio, contrato de repasse, contrato de gestão, termo de parceria, termo de cooperação ou ajuste administrativo equivalente".

Como bem pontuam Fernão Borba Franco e Luana Pedrosa de Figueiredo Cruz[3], o parágrafo único está alinhado à jurisprudência mais recente do Superior Tribunal de Justiça (STJ), que já vinha permitindo a responsabilização isolada dos particulares, mesmo quando não fosse possível responsabilizar um

[3] GOMES JUNIOR, Luiz Manoel e FAVRETO, Rogerio. Capítulo II. Dos Atos de Improbidade Administrativa. *In* GAJARDONI, Fernando da Fonseca *et al. Comentários à Nova Lei de Improbidade Administrativa* – Ed. 2023, Ed: RT, p. RL-1.2, disponível em https://proview.thomsonreuters.com/launchapp/title/rt/codigos/100959444/v6/page/RL-1.2, acesso em 27 mar. 2023.

agente público. Com o advento da Lei nº 14.230/2021, resta definitivamente sepultado o entendimento segundo o qual o particular só poderia ser incluído no polo passivo das ações de improbidade administrativa com fundamento no artigo 3º da LIA, quando concorresse para a prática do ato de improbidade perpetrado por agente público.

Portanto, a interpretação conjugada do art. 2º, parágrafo único, com o art. 9º, poderia indicar a possibilidade de responsabilização do particular: uma empresa privada que recebesse recursos de origem pública para prestar um serviço, mas não executasse a contento o objeto, poderia ser responsabilizada por ato de improbidade administrativa, com base no art. 9º?

Ainda que não haja nenhuma vedação expressa em lei, a análise atenta do marco normativo leva à resposta negativa: a conduta tipificada no art. 9º pressupõe que a vantagem indevida seja "em razão do exercício de cargo, de mandato, de função, de emprego ou de atividade nas entidades referidas no art. 1º desta Lei". O particular, por si só, não obtém vantagem indevida em razão do exercício de cargo, de modo que não parece possível sua responsabilização nesse caso, ainda que eventualmente seja viável enquadrar sua conduta nos arts. 10 e 11.

Por outro lado, subsiste a possibilidade de responsabilização do particular nos casos do art. 3º, segundo o qual também é responsável pelo ato de improbidade aquele que induza ou concorra dolosamente para sua prática. Nesse ponto, imagine-se uma pessoa física particular que, em conluio com um agente público, estruture os meios para viabilizar a exigência de uma vantagem patrimonial indevida: ao dolosamente contribuir para o cometimento deste ato de improbidade, o particular pode sim ser responsabilizado. O Superior Tribunal de Justiça tem precedentes que admitem a responsabilização conjugada do particular e do agente público, alguns deles envolvendo condutas de sociedades de advogados em conluio com oficiais de justiça, como se verifica no seguinte caso, de relatoria do Ministro Napoleão Nunes Maia Filho:

> DIREITO SANCIONADOR. AGRAVO REGIMENTAL EM RESP. ACP POR CONDUTA ÍMPROBA. RECEBIMENTO, POR OFICIALA DE JUSTIÇA, DE GRATIFICAÇÃO DE SOCIEDADE DE ADVOGADOS POR CUMPRIMENTO PREFERENCIAL DE MANDADOS. CONDENAÇÃO NO TRIBUNAL GAÚCHO. DIRETRIZ

> FIRMADA POR ESTE TRIBUNAL SUPERIOR EM CASOS PRETÉRITOS SÍMILES DE QUE A CONDUTA É ÍMPROBA: AGINT NO RESP. 1.386.936/RS, REL. MIN. REGINA HELENA COSTA, DJE 28.02.2019; AGINT NO RESP. 1.309.203/RS, REL. MIN. BENEDITO GONÇALVES, DJE 18.12.2018; AGINT NO ARESP 1.056.308/RS, REL. MIN. SÉRGIO KUKINA, DJE 13.09.2018. AGRAVOS REGIMENTAIS DOS ACIONADOS DESPROVIDOS. 1. Cinge-se a controvérsia em analisar se a conduta imputada aos réus, circunscrita a suposto **oferecimento de vantagem indevida** a Oficial de Justiça para cumprimento de diligências, pode ser rotulada como improbidade administrativa. **Inúmeros feitos sobre idêntica questão de fundo já foram apreciados por esta Corte Superior**, envolvendo a mesma Sociedade de Advogados e Oficiais de Justiça do Tribunal Gaúcho. [...] 6. Agravo Regimental dos implicados desprovidos.
> (AgRg no REsp n. 1.190.486/RS, relator Ministro Napoleão Nunes Maia Filho, Primeira Turma, julgado em 25/4/2019, DJe de 14/5/2019.)

Aliás, a responsabilização dos agentes, nesse caso, independe de a vantagem ser exigida em proveito próprio ou para terceiros, como destacam Fernão Borba Franco e Luana Pedrosa de Figueiredo Cruz[4]. Por consequência, tanto o agente público que exige vantagem indevida a ser paga para terceiro, quanto o particular que estrutura a exigência dessa vantagem, podem ser responsabilizados, caso demonstrado o dolo de seu agir.

1.2. A prática de ato doloso

A grande inovação que a Lei nº 14.230/2021 trouxe ao *caput* do art. 9º foi a incorporação do termo "mediante a prática de ato doloso", de modo a não deixar dúvidas de que as condutas culposas são excluídas de seu âmbito de incidência. Aparentemente, este limitador teria reduzido a força da Lei de Improbidade Administrativa, ao exigir que a autoridade administrativa competente pela investigação do ato de improbidade administrativa comprove o

[4] *Ibid.* p. RL-1.3.

dolo do agente público, ônus de prova este que costuma ser mais difícil do que o da demonstração de culpa.

Contudo, ao menos no caso dos tipos previstos no art. 9º, essa redução do âmbito de incidência da LIA é apenas aparente. Não é crível que alguém aufira vantagem indevida de forma culposa, motivo pelo qual entende-se que a conduta tipificada no art. 9º sempre foi dolosa, como bem apontado por Aloísio Zimmer Júnior[5]. Idêntica é a doutrina de Augusto Neves Dal Pozzo e José Roberto Pimenta Oliveira, para quem "no tocante ao artigo 9º, há contradição lógica entre descrever o ato de enriquecimento ilícito com conduta funcional culposa, na medida em que exige consciência e vontade dirigido a este fim"[6].

Aliás, este foi um ponto tangenciado no precedente do STJ citado acima (AgRg no REsp n. 1.190.486/RS). Na ocasião, o Min. Napoleão Nunes Maia Filho ressalvou seu entendimento pessoal de que não havia demonstração de que a conduta dos réus era dolosa, pois havia nos autos "apontamento de conduta possivelmente negligente do Oficial de Justiça diante do costume de se manter números de contas bancárias afixadas em mural, acessíveis a qualquer pessoa". Contudo, a Primeira Turma do Superior Tribunal de Justiça acabou firmando entendimento de que o dolo estava suficientemente comprovado.

Isso porque a legislação não demanda dolo específico. Em alguns casos, basta o dolo genérico para que se configure a conduta. Como bem aponta Tiago do Carmo Martins[7], voltando-se os olhos para a LIA, percebe-se que ela contempla tanto condutas que pressupõem dolo genérico, quanto condutas que demandam dolo específico. A rápida análise dos incisos do art. 9º leva a crer que a maior parte das condutas ali tipificadas demandam dolo específico. Contudo, basta dolo genérico para as condutas dos incisos VII, VIII, XI e XII, como se depreende da jurisprudência do STJ, segundo a qual "nos casos de variação patrimonial a descoberto, resta caracterizado o dolo genérico na

[5] ZIMMER JÚNIOR, Aloísio. *Corrupção e Improbidade Administrativa – Ed. 2018.* Ed: RT. p. RB-3.7. Disponível em https://proview.thomsonreuters.com/launchapp/title/rt/monografias/154420339/v1/page/RB-3.7, acesso em 02 abr. 2023.

[6] DAL POZZO, Augusto Neves; OLIVEIRA, José Roberto Pimenta. *Lei de Improbidade Administrativa Reformada* – Ed. 2022, Ed: RT, p. RB-1.4. Disponível em https://proview.thomsonreuters.com/launchapp/title/rt/monografias/292958991/v1/page/RB-1.4, acesso em 31 mar. 2023.

[7] MARTINS, Tiago do Carmo. O dolo na nova Lei de Improbidade Administrativa. Disponível em https://www.conjur.com.br/2021-dez-03/tiago-martins-dolo-lei-improbidade-administrativa#_ftnref2, acesso em 31 mar. 2023.

conduta do servidor que não demonstre a licitude da evolução patrimonial constatada pela Administração"[8].

Portanto, a Lei nº 14.230/2021 deixa claro que a conduta do agente público passível de responsabilização, com base no art. 9º, deve ser necessariamente dolosa. Contudo, somente a análise do tipo terá o condão de revelar se se faz necessário dolo específico, ou se basta dolo genérico, para a caracterização do ato ímprobo.

1.3. O conceito de vantagem patrimonial indevida

Para encerrar a primeira parte deste capítulo – destinada à análise do *caput* do art. 9º – deve ser analisado o conceito de "qualquer tipo de vantagem patrimonial indevida". De partida, percebe-se que o conceito é amplo, configurando-se a conduta com os mais distintos acréscimos patrimoniais, e não se limitando à vantagem auferida diretamente *in pecunia*. Há vantagens indiretas, de natureza não pecuniária, que são igualmente passíveis de recriminação. Contudo, a valoração dessas vantagens patrimoniais indiretas demanda análise mais profunda, porque "a vantagem há de ser valorada e aquilatada em um contexto mais sofisticado"[9].

Nessa linha, Fábio Medina Osório discorre sobre os presentes eventualmente dados a agentes públicos, que devem ser ponderados à luz do contexto cultural vigente. Segundo o autor, há contextos em que o recebimento do presente é plenamente legítimo ("chefes de Estado costumam receber presentes de grande valor de outros chefes de Estado no exterior"), mas há situações em que o recebimento do presente configura vantagem patrimonial indevida ("imagine-se um empresário doar automóveis ou imóveis a um agente

[8] STJ, AgInt no MS n. 19.524/DF, relatora Ministra Regina Helena Costa, Primeira Seção, julgado em 19/10/2021, DJe de 26/10/2021.
No REsp 1450113/RN o STJ analisa especificamente o caso do inc. XII, concluindo que: "2. A prática do ato de improbidade descrito no art. 9º, XII, da Lei 8.429/1992 prescinde da demonstração de dolo específico, pois o elemento subjetivo é o dolo genérico de aderir à conduta, produzindo os resultados vedados pela norma jurídica." (STJ, REsp n. 1.450.113/RN, relator Ministro Herman Benjamin, Segunda Turma, julgado em 5/3/2015, DJe de 31/3/2015).

[9] OSÓRIO, Fábio Medina. *Teoria da Improbidade Administrativa* – Ed. 2022, Ed: RT. p. RB-8.11. Disponível em https://proview.thomsonreuters.com/launchapp/title/rt/monografias/101686518/v6/page/RB-8.11, acesso em 01 abr. 2023.

público a título de presente, ou joias caríssimas à esposa do agente público")[10]. E é exatamente esta análise da vantagem patrimonial dentro do contexto social em que está inserido o agente público que permitirá sua classificação como indevida, ou não.

Ademais, e como bem aponta Fábio Medina Osório, "a natureza indevida da vantagem emerge da legislação subjacente à LGIA. A vantagem se torna indevida por sua incompatibilidade com o regime jurídico do setor público"[11]. Por consequência, há vantagens que podem ser legitimamente pagas aos agentes públicos, tais como o caso relativamente corriqueiro de servidor público que, em paralelo a suas atividades profissionais, exerce o ofício de professor, sendo remunerado por esta atividade, por exemplo.

Assim, configura-se conduta enquadrável no *caput* do art. 9º aquela situação em que um agente público – isoladamente ou em conluio com um particular – recebe vantagem patrimonial indevida de forma dolosa, por exercer uma das atividades arroladas nos incisos do art. 9º. Passa-se, a seguir, à análise pontual de cada um dos incisos.

2. Os Incisos do Art. 9º

No modelo de estruturação dos atos de improbidade administrativa, o *caput* dos arts. 9º, 10 e 11 arrolam as condutas de forma genérica, com detalhamento do que configura ato ímprobo nos respectivos incisos. O art. 9º traz doze condutas tipificadas, que serão analisadas a seguir.

2.1. O recebimento de vantagem econômica a título de presente

O inciso I traz hipótese amplíssima de ato de improbidade, na medida em que contempla o recebimento de "dinheiro, bem móvel ou imóvel, ou qualquer outra vantagem econômica" "para si ou para outrem". De partida, percebe-se que a vantagem patrimonial indevida deve ser interpretada de forma ampla, contemplando toda e qualquer forma de enriquecimento indevido. Da mesma

[10] *Ibid. loc. cit.*
[11] *Ibid. loc. cit.*

forma, o recebimento de vantagem indireta – para terceiro, que não tem a condição de agente público – está contemplada na conduta tipificada.

Seguindo a análise do inciso I, percebe-se que a vantagem econômica pode ser na forma de "comissão, percentagem, gratificação ou presente". Aqui, as observações efetuadas anteriormente, no sentido de que a vantagem patrimonial deve ser analisada dentro do contexto social em que está inserida, são de todo pertinente: caso a interpretação dada ao inciso I seja demasiadamente rígida, ele acabaria incidindo sobre qualquer presente recebido por agente público de quem tenha interesse em suas ações ou omissões.

Imagine-se, por exemplo, o caso de um juiz que seja presenteado com o livro técnico de algum advogado. O presente se faz pertinente, pois a obra pode ter o condão de dar suporte à atividade profissional do magistrado. Contudo, é possível – e até mesmo provável – que o autor do livro esteja atuando em causas que serão julgadas precisamente pelo magistrado presentado. Haveria a incidência do inciso I do art. 9º da LIA neste caso?

Uma interpretação demasiadamente rígida do inciso I levaria à resposta positiva, pois se trataria de um presente de quem tem interesse indireto, que pode ser atingido ou amparado pela ação ou omissão do magistrado. Por outro lado, as relações sociais usualmente estabelecidas entre advogados e juízes tornam esta espécie de presente corriqueira no universo jurídico, de modo a se afastar da conduta tipificada no inciso I.

Para diminuir o grau de subjetividade na interpretação deste inciso (e evitar que unicamente a percepção do que é ou não é uma conduta social aceitável balize a subsunção dos fatos à norma), Luiz Manoel Gomes Junior e Rogerio Favreto propõem que é "necessário um vínculo entre o agir ou não agir do agente público, em decorrência da sua função pública, além do recebimento de qualquer vantagem econômica"[12]. No mesmo sentido, Arnaldo Rizzardo reputa que "quem proporciona a vantagem deve revelar interesse direto ou indireto na atividade que exerce o agente", sendo "imprescindível a existência de nexo que motiva ou conduz a praticar um ato funcional e a vantagem"[13].

[12] GOMES JUNIOR e FAVRETO. *In* GAJARDONI. p. RL-1.3.

[13] RIZZARDO, Arnaldo. Ação Civil Pública e Ação de Improbidade Administrativa, 3ª edição. Disponível em: Minha Biblioteca, Grupo GEN, 2014. p. 468.

Em outras palavras, se exigiria o dolo específico de exercer a ação ou omissão que beneficiaria ilegitimamente o particular. Ainda que este requisito não esteja expressamente previsto no inciso I do art. 9º, esta parece ser a melhor interpretação possível, para coibir o uso demasiadamente alargado deste tipo de improbidade.

Por fim, é pertinente indicar que não se faz necessária a efetiva prática ou omissão que beneficiaria ilegitimamente o terceiro, bastando apenas o recebimento da vantagem indevida para este fim[14]. Assim, caso demonstrado que o agente público recebeu a comissão, percentagem, gratificação ou presente, para fazer ou deixar de fazer determinada conduta, haveria a incidência do inciso I do art. 9º da LIA.

2.2. A facilitação de contratação

Ao contrário do inciso I, os incisos II e III do art. 9º da LIA trazem condutas pontuais e específicas. Ambos se referem às hipóteses de facilitação de contratação com a Administração Pública, com a diferença que o inciso II tipifica a conduta do agente público quando a Administração está na posição de contratante, e o inciso III se refere aos casos em que o Estado (aqui entendido em sua acepção lata) figura na posição de contratado.

Em ambos os casos, a conduta vedada é "perceber vantagem econômica, direta ou indireta". Ao contrário da técnica legislativa adotada no inciso I, nos incs. II e III o legislador não sentiu a necessidade de enumerar as espécies de vantagem econômica (não há referência à "comissão, percentagem, gratificação ou presente"), de modo que todo e qualquer repasse, a qualquer título, para o agente público pode, em tese, atrair a incidência dos incisos II e III. Esta técnica legislativa parece ser a mais adequada, pois não há o risco de se afastar a incidência da lei de improbidade administrativa simplesmente porque a forma como a vantagem econômica foi repassada ao beneficiário não estava prevista dentre as enumeradas na lei.

Nos dois incisos se exige que a contratação se afaste dos valores usuais de mercado: nos casos em que a Administração está na posição de contratante, o tipo do inciso II ocorre quando o contrato é celebrado por preço superior ao

[14] PAZZAGLINI FILHO, Marino. *Apud* GAJARDONI, *op. cit. loc. cit.*

de mercado; e nos casos em que está na posição de contratada, o inciso III tem incidência quando o contrato é celebrado por preço inferior ao de mercado.

Este descolamento do preço de mercado torna a incidência dos incisos II e III mais comum nas contratações diretas. Com efeito, quando há dispensa ou inexigibilidade de licitação, a apuração do preço de mercado é sempre mais difícil para o Administrador Público, o que pode abrir espaço para abusos pelo agente público mal intencionado.

Tome-se por exemplo a situação de uma inexigibilidade de licitação, com base no art. 74, inc. I, da Lei nº 14.133/2021, para prestação de serviço que só pode ser fornecido por produtor específico. Como apurar o valor de mercado do serviço específico? Usualmente, a Administração recorre a contratos que este mesmo fornecedor tenha celebrado com terceiros, mas esta comparação nem sempre traz resultados satisfatórios, pois o serviço deve ser customizado à necessidade do contratante. Portanto, há um acentuado grau de subjetividade na precificação dessas contratações diretas, simplesmente porque a apuração do valor de mercado não se mostra tarefa fácil. E, onde há subjetividade, há espaço para abusos.

Por outro lado, nas hipóteses de licitação, é mais difícil atribuir ao agente público a conduta dolosa de contratação por preços afastados dos preços de mercado. Isso porque as licitações, em regra, têm disputa pelo menor preço (art. 33, I, da Lei nº 14.133/2021, aplicável quando a Administração figura na posição de contratante) ou maior lance (art. 33, V, da mesma lei, aplicável quando a Administração é a alienante). Assim, ainda que o valor estimado para a contratação esteja mal dimensionado[15], nos casos em que o certame licitatório atrair os diversos potenciais interessados na celebração do contrato administrativo, o valor será naturalmente ajustado aos preços usualmente praticados pelo mercado. Portanto, nestes casos, ainda que o agente público tenha a intenção de facilitar a celebração de contrato fora dos valores usuais de mercado, e que receba vantagem indevida para proceder desta forma, os diversos imponderáveis que podem ocorrer durante o certame licitatório tornam a prova do dolo específico muito difícil.

Ainda sobre a hipótese do inciso III, é interessante mencionar a observação efetuada por Luiz Manoel Gomes Junior e Rogerio Favreto, acerca da

[15] Sobre valor estimado para a contratação, vide o art. 23 da Lei nº 14.133/2021.

impropriedade do termo "locação", constante do referido inciso. Isso porque "a destinação de bens públicos (móveis e imóveis) a particulares regula-se pelos institutos especiais da concessão, permissão e autorização de uso"[16], e não pela locação. Portanto, é nestes casos de concessão, permissão e autorização de uso por valor inferior ao de mercado que o inciso III terá incidência, e não especificamente no caso de locação.

Portanto, os incisos II e III tem aplicação quando o agente público obtém vantagem econômica para facilitar a celebração de contrato administrativo fora dos valores usuais no mercado. Dada a dinâmica do processo licitatório, a incidência destes tipos é mais corriqueira na contratação direta.

2.3. A utilização de bens da Administração Pública para fins particulares

O inciso IV do art. 9º da LIA trata da utilização de bens móveis da Administração Pública, ou do emprego do trabalho de servidores, empregados públicos, ou de terceirizados contratados pelo Poder Público, para fins particulares. Fábio Medina Osório aponta que esta vedação, ao fim e ao cabo, nada mais faz do que combater o enriquecimento ilícito do agente público, uma vez que "o uso do patrimônio público, ou dos serviços públicos, para fins particulares, pode assumir dimensões tais que ensejem uma evolução patrimonial indevida e desproporcional do agente público"[17].

A redação do inciso foi aprimorada pela Lei nº 14.230/2021, ampliando o escopo para "qualquer bem móvel, de propriedade ou à disposição" da Administração (a redação original enumerava "veículos, máquinas, equipamentos ou material de qualquer natureza"). Apesar deste aprimoramento, o inciso IV ainda não contempla o possível desvio, para fins particulares, de uma série de serviços que são prestados corriqueiramente à Administração Pública, tais como os serviços de fornecimento e licenciamento de *software*, por exemplo. Estes serviços não se enquadram como "bem móvel à disposição" do Poder Público, e tampouco se inserem na gama de serviços prestados por terceiros contratados pela Administração, de modo que seu uso indevido não está tipificado no inciso IV.

[16] GOMES JUNIOR e FAVRETO. *In* GAJARDONI, Fernando da Fonseca et al. *Op cit*, p. RL-1.3.

[17] OSÓRIO. *op. cit.* p. RB-8.15.

Seja como for, o inc. IV parece especificamente voltado para a conduta do agente público que desvia material e mão de obra do Estado para fins particulares. Como bem pontua Arnaldo Rizzardo, tal prática ocorre com bastante frequência[18], se fazendo necessário distinguir o ato ímprobo da conduta tolerável.

Um exemplo muito característico da conduta vedada se identifica no Agravo Interno no Agravo em Recurso Especial nº 1.013.434/MG, em que "os réus praticaram os atos de improbidade administrativa, pois realizaram obra de engenharia às custas da municipalidade para favorecer interesses particulares", construindo um campo de futebol em terreno particular, com recursos públicos[19].

Por outro lado, a maior parte dos usos de bens públicos para fins particulares se situa em uma zona menos clara de incidência: o uso do telefone da repartição para uma ligação particular esporádica ou o uso do computador colocado à disposição do servidor público que exerce suas atividades em regime de trabalho remoto para visualização de redes sociais configura ato de improbidade administrativa? A resposta parece ser negativa, sob pena de banalização de um instrumento que traz graves impactos à esfera de liberdade individual[20].

Assim, ainda que a LIA proíba, a partir do inc. IV do art. 9º, o uso abusivo de bens públicos para fins particulares, a interpretação do tipo administrativo deve ser balizada pela razoabilidade e parcimônia na sua aplicação.

A vantagem econômica por tolerar a exploração de atividades ilícitas

O inciso V tipifica a conduta do agente público que recebe vantagem econômica para tolerar a "exploração ou a prática de jogos de azar, de lenocínio, de narcotráfico, de contrabando, de usura ou de qualquer outra atividade ilícita". Assim como nos incisos II e III, no inciso V o legislador se refere ao recebimento de vantagem econômica de forma ampla, o que é positivo.

[18] RIZZARDO. *op. cit.* p. 472.

[19] STJ. AgInt no AREsp n. 1.013.434/MG, relator Ministro Og Fernandes, Segunda Turma, julgado em 28/11/2017, DJe de 5/12/2017.

[20] Vide, nesse sentido, PAZZAGLINI FILHO (*apud* GAJARDONI, Fernando da Fonseca et al. *Op cit*, p. RL-1.3), para quem essas condutas "quando muito podem justificar uma penalidade administrativa (advertência ou censura)".

Nesse ponto, é interessante que o inciso V enumera uma série de atividades ilícitas, mas traz uma cláusula de abertura ao final: o agente público que receber vantagem econômica para tolerar o exercício de qualquer outra atividade ilícita também incorre no tipo do inciso V. Com efeito, e como bem indicado por Arnaldo Rizzardo, as várias atividades são indicadas no inc. V mais como exemplos[21] de ilícitos que podem se beneficiar com o indevido favorecimento por parte do agente público, havendo um rol bem mais amplo de condutas. Portanto, a técnica legislativa foi acertada, ao permitir a abertura para o enquadramento de outras espécies de favorecimento ilícito no tipo do inciso V.

Ainda segundo Rizzardo, o indevido favorecimento representa "um dos maiores canais da corrupção, alimentando a grande generalidade de casos de envolvimento dos funcionários com o crime, em especial nos grandes centros"[22], de modo que o inciso V se mostra muito relevante para o combate destas condutas ilícitas.

2.4. A declaração falsa

O inciso VI considera ato de improbidade o recebimento de vantagem econômica "para fazer declaração falsa sobre qualquer dado técnico que envolva obras públicas ou qualquer outro serviço ou sobre quantidade, peso, medida, qualidade ou característica de mercadorias ou bens fornecidos". Também aqui a Lei nº 14.230/2021 aprimorou a redação original da LIA, substituindo a expressão "medição ou avaliação" por "qualquer dado técnico", de forma a ampliar o âmbito de incidência do tipo administrativo.

A conduta obstada pelo inc. VI do art. 9º decorre de vício no exercício das atribuições dos fiscais de contratos administrativos, ao atestar o recebimento do objeto contratado (nos termos do art. 140 da Lei nº 14.133/2021). Conforme o art. 117 da Lei nº 14.133/2021, o fiscal do contrato é representante da Administração especialmente designado, que tem os deveres de anotar em registro próprio todas as ocorrências relativas à fiscalização. Portanto, é seu dever funcional anotar todas as características relativas à boa – ou má – execução do contrato. Caso o fornecimento não esteja de acordo com o objeto

[21] RIZZARDO. *op. cit.* p. 473.

[22] *Ibid. loc. cit.*

contratado, compete ao fiscal rejeitá-lo, no todo ou em parte (art. 140, § 1º, da Lei nº 14.133/2021).

No caso de fornecimento de bens, por exemplo, compete ao fiscal registrar se o bem atende às especificações técnicas, se foi entregue na quantidade demandada, dentre outras características relevantes. Caso anote informações falsas, nesse ponto (cometendo verdadeira falsidade ideológica, como bem destaca Rizzardo[23]), e obtenha vantagem econômica para assim proceder, sua conduta será considerada ato de improbidade administrativa, com base no inc. VI do art. 9º da LIA.

Por fim, é pertinente ressaltar que, para a configuração do ato de improbidade, se mostra irrelevante que a Administração efetive o pagamento pelo objeto contratado, sendo suficiente que o fiscal do contrato emita declaração falsa, e receba vantagem indevida[24].

2.5. A evolução patrimonial desproporcional

O inciso VII traz um dos principais tipos administrativos do art. 9º: o ato de adquirir, para si ou para outrem, "bens de qualquer natureza... cujo valor seja desproporcional à evolução do patrimônio ou à renda do agente público". Com efeito, muitas das condutas vedadas nos outros incisos do art. 9º têm como resultado final a evolução patrimonial desproporcional, viabilizando a aplicação conjugada das condutas previstas no art. 9º. E, muitas vezes, são os sinais externos de riqueza desproporcionais à renda do agente público que despertam os órgãos de fiscalização para a necessidade de investigação.

De acordo com a jurisprudência do Superior Tribunal de Justiça, "cabe à Administração comprovar o incremento patrimonial significativo e incompatível com as fontes de renda do servidor,..."[25]. Considerando-se que a Administração Pública, na condição de fonte pagadora, tem conhecimento da remuneração de seus agentes, e que estes devem apresentar anualmente suas declarações de bens, na forma do art. 13, § 2º, da LIA, referida prova é

[23] *Ibid.* p. 474.

[24] GOMES JUNIOR e FAVRETO. *In* GAJARDONI, Fernando da Fonseca et al. *Op cit*, p. RL-1.3.

[25] STJ, AgInt nos EAREsp n. 1.467.927/MT, relator Ministro Gurgel de Faria, Primeira Seção, julgado em 30/11/2021, DJe de 17/12/2021.

relativamente fácil para o autor de eventual ação civil pública de improbidade. Contudo, há outras provas mais tormentosas, para a perfeita configuração do tipo administrativo.

O inciso VII passou por alterações efetuadas pela Lei nº 14.230/2021, deixando mais claro o ônus probatório. A primeira mudança significativa decorre do fato de a lei vincular a evolução patrimonial desproporcional ao exercício do cargo, mandato, função ou emprego público, ao inserir a expressão "e em razão deles" no texto do inciso. Ou seja, deve haver nexo de causalidade entre a evolução patrimonial e o exercício do cargo. Para Luiz Manoel Gomes Junior e Rogerio Favreto, o ônus de provar este nexo de causalidade compete ao autor da ação de improbidade[26]. Contudo, a segunda alteração significativa do inc. VII pode levar a conclusão distinta, como exposto em seguida.

A partir do texto do inc. VII, resta claro que uma evolução patrimonial desproporcional, mas que não guarde qualquer relação com o cargo público, não atrai sua incidência. Aqui, pode-se imaginar a situação de um servidor público que investe em bolsa de valores, e tem acentuado incremento patrimonial devido às suas boas opções de investimento: desde que os investimentos não tenham vínculo com sua atividade profissional, essa evolução patrimonial desproporcional não configura ato de improbidade. Mas quem deve provar a ausência de nexo de causalidade?

A segunda alteração significativa efetuada pela Lei nº 14.230/2021 esclarece esta questão: houve a inserção da expressão "assegurada a demonstração pelo agente da licitude da origem dessa evolução", ao final do inciso. Aqui, a lei de improbidade reproduz orientação jurisprudencial[27], deixando claro que compete ao agente público a prova da licitude da origem de seu patrimônio. Com efeito, e ao contrário do que ocorre nas demais condutas tipificadas no art. 9º, no caso do inc. VII o enriquecimento ilícito é presumido[28], incumbindo ao agente público acusado a comprovação da origem lícita de seu patrimônio.

[26] GOMES JUNIOR e FAVRETO. In GAJARDONI, Fernando da Fonseca et al. Op cit, p. RL-1.3.

[27] Como se depreende do acórdão do já citado AgInt nos EAREsp n. 1.467.927/MT: "...fontes de renda do servidor, ficando a cargo deste o ônus de demonstrar a licitude da evolução patrimonial apontada pela Administração" (STJ, AgInt nos EAREsp n. 1.467.927/MT, relator Ministro Gurgel de Faria, Primeira Seção, julgado em 30/11/2021, DJe de 17/12/2021).

[28] RIZZARDO. *op. cit.* p. 475.

Nesse sentido, é a orientação do STJ em recente acórdão de relatoria do Ministro Herman Benjamin, cuja ementa se transcreve na íntegra, dada a pertinência para a compreensão da matéria:

> ADMINISTRATIVO. IMPROBIDADE ADMINISTRATIVA. EVOLUÇÃO PATRIMONIAL A DESCOBERTO. ART. 9º, VII, DA LEI 8.429/1992. CONDUTA ÍMPROBA. **PROVA DA ORIGEM LÍCITA. ÔNUS DO AGENTE PÚBLICO**. ACÓRDÃO RECORRIDO EM CONTRARIEDADE À JURISPRUDÊNCIA DO STJ. HISTÓRICO DA DEMANDA
> 1. Cuida-se, na origem, de Ação de Improbidade Administrativa contra dois Auditores Fiscais da Previdência Social, acusados da prática de advocacia administrativa, excesso de exação e evolução patrimonial incompatível com a remuneração de seus cargos.
> 2. O Recurso Especial comporta conhecimento apenas em relação ao recorrido Joaquim Acosta Diniz e, exclusivamente, quanto à imputação de evolução patrimonial a descoberto prevista no art. 9º, VII, da Lei 8.429/1992. IMPROBIDADE ADMINISTRATIVA DE EVOLUÇÃO PATRIMONIAL A DESCOBERTO
> 3. O acórdão recorrido consigna que, para a incidência do inciso VII do art. 9º da LIA, "há necessidade de se atrelar a conduta ilícita do agente público no exercício de suas funções à evolução patrimonial considerada desproporcional" (fl. 2.141, e-STJ) (grifei).
> 4. **Evolução patrimonial a descoberto, manifestada por bens materiais, despesas ou estilo de vida incompatíveis com rendimentos efetivamente recebidos, independe de alegação ou prova pelo Estado de conduta ilícita do servidor público. Ao revés, incumbe a este o ônus de cabalmente justificar a origem e a legitimidade do capital ou meios exibidos**. Precedentes do STJ.
> 5. Vale destacar que a nova redação do art. 9º, VII, da Lei 8.429/1992, conferida pela Lei 14.230/2021 – em que pese inaplicável ao caso presente ante os limites do quanto decidido pelo STF no Tema 1.199 (irretroatividade do novo regime, salvo em relação às ações em andamento atinentes aos tipos culposos extintos) -, reforça o entendimento jurisprudencial supra-apontado, porque o próprio dispositivo ressalva

> que será "assegurada a demonstração pelo agente da licitude da origem dessa evolução". AUSÊNCIA DE ENFRENTAMENTO DA QUESTÃO DA LICITUDE DA VARIAÇÃO PATRIMONIAL NO ACÓRDÃO RECORRIDO
> 6. Como o acórdão recorrido adotou a premissa equivocada de que ao autor da Ação de Improbidade cabia o ônus de provar a correlação entre o acréscimo patrimonial e algum ato ilícito praticado no exercício do cargo, o Tribunal de origem deixou de se pronunciar sobre a alegada desproporção do patrimônio do agente com seus rendimentos como Auditor Fiscal e as eventuais provas por ele apresentadas no sentido da licitude da evolução patrimonial.
> 7. Deve a instância ordinária, firmada a tese jurídica que predomina no STJ, reapreciar os fatos e julgá-los de acordo com a orientação do STJ, motivo pelo qual é de se anular o julgamento para que outro seja realizado. CONCLUSÃO
> 8. Recurso Especial parcialmente conhecido e, nessa extensão, provido, a fim de que, nos termos da fundamentação, os autos tornem à Corte de origem para, com base na orientação de que compete ao acusado comprovar a licitude da evolução patrimonial, reapreciar os fatos da causa, exclusivamente em relação a Joaquim Acosta Diniz e à imputação do art. 9°, VII, da Lei 8.429/1992.[29]

Portanto, para que se caracterize a conduta tipificada no inc. VII do art. 9º da LIA, deve a Administração comprovar a evolução patrimonial desproporcional, cabendo ao agente público demonstrar que esta evolução não decorre do exercício da sua função pública, mas de outras origens lícitas de patrimônio.

[29] STJ, REsp n. 1.923.138/RJ, relator Ministro Herman Benjamin, Segunda Turma, julgado em 6/12/2022, DJe de 19/12/2022 – grifou-se.

2.6. O exercício de atividade particular incompatível com a atribuição de agente público

O inciso VIII do art. 9º considera ato de improbidade o fato de agente público "aceitar emprego, comissão ou exercer atividade de consultoria ou assessoramento para pessoa física ou jurídica que tenha interesse suscetível de ser atingido ou amparado por ação ou omissão decorrente das atribuições do agente público, durante a atividade". Como bem destacam Luiz Manoel Gomes Junior e Rogerio Favreto, esta tipificação decorre do dever de "lealdade do agente público para com a Administração Pública"[30]. Caso o servidor preste serviços para empresa ou pessoa física que tem interesse junto ao Poder Público no qual ele atua, sua imparcialidade no ofício público acabará sendo comprometida.

É interessante observar que a vedação à contratação por particular subsiste mesmo nos casos de afastamentos legais do agente público, tal como ocorre no caso de licença não remunerada. Isso porque o servidor retornará à sua atividade pública, e, no futuro, poderá beneficiar indevidamente a pessoa que lhe contratou durante a licença. Nesse sentido, o STJ já decidiu que:

> ADMINISTRATIVO. IMPROBIDADE ADMINISTRATIVA. SOCIEDADE EMPRESÁRIA DE CONSULTORIA E ASSESSORAMENTO NA ÁREA TRIBUTÁRIA. SÓCIO. AUDITOR-FISCAL DA SECRETARIA DA RECEITA FEDERAL EM LICENÇA PARA TRATAR DE ASSUNTOS PARTICULARES. ATO ÍMPROBO CARACTERIZADO (ART. 9º, INCISO VIII, DA LEI N. 8.429/1992). ART. 3º DA LEI N. 8.429/1992. SÓCIO QUE SE BENEFICIA DA CONDUTA ILÍCITA. POSSIBILIDADE DA CONDENAÇÃO. INEXISTÊNCIA DE VIOLAÇÃO DO ART. 535 DO CPC. [...]
> 5. O Auditor-Fiscal da Secretaria da Receita Federal, mesmo que licenciado para tratar de interesses particulares, e presta serviços de consultoria e assessoramento na área tributária, por meio de sociedade empresária constituída, pratica o ato ímprobo descrito no art. 9º,

[30] GOMES JUNIOR e FAVRETO. In GAJARDONI, Fernando da Fonseca et al. Op cit, p. RL-1.3.

> inciso VIII, da Lei n. 8.429/1992. Isto porque há verdadeiro conflito de interesses.
> 6. Como bem ponderado pelo pelo eminente Ministro Herman Benjamin em seu voto-vogal: "4. O servidor que, a pretexto de tratar de "assuntos particulares" propõe-se, na verdade, a simplesmente trocar de lado do balcão, oferecendo seus serviços aos regulados ou fiscalizados pelo mesmo órgão público a que pertence, leva consigo o que não deve (informações privilegiadas, dados estratégicos, conhecimento de pessoas e rotinas, das entranhas da instituição) e, quando retorna, traz também o que não deve (especialmente uma rede de clientes, favores e intimidades). 5. Incorre em inequívoco conflito de interesse o servidor afastado para tratar de assuntos "particulares" que exerce função, atividade ou atos perante o órgão ou instituição a que pertence, seja quando atua na representação ou em benefício daqueles que pelo Estado são regulados ou fiscalizados, seja quando aconselha (presta consultoria, para utilizar o jargão da profissão) ou patrocina demandas, administrativas ou judiciais, que, direta ou indiretamente, possam atingir os interesse do seu empregador estatal."[31]

Ademais, segundo Rizzardo[32], para a caracterização do tipo administrativo previsto no inciso VIII, não se exige a prova do efetivo recebimento de remuneração direta. Idêntica é a orientação de Gomes Junior e Favreto, que destacam que a lei veda a atuação dupla do agente público, restando violada a regra do inc. VIII mesmo quando houver vantagem econômica meramente indireta.

2.7. A liberação de verba pública

O inc. IX do art. 9º da LIA traz hipótese muito semelhante à dos incisos II e III, na medida em que tipifica a conduta do agente público que recebe vantagem econômica para facilitar negócios com a Administração Pública.

[31] STJ, REsp n. 1.352.448/DF, relator Ministro Humberto Martins, Segunda Turma, julgado em 7/8/2014, DJe de 21/11/2014.

[32] RIZZARDO. *op. cit.* p. 477.

A diferença, no inciso IX, é que este não trata de contratos administrativos, mas do recebimento, pelo particular, de "verba pública de qualquer natureza".

Nota-se que a conduta tipificada no inciso IX é extremamente ampla, na medida em que: a) engloba toda e qualquer espécie de "vantagem econômica"; b) não delimita quem paga a vantagem (não há referência a "quem tenha interesse", ao contrário do que ocorre nos incs. I e VIII, podendo a vantagem ser paga por terceiro); e c) não especifica a espécie de verba pública.

Em relação a este último ponto, na ausência de delimitação legal, presume-se que podem se inserir no âmbito de incidência do inc. IX os repasses de verbas públicas decorrentes de convênios, de parcerias celebradas com base na Lei nº 13.019/2014, as subvenções para empresas privadas, e demais espécies de subsídios pagos pelo Poder Público a parceiros públicos ou privados. Portanto, a gama de negócios que envolvem o Estado, e que podem levar à improbidade do inc. IX, é ampla.

Evidentemente, este tipo administrativo só se aplica nos casos em que houver a comprovada percepção de vantagem econômica, com conduta dolosa por parte do agente público.

2.8. A omissão de ato de ofício

O inc. X traz hipótese de ato de improbidade através do qual o agente público recebe vantagem econômica para se omitir em relação a ato, providência ou declaração a que estava obrigado. Esta conduta omissiva guarda relação com a conduta prevista no inc. V, que considera ato de improbidade tolerar a exploração de atividade ilícita. Em ambos os casos, o agente público tem vantagem patrimonial indevida para se omitir do seu dever funcional. Contudo, ao contrário do que ocorre no inc. V, a conduta tipificada no inc. X não pressupõe o envolvimento do servidor público com atividades criminais específicas.

Segundo Rizzardo, esta omissão deve ser deliberada (ou seja, dolosa), para que se configure o tipo previsto no inc. X, não bastando a conduta culposa[33]. Evidentemente, considerando-se que o ato de improbidade pressupõe o recebimento de vantagem indevida, não seria crível a ocorrência culposa da conduta omissiva.

[33] RIZZARDO. *op. cit.* p. 478.

2.9. A incorporação ou uso de bens públicos em proveito próprio

Por fim, os últimos dois incisos do art. 9º trazem condutas que comportam análise conjunta: o inc. XI se refere à conduta do agente público que incorpora ao seu patrimônio bens, rendas, verbas ou valores integrantes do patrimônio público, e o inc. XII remete à conduta de usar, em proveito próprio, esses bens.

Em ambos os casos, há, por parte do agente público, o abuso do direito de posse/guarda dos bens que o servidor público recebe para o adequado exercício de sua função. Aqui, assim como ocorre na conduta tipificada no inc. IV, há uma zona cinza, em que eventual uso para fins particulares pode ser tolerada, sob pena de banalização da lei de improbidade administrativa. Uma vez mais, o contexto social dentro do qual o ato de apropriação ou uso do bem público ocorre é determinante para classificá-lo como ato ímprobo, ou não.

Um exemplo bem peculiar de conduta tolerada pelo Superior Tribunal de Justiça está no AgRg no AREsp 628173/SC, caso em que o Prefeito respondeu a ação civil pública de improbidade, por ter contratado financiamento bancário em nome da sua esposa, com vistas a viabilizar a aquisição, com recursos públicos municipais, de uma ambulância para a Associação do Corpo de Bombeiros Voluntários. O Tribunal entendeu que, apesar de haver irregularidades no arranjo negocial, a conduta não seria passível de enquadramento como ato de improbidade, por não haver desvio da finalidade pública de atender os Munícipes com a ambulância[34].

Por outro lado, o REsp 1773034/RJ traz situação muito comum de ato de improbidade com base nos incisos IV, XI e XII do art. 9º: no caso, "o requerido no exercício de seu mandato de Deputado Estadual e de Secretário de Estado usava os veículos vinculados aos entes públicos para destinação particular, em campanha eleitoral". O STJ reconheceu que a conduta se enquadraria, em tese, no disposto no art. 9º, XI e XII, da LIA, determinando a reabertura da instrução processual, para apuração das irregularidades supostamente cometidas[35].

[34] STJ, AgRg no AREsp n. 628.173/SC, relator Ministro Napoleão Nunes Maia Filho, Primeira Turma, julgado em 15/8/2019, DJe de 5/9/2019.

[35] STJ, REsp n. 1.773.034/RJ, relator Ministro Herman Benjamin, Segunda Turma, julgado em 6/12/2018, DJe de 17/12/2018.

Ocorrendo as condutas previstas nos incisos XI e XII, o ressarcimento ao Erário não afasta a ocorrência da prática de improbidade, como já decidiu o STJ no REsp n. 1.450.113/RN, relatado pelo Ministro Herman Benjamin[36]. Isso porque "o ressarcimento dos danos não seria precisamente uma pena, mas uma obrigação decorrente do dever de reparar, o que leva à necessidade, em princípio, da cumulação desta obrigação com algumas das penas legalmente previstas", como bem colocam Luiz Manoel Gomes Junior e Rogerio Favreto[37].

Portanto, nos casos em que o agente público incorpora ou usa bens públicos em proveito particular, sua conduta é passível de enquadramento como ato de improbidade administrativa, desde que demonstrado seu dolo.

Referências

DAL POZZO, Augusto Neves; OLIVEIRA, José Roberto Pimenta. Lei de Improbidade Administrativa Reformada – Ed. 2022. Ed: RT, p. RB-1.4. Disponível em https://proview.thomsonreuters.com/launchapp/title/rt/monografias/292958991/v1/page/RB-1.4, acesso em 31 mar. 2023.

GAJARDONI, Fernando da Fonseca *et al. Comentários à Nova Lei de Improbidade Administrativa* – Ed. 2023. Ed: RT. Disponível em https://proview.thomsonreuters.com/launchapp/title/rt/codigos/100959444/v6/page/1, acesso em 27 mar. 2023.

GOMES JUNIOR, Luiz Manoel e FAVRETO, Rogerio. Capítulo II. Dos Atos de Improbidade Administrativa. In GAJARDONI, Fernando da Fonseca et al. Comentários à Nova Lei de Improbidade Administrativa – Ed. 2023, Ed: RT, p. RL-1.2, disponível em https://proview.thomsonreuters.com/launchapp/title/rt/codigos/100959444/v6/page/RL-1.2, acesso em 27 mar. 2023.

MARTINS, Tiago do Carmo. O dolo na nova Lei de Improbidade Administrativa. Disponível em https://www.conjur.com.br/2021-dez-03/tiago-martins-dolo-lei-improbidade-administrativa#_ftnref2, acesso em 31 mar. 2023.

OSÓRIO, Fábio Medina. Teoria da Improbidade Administrativa – Ed. 2022. Ed: RT. p. RB-8.11. Disponível em https://proview.thomsonreuters.com/launchapp/title/rt/monografias/101686518/v6/page/RB-8.11, acesso em 01 abr. 2023.

RIZZARDO, Arnaldo. Ação Civil Pública e Ação de Improbidade Administrativa, 3ª edição. Disponível em: Minha Biblioteca, Grupo GEN, 2014.

[36] STJ, REsp n. 1.450.113/RN, relator Ministro Herman Benjamin, Segunda Turma, julgado em 5/3/2015, DJe de 31/3/2015

[37] GOMES JUNIOR e FAVRETO. In GAJARDONI, Fernando da Fonseca et al. Op cit, p. RL-1.7.

STJ, AgInt no MS n. 19.524/DF, relatora Ministra Regina Helena Costa, Primeira Seção, julgado em 19/10/2021, DJe de 26/10/2021.

STJ, AgInt nos EAREsp n. 1.467.927/MT, relator Ministro Gurgel de Faria, Primeira Seção, julgado em 30/11/2021, DJe de 17/12/2021.

STJ, AgRg no AREsp n. 628.173/SC, relator Ministro Napoleão Nunes Maia Filho, Primeira Turma, julgado em 15/8/2019, DJe de 5/9/2019.

STJ, REsp n. 1.352.448/DF, relator Ministro Humberto Martins, Segunda Turma, julgado em 7/8/2014, DJe de 21/11/2014.

STJ, REsp n. 1.450.113/RN, relator Ministro Herman Benjamin, Segunda Turma, julgado em 5/3/2015, DJe de 31/3/2015.

STJ, REsp n. 1.773.034/RJ, relator Ministro Herman Benjamin, Segunda Turma, julgado em 6/12/2018, DJe de 17/12/2018.

STJ, REsp n. 1.923.138/RJ, relator Ministro Herman Benjamin, Segunda Turma, julgado em 6/12/2022, DJe de 19/12/2022.

STJ. AgInt no AREsp n. 1.013.434/MG, relator Ministro Og Fernandes, Segunda Turma, julgado em 28/11/2017, DJe de 5/12/2017.

STJ. AgRg no REsp n. 1.190.486/RS, relator Ministro Napoleão Nunes Maia Filho, Primeira Turma, julgado em 25/4/2019, DJe de 14/5/2019.

ZIMMER JÚNIOR, Aloísio. Corrupção e Improbidade Administrativa - Ed. 2018. Ed: RT. p. RB-3.7. Disponível em https://proview.thomsonreuters.com/launchapp/title/rt/monografias/154420339/v1/page/RB-3.7, acesso em 02 abr. 2023.

6

Atos de improbidade administrativa que causam prejuízo ao erário: as alterações feitas no Artigo 10 da Lei n. 8.429/1992 e a busca pela segurança jurídica

Luiz Alberto Gurgel de Faria
Rodrigo Maia da Fonte

Introdução

O direito positivo brasileiro já convive, de longa data, com previsões gerais de sanções para os atos que importem prejuízo ao erário. Foi a Constituição Federal de 1988, porém, que trouxe a inovação de inserir o ato de improbidade administrativa (art. 37, § 4º), em caráter amplo, no capítulo da Administração Pública[1], como proteção qualificada ao princípio da moralidade, previsto no *caput* do dispositivo.

Coube à Lei n. 8.429/1992 (Lei de Improbidade Administrativa – LIA) regulamentar o supracitado dispositivo, ampliando as normas de combate às condutas que ponham em risco a probidade administrativa – dentre elas as que

[1] DI PIETRO, Maria Sylvia Zanella. **Direito Administrativo.** 29 ed. rev. atual. e ampl. Rio de Janeiro: Forense, 2016, pp. 976/978.

provocam dano ao patrimônio público, objeto deste artigo – e sistematizando-as em um diploma legal próprio.

Ao longo dos quase trinta anos de vigência da lei, apesar do inegável avanço que ela trouxe ao ataque à corrupção, as divergências interpretativas a respeito das regras ali contidas e a excessiva judicialização dessas matérias provocaram insegurança jurídica no administrador público, inclusive nos eficientes e probos, fato que reclamava aprimoramento legislativo[2].

A Lei n. 14.230/2021 promoveu as esperadas mudanças, absorvendo grande parte das orientações doutrinárias, notadamente as aspirações de mitigar a aplicação ampliativa da lei aos deslizes funcionais simples e às meras ilegalidades, fato que aviltou o combate à improbidade administrativa no Brasil[3].

Foram várias as modificações operadas pela nova lei. No presente trabalho, limitaremos nosso exame às alterações trazidas pelo art. 10 da Lei de Improbidade Administrativa.

1. Art. 10 da Lei n. 8.429/1992: as Mudanças Operadas pela Lei n. 14.230/2021

O presente artigo tem como objetivo geral apresentar as principais características do art. 10 da Lei n. 8.429/1992; e, como objetivo específico, analisar as mudanças operadas pela Lei n. 14.230/2021 em relação ao referido dispositivo, avaliando as mais importantes controvérsias por elas ensejadas.

Não se pretende, portanto, esmiuçar cada uma das condutas previstas nos incisos do referido dispositivo legal, os quais tipificam os atos ímprobos que causam prejuízo ao erário, mas ao menos serão avaliados os comandos que sofreram alterações.

[2] ALVES, Adriano; PRADO FILHO, Francisco Otávio de Almeida. Alterações na Lei de Improbidade: Avanços e reflexos eleitorais. **Conjur**. Disponível em: https://www.conjur.com.br/2022-fev-07/direito-eleitoral-alteracoes-lei-improbidade-avancos-reflexos-eleitorais Acesso em 25/01/2023.

[3] SIMÃO, Calil. Abusos na utilização das ações de improbidade levaram a alteração da lei. **Conjur**. Disponível em: https://www.conjur.com.br/2021-nov-22/simao-abusos-acoes-improbidade-levaram-alteracao-lei Acesso em 25/01/2023.

A fim de facilitar a identificação das modificações introduzidas pela Lei n. 14.230/2021 no referido artigo, este é integralmente transcrito abaixo, pondo-se em destaque (negrito) as novidades mais relevantes:

> Art. 10. Constitui ato de improbidade administrativa que causa lesão ao erário qualquer ação ou omissão dolosa, que enseje, **efetiva e comprovadamente**, perda patrimonial, desvio, apropriação, malbaratamento ou dilapidação dos bens ou haveres das entidades referidas no art. 1º desta Lei, e notadamente:
> I – facilitar ou concorrer, por qualquer forma, para a **indevida** incorporação ao patrimônio particular, de pessoa física ou jurídica, de bens, de rendas, de verbas ou de valores integrantes do acervo patrimonial das entidades referidas no art. 1º desta Lei;
> II – permitir ou concorrer para que pessoa física ou jurídica privada utilize bens, rendas, verbas ou valores integrantes do acervo patrimonial das entidades mencionadas no art. 1º desta lei, sem a observância das formalidades legais ou regulamentares aplicáveis à espécie;
> III – doar à pessoa física ou jurídica bem como ao ente despersonalizado, ainda que de fins educativos ou assistências, bens, rendas, verbas ou valores do patrimônio de qualquer das entidades mencionadas no art. 1º desta lei, sem observância das formalidades legais e regulamentares aplicáveis à espécie;
> IV – permitir ou facilitar a alienação, permuta ou locação de bem integrante do patrimônio de qualquer das entidades referidas no art. 1º desta lei, ou ainda a prestação de serviço por parte delas, por preço inferior ao de mercado;
> V – permitir ou facilitar a aquisição, permuta ou locação de bem ou serviço por preço superior ao de mercado;
> VI – realizar operação financeira sem observância das normas legais e regulamentares ou aceitar garantia insuficiente ou inidônea;
> VII – conceder benefício administrativo ou fiscal sem a observância das formalidades legais ou regulamentares aplicáveis à espécie;
> VIII – frustrar a licitude de processo licitatório ou de processo seletivo para celebração de parcerias com entidades sem fins lucrativos, ou dispensá-los indevidamente, **acarretando perda patrimonial efetiva**;

IX – ordenar ou permitir a realização de despesas não autorizadas em lei ou regulamento;
X – agir **ilicitamente** na arrecadação de tributo ou de renda, bem como no que diz respeito à conservação do patrimônio público;
XI – liberar verba pública sem a estrita observância das normas pertinentes ou influir de qualquer forma para a sua aplicação irregular;
XII – permitir, facilitar ou concorrer para que terceiro se enriqueça ilicitamente;
XIII – permitir que se utilize, em obra ou serviço particular, veículos, máquinas, equipamentos ou material de qualquer natureza, de propriedade ou à disposição de qualquer das entidades mencionadas no art. 1° desta lei, bem como o trabalho de servidor público, empregados ou terceiros contratados por essas entidades.
XIV – celebrar contrato ou outro instrumento que tenha por objeto a prestação de serviços públicos por meio da gestão associada sem observar as formalidades previstas na lei;
XV – celebrar contrato de rateio de consórcio público sem suficiente e prévia dotação orçamentária, ou sem observar as formalidades previstas na lei.
XVI – facilitar ou concorrer, por qualquer forma, para a incorporação, ao patrimônio particular de pessoa física ou jurídica, de bens, rendas, verbas ou valores públicos transferidos pela administração pública a entidades privadas mediante celebração de parcerias, sem a observância das formalidades legais ou regulamentares aplicáveis à espécie;
XVII – permitir ou concorrer para que pessoa física ou jurídica privada utilize bens, rendas, verbas ou valores públicos transferidos pela administração pública a entidade privada mediante celebração de parcerias, sem a observância das formalidades legais ou regulamentares aplicáveis à espécie;
XVIII – celebrar parcerias da administração pública com entidades privadas sem a observância das formalidades legais ou regulamentares aplicáveis à espécie;
XIX – agir **para a configuração de ilícito** na celebração, na fiscalização e na análise das prestações de contas de parcerias firmadas pela administração pública com entidades privadas;

XX – liberar recursos de parcerias firmadas pela administração pública com entidades privadas sem a estrita observância das normas pertinentes ou influir de qualquer forma para a sua aplicação irregular.
XXI – Revogado
XXII – conceder, aplicar ou manter benefício financeiro ou tributário contrário ao que dispõem o caput e o § 1º do art. 8º-A da Lei Complementar nº 116, de 31 de julho de 2003.
§ 1º Nos casos em que a inobservância de formalidades legais ou regulamentares não implicar perda patrimonial efetiva, não ocorrerá imposição de ressarcimento, vedado o enriquecimento sem causa das entidades referidas no art. 1º desta Lei.
§ 2º A mera perda patrimonial decorrente da atividade econômica não acarretará improbidade administrativa, salvo se comprovado ato doloso praticado com essa finalidade.

De modo geral, observa-se que a Lei de Improbidade Administrativa (LIA) continua reservando ao art. 10 a tipificação das condutas (ações ou omissões) que produzem dano ao erário, com ou sem o enriquecimento indevido do agente público ou de terceiros. Esses (ação ou omissão e dano ao erário), a propósito, são os traços que diferem do art. 9º, o qual tem o proveito ilícito como núcleo essencial dos atos ímprobos ali previstos e só pode ser praticado por meio de condutas comissivas.

Importante registrar que o termo "erário", constante no artigo, não pode ser enxergado em sentido estrito (objetivo), já que o mesmo dispositivo protege a "perda patrimonial", atraindo ampla densidade normativa, não se limitando o comando, pois, aos casos de dano econômico-financeiro[4], mas sendo extensível também ao dano moral (coletivo), em situações excepcionais[5].

Continua-se admitindo como sujeito ativo do ato ímprobo aqui em destaque tanto o agente público isoladamente quanto este em coautoria com terceiro.

[4] CARVALHO FILHO, José dos Santos. **Manual de Direito Administrativo**. 30. ed. rev. atual. e ampl. São Paulo: Atlas, 2016, p. 1.148.

[5] GAJARDONI, Fernando da Fonseca [et. al]. **Comentários à Nova Lei de Improbidade Administrativa: Lei 8.429/1992, com as alterações da Lei 14.230/2021**. 5. ed, rev., atual. e ampl. São Paulo: Thomson Reuters Brasil, 2021, p. 116.

Sobre as modificações operadas em relação às condutas típicas, iniciamos pelo exame do inciso "I", o qual passou a penalizar o agente público que facilite ou concorra de qualquer forma para a "indevida" incorporação ao patrimônio particular, de pessoa física ou jurídica, de bens, de rendas, de verbas ou de valores integrantes do acervo patrimonial das entidades referidas no art. 1º da Lei.

Note-se, portanto, que o legislador incluiu a expressão "indevida" para afastar qualquer possibilidade de condenação quando a incorporação se opera naturalmente, porque legal ou contratualmente devida. Reforçou-se a necessidade de o ato ser revestido de desonestidade, e da presença do caráter ilícito da incorporação.

Por sua vez, a hipótese do inciso "VIII", também alterada, opera-se quando for frustrada a licitude de processo licitatório ou de processo seletivo, desde que comprovado efetivamente prejuízo ao erário. Esse último elemento da norma, modificado recentemente, deverá ter profundo impacto na jurisprudência sobre o tema, e será mais bem avaliado adiante.

Já a norma do inciso "X", igualmente remodelada, pune o agente público que age "ilicitamente" na cobrança de receitas tributárias ou na conservação do patrimônio. Registre-se que o legislador excluiu a possibilidade de conduta "negligente" do administrador, afastando qualquer hipótese de condenação apenas por culpa.

O inciso "XIX", em sentido semelhante ao anterior, foi alterado para afastar qualquer possibilidade de condenação do agente que, negligentemente, agisse na celebração, fiscalização e análise das prestações de contas de parcerias firmadas pela administração pública com entidades privadas. Agora, não basta que o agente público tenha sido negligente, sendo necessária a ação ilícita e consciente.

Por fim, observa-se que a regra até então prevista em artigo próprio (10-A) foi transportada para dentro do artigo 10 (inciso "XXII"), o que se mostrou tecnicamente adequado, pois concentrou em um único dispositivo as hipóteses típicas de atos que impliquem prejuízo ao erário.

Além dessas alterações realizadas nas condutas típicas, em especial em relação à previsão normativa anterior, destacam-se as seguintes mudanças: a) a exclusão da possibilidade de prática de ato ímprobo culposo; b) a impossibilidade de presunção de dano e; c) a apresentação de um rol taxativo de condutas típicas.

Essas inovações dividiram a comunidade jurídica entre os que as enxergaram como grande avanço[6] e aqueles que as consideraram retrocesso[7].

Todavia, independentemente da percepção subjetiva do intérprete, o fato é que as novidades se encontram agora objetivamente previstas na lei, e algumas são categóricas, afastando qualquer margem de discricionariedade do aplicador da norma, o que, no mínimo, confere maior segurança jurídica ao trato de instituto jurídico com elevado poder punitivo.

Passemos ao exame individual dos principais itens acima destacados e, após, ao enfrentamento do necessário debate sobre a possibilidade de aplicação retroativa das modificações benéficas aos acusados (em largo sentido).

1.1. O elemento subjetivo

Por muito tempo houve importante debate na doutrina a respeito do elemento subjetivo que seria necessário à caracterização do ato ímprobo por enriquecimento ilícito (art. 9º), ou (do ato) que atentasse contra os princípios da administração pública (art. 11), uma vez que não existia, na Lei de Improbidade Administrativa, uma posição clara sobre o tema.

A mesma celeuma, porém, não se estendia aos atos ímprobos que implicassem dano ao erário, porque, na previsão originária do art. 10, constava expressamente a possibilidade de prática dessas condutas por ações ou omissões dolosas e culposas.

Antes das alterações promovidas pela Lei n. 14.230/2021, a questão havia sido sedimentada no Superior Tribunal de Justiça. Consolidou-se o entendimento – divulgado no Periódico Eletrônico intitulado Jurisprudência e Teses, edição n. 38/2020 – de que, para a configuração dos ilícitos previstos nos arts. 9º e 11 da Lei n. 8.429/1992, seria necessária a presença do dolo, enquanto a tipificação da infração prevista no art. 10 reclamava, no mínimo, a culpa[8].

[6] *Ibidem*, p. 43.

[7] HARADA, Kyoshi. Uma Significativa Piorada na Lei de Improbidade Administrativa. **Síntese – Direito Administrativo**, Brasília, v. 16, n. 192, pp. 9-14, dez. 2021.

[8] MATTARAIA, Fabiana de Paula Lima Isaac; SILVEIRA, Sebastião Sérgio da. Elemento Subjetivo da Improbidade Administrativa e Jurisprudência do Superior Tribunal de Justiça. **Revista Brasileira de Direito Tributário e Finanças Públicas**, São Paulo, v. 82, pp. 89-109, nov. 2020. Bimestral.

Com as alterações legais, essa distinção do elemento subjetivo perde o sentido, inclusive em relação às condutas que ensejem dano ao erário, já que não se pune mais, por improbidade, os atos decorrentes de culpa, mesmo que grave (art. 1º, § 1º, e 10, *caput*, da Lei n. 8.429/1992, com a redação atual).

Aliás, a nosso ver, não se admite mais nem sequer a configuração do ato ímprobo pelo tradicional dolo genérico, o que até então era matéria pacífica no STJ[9].

Isso porque, embora o legislador não tenha disposto que a prática dos atos ímprobos reclame dolo específico (determinada finalidade especial), passou a constar expressamente no dispositivo legal que se considera dolo "a vontade livre e consciente de alcançar o resultado ilícito tipificado nos arts. 9º, 10 e 11 desta Lei, não bastando a voluntariedade do agente" (art. 1º, § 2º, da LIA).

Isto é, não basta a vontade livre e consciente, normalmente atrelada ao dolo geral, mas exige-se no mínimo uma qualificação ao elemento subjetivo, qual seja: a intenção de alcançar resultado ilícito.

No caso do ora examinado art. 10, entendemos que seriam, então, as condutas ali previstas praticadas com a intenção de causar o dano[10], ou ao menos aquelas em que o agente prevê conscientemente o resultado danoso e mesmo assim assume o risco de lesar o erário[11].

1.2. O dano efetivo e comprovado

De acordo com a atual previsão legal, só se configura o ato ímprobo do art. 10 se houver "efetiva e comprovadamente" dano ao erário.

Com a utilização dessa expressão, a lei claramente afasta qualquer possibilidade de reconhecer improbidade por dano presumido (*in re ipsa*), inclusive quando for frustrada a licitude de processo licitatório ou de processo seletivo de que trata o inciso VIII do dispositivo em foco (o qual era mais comumente aplicado, na prática)[12].

[9] Exemplificativamente: MS 21.084/DF, Rel. Ministro MAURO CAMPBELL MARQUES, PRIMEIRA SEÇÃO, julgado em 26/10/2016, DJe 01/12/2016.

[10] GAJARDONI, Fernando da Fonseca [et. al]. *op. cit.*, p. 117.

[11] JUSTEN FILHO, Marçal. **Reforma da Lei de Improbidade Administrativa – Comparada e Comentada**. São Paulo: Forense, 2021. p. 93.

[12] *Ibiden*, p. 95.

Isso deverá provocar fundamental mudança nas decisões judiciais sobre o tema. Exemplificativamente, lembre-se que, até a alteração legal, a jurisprudência havia se consolidado no sentido de que o prejuízo decorrente da dispensa indevida de licitação (art. 10, VIII) era presumido, em razão da impossibilidade da contratação pela Administração da melhor proposta[13], situação completamente rechaçada com a nova redação.

Caberá agora ao autor da ação de improbidade administrativa demonstrar, em concreto, inclusive nos casos de irregular contratação direta, o dano, o que pode ser feito, por exemplo, mediante: a demonstração dos preços praticados no mercado, em cotejo com os adotados na contratação tida por ilícita; a comparação com os valores obtidos pela Administração em contratações semelhantes ou com os valores cobrados pelo particular contratado em outros negócios jurídicos[14] etc.

Aliás, a preocupação em rejeitar qualquer possibilidade de condenação por ato ímprobo nas condutas do art. 10, sem prova de dano em concreto, foi tão grande que o legislador, não satisfeito com a previsão do *caput*, reforçou a cautela nas previsões dos parágrafos do artigo em exame.

A norma do § 1º do art. 10 da LIA trouxe expressamente a vedação ao enriquecimento sem causa do Poder Público. Com isso, não se admitirá mais condenações por improbidade administrativa que determinem a devolução de valores os quais foram efetivamente empregados nas obras ou serviços públicos, ainda que em desconformidade formal com a lei ou com outro ato normativo[15].

Tecnicamente, entendemos que nem seria necessária essa previsão adicional, já que a cabeça do dispositivo se mostrava suficiente para proteger o agente que não tenha efetivamente provocado dano ao erário. Se nem sequer

13 Nesse sentido: "É sabido que, 'segundo entendimento consolidado no âmbito das Turmas que compõem a Primeira Seção, o prejuízo decorrente da dispensa indevida de licitação é presumido (dano *in re ipsa*), consubstanciado na impossibilidade da contratação pela Administração da melhor proposta, não tendo o acórdão de origem se afastado de tal entendimento' (AgRg no REsp 1499706/SP, Rel. Ministro GURGEL DE FARIA, PRIMEIRA TURMA, julgado em 02/02/2017, DJe 14/03/2017)" (STJ, AgInt no REsp 1.671.366/SP, Rel. Ministro MAURO CAMPBELL MARQUES, SEGUNDA TURMA, DJe 1º/12/2017).

14 JUSTEN FILHO, *op. cit.* p. 101.

15 GAJARDONI, Fernando da Fonseca [et. al]. *op. cit.*, p. 144.

haveria ato ímprobo, não poderia, por consequência, ocorrer a condenação em ressarcimento.

A lei consagrou ainda, no § 2º do dispositivo em análise, a impossibilidade de associar aos atos ímprobos por lesão ao erário as perdas patrimoniais inerentes à atividade econômica. Ou seja, não só os danos decorrentes de eventos extraordinários e imprevisíveis estariam fora da classificação das condutas do art. 10 como também as ocorrências que implicam perdas naturais em virtude da evolução ordinária de mercados[16].

1.3. A taxatividade do rol do art. 10

Até a edição da Lei n. 14.230/2021, entendia-se que o rol das condutas listadas nos incisos do art. 10 era exemplificativa[17].

Adotada essa premissa, o julgador poderia considerar como ímprobas outras ações ou omissões que tivessem provocado dano ao erário, ainda que não tipificadas especificadamente naquele dispositivo.

Há quem ainda considere que o rol de condutas do art. 10 é exemplificativo, mesmo após as modificações legais[18].

Uma leitura isolada da nova redação conferida ao dispositivo em foco poderia gerar a impressão de que as condutas elencadas, realmente, seriam *numerus apertus*. É que foi mantida a expressão "notadamente" ao final do *caput* do artigo, provocando a impressão de que a cabeça do dispositivo trataria das condições gerais para a configuração do específico ato ímprobo e listaria em seguida as principais condutas (mas não as únicas) que materializariam a previsão geral.

Entendemos, todavia, que a interpretação sistemática do comando normativo do art. 10, em conjunto com o art. 1º, § 4º[19], da mesma lei, reclama raciocínio distinto.

Isso porque o legislador expressamente escolheu aplicar aos atos ímprobos os princípios do Direito Administrativo Sancionador, sendo certo que

[16] JUSTEN FILHO, *op. cit.* p. 107.

[17] CARVALHO FILHO, *op. cit.*, p. 1.147.

[18] JUSTEN FILHO, *op. cit.* p. 93.

[19] "Aplicam-se ao sistema da improbidade disciplinado nesta Lei os princípios constitucionais do direito administrativo sancionador."

integram esse regime jurídico os princípios da legalidade, tipicidade, irretroatividade, culpabilidade, *non bis in idem* e devido processo legal[20].

No âmbito do Direito Penal, os dois primeiros postulados acima mencionados se materializam na previsão do art. 5º, XXXIX da Constituição, segundo o qual "não há crime sem lei anterior que o defina, nem pena sem prévia cominação legal", pelo que "a conduta somente poderá ser punida como crime se estiver definida na lei como tal (princípio da legalidade ou da reserva legal)"[21].

Transportando os mandamentos daqueles princípios (da legalidade e tipicidade) ao Direito Administrativo Sancionador, temos que não há como reconhecer como ímproba conduta causadora de dano ao erário se esta não constar dos tipos escolhidos pelo legislador para compor o art. 10 e dispostos expressamente nos incisos desse dispositivo.

Há, também, aspecto histórico que confirma essa ideia, já que durante a "edição e votação da norma, diversos legisladores em entrevistas defenderam esse rol taxativo, aliás, não apenas do artigo 11, mas também dos artigos 9º e 10"[22].

A propósito, a Agência do Senado, no site daquela Casa Legislativa, ao resumir as alterações promovidas na Lei de Improbidade Administrativa, expressamente destacou dentre as principais novidades a de que "as condutas consideradas como improbidade são apenas aquelas listadas no texto da lei. Antes, a lista era considerada exemplificativa."

Portanto, concluímos se tratar de rol taxativo de condutas ímprobas.

[20] MELLO, Rafael Munhoz de. **Princípios constitucionais de direito administrativo sancionador**. Dissertação (Mestrado em Direito) – Pontifícia Universidade Católica de São Paulo, São Paulo, 2004.

[21] NERY JUNIOR, Nelson; NERY, Rosa Maria de Andrade. **Constituição Federal comentada** [livro eletrônico], 4. ed. São Paulo:Thomson Reuters Brasil, 2022.

[22] FREITAS, Daniel Santos de. Análise de julgados: rol do artigo 11 da Lei de Improbidade agora é taxativo? **Conjur**. Disponível em: https://www.conjur.com.br/2022-fev-24/freitas-rol-artigo-11-lei-improbidade-agora-taxativo. Acesso em 25/01/2023.

1.4. A controvérsia sobre a retroatividade da norma mais benéfica

As mudanças operadas pela nova legislação inauguraram relevante debate sobre a possibilidade de sua aplicação retroativa, especialmente para beneficiar réus de ações de improbidade já ajuizadas.

A questão ganhou ainda mais importância na medida em que passou a haver previsão expressa nas modernas disposições de que se aplicam "ao sistema da improbidade disciplinado nesta Lei os princípios constitucionais do direito administrativo sancionador" (art. 1º, § 4º).

Quais seriam, portanto, os efeitos práticos desse comando normativo em relação à lei no tempo?

O ponto de partida da controvérsia tem origem na discussão sobre que extensão deve ser dada às normas do art. 5º, XXXVI e XL, as quais asseguram, respectivamente, que "a lei não prejudicará o direito adquirido, o ato jurídico perfeito e a coisa julgada" e que "a lei penal não retroagirá, salvo para beneficiar o réu" (art. 5º, XL).

Pensando numa ação de improbidade em curso ou finalizada, a primeira linha interpretativa a respeito das supracitadas normas reflete "o posicionamento daqueles que [se] mostram contrários à aplicação do princípio da retroatividade da lei mais benignas no âmbito do Direito Administrativo sancionador"[23]. Isto é, espelha a exegese de que, por proteção ao ato jurídico perfeito ou à coisa julgada (regra do inciso XXXVI), as alterações promovidas na Lei de Improbidade, ainda que benéficas aos réus, não deveriam retroagir, já que não se enquadrariam literalmente na exceção "lei penal" estabelecida no inciso XL[24].

De outro lado, mesmo antes das alterações legais, já havia vozes destacando não subsistir diferença ontológica entre pena e sanção, não inexistindo, igualmente, diferença de substância entre pena e sanção administrativa[25]. Para essa

[23] GOMES JUNIOR, Luiz Manoel; LIMA, Diogo de Araujo; e FAVRETO, Rogerio. O Direito Intertemporal e a Nova Lei de Improbidade Administrativa. **Conjur.** Disponível em: https://www.conjur.com.br/2021-out-18/opiniao-direito-intertemporal-leiimprobidade. Acesso em: 25/01/2023.

[24] *Ibiden.*

[25] AGRA, Walber de Moura. A possibilidade de retroação da nova lei de improbidade administrativa. **Conjur**. Disponível em https://www.conjur.com.br/2021-nov-08/walber-agra-possibilidade-retroacao-lei-improbidade#:~:text=In%C3%BAmeras%20foram%20

corrente, ambas (pena e sanção) estariam inseridas na função punitivista do Estado e ostentariam inegável unidade, o que autorizaria que os princípios comuns ao Direito Penal fossem aplicados ao Direito Administrativo Sancionador, reforçando as garantias dos investigados ou acusados em geral[26].

Nesse aspecto, destaca-se a seguinte observação de Fábio Medina Osório[27]:

> Na sequência do que vem sendo exposto, percebe-se uma enorme dificuldade em diferenciar ilícios penais e administrativos pelo critério do conteúdo ou qualidade das penas [...] Diante da ausência de elementos diferenciadores no plano moral, ético ou qualitativo, percebe-se que a comparação dos elementos entre as infrações penais e administrativas conduziria a uma substancial identidade entre os ilícios penais e administrativos.

Assim, aqueles que acompanham essa corrente "expansiva" (de aproximação do Direito Administrativo Sancionador ao Direito Penal) passaram a advogar a tese de que a aplicação da retroatividade das normas mais benéficas aos administrados - criadas pela Lei n. 14.230/2021 - é consequência lógica do art. 5º, XL, da Constituição. Defendem que embora o dispositivo tenha sido inicialmente voltado ao direito penal, faz, atualmente, parte do arcabouço dos princípios constitucionais do Direito Sancionador em sentido mais largo, abrangendo o Direito Administrativo Sancionador[28].

Para os que adotam esse posicionamento, a aplicação retroativa da lei também às hipóteses de normas que sejam mais benéficas aos administrados e que disciplinem o Direito Administrativo Sancionador seria forma de

as%20mudan%C3%A7as%20que,da%20Lei%20n%C2%BA%2014.230%2F2021. : Acesso em 16/02/2022.

[26] NOBRE JÚNIOR, Edílson Pereira. Sanções administrativas e princípios de Direito Penal. **R. Dir. Adm.**, Rio de Janeiro, pp. 127-151, mar. 2000. Trimestral.

[27] OSÓRIO, Fábio Medina. **Direito administrativo sancionador** [livro eletrônico]. 4. Ed. São Paulo: Thomson Reuters Brasil, 2021.

[28] MATTOS, Mauro Roberto Gomes de. Aplicação Retroativa da Lei nº 14.230/2021 (Lei de Improbidade Administrativa) e as Ações Distribuídas pela Lei Anterior (Lei nº 8.429/1992) e Demais Normas de Direito Administrativo Sancionador. **Síntese - Direito Administrativo**, Brasília, v. 16, n. 192, pp. 35-52, dez. 2021.

concretizar a máxima de que onde houver o mesmo fundamento, haverá o mesmo direito[29].

Sobre a discussão jurídica em destaque, é importante registrar que o Supremo Tribunal Federal enfrentou o tema em sede de recurso representativo de controvérsia (Recurso Extraordinário com Agravo nº 843.989 – Tema n. 1.199), oportunidade na qual, no que importa a este tópico, sedimentou que: (a) a norma benéfica da Lei 14.230/2021 – revogação da modalidade culposa do ato de improbidade administrativa -, é irretroativa, em virtude do artigo 5º, inciso XXXVI, da Constituição Federal, não tendo incidência em relação à eficácia da coisa julgada; nem tampouco durante o processo de execução das penas e seus incidentes; e (b) a nova Lei 14.230/2021 aplica-se aos atos de improbidade administrativa culposos praticados na vigência do texto anterior da lei, porém sem condenação transitada em julgado, em virtude da revogação expressa do texto anterior; devendo o juízo competente analisar eventual dolo por parte do agente.

Ou seja, o Supremo, examinando especificamente os efeitos da exclusão de atos ímprobos culposos, adotou solução "híbrida": de irretroatividade em relação aos processos findos, mas de possibilidade de observância das alterações benéficas quanto às ações em curso.

Entendemos que a razão de decidir apresentada no referido precedente do STF se estende às demais alterações benéficas operadas pela lei, notadamente quanto ao artigo em exame (10), não se limitando à questão da exclusão da modalidade culposa de ato ímprobo, de modo que: de um lado, os benefícios seriam inaplicáveis quanto às ações findas; do outro, aplicáveis às lides ainda não definitivamente julgadas.

Porém, deve-se destacar que há fundadas vozes defendendo que a controvérsia (sobre a [ir]retroatividade) em exame não foi definitivamente solucionada, sob o argumento que o mencionado julgado "agora impactará diretamente a aplicação da nova legislação pelo Poder Judiciário, inclusive no que concerne à adequada interpretação da própria decisão da Suprema Corte"[30]. Um exemplo disso consistiria na discussão sobre os efeitos das demais

[29] GAJARDONI, Fernando da Fonseca [et. al]. *op. cit.*, p. 319.

[30] SARLET, Ingo Wolfgang; MADALENA, Luis Henrique Braga; GUIMARÃES, Bernardo Strobel; MEDEIROS, Lucas Sipioni Furtado. STF decide pela irretroatividade parcial da reforma na Lei de Improbidade. **Conjur**. Disponível em: https://www.conjur.com.br/2022-set-05/

alterações benéficas em relação à coisa julgada e às ações em andamento, que, como dito, na visão dos autores deste texto, deverá seguir a lógica empregada em relação à exclusão do elemento subjetivo culposo, embora tal conclusão não se extraia expressamente do Tema 1.199.

Conclusões

Este estudo pode ser resumido nas seguintes considerações:

a) a Lei de Improbidade Administrativa (LIA), mesmo após as alterações realizadas pela Lei n. 14.230/2021, continua reservando ao art. 10 a tipificação das condutas (ações ou omissões) que produzem dano ao erário, podendo ou não ocorrer o enriquecimento indevido do agente público ou de terceiros;
b) além das modificações em algumas condutas típicas, destacam-se as seguintes mudanças no art. 10: i) a exclusão da possibilidade de prática de ato ímprobo culposo; ii) a impossibilidade de presunção de dano e; iii) a apresentação de rol taxativo de condutas típicas;
c) as transformações dividiram a comunidade jurídica entre os que enxergaram grandes avanço nas novidades e aqueles que as consideraram retrocesso, mas, independentemente da percepção subjetiva do intérprete, o fato é que as inovações se encontram agora objetivamente previstas na lei, conferindo maior segurança jurídica ao trato de instituto jurídico com elevado poder punitivo;
d) o STF, examinando especificamente os efeitos das alterações legais que promoveram a exclusão de atos ímprobos culposos (Recurso Extraordinário com Agravo nº 843.989 – Tema n. 1.199), adotou a solução: de irretroatividade em relação aos processos findos, mas de possibilidade de observância das alterações benéficas quanto às ações em curso. Os autores deste texto entendem que a razão de decidir apresentada no referido precedente se estende às demais alterações benéficas

direitos-fundamentais-stf-irretroatividade-parcial-reforma-lei-improbidade#top. Acesso em 25/01/2023.

operadas pela lei, não se limitando à questão da exclusão da modalidade culposa de ato ímprobo.

Referências

AGRA, Walber de Moura. A possibilidade de retroação da nova lei de improbidade administrativa. **Conjur**. Disponível em https://www.conjur.com.br/2021-nov-08/walber-agra-possibilidade-retroacao-lei-improbidade#:~:text=In%C3%BAmeras%20foram%20as%20mudan%C3%A7as%20que,da%20Lei%20n%C2%BA%2014.230%2F2021. Acesso em 25/01/2023.

ALVES, Adriano; PRADO FILHO, Francisco Otávio de Almeida. Alterações na Lei de Improbidade: Avanços e reflexos eleitorais. **Conjur**. Disponível em: https://www.conjur.com.br/2022-fev-07/direito-eleitoral-alteracoes-lei-improbidade-avancos-reflexos-eleitorais. Acesso em 25/01/2023.

CARVALHO FILHO, José dos Santos. **Manual de Direito Administrativo**. 30. ed. rev. atual. e ampl. São Paulo: Atlas, 2016, p. 1.148.

DI PIETRO, Maria Sylvia Zanella. **Direito Administrativo**. 29 ed. rev. atual. e ampl. Rio de Janeiro: Forense, 2016, pp. 976/978.

FREITAS, Daniel Santos de. Análise de julgados: rol do artigo 11 da Lei de Improbidade agora é taxativo? **Conjur**. Disponível em: https://www.conjur.com.br/2022-fev-24/freitas-rol-artigo-11-lei-improbidade-agora-taxativo. Acesso em 25/01/2023.

GAJARDONI, Fernando da Fonseca [et. al]. **Comentários à Nova Lei de Improbidade Administrativa: Lei 8.429/1992, com as alterações da Lei 14.230/2021**. 5. ed, rev., atual. e ampl. São Paulo: Thomson Reuters Brasil, 2021, p. 116.

GOMES JUNIOR, Luiz Manoel; LIMA, Diogo de Araujo; e FAVRETO, Rogerio. O Direito Intertemporal e a Nova Lei de Improbidade Administrativa. **Conjur.** Disponível em: https://www.conjur.com.br/2021-out-18/opiniao-direito-intertemporal-lei-improbidade. Acesso em: 25/01/2023.

HARADA, Kyoshi. Uma Significativa Piorada na Lei de Improbidade Administrativa. **Síntese – Direito Administrativo**, Brasília, v. 16, n. 192, pp. 9-14, dez. 2021.

JUSTEN FILHO, Marçal. **Reforma da Lei de Improbidade Administrativa – Comparada e Comentada**. São Paulo: Forense, 2021. p. 93.

MATTARAIA, Fabiana de Paula Lima Isaac; SILVEIRA, Sebastião Sérgio da. Elemento Subjetivo da Improbidade Administrativa e Jurisprudência do Superior Tribunal de Justiça. **Revista Brasileira de Direito Tributário e Finanças Públicas**, São Paulo, v. 82, pp. 89-109, nov. 2020. Bimestral.

MATTOS, Mauro Roberto Gomes de. Aplicação Retroativa da Lei nº 14.230/2021 (Lei de Improbidade Administrativa) e as Ações Distribuídas pela Lei Anterior (Lei nº 8.429/1992) e Demais Normas de Direito Administrativo Sancionador. **Síntese – Direito Administrativo**, Brasília, v. 16, n. 192, pp. 35-52, dez. 2021.

MELLO, Rafael Munhoz de. **Princípios constitucionais de direito administrativo sancionador**. Dissertação (Mestrado em Direito) – Pontifícia Universidade Católica de São Paulo, São Paulo, 2004.

NERY JUNIOR, Nelson; NERY, Rosa Maria de Andrade. **Constituição Federal comentada** [livro eletrônico], 4. ed. São Paulo:Thomson Reuters Brasil, 2022.

NOBRE JÚNIOR, Edílson Pereira. Sanções administrativas e princípios de Direito Penal. **R. Dir. Adm.**, Rio de Janeiro, pp. 127-151, mar. 2000. Trimestral.

OSÓRIO, Fábio Medina. **Direito administrativo sancionador** [livro eletrônico]. 4. Ed. São Paulo: Thomson Reuters Brasil, 2021.

SARLET, Ingo Wolfgang; MADALENA, Luis Henrique Braga; GUIMARÃES, Bernardo Strobel; MEDEIROS, Lucas Sipioni Furtado. STF decide pela irretroatividade parcial da reforma na Lei de Improbidade. **Conjur**. Disponível em: https://www.conjur.com.br/2022-set-05/direitos-fundamentais-stf-irretroatividade-parcial-reforma-lei-improbidade#top. Acesso em 25/01/2023.

SIMÃO, Calil. Abusos na utilização das ações de improbidade levaram a alteração da lei. **Conjur**. Disponível em: https://www.conjur.com.br/2021-nov-22/simao-abusos-acoes-improbidade-levaram-alteracao-lei. Acesso em 25/01/2023.

7
Comentários ao Artigo 11: dos atos de improbidade administrativa que atentam contra os princípios da Administração Pública

Ilton Norberto Robl Filho
Wesley Rocha

Introdução

O artigo 11 da Lei n. 8.429, de 02 de junho de 1992, foi intensamente modificado pela Lei nº. 14.230 de 2021, alterando substancialmente a regulamentação dos atos de improbidade que atentam contra os princípios da administração pública, sendo comentados tanto os dispositivos atuais como os textos revogados.

1. Comentários

1.1. "Seção III – Dos Atos de Improbidade Administrativa que Atentam Contra os Princípios da Administração Pública"

Princípios da Administração Pública. O artigo 37, *caput*, da Constituição Federal de 1988 (CF/88), com a redação da Emenda Constitucional nº. 19

de 1998, determina que a administração pública direta e indireta de todos os entes federativos e de todos os poderes seguirá os princípios "legalidade, impessoalidade, moralidade, publicidade e eficiência"[1]. Apesar de o referido dispositivo constitucional não mencionar os órgãos constitucionalmente autônomos como o Ministério Público, o qual foi disciplinado pelos artigos 127 a 129 da CF/1988, e a Defensoria Pública, que foi prevista no artigo 134 da CF/88, por óbvio esses princípios também se aplicam a essas relevantes instituições do Estado Democrático de Direito brasileiro.

Ainda, o artigo 2º da Lei Federal nº. 9.874 de 29 de janeiro de 1999, além de repetir os citados princípios expressos constitucionais da administração pública, estabeleceu como cogentes os princípios da finalidade, motivação, razoabilidade, proporcionalidade, ampla defesa, contraditório e segurança jurídica[2].

Estrutura das normas jurídicas. Os princípios jurídicos são elementos centrais dos ordenamentos jurídicos contemporâneos, incorporando relevantes pautas de justiça no direito positivo. De outro lado, as regras jurídicas, que fixam deveres e direitos definitivos, devem concretizar os princípios jurídicos e especialmente aqueles de hierarquia constitucional[3]. Tanto o legislador constitucional (Poderes Constituintes Originário e Reformador) como o legislador ordinário necessitam forjar regras que buscam a importante função, mas complexa, de acomodação dos princípios constitucionais, a partir de precisas definições das hipóteses de incidência.

Segurança jurídica e resultados. Importante ressaltar que a necessária eficiência da administração pública pressupõe a obtenção de resultados e uma visão pragmática para a adequada prestação dos serviços públicos que a população brasileira tanto necessita. Ainda, o princípio da segurança jurídica, que rege o ordenamento jurídico, assim como os agentes, órgãos e poderes

[1] Cf. ROCHA, Cármen Lúcia Antunes. **Princípios Constitucionais da Administração Pública.** Belo Horizonte: Del Rey, 1994.

[2] Cf. CARVALHO Filho, José dos Santos. **Processo Administrativo Federal.** 5ª ed. São Paulo: Grupo GEN, 2013, p. 39-65.

[3] Cf. ALEXY, Robert. **Teoria de Los Derechos Fundamentales.** Tradução: Ernesto Garzón Valdés, Madrid: Centro de Estudios Constitucionales, 1997, p. 111-115; SILVA, Virgilio Afonso da. Princípios e Regras: Mitos e Equívocos Acerca de uma Distinção. **Revista Latino Americana de Estudos Constitucionais**. Belo Horizonte: Del Rey, nº. 1, p. 607-630, jan.-jun.,2003.

estatais, pressupõe a previsibilidade[4]. Essas questões devem ser levadas em consideração na adequada interpretação do artigo 11.

Enquanto o artigo 9º disciplina condutas praticadas de enriquecimento ilícito e o artigo 10º traz situações de prejuízo ao erário, sendo estas consideradas condutas exemplificativas de atos de improbidade administrativas. Assim, mesmo que a conduta não esteja enquadrada nos conceitos de atos de improbidade, a iniciativa que resultar em enriquecimento ilícito ou prejuízo ao erário poderá ser considerada também um ato de improbidade administrativa, mas esse dano deve agora ser efetivo e comprovado.

Observam-se algumas críticas à nova redação, pois a alteração foi de extrema significância, uma vez que em situações anteriores que geravam punições, agora haverá muito mais dificuldades, isso se houver punição. Conforme cita Rafael de Oliveira Costa e Renato Kim Barbosa a prática de assédio moral era enquadrada no texto anterior por evidente abuso de poder, desvio de finalidade, malferimento à impessoalidade e ao agir deliberadamente em prejuízo de alguém[5].

Já o artigo 11, ao prever taxativamente os atos que violem princípios da administração pública, impõe a observância de que a conduta do agente público tenha sido praticada com violação aos princípios afetos às oito hipótese descritas, e não aos conceitos aplicados aos atos administrativos de improbidade, como no caso do artigo 9º e 10º. Com isso, para a atual redação do citado dispositivo, nem toda ilegalidade é considerada sinônimo de improbidade, uma vez que ato necessita ser enquadrado no rol taxativo imposto pela Lei 14.230/2021.

A Lei não previa expressamente a punição ao agente público que agia com dolo no citado artigo, mas a doutrina e a jurisprudência entendiam que o dolo era um requisito dessa modalidade de improbidade, não fazendo distinção sobre os atos praticados, ou seja, de fato havia a previsão de punir da mesma

[4] ROBL FILHO, Ilton Norberto; MARRAFON, Marco Aurélio. Direito Fundamental à Segurança Jurídica: Estrutura Constitucional, Fundamentos e Aplicação Prática. In: SCALETSKY, Felipe Santa Cruz Oliveira; COÊLHO, Marcus Vinicius Furtado. (Org.). **Segurança Jurídica e Estado de Direito.** Curitiba: Juruá, 2021, p. 401-408.

[5] COSTA, Rafael de Oliveira. BARBOSA, Renato Kim. **Nova Lei de Improbidade administrativa:** atualizada de acordo com a Lei n.º 14.230/2021. São Paulo, Editora Almedina, 2022, pág. 121.

forma severa atos que não visavam a intenção do agente, mas possivelmente algum erro, ou mero erro, que possa ter causado algum dano à administração. A esses erros, possivelmente outras ações poderiam ser propostas e produzir resultados satisfatórios, a exemplo a de ressarcir o erário público os prejuízos financeiros causados, obviamente ressalvando os casos dolosos. Seguindo na interpretação dos dispositivos da Lei de Improbidade, no capítulo anterior, analisou-se que o **dano deve ser efetivo e comprovado**, não mais presumindo o dano.

1.2. "Art. 11. Constitui ato de improbidade administrativa que atenta contra os princípios da administração pública a ação ou omissão dolosa que viole os deveres de honestidade, de imparcialidade e de legalidade, caracterizada por uma das seguintes condutas: (Redação dada pela Lei nº 14.230, de 2021)"

Redação originária e virtudes. O texto originário do artigo 11[6] tinha algumas virtudes, mas diversas imperfeições, produzindo na prática grande insegurança e injustiças em casos concretos. Comecemos pelas virtudes. A densificação dos princípios constitucionais da administração e o respeito a essas normas são obrigações dos agentes, órgãos e poderes estatais. Dessa maneira, a ausência de tipificação como improbidade administrativa de certas ações e omissões que violam o núcleo essencial desses princípios constitucionais pode constituir em proteção insuficiente dessas relevantes normas jurídicas[7].

Redação originária e problemas. Por sua vez, o texto original, buscando tutelar de forma amplíssima os princípios constitucionais da administração pública, acabava por violar a razoabilidade e proporcionalidade, permitindo excessos na caracterização de atos de improbidade[8]. Em síntese, os princípios jurídicos possuem um âmbito de proteção muito amplo, assim nem todas as

[6] "Art. 11. Constitui ato de improbidade administrativa que atenta contra os princípios da administração pública qualquer ação ou omissão que viole os deveres de honestidade, imparcialidade, legalidade, e lealdade às instituições, e notadamente (...)".

[7] Sobre o núcleo essencial e a proteção insuficiente, cf. SARLET, Ingo Wolfgang. Teoria Geral do Direitos Fundamentais. In: SARLET, Ingo Wolfgang; MARINONI, Luiz Guilherme; MITIDIERO, Daniel. **Curso de Direito Constitucional.** 4ª ed. São Paulo: Saraiva, 2015, p. 375-395.

[8] Cf. MARRAFON, Marco Aurélio; ROBL FILHO, Ilton Norberto. Ação de Improbidade: Transação, Acordo e Conciliação aos 30 anos da Constituição Federal de 1988. in: LAMACHIA, Claudio; COÊLHO, Marcus Vinicius Furtado (org.). **Constituição da República:**

ações ou omissões que violam um princípio da administração pública são atos de improbidade, que podem ser sancionados com "a suspensão dos direitos políticos, a perda da função pública, a indisponibilidade dos bens e o ressarcimento ao erário, na forma e gradação previstas em lei, sem prejuízo da ação penal cabível", de acordo com o artigo 37, § 4º, CF/88.

Um simples exemplo deixa clara essa questão. O princípio da legalidade pressupõe que as normas legais sejam observadas pelos destinatários. De outro lado e por óbvio, o descumprimento de algum comando normativo legal pelo agente público não consiste necessariamente em ato de improbidade.

Ainda, os incisos do artigo 11 tipificavam somente de forma exemplificativa as condutas ímprobas, produzindo enorme insegurança jurídica, porque eventual violação de princípio da administração pública, ainda que não afrontasse seu núcleo essencial, poderia ser enquadrada como improbidade. Nesse contexto, um ato que jamais se cogitou como hipótese de incidência do sistema de proteção da probidade poderia ser interpretativamente classificado como tal[9].

Nova redação. O atual texto do *caput* regulamentou de maneira adequada, logo constitucional, a proteção dos princípios da administração por meio do sistema de improbidade. Em síntese, a tipificação de ato de improbidade, descrito no artigo 11, pressupõe **a)** atentado contra os princípios da administração pública, **b)** por meio de ação ou de omissão dolosa[10], **c)** a qual afronte os deveres de honestidade, de imparcialidade e de legalidade, **d)** sendo

um Projeto de Nação – Homenagem aos 30 anos. Brasília: OAB – Conselho Federal, 2018, v. 1, p. 343-347.

[9] Como defendem Rodrigo de Bittencourt Mudrovitsch e Guilherme Pupe da Nóbrega: "Seja como for – pela abertura das palavras antes presentes na norma, por sua remissão a princípios despidos de densidade normativa ou por seu caráter não taxativo -, a norma originalmente incrustrada no artigo 11 acabava perdendo seu estratégico papel orientador de condutas sociais para de transmudar em ameaça arbitrária e constante; argumento-curinga; cheque em branco" (MUDROVITSCH, Rodrigo de Bittencourt; NÓBREGA, Guilherme Pupe da. **Lei de Improbidade Administrativa Comentada:** De Acordo com a Reforma pela Lei n. 14.230/2021. Rio de Janeiro: Lumen Juris, 2022, p. 161-162).

[10] Não se pode olvidar dos §§ 1º e 2º, artigo 1º da Lei de Improbidade Administrativa, com a redação da Lei nº. 14.230/2021: "§ 1º Consideram-se atos de improbidade administrativa as condutas dolosas tipificadas nos arts. 9º, 10 e 11 desta Lei, ressalvados tipos previstos em leis especiais. (Incluído pela Lei nº 14.230, de 2021) § 2º Considera-se dolo a vontade livre e consciente de alcançar o resultado ilícito tipificado nos arts. 9º, 10 e 11 desta Lei, não bastando a voluntariedade do agente. (Incluído pela Lei nº 14.230, de 2021)"

necessariamente fixada e caracterizada por condutas específicas que estão previstas nos incisos deste artigo, com lesividade relevante ao bem jurídico, nos termos do § 3º do artigo 11.

Essa redação encontra-se atenta ao dever de proteção suficiente dos princípios da administração pública, contudo concretiza a necessidade de dolo específico para caracterização de ato de improbidade, isto é, o agente público ou particular em relação com a administração pública, de acordo com os artigos 2º e 3º, da Lei de Improbidade com a redação da Lei nº. 14.230/2021, precisa ter vontade livre e consciente de violar dever de honestidade, imparcialidade e legalidade que esteja previamente fixado pela lei como ato de improbidade.

Não é juridicamente possível a condenação por improbidade administrativa de forma culposa, em virtude de imperícia, negligência e imprudência, e especialmente por violação aos princípios administrativos. Isso não significa que os princípios da administração não sejam importantes, e sim que o ordenamento jurídico deve proteger e resguarda as situações jurídicas cobertas pelos princípios dentro do arcabouço normativo do Estado Democrático de Direito[11].

Uma das grandes preocupações da Lei Federal nº. 14.230/2021 foi a de afastar a mera voluntariedade, já que o aspecto intenção (voluntariedade livre e consciente) para alcançar o resultado ilícito típico ficou claro na redação do art. 1º, §2º da nova Lei (14.230/2021). Dessa forma, não existe nenhum espaço para ventilar a modalidade culposa dos tipos do artigo 11.

Relevante ainda ressaltar que a nova redação do *caput,* do artigo 11, da Lei 14.230/2021, possui a supressão do dever de lealdade às instituições[12]. Essa obrigação poderia gerar a equivocada compreensão de um necessário relacionamento acrítico dos destinatários do sistema de improbidade com as instituições postas. Nesse contexto, a supressão foi acertada.

[11] Sobre o Estado Democrático de Direito, cf. ROBL FILHO, Ilton Norberto. **Conselho Nacional de Justiça:** Estado Democrático de Direito e Accountability. São Paulo: Saraiva, 2013, p. 29-96.

[12] O referido princípio tinha como premissa a boa conduta e boa execução do agente público, inspirado principalmente aos atos afetos do servidor público. Segundo Hely Lopes Meirelles, "o dever de lealdade do servidor exige sua dedicação para o integral respeito às Leis e às instituições constitucionais identificando como os superiores interesses do Estado" (MEIRELLES, Hely Lopes. **Direito Administrativo Brasileiro.** São Paulo: Malheiros, 2018).

1.3. Condutas que deixaram de ser caracterizadas pela Lei nº. 14.230/2021 (Incisos I, II, IX e X): "I – praticar ato visando fim proibido em lei ou regulamento ou diverso daquele previsto, na regra de competência"; "II – retardar ou deixar de praticar, indevidamente, ato de ofício"; "IX – deixar de cumprir a exigência de requisitos de acessibilidade previstos na legislação. (Incluído pela Lei nº 13.146, de 2015)"; "X – transferir recurso a entidade privada, em razão da prestação de serviços na área de saúde sem a prévia celebração de contrato, convênio ou instrumento congênere, nos termos do parágrafo único do art. 24 da Lei nº 8.080, de 19 de setembro de 1990. (Incluído pela Lei nº 13.650, de 2018)".

O inciso I, na prática, permitia sustentar, ainda que não concordássemos com essa interpretação, que qualquer a violação ao ordenamento jurídico fosse categorizada como ato de improbidade. O sistema jurídico é complexo, sendo bastante difícil até para os especialistas, mas especialmente para os cidadãos comuns sem formação jurídica específica, a compreensão do emaranhado de leis e regulamentos. Ainda, são corriqueiras a contradição e a colisão entre normas previstas nos regulamentos e nas leis[13]. Não são infrequentes discussões por anos sobre a forma correta de incidência e de intepretação de textos legais e regulamentares. Nesse contexto, tipificar como improbidade a pratica de ato visando fim proibido em lei, regulamento ou regra de competência é excessivo.

Por sua vez, o inciso II tipificava como improbidade retardar ou deixar de realizar indevidamente ato de ofício. De um lado, é inegável que a administração pública deve ser diligente e exercer seus poderes-deveres de forma eficiente. Por outra banda, diversos órgãos e poderes encontram-se em situação de grande demanda, sendo frequente uma quantidade pequena de agentes públicos para praticar os atos e atender a população. Dessa forma, atribuir como improbo esse ato não se mostra razoável[14].

[13] Sobre a complexidade do ordenamento jurídico, cf. MARRAFON, Marco Aurélio; ROBL FILHO, Ilton Norberto. A Crise das Fontes Jurídicas Enquanto Crise do Estado Democrático de Direito. **Revista Eletrônica Direito e Política**, v. 9, p. 1434-1458, 2014.

[14] A responsabilidade gerencial, a qual é mecanismo relevante de busca por resultados na administração pública, pressupõe a possibilidade de aplicações de sanções apenas se o agente tiver meios materiais e humanos de realizar as atividades e especialmente obter os resultados. Cf. CELONE, Cristiano; ROBL FILHO, Ilton Norberto. A Garantia Constitucional da -Responsabilidade Gerencial-: Responsabilidade por Resultados dos Dirigentes Públicos nos

A luta por inclusão é elemento central do Estado Democrático de Direito, o qual é pautado no pluralismo e na dignidade concreta da pessoa humana, de acordo com o artigo 1º, CF/88. Nesse sentido, a Constituição Federal previu diversas normas sobre o tema como a reserva de percentual de cargos e empregos públicos para pessoas com deficiência (art. 37, VIII), a promoção da integração das pessoas com deficiência na vida comunitária por meio da assistência social (art. 203, IV). Dessa forma, especialmente os agentes, os órgãos e os poderes estatais necessitam promover medidas de inclusão e acessibilidade. Há diversas medidas para efetivar a acessibilidade como a utilização de inquéritos civis e ações civis públicas (LACP). Apesar de imprescindível a luta por inclusão, atribuir como improbidade a conduta de deixar de cumprir requisito de acessibilidade na legislação era muito ampla, permitindo injustiças.

Acerca da revogação do inciso X, o direito fundamental à saúde impõe a alocação de recursos públicos não apenas na prestação pelo Estado, mas também pela iniciativa privada. Dessa forma, em diversas situações, impõe-se a alocação de recurso com urgência.

1.4. Inciso III: "III – revelar fato ou circunstância de que tem ciência em razão das atribuições e que deva permanecer em segredo, propiciando beneficiamento por informação privilegiada ou colocando em risco a segurança da sociedade e do Estado; (Redação dada pela Lei nº 14.230, de 2021)"

A publicidade é a regra geral na administração pública, em virtude do princípio republicano, de acordo com o artigo 1º, *caput*, CF/88, e do princípio da publicidade insculpido no artigo 37, *caput*, CF/88. Nesse sentido, apenas é possível a restrição à publicidade dos atos processuais para a defesa da intimidade e da vida privada (art. 5º, LX, CF/88), além de todos os julgamentos no poder judiciário serem públicos, podendo certos atos serem restritos às partes e aos advogados ou somente para estes, segundo o artigo 93, IX, CF/1988[15].

Sistemas Brasileiro e Italiano e as Relações entre Órgãos Políticos e Administrativos. **Revista Jurídica da Presidência**, v. 21, p. 452-481, 2020.

[15] Sobre o direito à intimidade e à vida privada, cf. ROBL FILHO, Ilton Norberto. **Direito, Intimidade e Vida Privada:** paradoxos jurídicos e sociais na sociedade pós-moralista e hipermoderna. 1. ed. Curitiba: Juruá, 2010.

Não se pode também olvidar do direito fundamental à informação dos órgãos públicos (art. 5º, XXXIII, CF/88). Dessa forma, o artigo 3º, I, da Lei Federal nº. 12.527/2011 estabelece a "observância da publicidade como preceito geral e do sigilo como exceção", assim como o artigo 23 da referida Lei Federal fixa as situações que são imprescindíveis para as seguranças nacional e da sociedade. Importante frisar que existe também a necessidade de o Estado proteger os dados pessoais, conforme o artigo 5º, LXXIX, CF/88 e da Lei Geral de Proteção de Dados Pessoais (Lei Federal nº. 13.709/2018.

Na redação originária deste inciso, existia somente a previsão, como ato de improbidade, da revelação, por agente em razão das suas atribuições, de fato ou circunstância, que deveria permanecer em segredo. De outro lado, a Lei Federal nº. 14.230 inclui, para a tipificação da conduta, que a divulgação produza alguma forma de benefício ou coloque em risco a segurança da sociedade e do Estado. Essa modificação corretamente leva em consideração as consequências da informação privilegiada, não existindo razão em sancionar, com as severas sanções de improbidade, fato que não produziu benefício indevido ou que não pôs em risco a sociedade e o Estado.

1.5. Inciso IV: "IV – negar publicidade aos atos oficiais, exceto em razão de sua imprescindibilidade para a segurança da sociedade e do Estado ou de outras hipóteses instituídas em lei; (Redação dada pela Lei nº 14.230, de 2021)"

Enquanto o inciso anterior tutela o segredo, este inciso é responsável por proteger a regra geral: a publicidade (art. 37, *caput*, CF/88). Na linguagem cotidiana da administração pública, entendem-se como atos oficiais os documentos públicos. De outro lado e com um pouco mais de precisão, o ato oficial trata-se de ato estatal, o qual necessita, na maioria esmagadora dos casos, ser adequadamente publicizado para a produção plena dos devidos efeitos jurídicos e para conhecimento dos interessados.

Conforme bem pontua a doutrina de Lucas Furtado Rocha, em "observância ao princípio da publicidade, a Administração tem o dever de divulgar os atos que pratica. A pergunta seguinte consiste em saber como a divulgação deve ser feita"[16]. Em síntese, quando exista previsão legal da forma de publicização, essa determinação deve ser observada.

Nesse sentido, por exemplo, o artigo 54, *caput* e § 1º, da Lei de Licitações e Contratos Administrativos (Lei Federal nº. 14.133/2021) estabelece a publicidade do edital de licitação no Portal Nacional de Contratações Públicas, assim como o extrato no Diário Oficial. A situação torna-se mais complexa quando inexiste uma disciplina específica legal ou constitucional de publicidade do ato, devendo incidir a seguinte máxima: divulgação suficiente do ato[17].

Na redação originária da Lei de Improbidade, o texto previa como ato de improbidade deixar de publicizar atos oficiais. Com a Lei Federal nº. 14.230/2021, foram previstas exceções à regra geral, não sendo tipificadas as situações de ausência de publicidade, em razão de previsão legal ou de risco à sociedade e ao Estado.

1.6. Inciso V: "V – frustrar, em ofensa à imparcialidade, o caráter concorrencial de concurso público, de chamamento ou de procedimento licitatório, com vistas à obtenção de benefício próprio, direto ou indireto, ou de terceiros; (Redação dada pela Lei nº 14.230, de 2021)"

O texto originário do inciso V era bastante sucinto, fixando como improbidade administrativa a frustação da licitude de concurso público. O termo "licitude" é muito genérico, concedendo margem para tipificação, ainda que desproporcional, de violações de menor potencial ao instituto do concurso público, as quais não atingiriam os núcleos essenciais da impessoalidade e do caráter competitivo desses certames, que devem escolher os mais aptos para cargos e funções estatais. Dessa forma, a nova lei apontou com precisão que é um ato de improbidade violar o aspecto concorrencial do concurso público.

De outra banda, a Lei Federal aumentou o escopo de proteção, estendendo a caracterização, como ato improbo, para a afronta ao aspecto competitivo no chamamento e no procedimento licitatório, os quais são atualmente

[16] FURTADO, Lucas Rocha. **Curso de Direito Administrativo**. 4ª ed. Belo Horizonte: Fórum, 2013, p. 224.

[17] FURTADO, Lucas Rocha. **Curso de Direito Administrativo**, 2013, p. 224.

disciplinados principalmente pela Lei Federal nº. 14.133/2021[18] e que prevê como importante princípio a competitividade, de acordo com seu artigo 5º.

São modalidades de licitação: pregão, concorrência, concurso, leilão e diálogo competitivo, conforme o artigo 28, Lei nº. 14.230/2021. Por sua vez, a lei de licitações indica procedimentos auxiliares como o credenciamento e procedimento de manifestação de interesse, de acordo com o artigo 78, I e III, os quais pressupõem a elaboração de edital de chamamento, nos termos dos artigos 79, parágrafo único, I e 81, *caput*, Lei Federal nº. 14.133/2021.

Para a caracterização do ato improbo, além da frustação ao caráter concorrencial do concurso público, do chamamento e da licitação, essa conduta deve também a) ofender a imparcialidade e b) buscar benefício próprio direto ou indireto ou ainda de terceiro. A imparcialidade pode ser definida como "ausência de interesse pessoal na solução do caso concreto"[19]. Dessa forma, relaciona-se com a impessoalidade, observando-se para tutelar a imparcialidade e a impessoalidade os institutos do impedimento e da suspeição, os quais são previstos, por exemplo, nos artigos 18 a 21 da Lei Federal nº. 9.784/1999 (Lei do Processo Administrativo Federal).

1.7. Inciso VI: "VI – deixar de prestar contas quando esteja obrigado a fazê-lo, desde que disponha das condições para isso, com vistas a ocultar irregularidades; (Redação dada pela Lei nº 14.230, de 2021)".

Na teoria do controle, utiliza-se com frequência o termo *accountability*, o qual consiste no dever de prestar contas e de justificar as ações e as omissões, podendo ser sancionado o agente positiva ou negativamente[20]. Ainda, a prestação de contas é elemento essencial para a concretização do princípio da publicidade. Dessa forma, a Constituição Federal permite a intervenção federal, nos Estados e no Distrito Federal, com o intuito de assegurar a prestação de contas da administração pública direta e indireta, de acordo com o artigo 34, VII, 'd',

[18] Até 30 de dezembro de 2023, a Lei Federal nº. 8.666 de 1993 ainda poderá ser escolhida pela administração pública para reger os processos licitatórios.

[19] MARINONI, Luiz Guilherme; ARENHART, Sérgio Cruz; MITIDIERO, Daniel. **Curso de Processo Civil.** V. 2. São Paulo: Revista dos Tribunais, 2016, p. 81.

[20] Cf. ROBL FILHO, Ilton Norberto. **Conselho Nacional de Justiça,** 2013, p. 97-108.

assim como o Estado poderá intervir no município, em virtude da ausência de prestação de contas devidas, na forma da lei, segundo o artigo 35, I, CF/88.

Não se pode ainda olvidar do dever constitucional de qualquer pessoa física ou jurídica pública e privada de prestação de contas, quando "utilize, arrecade, guarde, gerencie ou administre dinheiros, bens e valores públicos ou pelos quais a União responda, ou que, em nome desta, assuma obrigações de natureza pecuniária", segundo o artigo 70, parágrafo único, CF/88. Ainda, a Lei Orgânica do Tribunal de Contas da União – TCU (Lei nº. 8.443/1992)[21] fixa a competência de julgar e apreciar contas de autoridades, agentes públicos, administradores e responsáveis por bens e valores públicos da União, segundo o artigo 1º, I e III. O processo administrativo de tomada e prestação de contas é central na atividade desenvolvida pelo TCU, conforme disciplina o artigo 6º e seguintes da Lei nº. 8.443/1992.

Além de deixar de prestar contas, a caracterização da improbidade necessita que a pessoa possua condições de realizar esse dever de *accountability* legal, porém mesmo assim não o faça. Há situações que o responsável legal pela prestação não detém meios materiais ou informações mínimas para a prática do ato, não podendo assim ser responsabilizado, quando demonstrada essa incapacidade fática. Também, somente configura a tipificação quando a omissão buscar ocultar irregularidades.

1.8. Inciso VII: "VII – revelar ou permitir que chegue ao conhecimento de terceiro, antes da respectiva divulgação oficial, teor de medida política ou econômica capaz de afetar o preço de mercadoria, bem ou serviço" (redação não alterada pela nova lei).

Esse inciso tutela adequadamente a liberdade econômica e a livre iniciativa, vedando que a) terceiro obtenha b) conhecimento antecipado e anterior da divulgação oficial de medidas política e econômica, c) podendo assim o terceiro se beneficiar dos preços de mercadoria, bens e serviço. Ainda, conforme bem aponta a doutrina, "a norma protege a atividade estatal referente a medidas

[21] Sobre os Tribunais de Contas, KANAYAMA, Rodrigo Luís; ROBL FILHO, Ilton Norberto. A Literatura Jurídica Brasileira e a Independência dos Tribunais de Contas: um Escrito em Homenagem a Maria Immordino. In: CORSO, Guido; SCOCA, Franco Gaetano; RUGGERI, Antonio (Orgs.). **Scritti in Onore di Maria Immordino.** Napoli: Editoriale Scientifica, 2022, p. 1797-1811.

políticas ou econômicas aptas a influenciarem no mercado, alterando o preço de produtos e serviços"[22].

1.9. Inciso VIII: "VIII – descumprir as normas relativas à celebração, fiscalização e aprovação de contas de parcerias firmadas pela administração pública com entidades privadas (Redação dada pela Lei nº 13.019, de 2014 e não alterada pela nova Lei)".

O inciso VIII, com redação dada pela Lei nº 13.019, de 2014, dispõe que o descumprimento da observação de normas aplicadas às parcerias firmadas pela administração configura ato de improbidade. E nesse não há necessidade de dano ao erário, ao contrário do que dispõe o artigo 10: "VIII – descumprir as normas relativas à celebração, fiscalização e aprovação de contas de parcerias firmadas pela administração pública com entidades privadas". Neste dispositivo, é bastante relevante a determinação do § 4º, deste artigo 11, Lei Federal nº. 8.429/1992, com redação da Lei Federal nº. 14.230/2021, sobre a necessidade de lesividade relevante do descumprimento das normas acerca da celebração, fiscalização e aprovação.

Por fim, destaca-se que os incisos IX e X, do artigo 11, foram revogados pela nova Lei Lei nº 14.230, de 2021.

1.10. Inciso XI: "XI – nomear cônjuge, companheiro ou parente em linha reta, colateral ou por afinidade, até o terceiro grau, inclusive, da autoridade nomeante ou de servidor da mesma pessoa jurídica investido em cargo de direção, chefia ou assessoramento, para o exercício de cargo em comissão ou de confiança ou, ainda, de função gratificada na administração pública direta e indireta em qualquer dos Poderes da União, dos Estados, do Distrito Federal e dos Municípios, compreendido o ajuste mediante designações recíprocas (Incluído pela Lei nº 14.230, de 2021)".

Aqui o legislador seguiu a tendência de explicitar as ocasiões de incidência do chamado *nepotismo*. Nesse sentido, é de se elogiar a iniciativa sobre a menção

[22] COSTA, Rafael de Oliveira. BARBOSA, Renato Kim. **Nova Lei de Improbidade administrativa:** atualizada de acordo com a Lei n.º 14.230/2021. São Paulo, Editora Almedina, 2022, p. 128.

expressa da Lei Federal nº. 14.230/2021 ao referido tema, atendendo, entre outros, ao princípio da moralidade na administração pública. Na prática, a novel lei inspirou-se no entendimento do STF, por meio da Súmula Vinculante n.º 13, transcrevendo conteúdos da citada Súmula. Ainda, o Decreto 7.203 de 2010 que dispõe, eu seu art. 1º, acerca da *"vedação do nepotismo no âmbito dos órgãos e entidades da administração pública federal direta e indireta observará o disposto no referido Decreto"*.

Portanto, a nomeação de um parente de até 3º grau em geral será considerado um ato ilegal, com consequência de nulidade do ato. Por outro lado, para que exista um ato de improbidade puro, deverá ser analisada **a ocorrência do dolo com finalidade ilícita**.

O dispositivo também inseriu, além do nepotismo direto, o nepotismo indireto, isto é, "nepotismo cruzado", porque, se ficar constatado haver nomeações recíprocas, por duas ou mais autoridades, de algum parente até terceiro grau de um determinado agente político, restará configurado ato de improbidade administrativa.

Por outro lado, quanto a esse tema, existe a ressalva de que a nomeação ou indicação política, pura e simples (mera nomeação), por parte dos detentores de mandatos eletivos não configuraria por si só um ato de improbidade, já que o parágrafo do 5º, do respectivo art. 11[23], exige a aferição de dolo com finalidade ilícita, elemento subjetivo específico. A ressalva leva em consideração, além da necessária configuração da intenção dolosa do agente, razões extraídas de reiteradas decisões do STF, em que a nomeação do agente teria que apresentar ao menos dois requisitos importantes: *i)* qualificação técnica e *ii)* idoneidade moral; além de inequívoca razoabilidade da indicação ou nomeação (STF. 1ª Turma. **Rcl 29033 AgR/RJ**, rel. Min. Roberto Barroso, julgado em 17-9-2019; **Rcl 17.102/SP**, Decisão Monocrática, Rel. Min. Luiz Fux, Dje 15-02-2016.)

A Súmula Vinculante 13 do Supremo Tribunal Federal foi aprovada na sessão plenária de 21 de agosto de 2008. Nos termos do artigo 103-A, CF/88, depois de reiteradas decisões em matéria constitucional, o Supremo Tribunal

[23] "§ 5º Não se configurará improbidade a mera nomeação ou indicação política por parte dos detentores de mandatos eletivos, sendo necessária a aferição de dolo com finalidade ilícita por parte do agente. (Incluído pela Lei nº 14.230, de 2021)".

Federal poderá editar essa modalidade de enunciado, que vincula os demais órgãos do poder judiciário e a administração pública direta e indireta, nos âmbitos federal, estadual, municipal e do Distrito Federal. Um precedente que justificou a elaboração da súmula é a Ação Declaratória de Constitucionalidade nº. 12, a qual reconheceu a constitucionalidade da Resolução nº. 7/2005 do Conselho Nacional de Justiça, que "disciplina o exercício de cargos, empregos e funções por parentes, cônjuges e companheiros de magistrados e de servidores investidos em cargos de direção e assessoramento, no âmbito dos órgãos do poder judiciário e dá outras providências".

A prática do nepotismo afronta a impessoalidade e a moralidade, sendo agora essa conduta prevista expressamente como ato de improbidade, na novel legislação. No julgamento do Recurso Extraordinário nº. 579.951, o Supremo Tribunal Federal entendeu que a vedação de nepotismo se aplica aos cargos e às funções administrativas e não para cargos políticos (por exemplo, Secretários dos Governos Municipais e Estaduais e Ministros de Estado na órbita federal)[24]. Nesse sentido também é a jurisprudência mais recente de que a "nomeação de parente, cônjuge ou companheira para cargos de natureza eminentemente política, como no caso concreto, em que a esposa do Prefeito foi escolhida para exercer cargo de Secretária Municipal, não se subordina ao Enunciado Vinculante 13"[25].

Obviamente, o texto da súmula, mesmo que bem redigido, impõe diversos desafios de interpretação e complementação de lacunas, os quais são constantemente enfrentados. Nesse sentido, são relevantes critérios para configurar a prática de nepotismo:

[24] STF, **RE 579.951**, rel. min. Ricardo Lewandowski, 20-8-2008, DJE 202 de 24-10-2008.

[25] STF, **Rcl 31.732**, rel. min. Marco Aurélio, red. p/ o ac. min. **Alexandre de Moraes,** 1ª T, j. 5-11-2019, DJE 19 de 3-2-2020. Em sentido contrário, observa-se: "Em que pesem as decisões do Tribunal excepcionando a sua incidência a cargos de natureza política, a orientação que emerge dos debates da aprovação da Súmula, assim como dos precedentes que lhe deram origem, não autoriza a interpretação segundo a qual a designação de parentes para cargo de natureza política é imune ao princípio da impessoalidade. Noutras palavras, cargos políticos também estão abrangidos pela Súmula Vinculante. Essa conclusão decorre dos próprios fundamentos pelos quais o Tribunal reconheceu na proibição de nepotismo uma zona de certeza dos princípios da moralidade, da impessoalidade e da eficiência (STF, **Rcl 26.448**, rel. min. **Edson Fachin,** dec. monocrática, j. 12-9-2019, *DJE* 201 de 17-9-2019).

i) ajuste mediante designações recíprocas, quando inexistente a relação de parentesco entre a autoridade nomeante e o ocupante do cargo de provimento em comissão ou função comissionada; ii) relação de parentesco entre a pessoa nomeada e a autoridade nomeante; iii) relação de parentesco entre a pessoa nomeada e o ocupante de cargo de direção, chefia ou assessoramento a quem estiver subordinada e iv) relação de parentesco entre a pessoa nomeada e a autoridade que exerce ascendência hierárquica ou funcional sobre a autoridade nomeante[26].

1.11. Inciso XII: "XII – praticar, no âmbito da administração pública e com recursos do erário, ato de publicidade que contrarie o disposto no § 1º do art. 37 da Constituição Federal, de forma a promover inequívoco enaltecimento do agente público e personalização de atos, de programas, de obras, de serviços ou de campanhas dos órgãos públicos. (Incluído pela Lei nº 14.230, de 2021)".

Nos termos do artigo 37, § 1º, CF/88 a "publicidade dos atos, programas, obras, serviços e campanhas dos órgãos públicos deverá ter caráter educativo, informativo ou de orientação social, dela não podendo constar nomes, símbolos ou imagens que caracterizem promoção pessoal de autoridades ou servidores públicos". A publicidade é princípio reitor da administração pública, mas é possível utilizar-se de forma abusiva da comunicação de atos estatais, buscando a promoção pessoal de autoridades e servidores públicos e violando o princípio da impessoalidade.

Dessa forma, esse tipo de improbidade pressupõe realizar, na administração pública e com recurso do erário, ato que afronte o § 1º do referido artigo 37 da CF/88. Em primeiro lugar, não basta a realização de publicidade sem caráter educativo, necessitando utilizar-se de recurso do erário para essa finalidade. Em segundo lugar, não é suficiente a possível ocorrência de enaltecimento pessoal com o ato de publicidade indevido para configuração da improbidade, devendo produzir inequívoca personalização e promoção para o agente público.

Com isso, é vedada a intenção do agente público de utilizar recursos do erário em publicidade que afronte o texto constitucional, afastando a

[26] STF, **Rcl 19.529 AgR**, rel. min. Dias Toffoli, 2ª T, j. 15-3-2016, DJE 72 de 18-4-2016.

personalização daquele agente público em programas, obras e serviços, ou até de campanhas publicitárias dos órgãos públicos, evitando assim a promoção pessoal por instrumentos da administração pública. Constata-se que o dolo específico (e não o genérico) deverá ser identificado, ou o especial fim de agir, a fim de comprovar a personalização de atos, não bastando a prova de uso da publicidade.

1.12. Parágrafos

1.12.1. Parágrafo Primeiro: "§ 1º Nos termos da Convenção das Nações Unidas contra a Corrupção, promulgada pelo Decreto nº 5.687, de 31 de janeiro de 2006, somente haverá improbidade administrativa, na aplicação deste artigo, quando for comprovado na conduta funcional do agente público o fim de obter proveito ou benefício indevido para si ou para outra pessoa ou entidade (Incluído pela Lei nº 14.230, de 2021)".

A Convenção das Nações contra a corrupção representa importante norma global, a qual possui como finalidades promover e fortalecer a) medidas para prevenir e combater com maior eficiência e eficácia à corrupção, b) a cooperação internacional e c) o dever de prestar contas dos assuntos e bens públicos, conforme o artigo 1º da citada Convenção. Acerca da penalização e da aplicação da lei, os Estados Partes, como o Brasil, comprometem-se a tomar as medidas legislativas e outras necessárias para combater a) o suborno de funcionários públicos nacionais, de funcionários públicos estrangeiros, de funcionários de organizações internacionais públicas e no setor privado, b) a malversação ou o peculato, a apropriação indébita ou outras formas de desvio de bens por um funcionário público e no setor privado, c) o tráfico de influências, d) o abuso de funções, e) o enriquecimento ilícito, f) a lavagem de produto de delito, g) o encobrimento e h) a obstrução de justiça, de acordo com os artigos 15 a 25, da referida Convenção.

Nas tipificações das condutas na Convenção das Nações Unidas contra a Corrupção, observa-se a expressão "quando cometido(s) intencionalmente", a qual pressupõe vontade consciente para a prática do ilícito, isto é, dolo específico. Por sua vez, nos tipos de suborno de funcionários públicos nacionais (art.15), de suborno de funcionários públicos estrangeiros e de funcionários de organizações internacionais públicas (art. 16), de tráfico de influências (art. 18), de suborno no setor privado (art. 21), observa-se que o "benefício indevido que redunde em proveito do instigador original do ato ou de qualquer outra pessoa" é elemento do tipo.

Ainda, na tipificação conceito de abuso de função, descrito pelo art. 19, da Referida Convenção, vê-se:

> Artigo 19. Abuso de funções
> Cada Estado Parte considerará a possibilidade de adotar as medidas legislativas e de outras índoles que sejam necessárias para qualificar como delito, quando cometido intencionalmente, o abuso de funções ou do cargo, ou seja, a realização ou omissão de um ato, em violação à lei, por parte de um funcionário público no exercício de suas funções, **com o fim de obter um benefício indevido para si mesmo ou para outra pessoa ou entidade.**

Ocorre que, diferentemente da Convenção, para o sistema de improbidade administrativa não basta haver a característica do ato de improbidade, deve haver conduta funcional comprovada do agente para obter proveito ou benefício indevido, e que segundo Juliana Magalhães Fernandes de Oliveira, a ofensa à impessoalidade, por si só, não gerará improbidade, sem prejuízo de sua tutela por meio de outras ações civis[27]

Dessa forma, com inspiração nos institutos e nas estruturas da citada Convenção, o legislador nacional estabelece que os tipos descritos no artigo 11 somente constituirão improbidade administrativa, nos termos da Lei Federal nº. 8.429/1992, com a modificação da Lei Federal nº. 14.230/2021, se existir a comprovação na atuação ou na omissão do agente público o objetivo de obtenção de proveito ou benefício indevido para si ou para outrem ou entidade.

[27] OLIVEIRA, Juliana Magalhães Fernandes de. **Elemento Subjetivo do Dolo na Nova LIA.** ***In*** **Comentários À reforma da Lei de Improbidade Administrativa (lei n.º 14.230/2021).** Coordenadores: CAVALCANTE FILHO, José Trindade; MONTEIRO NETO, José Trindade; OLIVEIRA, Juliana Magalhães Fernandes; PINHEIRO, Victor Maciel. Brasília, DF: Unyleya, Alumnus, 2021, pág. 30.

1.12.2. Parágrafo Segundo: "§ 2º Aplica-se o disposto no § 1º deste artigo a quaisquer atos de improbidade administrativa tipificados nesta Lei e em leis especiais e a quaisquer outros tipos especiais de improbidade administrativa instituídos por lei (Incluído pela Lei nº 14.230, de 2021)".

A exigência de busca de proveito ou benefício indevido para si, para outrem ou para entidade é aplicada também para as tipificações de improbidade fixadas nos artigos 9º (condutas que importam enriquecimento Ilícito) e 10 (atos que que causam prejuízo ao erário). Dessa maneira e em verdade, há reafirmação de que o sistema de proteção da probidade administrativa, inclusive para outras leis que fixem ato de improbidade, encontra-se necessariamente vinculado à coibição de condutas que buscam obtenção de benefício e de proveito indevido.

1.12.3. Parágrafo Terceiro: "§ 3º O enquadramento de conduta funcional na categoria de que trata este artigo pressupõe a demonstração objetiva da prática de ilegalidade no exercício da função pública, com a indicação das normas constitucionais, legais ou infralegais violadas (Incluído pela Lei nº 14.230, de 2021)".

Essa norma determina a precisa categorização da conduta de improbidade, sendo imprescindível a demonstração objetiva e clara da prática, com o devido apontamento de quais normas jurídicas (constitucionais, legais e infralegais) foram descumpridas. No direito em geral, a incidência de normas jurídicas pressupõe a ocorrência de situações fáticas que amparem a sua aplicação. O direito sancionador torna essa exigência jurídica ainda mais robusta, pois produz graves consequências jurídicas aos agentes apenados. Pelo exposto, corretamente o legislador expressamente positivou esse relevante dever jurídico, obrigando as autoridades que atuam no sistema de improbidade a demonstrarem objetivamente as omissões ou ações e a apontarem as normas jurídicas que enquadram essas condutas como ímprobas.

Em artigo publicado pela Associação Nacional dos Membros do Ministério Público - CONAMP, Fabiana Lemes Zamalloa do Prado sustenta que o disposto sobre demonstração objetiva e a taxatividade se chocam, havendo entendimento de que inexiste exaurimento na descrição da caraterização do ato de improbidade praticado pelo disposto no art. 11:

Nota-se que o referido dispositivo não diz que o enquadramento das condutas funcionais descritas **no caput do artigo 11** exige a demonstração objetiva da prática de ilegalidade no exercício de função pública, mas que o enquadramento "de" conduta funcional, na "categoria" de que trata o referido artigo, pressupõe a referida demonstração. A categoria a que se refere o artigo são os atos de improbidade que violam princípios da Administração Pública, os quais, por determinação da própria lei, não se exaurem na descrição taxativa do *caput* do artigo 11.

Valendo da interpretação gramatical, pode-se extrair da disposição que a utilização da preposição "de", sem a determinação decorrente de sua contração com o artigo "a" ou "as", atribui uma indeterminação às condutas ali referenciadas, a qual, em conjunto com a menção, também ampla e genérica, à "categoria" dos atos de improbidade que violam princípios da Administração Pública, permite a conclusão de que a disposição amplia a tipicidade contida no artigo 11, *caput*, da Lei 8.429/92. Essa interpretação compatibiliza-se com a estrutura típico-normativa aberta, estatuída no artigo 9º e no artigo 10, da Lei 8.429/92, como corolário do sistema instituído pelo artigo 37 da CF/88, aos quais o disposto no artigo 11 adere, para a autointegração do sistema de responsabilização previsto no artigo 1º, *caput*, da Lei 8.429/92.

Observa-se, ainda, que a disposição exige, para o "enquadramento de conduta funcional na categoria de que trata este artigo", "a demonstração objetiva da prática de ilegalidade no exercício da função pública, com a indicação das normas constitucionais, legais ou infralegais violadas".

Essa estrutura normativa somente tem sentido diante de uma estrutura típica aberta, em que a tipicidade é complementada por normas outras constitucionais, legais ou infralegais. Numa estrutura típica fechada a ilegalidade é ínsita à própria descrição típica e dela decorre, não havendo que falar em indicação de normas constitucionais, legais ou infralegais violadas.

Partindo do pressuposto de que na lei não existem palavras inúteis, a única interpretação que compatibiliza essa disposição com o sistema é a de que, em conjunto com o *caput* do artigo 11, o § 3º estabelece uma tipicidade aberta residual para os atos de improbidade que violam princípios da Administração Pública[28].

Com a máxima vênia, entende-se que essa afirmação é equivocada, violando uma interpretação sistemática com a Constituição Federal e os direitos fundamentais como centro e principalmente a teleologia da Lei Federal nº. 14.230/2021. Não é possível manter-se um sistema absolutamente impreciso, como era outrora, do artigo 11, permitindo que qualquer possibilidade de afronta aos princípios da administração pública fosse caracterizado como improbidade, ainda que não violasse o núcleo essencial desses princípios. A Justiça, a segurança jurídica e a administração pública constitucional devem andar juntas, não se pode criar ou manter um sistema de improbidade que dificulte substancialmente a atuação da administração pública com receio de categorizações imprecisas e injustas de atos de improbidade.

1.12.4. Parágrafo Quarto: "§ 4º Os atos de improbidade de que trata este artigo exigem lesividade relevante ao bem jurídico tutelado para serem passíveis de sancionamento e independem do reconhecimento da produção de danos ao erário e de enriquecimento ilícito dos agentes públicos (Incluído pela Lei nº 14.230, de 2021)".

Em primeiro lugar, topograficamente, os atos de improbidade que produzem danos ao erário e enriquecimento ilícito dos agentes públicos são disciplinados nos artigos 9º e 10. Assim, esse parágrafo deixa claro que os atos de improbidade por violação aos princípios da administração pública são tipos específicos, assim não necessitam da comprovação de dano ao erário ou de enriquecimento ilícito para a incidência das condutas previstas como improbidades à luz do artigo 11.

De outro lado, o sistema de improbidade tem por objetivo, neste artigo, a proteção de princípios da administração pública, sendo assim fixadas regras jurídicas que preveem situações delimitadas de violação a esses relevantes

[28] PRADO, Fabiana Lemes Zamalloa do. **A continuidade normativa típica do artigo 11 da Lei 8.429/92 após as alterações introduzidas pela Lei 14.230/2021.** Publicado em: https://www.conamp.org.br/publicacoes/artigos-juridicos/8641-a-continuidade-normativa-tipica-do-artigo-11-da-lei-8-429-92-apos-as-alteracoes-introduzidas-pela-lei-14-230-2021.html. Acesso em 20/04/2023.

bens jurídicos. Em outras palavras, há fixação de ilícitos contra a probidade administrativa, por meio de regras, concretizando a tutela dos valores fixados nos princípios jurídicos.

Por sua vez, a lesividade ao bem jurídico tutelado pelos incisos deste artigo deve ser relevante, isto é, deve atingir o núcleo essencial do bem jurídico, não bastando atingir somente perifericamente o objeto de proteção. O sistema de improbidade não pode ser banalizado e empregado para lesões não relevantes, porque produz a movimentação do sistema de justiça e atribui pesadas sanções, as quais devem ser proporcionais e razoáveis.

Dessa forma, não se concorda com o entendimento da 5ª Câmara de Coordenação e Revisão, na Nota Técnica 01/2021 – 5º CCR, trazendo interpretação de que o art. 11 da LIA não afastou as condutas ímprobas tipificadas em lei e entendendo que existe violação aos deveres *de honestidade, legalidade e imparcialidade* quando há abuso da função pública:

> 42. O novo caput do artigo 11 da LIA possui capacidade de subsunção de condutas ilícitas, na medida em que define os princípios da administração pública cuja violação enseja a prática de ato de improbidade administrativa, identificados nos deveres de legalidade, honestidade e imparcialidade, o que se coaduna com o novo artigo 11, parágrafo 3º, inserido pela Lei nº 14.230, pelo qual se faz expressa alusão ao *"enquadramento da conduta funcional na categoria de que trata este artigo"*, exigindo indicação de normas constitucionais, legais ou infralegais
> 43. As condutas originalmente previstas nos incisos I, II, IX e X da Lei nº 429/1992, revogados pela Lei nº 14.230, não deixaram de ser condutas ímprobas tipificadas em lei, no âmbito do sistema de responsabilidade de improbidade administrativa, considerando que, para as referidas hipóteses, está presente a continuidade normativa típica, encontrando-se todas passíveis de enquadramento como violação dos *"deveres de honestidade, legalidade e imparcialidade"*, em abuso de função pública, conforme o artigo 11, caput e parágrafo 1º da LIA, na redação dada pela Lei nº 14.230/2021. [...]
> 57. O novo parágrafo 1º do artigo 11 da LIA incorporou no sistema de improbidade administrativa a categoria de abuso de função pública, prevista na Convenção de Mérida.

É um grande problema de hermenêutica jurídica a interpretação do novo com olhos do passado. Em outras palavras, o sistema de improbidade precisava e adequadamente mudou para promover simultaneamente a administração pública com relacionamentos probos, a segurança jurídica e a justiça. Nesse contexto, sustentar a permanência de incisos que foram expressamente suprimidos pelo legislador democrático é buscar transformar em letra morta a legislação. Como afirma José Joaquim Gomes Canotilho, o estudo do direito é uma luta com as palavras[29], mas esse ato de esgrima é limitado pelo Estado Democrático de Direito, devendo as mudanças legítimas, como as produzidas no artigo 11, serem aceitas e aplicadas.

1.12.5. Parágrafo Quinto: "§ 5º Não se configurará improbidade a mera nomeação ou indicação política por parte dos detentores de mandatos eletivos, sendo necessária a aferição de dolo com finalidade ilícita por parte do agente (Incluído pela Lei nº 14.230, de 2021)".

Não existe solução para problemas sociais importantes que não passem pelas atividades e pelas esferas políticas. A República Federativa do Brasil é um Estado Democrático de Direito (art. 1º, *caput*, CF/88), sendo cláusula pétrea (impossibilidade de alteração até mesmo por Emenda Constitucional)

[29] "Todos conhecem a cena do estudante no gabinete de trabalho de Fausto de Goethe. O estudante pede a um disfarçado Mefistófeles indicações sábias quanto à escolha de Faculdade. Como o estudante não se entendia com a Jurisprudência, estava a ponto de escolher Teologia. Mefistófeles não o queria induzir em erro 'Se às palavras vos aterdes, no geral, entraríeis pelo mais seguro portal/ das certezas no santuário perfeito'. Seguem-se as falas: Estudante: 'Mas a palavra há-de ter seu conceito'. Mefistófeles: 'Pois sim, mas um homem não se atrapalha, Justamente quando o conceito falha, Aí vem a palavra dar um jeito Disputa-se com palavras apenas, Com palavras se constroem sistemas, Nada a fé nas palavras derrota A uma palavra não se rouba nem um jota'. O estudante acabou por ficar deslumbrado com a Medicina. Mefistófeles aconselha: "Cinzento amigo, é toda a teoria E verde a árvore de ... da vida" Infelizmente, nós ficámos com a Jurisprudência, com as palavras, com as teorias. Não resta outra alternativa. Perante um auditório que fala a mesma língua, a proposta é esta: batamos nas palavras! Infelizmente, nós ficámos com a Jurisprudência, com as palavras, com as teorias. Não resta outra alternativa. Perante um auditório que fala a mesma língua, a proposta é esta: batamos nas palavras!" (CANOTILHO, Joaquim José Gomes. O Estado Adjetivado e a Teoria da Constituição. **Revista da Procuradoria-Geral do Estado do Rio Grande do Sul**, Porto Alegre, v. 25, n. 56, jul./dez. 2002).

a existência de eleições livres, periódicas e competitivas a partir do sufrágio universal, conforme o artigo 60, II, CF/88.

As ações políticas pressupõem cooperações lícitas entre agentes políticos, não podendo ser presumida a má-fé – sendo sempre a presunção de boa-fé a regra – da atuação das pessoas naturais em geral e dos agentes políticos detentores de mandatos eletivos também. Dessa maneira, a simples nomeação ou indicação política para cargos e funções não pode ser considerado um ato de improbidade. De outra banda, caso a indicação e a nomeação políticas sejam realizadas com o dolo específico para uma finalidade ilícita, o sistema de improbidade incide.

Conclusões

A Lei nº. 14.230 de 2021 produziu segurança jurídica no sistema de improbidade, tornando mais precisa e técnica a tipificação dos atos de improbidade que atentam contra os princípios da administração pública. Os relevantes princípios jurídicos, os quais possuem amplos âmbitos de proteção, foram concretizados por meio de regras específicas.

Referências

ALEXY, Robert. **Teoria de Los Derechos Fundamentales.** Tradução: Ernesto Garzón Valdés, Madrid: Centro de Estudios Constitucionales, 1997.

CANOTILHO, Joaquim José Gomes. O Estado Adjetivado e a Teoria da Constituição. **Revista da Procuradoria-Geral do Estado do Rio Grande do Sul**, Porto Alegre, v. 25, n. 56, jul./dez. 2002.

CELONE, Cristiano; ROBL FILHO, Ilton Norberto. A Garantia Constitucional da -Responsabilidade Gerencial-: Responsabilidade por Resultados dos Dirigentes Públicos nos Sistemas Brasileiro e Italiano e as Relações entre Órgãos Políticos e Administrativos. **Revista Jurídica da Presidência**, v. 21, p. 452-481, 2020.

COSTA, Rafael de Oliveira. BARBOSA, Renato Kim. **Nova Lei de Improbidade administrativa:** atualizada de acordo com a Lei n.º 14.230/2021. São Paulo, Editora Almedina, 2022.

FURTADO, Lucas Rocha. **Curso de Direito Administrativo**. 4ª ed. Belo Horizonte: Fórum, 2013.

KANAYAMA, Rodrigo Luís; ROBL FILHO, Ilton Norberto. A Literatura Jurídica Brasileira e a Independência dos Tribunais de Contas: um Escrito em Homenagem a Maria Immordino. In: CORSO, Guido; SCOCA, Franco Gaetano; RUGGERI, Antonio (Orgs.). **Scritti in Onore di Maria Immordino.** Napoli: Editoriale Scientifica, 2022, p. 1797-1811.

MARINONI, Luiz Guilherme; ARENHART, Sérgio Cruz; MITIDIERO, Daniel. **Curso de Processo Civil.** V. 2. São Paulo: Revista dos Tribunais, 2016.

MARRAFON, Marco Aurélio; ROBL FILHO, Ilton Norberto. A Crise das Fontes Jurídicas Enquanto Crise do Estado Democrático de Direito. **Revista Eletrônica Direito e Política**, v. 9, p. 1434-1458, 2014.

MEIRELLES, Hely Lopes. **Direito Administrativo Brasileiro.** São Paulo: Malheiros, 2018.

MARRAFON, Marco Aurélio; ROBL FILHO, Ilton Norberto. Ação de Improbidade: Transação, Acordo e Conciliação aos 30 anos da Constituição Federal de 1988. in: LAMACHIA, Claudio; COÊLHO, Marcus Vinicius Furtado (org.). **Constituição da República:** um Projeto de Nação – Homenagem aos 30 anos. Brasília: OAB – Conselho Federal, 2018, v. 1, p. 343-347.

MUDROVITSCH, Rodrigo de Bittencourt; NÓBREGA, Guilherme Pupe da. **Lei de Improbidade Administrativa Comentada:** de Acordo com a Reforma pela Lei n. 14.230/2021. Rio de Janeiro: Lumen Juris, 2022.

ROBL FILHO, Ilton Norberto. **Direito, Intimidade e Vida Privada:** paradoxos jurídicos e sociais na sociedade pós-moralista e hipermoderna. 1. ed. Curitiba: Juruá, 2010.

______. **Conselho Nacional de Justiça,** 2013.

ROBL FILHO, Ilton Norberto; MARRAFON, Marco Aurélio. Direito Fundamental à Segurança Jurídica: Estrutura Constitucional, Fundamentos e Aplicação Prática. In: SCALETSKY, Felipe Santa Cruz Oliveira; COÊLHO, Marcus Vinicius Furtado. (Org.). **Segurança Jurídica e Estado de Direito.** Curitiba: Juruá, 2021, p. 401-408.

SARLET, Ingo Wolfgang. Teoria Geral do Direitos Fundamentais. In: SARLET, Ingo Wolfgang; MARINONI, Luiz Guilherme; MITIDIERO, Daniel. **Curso de Direito Constitucional.** 4ª ed. São Paulo: Saraiva, 2015, p. 375-395.

SILVA, Virgilio Afonso da. Princípios e Regras: Mitos e Equívocos Acerca de uma Distinção. **Revista Latino Americana de Estudos Constitucionais**. Belo Horizonte: Del Rey, nº. 1, p. 607-630, jan.-jun.,2003.

STF, **RE 579.951**, rel. min. Ricardo Lewandowski, 20-8-2008, DJE 202 de 24-10-2008.

STF, **Rcl 17.102/SP**, Decisão Monocrática, Rel. Min. Luiz Fux, Dje 15.02.2016.

STF, **Rcl 19.529 AgR,** rel. min. Dias Toffoli, 2ª T, j. 15-3-2016, DJE 72 de 18-4-2016.

STF, **Rcl 26.448,** rel. min. Edson Fachin, dec. monocrática, j. 12-9-2019, DJE 201 de 17-9-2019.

STF. **Rcl 29033 AgR/RJ**, rel. Min. Roberto Barroso, julgado em 17-9-2019.

STF, **Rcl 31.732**, rel. min. Marco Aurélio, red. p/ o ac. min. Alexandre de Moraes, 1ª T, j. 5-11-2019, DJE 19 de 3-2-2020.

8
Comentários a lei de improbidade administrativa: penas e declarações de bens – Artigos 12 e 13

Marco Aurélio Marrafon
Antônio Veloso Peleja Júnior
Bruno D'Oliveira Marques

Introdução

O Brasil, como jovem democracia, experimenta a mutação de leis e institutos com o fim de aperfeiçoamento do sistema normativo, com reflexos para toda a sociedade. A influência principiológica é nítida e a Constituição Federal constitui o vetor normativo que deve ser seguido por agasalhar valores que constituem o elemento básico para a edificação das normas e das decisões judiciais.

No trato da coisa pública e no norteamento das condutas do administrador público, a lei 8.429/92, lei de improbidade administrativa, integra o microssistema protetivo da Administração Pública e elenca tipos de maneira a balizar a conduta do administrador para evitar lesão à coisa pública e o prejuízo ao Erário, sob o prisma dos princípios constitucionais elencados no art. 37, *caput*.

A lei 14.230/2021 alterou a lei de improbidade administrativa e nasceu cercada de polêmicas por representar uma relativização da norma derrogada, vez que abranda alguns institutos, tanto de ordem material quanto de ordem processual. A inovação é realidade porque há ações abstratas e recursos concretos nos quais se discute a inconstitucionalidade de dispositivos da norma[1].

Em razão de se inserir no âmbito do direito sancionador, várias indagações surgem em razão da prevalência de institutos clássicos e consagrados no direito penal, como a tipicidade, a *abolitio criminis* e a retroatividade da lei posterior mais benéfica.

A comissão de juristas encarregada da atualização da norma pontuou que, sob o aspecto formal, era necessária a alteração em alguns aspectos, como a adequação redacional, correções de técnica legislativa, fusão de parágrafos e revogação de dispositivos, para conferir maior clareza do texto.

Sob o aspecto material, houve a supressão do elemento culpa na caracterização da improbidade administrativa, porque "não é dogmaticamente razoável compreender como ato de improbidade o equívoco, o erro ou a omissão decorrente de uma negligência, uma imprudência ou uma imperícia"[2]. O fundamento do raciocínio é que tais atos não devem se submeter à simbologia da improbidade administrativa, que exige uma conduta, efetivamente, dolosa.

Da análise do texto e pela observação pragmática ficou claro que um dos móveis que justificou a forte carga mutacional da norma foi ajuizamento de ações açodadas, sem a exata correspondência entre o fato e a tipificação dos supostos atos ímprobos.

Conforme excerto da justificativa, inúmeras alegações de improbidade são direcionadas a agentes que praticaram atos "protegidos por interpretações razoáveis, quer da doutrina, quer do próprio Poder Judiciário". Esse tênue

[1] *Ad exemplum, o* Recurso Extraordinário com Agravo (ARE) 843989, teve repercussão geral reconhecida pelo Plenário Virtual (Tema 1.199), no qual se discute a temática da prescrição e as ADIns 7042/DF e 7043/DF, Relator: Ministro Alexandre de Moraes, data de publicação: 21/2/2022, na qual se analisa a constitucionalidade dos dispositivos §§ **6º-A, 10-C e 14, do art. 17 da Lei 8.429/1992, com redação dada pela Lei 14.230/2021, para existir legitimidade concorrente entre o Ministério Público e as pessoas jurídicas interessadas na propositura de ação por ato de improbidade administrativa.**

[2] Justificativa do projeto de lei. In: https://www.camara.leg.br/proposicoesWeb/prop_mostrarintegra;jsessionid=node05id4t064m6lk1p7dyui9wu40n18758563.node0?codteor=1687121&filename=Tramitacao-PL+2505/2021+%28N%C2%BA+Anterior:+pl+10887/2018%29, acessado em 7.5.2022, às 8:00h.

liame fundado em posicionamentos que se encontram em zona cinzenta justificava a propositura de inúmeras ações civis públicas por atos de improbidade administrativa "em razão de o autor legitimado possuir uma interpretação acerca de princípios e regras destoante da jurisprudência dominante ou em desconformidade com outra interpretação igualmente razoável, quer seja dos setores de controles internos da administração, quer dos Tribunais de Contas"[3].

O que se propõe no presente artigo é aprofundar a análise dos artigos 12 e 13, com a nova redação dada pela Lei 14.230/21, os quais são fundamentais à boa compreensão e aplicação da norma. Trata-se de artigos centrais da lei, porque correlacionados à aplicação das sanções e à declaração de bens dos agentes públicos.

1. Das Penas: art. 12, Lei 8.429/92

1.1. Parâmetros para a aplicação das sanções

A lei alteradora 14.230/21 procedeu a modificações na lei de improbidade administrativa. Especificamente, no campo da aplicação da sanção, no preceito secundário da norma houve alterações no art. 12, Lei 8.429/92.

A Lei n. 8.429/92 enumera em três categorias as tipologias dos atos de improbidade administrativa: enriquecimento ilícito (art. 9º), prejuízo ao erário (art. 10) e violação a princípios (art.11). As sanções para a violação a cada uma dessas categorias tipificadas na lei estão previstas no art. 12, incisos I, II e III, da norma.

Dentre os atos de improbidade administrativa, o mais grave é o tipificado no art. 9º, que trata dos atos que importam enriquecimento ilícito do agente público, cujas sanções estão descritas no art. 12, I. Na sequência, têm-se a violação ao art. 10, que se refere aos atos de improbidade que causam prejuízos ao erário, para os quais as sanções estão descritas no art. 12, II. Por fim, o ato

[3] Justificativa do projeto de lei. In: https://www.camara.leg.br/proposicoesWeb/prop_mostrarintegra;jsessionid=node05id4t064m6lk1p7dyui9wu40n18758563.node0?codteor=1687121&filename=Tramitacao-PL+2505/2021+%28N%C2%BA+Anterior:+pl+10887/2018%29, acesso em 11.6.2002, ás 17:29h.

de improbidade tipificado no art. 11, que dispõe sobre os atos que atentam contra os princípios da administração pública, com as sanções descritas no art. 12, III, da Lei de improbidade.

Se a conduta do agente se subsumir a mais de um tipo ímprobo (arts. 9º, 10 e 11), aplica-se o princípio da consunção ou absorção para prevalecer a norma de nível punitivo mais elevado. Nesse contexto, todos que concorreram para a prática do ato devem responder pelo tipo mais grave. No concurso de infrações, embora a conduta se subsuma apenas ao tipo mais grave (art. 9º, por exemplo), as sanções devem ser majoradas na fase dosimétrica. Ainda, as sanções devem ser aplicadas de acordo com a gravidade do fato.

Pertinente ao tema, como marco interpretativo, o art. 22, §2º, da Lei de Introdução as Normas de Direito Brasileiro, preconiza que *"na aplicação de sanções, serão consideradas a natureza e a gravidade da infração cometida, os danos que dela provierem para a administração pública, as circunstâncias agravantes ou atenuantes e os antecedentes do agente".*

Esse artigo é importante e baliza aplicável ao direito brasileiro, reflexo do princípio constitucional da fundamentação (art 93, IX, Constituição Federal), e da fundamentação analítica do artigo 489, § 1º, VI, CPC – Código de Processo Civil.

A norma invoca expressamente, no artigo 17-C, quando da fixação da sanção, o qual se vincula o art. 489, CPC, cujo parágrafo primeiro traz limitações à discricionariedade judicial ao impor como nulas as hipóteses descritas no § 1º. Ao determinar a indicação de modo preciso os fundamentos que demonstram os elementos a que se referem os arts. 9º, 10 e 11 da Lei (inciso I), que não podem ser presumidos, a norma impõe uma exegese que possa concretizar o comando normativo pela demonstração explícita da conduta ímproba do agente estatal, que se traduza em fatos concretos.

Não é por outro motivo, aliás, que invoca o consequencialismo (consequências práticas da decisão, inciso II), sempre que decidir com base em valores jurídicos abstratos. Nessa seara, a norma se adequa ao artigo 20, da Lei de Introdução das Normas do Direito Brasileiro, que limita a discussão ao atrelar o julgador à análise dos atos a partir da avaliação das consequências de sua decisão, procurando a consequência mais satisfatória, ou seja, a pena mais adequada em consonância com o caso concreto.

Alinhado ao debate e para vedar a discussão em abstrato e a invocação de cláusulas gerais ou conceitos indeterminados, sem vincular os enunciados à situação fática, há no direito anglo-saxão o *Mootnes Principle*, ou seja, princípio da vinculação ao debate, segundo o qual os tribunais não podem discursar abstratamente, sem conexão alguma com um direito concreto[4]. O magistrado deverá conectar o conceito jurídico indeterminado – de nível abstrato – à realidade concreta da causa submetida à apreciação. Não bastam citações teóricas de conceitos ainda a se formar.

As sanções cominadas para cada conduta ímproba podem ser aplicadas de forma isolada ou cumulativa, devendo o magistrado, fundamentadamente, considerar na aplicação e gradação das sanções os parâmetros indicados no artigo 17, IV, alíneas *a* a *g*, da norma, com destaque: a regra da razoabilidade e a máxima da proporcionalidade, a natureza, a gravidade e o impacto da infração cometida, a extensão do dano causado, o proveito patrimonial obtido pelo agente, as circunstâncias agravantes ou atenuantes, a atuação do agente em minorar os prejuízos e as consequências advindas de sua conduta omissiva ou comissiva e os antecedentes do agente.

Nota-se que, apesar de a lei mencionar em princípios da razoabilidade ou da proporcionalidade, destaca-se que o termo foi utilizado de forma atécnica. Em que pese possam ter objetivos semelhantes, a indicar que o aplicador deve exercer um juízo ponderado na fixação da sanção, não são sinônimos ou mesmo equivalentes. Isso porque o chamado “princípio da proporcionalidade” é, se quiser uma adoção mais estrita e acadêmica, a regra da proporcionalidade de Robert Alexy. Como salienta Luís Virgílio Afonso da Silva:

[4] O denominado *mootness Principle*, ou princípio da vinculação ao debate, que estabelece que os tribunais não podem discursar abstratamente sobre regras jurídicas hipotéticas, mas apenas estabelecer as regras que derivam especificamente da análise de cada caso concreto. Esse princípio implica uma especificação do âmbito do debate, a fim de permitir uma consideração de todas as particularidades e circunstâncias individualizadoras do caso concreto. (NUNES, Dierle; DEREZI, Misabel, BUSTAMANTE, Thomas; NAVARRO, Ana. *Recursos extraordinários, precedentes e responsabilidade dos tribunais. Revista de Processo*, v. 237, 2014. In: THEODORO JÚNIOR, Humberto. NUNES, Dierle, BAHIA, Alexandre Melo Franco, PEDRON, Flávio Quinaud. *Novo CPC. Fundamentos e Sistematização.* Rio de Janeiro: 2015, Ed. Forense, p. 276).

> A regra da proporcionalidade no controle das leis restritivas de direitos fundamentais surgiu por desenvolvimento jurisprudencial do Tribunal Constitucional alemão e não é uma simples pauta que, vagamente, sugere que os atos estatais devem ser razoáveis, nem uma simples análise da relação meio-fim. Na forma desenvolvida pela jurisprudência constitucional alemã, tem ela uma estrutura racionalmente definida, com sub-elementos independentes – a análise da adequação, da necessidade e da proporcionalidade em sentido estrito – que são aplicados em uma ordem pré-definida, e que conferem à regra da proporcionalidade a individualidade que a diferencia, claramente, da mera exigência de razoabilidade[5].

Por outro lado, o conceito de razoabilidade "corresponde apenas à primeira das três sub-regras da proporcionalidade, isto é, apenas à exigência de adequação", do que se conclui que a regra da proporcionalidade é "mais ampla do que a regra da razoabilidade, pois não se esgota no exame da compatibilidade entre meios e fins, conforme ficará claro mais adiante"[6].

Pois bem. As balizas para a dosimetria da sanção são novidades trazidas pela alteração da norma, no artigo 17-C, que se alinham ao mencionado artigo 22, § 2º, Lei de Introdução das Normas do Direito Brasileiro, aproximando-se do critério trifásico consagrado no Código Penal. Pelo critério trifásico, o magistrado criminal, na primeira fase dosimétrica, fixa a pena base a partir das circunstâncias judiciais do art. 59 do Código Penal (culpabilidade, antecedentes, conduta social, personalidade do agente, motivos, circunstâncias e consequências do crime e comportamento da vítima). Na sequência, fixa a

[5] Mas, quando se fala, em um discurso jurídico, em princípio da razoabilidade ou em princípio ou regra da proporcionalidade, é evidente que os termos estão revestidos de uma conotação técnico-jurídica e não são mais sinônimos, pois expressam construções jurídicas diversas. Pode-se admitir que tenham objetivos semelhantes, mas isso não autoriza o tratamento de ambos como sinônimos. Ainda que se queira, por intermédio de ambos, controlar as atividades legislativa ou executiva, limitando-as para que não restrinjam mais do que o necessário os direitos dos cidadãos, esse controle é levado a cabo de forma diversa, caso seja aplicado um ou outro critério. (SILVA Virgílio Afonso da. *O proporcional e o razoável*, Revista dos Tribunais 798 (2002): 23-50, p. 27-28).

[6] SILVA Virgílio Afonso da. *O proporcional e o razoável*, Revista dos Tribunais 798 (2002): 23-50, p. 32-33.

pena provisória fazendo incidir as causas de aumento e diminuição da pena e, por fim, chega a pena definitiva com a observância das circunstâncias agravantes e atenuantes.

Na seara da improbidade administrativa, como não há imposição de pena privativa de liberdade, os critérios indicados pela norma têm por função guiar o magistrado na fixação da sanção a ser aplicada dentre as cominadas, de forma isolada ou cumulativa, bem como a gradação entre os patamares mínimo e máximo cominados.

A norma não descreve quais circunstâncias seriam atenuantes ou agravantes, mas mencionam-se alguns exemplos, como a *circunstância atenuante* de o agente doar à entidade não constituída regularmente, sem fins lucrativos, que presta relevante e reconhecido serviço assistencial à população vulnerável, bens públicos, sem observância das formalidades legais e regulamentares aplicáveis à espécie (art. 10, inciso III). Como *circunstância agravante* doar um bem necessário à execução de atividade essencial pelo poder público acarretando a sua paralisação. No que diz respeito aos *antecedentes*, deve ser aferido se na relação entre o agente e a administração pública existem outros eventos desabonadores em sua conduta, tais quais procedimento administrativo disciplinar, ações de improbidade em andamento, ações penais imputando ao agente a prática de crimes contra a administração pública.

No que se refere aos antecedentes, por não se tratar de sanção penal, eles não se limitam à aferição dos atos de improbidade cometidos anteriormente à prática do novo fato, com sentença transitada em julgado ao tempo da nova condenação.

Na seara da improbidade, uma vez que a sanção tem características típicas de natureza sancionatória, os antecedentes visam aferir de modo amplo o comportamento que vem sendo adotado pelo agente em sua relação com a administração pública (comportamento social estrito ao âmbito da administração público).

1.2. Debate sobre a natureza jurídica das sanções da Lei de Improbidade

A natureza jurídica das sanções cominadas na lei de improbidade administrativa suscita divergência na doutrina nacional. A análise do tema tem que ser categorizada a partir do marco temporal em que entrou em vigor a Lei

14.230/2021 e com pontuações decorrentes da evolução normativa atrelada à etapa histórica na qual houve as transformações.

Sob a ótica do cenário pré-vigência da lei reformadora da Lei 8.429/92, há dois posicionamentos precípuos. Fábio Medina pontua que o ilícito e as sanções de improbidade têm natureza jurídica administrativa, uma vez que a relação jurídica de direito material estabelecida é entre a Administração Pública e o agente público. Justamente por isso, o tema improbidade administrativa deve ser tratado sob a ótica do direito administrativo sancionador, para que as garantias oriundas do direito penal lhes sejam aplicáveis e haja um manto jurídico-protetivo ao sujeito ativo da conduta no âmbito do direito punitivo[7].

O segundo posicionamento enquadra como natureza cível as sanções cominadas na Lei n. 8.429/1992. Para Emerson Garcia e Rodrigo Pacheco Alves os ilícitos administrativos não se configuram como direito administrativo sancionador devido à presença da Administração na relação jurídico processual. Ademais, no âmbito específico da ação de improbidade administrativa, tal qual a disciplinada a Lei n. 8.429/1992, as sanções serão aplicadas por um órgão jurisdicional, com abstração de qualquer concepção de natureza hierárquica, o que afasta a possibilidade de sua caracterização como sanção disciplinar (*rectus*: administrativa)[8].

A tese segundo a qual a ação de improbidade possui natureza cível tem prevalecido nos Tribunais Superiores. O STF – Supremo Tribunal Federal, no julgamento da ADIN 2797-DF[9], ao declarar a inconstitucionalidade do art. 84, §§ 1º e 2º, do CPP/1941, que estendeu a prerrogativa de foro de autoridades públicas no âmbito criminal para a seara da improbidade administrativa, assentou expressamente que a ação de improbidade possui natureza cível e não pode ser comparada com ações de natureza penal. Em sede de repercussão

[7] Osório, Fábio Medina. *Teoria da improbidade administrativa*: má gestão pública – corrupção – ineficiência. 4. ed. São Paulo: RT, 2018, p. 68.

[8] GARCIA, Emerson; ALVES, Rogério Pacheco. *Improbidade administrativa*. 9. ed. São Paulo: Saraiva, 2017, p. 623.

[9] BRASIL. *Supremo Tribunal Federal*. Emb. Decl. na Ação Direta de Inconstitucionalidade 2.797 – Distrito Federal. Rel. Min. Menezes Direito. Redator do Acórdão RISTF Min. Ayres Birtto. 16 maio 2012. Disponível em: https://redir.stf.jus.br/paginadorpub/paginador.jsp?docTP=AC&docID=629993. Acesso em: 23 out. 2022.

geral (RE 976.556)[10], a Suprema Corte reiterou o entendimento no sentido de que a ação de improbidade administrativa possui natureza cível. Na mesma direção, julgados reiterados do Superior Tribunal de Justiça (CC 174.764/MA e HC 351.763/AP)[11].

A partir da vigência da Lei reformadora n. 14.230/2021 houve definição legal da natureza jurídica da ação no sentido de que é repressiva, de caráter sancionatório, destinada à aplicação de sanções de caráter pessoal, e não constitui ação civil, vedado seu ajuizamento para o controle de legalidade de políticas públicas e para a proteção do patrimônio público e social, do meio ambiente e de outros interesses difusos, coletivos e individuais homogêneos (art. 17-D).

Contrariando a definição legal, ainda sob a influência da compreensão anterior à reforma legislativa, a doutrina majoritária e a jurisprudência, com assento no STF, propugnam pela natureza jurídica cível da ação em estudo, não obstante o fato de que preceitos do direito sancionador tenham influência na aplicação das sanções.

O direito administrativo sancionador adota muitos princípios do direito penal, inclusive como forma de trazer mais garantia ao cidadão, de forma a evitar o abuso do poder punitivo da administração pública[12]. Isso não é novidade. Mesmo antes da adoção da nova lei, o Supremo Tribunal Federal já sufragava o entendimento de que a tutela da probidade administrativa se situa no campo do direito sancionador estatal[13], posicionamento este que se manteve pós-ato legislativo, consoante se verá. Na mesma intelecção, Teori Zavascki pontuava a existência de princípios comuns a qualquer sistema sancionatório, "seja nos ilícitos penais, seja nos administrativos, entre eles o

[10] BRASIL. *Supremo Tribunal Federal.* RE 976.556, Rel. Min. Alexandre de Moraes, j. 13-09.2019, DJE 26-09-2019.

[11] BRASIL. *Superior Tribunal de Justiça.* AgInt no CC 174.764/MA, Rel. Min. Mauro Campbell Marques, Primeira Seção, j. 09-02-2022, DJe 17-02-2022; BRASIL. *Superior Tribunal de Justiça*, Rel. Min. Reynaldo Soares da Fonseca, Quinta Turma, j. 24-05-2016, DJe 01-06-2016.

[12] CAVALCANTI FILHO, João Trindade. *Retroatividade da reforma da Lei de Improbidade Administrativa (Lei n. 14.230, de 25 de outubro de 2021).* Brasília: Senado Federal, Consultoria Legislativa, Núcleo de Estudos e Pesquisas. nov. 2021, 22 p. Série: Textos para discussão n. 305. Disponível em: https://www2.senado.gov.br/bdsf/handle/id/595539. Acesso em: 24 out. 2022.

[13] BRASIL. *Supremo Tribunal Federal.* MS 23262 DF, Rel. Min. Dias Toffoli, j. 23-04-2014, Tribunal Pleno, Public. 29-10-2014.

da legalidade, o da tipicidade, o da responsabilidade subjetiva, o do *non bis in idem*, o da presunção de inocência e o da individualização da pena, aqui enfatizados pela importância que têm para a adequada compreensão da Lei de Improbidade Administrativa"[14].

De igual sorte, o Superior Tribunal de Justiça ao reconhecer a existência de um sistema normativo de responsabilização dos agentes públicos concluía ser necessário transportar para essa seara os princípios fundamentais que informam o direito penal[15].

Assim, a compreensão de que os princípios constitucionais do direito administrativo sancionador são aplicáveis ao sistema de improbidade não é novidade introduzida pela Lei 14.230/2021 (art. 1º, § 4º). Não há dúvidas que os preceitos do direito penal que têm a função de garantir os direitos do cidadão – como faceta da primeira dimensão de direitos humanos – tem aplicabilidade direta e imediata no âmbito do direito sancionador.

Nesse quilate, os postulados da supremacia e da indisponibilidade do interesse público devem ser interpretados sem o menosprezo de proteção específica e adequada ao réu, no intuito de evitar os abusos do poder estatal – do que se define a finalidade específica dos chamados direitos humanos negativos de primeira dimensão.

Independentemente da origem do processo, se jurisdicional ou administrativo, os direito fundamentais clausulados na Constituição Federal espraiam a sua eficácia, com força valorativa e impõem que a interpretação se dê com as lentes do direito constitucional. Notadamente, legalidade, devido processo legal, contraditório, ampla defesa e o critério da razoabilidade devem ser aplicados a todos os ramos do direito. No campo sancionatório, os princípios da legalidade, intranscendência da pena, individualização da pena, presunção de inocência, e proibição da dupla punição na mesma esfera pelo mesmo fato (*ne bis in idem*) comunicam-se a todas as instâncias.

Observada a necessidade de preservação dos direitos e garantias fundamentais inerentes ao direito sancionatório, os defensores da natureza cível da ação de improbidade entendem que essa tese é reforçada pela CF/1988

[14] BRASIL. *Supremo Tribunal Federal*. Ag. Reg. Pet 3240 DF, Rel. Min. Teori Zavascki, j. 15-05-2018, Tribunal Pleno, Public. 21-08-2018.

[15] BRASIL. *Superior Tribunal de Justiça*. Voto-vista. REsp 951389/SC, Rel. Min. Herman Benjamin, Primeira Seção, j. 09-06-2010, DJe 04-05-2011, p. 23-24.

ao dispor que as sanções cominadas pela prática de atos de improbidade administrativa serão aplicadas na forma e gradação legal, sem prejuízo da ação penal cabível (art. 37, § 4º). No mesmo sentido, o art. 12 da Lei n. 8.429/1992: "independentemente do ressarcimento integral do dano patrimonial, se efetivo, e das sanções penais comuns e de responsabilidade, civis e administrativas previstas na legislação específica, está o responsável pelo ato de improbidade sujeito às seguintes cominações".

O Supremo Tribunal Federal, uma vez mais, em 11.08.2022, por ocasião do julgamento do Tema de Repercussão Geral 1199, reiterou a sua jurisprudência, assentando que a ação de improbidade possui natureza cível. Por ocasião do julgamento, foram fixadas as seguintes teses de repercussão geral:

> 1) É necessária a comprovação de responsabilidade subjetiva para a tipificação dos atos de improbidade administrativa, exigindo-se – nos artigos 9º, 10 e 11 da LIA – a presença do elemento subjetivo – DOLO; 2) A norma benéfica da Lei 14.230/2021 – revogação da modalidade culposa do ato de improbidade administrativa –, é IRRETROATIVA, em virtude do artigo 5º, XXXVI, da Constituição Federal, não tendo incidência em relação à eficácia da coisa julgada; nem tampouco durante o processo de execução das penas e seus incidentes; 3) A nova Lei 14.230/2021 aplica-se aos atos de improbidade administrativa culposos praticados na vigência do texto anterior da lei, porém sem condenação transitada em julgado, em virtude da revogação expressa do texto anterior; devendo o juízo competente analisar eventual dolo por parte do agente; 4) O novo regime prescricional previsto na Lei 14.230/2021 é IRRETROATIVO, aplicando-se os novos marcos temporais a partir da publicação da lei[16].

Pelo exposto, na linha assentada pelo Supremo Tribunal Federal apesar da expressa dicção legal, tem prevalecido o entendimento que a ação de improbidade administrativa tem natureza cível – não penal –, mas integra o microssistema sancionatório brasileiro, como forma protetiva de direitos humanos. Existe uma área em que as garantias são comuns, mas existe outra em que

[16] BRASIL. *Supremo Tribunal Federal*. ARE 843989/PR, Rel. Min Alexandre de Moraes.

há distinção. O regime do direito penal não se aplica automaticamente e sem reservas à tutela da probidade[17].

1.3. Retroatividade das sanções cominadas

A vigência e a aplicação de uma nova norma sempre foi questão central na teoria do direito intertemporal. No âmbito material penal, a norma penal não terá aplicação retroativa, salvo para beneficiar o réu (CF, art. 5º, inciso XL). No campo material cível, a retroatividade não alcança as situações consolidadas: direito adquirido, ato jurídico perfeito e coisa julgada (art. 6º, LINDB).

Quanto às normas processuais, civis ou penais, a irretroatividade é a regra. As disposições processuais são aplicáveis imediatamente aos processos em curso, respeitados os atos processuais praticados e as situações jurídicas consolidadas sob a vigência da norma revogada, conforme art. 14, Código de Processo Civil e art. 2º, Código de Processo Penal.

A lei de improbidade administrativa possui natureza híbrida, com normas de direito material e processual e as sanções possuem índole material. O advento da Lei n. 14.230/2021 trouxe modificações legislativas significativas, com a superveniência de sanções favoráveis e desfavoráveis em comparação com a norma revogada. Nesse cenário, de se indagar se as sanções a serem aplicadas para as condutas praticadas na vigência da lei revogada devem ser as mais favoráveis ao agente.

Não se admite a combinação de normas. Nem mesmo no âmbito penal é admitida a conjugação de partes mais benéficas de duas normas para criar-se uma terceira lei, sob pena de violação dos princípios da legalidade e da separação de Poderes (Tema 169/STF). O Supremo Tribunal Federal já se posicionou quanto à impossibilidade de combinação de leis no julgamento do RE 600.817/MS, quando firmou o entendimento de que é inadmissível a aplicação da causa de diminuição prevista no art. 33, § 4º, da Lei 11.343/2006 (causa de diminuição de pena trazida pela nova Lei de Drogas) à pena relativa à condenação por crime cometido na vigência da Lei 6.368/1976 (antiga Lei de Drogas).

[17] LEONEL, Ricardo de Barros. *Nova LIA*: aspectos da retroatividade associada ao direito sancionador. **Conjur**. 17 nov. 2021. Disponível em: https://www.conjur.com.br/2021-nov-17/leonel-lia-retroatividade-associada-direito-sancionador. Acesso em: 23 out. 2022.

Nessa perspectiva, pode-se argumentar que a natureza sancionatória da lei de improbidade administrativa, com a comunicação dos princípios do direito sancionador, teria como consequência a incidência do princípio da retroatividade da lei penal benéfica (CF, art. 5º, inciso XL), aplicando-se a norma mais favorável.

A ação de improbidade administrativa, como mencionado no tópico antecedente, não obstante se inserir no microssistema sancionatório brasileiro, possui natureza cível e não penal. Disso se extrai que a disciplina específica do direito sancionador na tutela da probidade administrativa não se identifica completamente com a disciplina do direito penal.

Por ocasião do julgamento do julgamento do Tema de Repercussão Geral 1199 (ARE 843989/PR), o STF – Supremo Tribunal Federal, por maioria de votos, assentou que o princípio constitucional da retroatividade da lei penal mais benéfica (art. 5º, XL, da CF/1988) não é aplicável a ação de improbidade administrativa em prol da significação da preservação do ato jurídico perfeito e do princípio *tempus regit actum*. Conforme o entendimento sedimentado pelo relator, Ministro Alexandre de Moraes:

> "a retroatividade das leis é hipóteses excepcional no ordenamento jurídico, sob pena de ferimento à segurança e estabilidade jurídicas; e, dessa maneira, inexistindo disposição expressa na Lei 14.230/2021, não há como afastar o princípio do *tempus regit actum*. A norma constitucional que estabelece a retroatividade da lei penal mais benéfica funda-se em peculiaridades únicas desse ramo do direito, o qual está vinculado à liberdade do criminoso (princípio do *favor libertatis*), fundamento inexistente no Direito administrativo sancionador; sendo, portanto, regra de exceção, que deve ser interpretada restritivamente, prestigiando-se a regra geral da irretroatividade da lei e a preservação dos atos jurídicos perfeitos; principalmente porque no âmbito da jurisdição civil, impera o princípio tempus *regit actum*" [18].

O entendimento majoritário do julgado prestigiou a dissociação da caracterização da conduta em si com a aplicação da sanção. Definiu que aquela

[18] (BRASIL. *Supremo Tribunal Federal*. ARE 843989/PR, Rel. Min Alexandre de Moraes).

sofre efeitos da lei mais nova, no sentido da tipificação ou não, como seu deu no caso da conduta culposa, derrogada pela nova lei, desde que não tenha havido o trânsito em julgado. Outra situação é a aplicação da sanção, em relação à qual não se admite a retroatividade da lei mais benéfica, no âmbito da improbidade administrativa, consoante assentado pelo STF.

A conclusão do paradigma definiu as balizas a serem observadas sobre o tema e será de observância obrigatória aos juízes e tribunais brasileiros (art. 923, inciso III, do CPC). A ação que visa apurar a prática de ato de improbidade administrativa integra a parcela do ordenamento jurídico sancionatório de caráter não penal, visando à tutela eficiente de bens jurídicos públicos, não podendo, portanto, a retroatividade alcançar as decisões transitadas em julgado e os atos jurídicos perfeitos (art. 6º, LINDB).

Dessa forma, descrevendo o entendimento do STF, as normas materiais na ação de improbidade administrativa são irretroativas, aplicando-se o princípio *tempus regit actum* mesmo que mais benéficas ao acusado. As disposições processuais são aplicáveis imediatamente aos processos em curso, respeitados os atos processuais praticados e as situações jurídicas consolidadas sob a vigência da norma revogada, conforme art. 14, Código de Processo Civil. Ainda de acordo com o referido paradigma da Suprema Corte, as sanções aplicadas, com sentenças transitadas em julgado, não serão alcançadas pela nova Lei, mesmo que a pena aplicada não mais subsista, como, por exemplo, a sanção de perda da função pública (LIA, art. 11).

A sanção de perda da função pública não mais existe nas hipóteses do art. 11. Muito embora o STF tenha considerado que a lei posterior benéfica seja irretroativa, no caso, por se tratar de sanção e não de tipificação de ato, pode haver a retroatividade da lei mais benéfica para os casos de processos ainda não transitados em julgado, na linha intelectiva do decidido pela Corte Suprema nas hipóteses de atos culposos.

1.4. Vedação à dupla punição pelo mesmo fato (no bis in idem) e a independência entre as instâncias

A infração de um dever preexistente e a existência do elemento subjetivo do agente constitui fundamento ético comum aos ilícitos criminais, cíveis e administrativos.

A descrição da conduta ilícita aliada à comprovação do dolo ou culpa é essencial para que haja a responsabilização criminal, civil e administrativa. Especificamente, e por exceção, no campo da improbidade administrativa a Lei 14.230/21 extraiu a modalidade culposa.

Subsumida a conduta do agente à norma material (ilícito), impõe-se à reparação do dano, se houver, sem prejuízo da sanção cominada pelo direito sancionador: improbidade (cível-administrativo), crimes de responsabilidade (político-administrativo), criminal *latu senso*, regime disciplinar do servidor público (administrativo-funcional) e eleitoral (ilícitos eleitorais).

Devido à independência das instâncias é possível que uma só conduta configure violações e punições diversas no âmbito do ordenamento jurídico, nas searas penal, administrativa e cível, porque há tantas dimensões punitivas quantos ramos do direito que sejam identificados. Isso ocorre porque, usualmente, as normas jurídicas contemplam um comando, cujo descumprimento é pressuposto de uma sanção. Portanto, uma mesma conduta pode configurar um ilícito sob o prisma de diferentes ramos do direito. Mais precisamente, a pluralidade de normas jurídicas pode resultar em que uma mesma conduta concreta configure violação ao mandamento de normas jurídicas diversas e inconfundíveis.

Apesar de as instâncias sancionatórias possuírem base ontológica comum, os efeitos da conduta no mundo fenomênico são distintos. A lesão de maior gravidade é tutelada na seara criminal, por causar desequilíbrio social relevante, em razão da natureza dos bens jurídicos violados. Em uma segunda escala, segue-se a lesão administrativa, por ofender o interesse público primário, chegando-se ao menor nível, a lesão cível, em que o atentado é contra interesses meramente privados. A lesão provocada pela conduta ilícita em cada uma dessas instâncias acarreta um efeito fenomênico distinto e, por isso, os bens jurídicos tutelados são diversos.

Os elementos caraterísticos do ato de improbidade administrativa, independentemente do seu caráter cível-administrativo-sancionatório, não se confundem com os elementos caracterizadores do ilícito criminal. Por exemplo, o crime de corrupção passiva (art. 317 do Código Penal) na modalidade *solicitar* vantagem indevida não configura ato de improbidade administrativa que importa enriquecimento ilícito (Lei de improbidade administrativa, art. 9º) porque o agente público não recebeu a vantagem. Na seara penal, a simples solicitação da vantagem consuma o delito de corrupção passiva, por se tratar de crime formal, enquanto na seara da improbidade o enriquecimento ilícito pressupõe o acréscimo patrimonial indevido. Vale dizer, um ato pode constituir crime e não constituir improbidade administrativa ou vice-versa.

Da mesma forma, um ilícito funcional pode configurar infração ao Estatuto dos Servidores Públicos, ensejando a aplicação da pena máxima de demissão, como o abandono de cargo, por exemplo, e não configurar improbidade, pela nova conformação legislativa.

No Brasil, a independência das instâncias é a regra, mas veda-se a dupla punição da mesma natureza jurídica pelo mesmo fato, a exemplo da Lei 12.846/2013 (Lei de Anticorrupção Empresarial) em conjugação com o art. 3º, § 2º, e 12, § 7º, ambos da Lei 8.429/92, segundo as quais, se o ato de improbidade administrativa for também sancionado como ato lesivo à administração pública de que trata à Lei Anticorrupção Empresarial, as sanções da Lei de Improbidade Administrativa não se aplicarão à pessoa jurídica.

Outro exemplo da vedação ao duplo sancionamento, em caso de sanções da mesma natureza jurídica, e da garantia da independência das instâncias nas respectivas searas – cível e administrativa – é pontuado pelo §§ 6º e 7º, art. 12. Segundo o dispositivo, "se ocorrer lesão ao patrimônio público, a reparação do dano deverá deduzir o ressarcimento ocorrido nas instâncias criminal, civil e administrativa que tiver por objeto os mesmos fatos". E "as sanções eventualmente aplicadas em outras esferas deverão ser compensadas com as sanções aplicadas nos termos desta Lei" (art. 12, § 6º, e 21, §5ª, da LIA).

No mesmo sentido, a Lei de Introdução às Normas de Direito Brasileiro preconiza que "as sanções aplicadas ao agente serão levadas em conta na dosimetria das demais sanções de mesma natureza e relativas ao mesmo fato" (art. 22, §3º). Nota-se que os preceitos primários das normas punitivas de instâncias diversas são aplicáveis de forma independente, o que a lei evita a cumulação de sanções cíveis (preceito secundário) e determina a "compensação" de sanções aplicadas em searas diversas.

Se no âmbito criminal o agente reparou o dano causado pela infração, ele não pode ser compelido a repará-lo novamente na seara da improbidade administrativa, mas o preceito primário sancionador do direito penal permaneceu hígido e foi aplicado. Assim, a vedação a dupla punição pelo mesmo fato não obsta que em cada uma das instâncias o autor do ilícito seja condenado a uma mesma sanção (perda da função pública, reparação do dano, por exemplo), em razão da independência entre as instâncias. O que se veda é o efetivo cumprimento da mesma sanção em duplicidade. Reparado o dano na esfera criminal, não haverá interesse de agir na fase de cumprimento de sentença na ação de improbidade para buscar essa mesma reparação.

As peculiaridades que envolvem cada uma das instâncias de responsabilidade possibilitam a comunicabilidade, mas devem observar a independência mitigada. A comunicabilidade decorre da possibilidade de compartilhamento de provas, por exemplo. A independência mitigada ou subordinação temática decorre da vinculação ao juízo criminal a partir de causas específicas de absolvição. Por exemplo, no âmbito administrativo, o Estatuto dos Servidores Públicos federais preconiza que "as sanções civis, penais e administrativas poderão cumular-se, sendo independentes entre si", mas "a responsabilidade administrativa do servidor será afastada no caso de absolvição criminal que negue a existência do fato ou sua autoria" (Lei 8.112/90, arts. 125 e 126).

Em igual caminho, o Código Civil dispõe que "a responsabilidade civil é independente da criminal, não se podendo questionar mais sobre a existência do fato, ou sobre quem seja o seu autor, quando estas questões se acharem decididas no juízo criminal" (CC, art. 935). O Código de Processo Penal aponta que "não obstante a sentença absolutória no juízo criminal, a ação civil poderá ser proposta quando não tiver sido, categoricamente, reconhecida a inexistência material do fato", bem ainda que "não impedirão igualmente a propositura da ação civil: I – o despacho de arquivamento do inquérito ou das peças de informação; II – a decisão que julgar extinta a punibilidade; III – a sentença absolutória que decidir que o fato imputado não constitui crime" (CPP, arts. 66 e 67).

O Estatuto dos Servidores Públicos Federais, o Código Civil e o Código de Processo Penal demonstram que a independência entre as instâncias é mitigada e não absoluta. A absolvição por negativa de autoria ou inexistência do fato vincula as demais instâncias no sistema jurídico brasileiro, o que decorre do fato de que decisões diversas seriam inconciliáveis. Negar a autoria do fato ou reconhecer sua inexistência na seara criminal e, na sequência, reconhecê-los no âmbito da improbidade, por exemplo, seria uma contradição incompatível com a unicidade do *jus puniendi* estatal.

Em sintonia com o ordenamento jurídico, o Superior Tribunal de Justiça reafirmou, ao longo dos anos, a independência das instâncias, salvo quando a absolvição criminal tenha se dado por inexistência do fato ou que o réu não seja o seu autor[19].

O Supremo Tribunal Federal[20], em caso paradigmático, reconheceu a comunicabilidade da instância criminal com a de improbidade na hipótese em que, no juízo criminal, o réu foi absolvido por negativa de autoria (art. 387, I, do CPP – Código de Processo Penal).

Em sintonia com as referidas normas, a Lei 14.230/21 dispôs expressamente que "as sentenças civis e penais produzirão efeitos em relação à ação de improbidade quando concluírem pela inexistência da conduta ou pela negativa da autoria" (art. 21, § 3º, da LIA). Em que pese a pouca técnica da redação, por inexistência de conduta entende-se inexistência material do fato, causa de absolvição descrita no art. 387, inciso I, do CPP.

Se houve avanço na seara da comunicabilidade entre as instâncias, na linha do que sempre foi a tradição do direito brasileiro, a norma retrocedeu sobre o tema no §4º do art. 21, ao dispor que "a absolvição criminal em ação que discuta os mesmos fatos, confirmada por decisão colegiada, impede o trâmite da ação da qual trata esta Lei, havendo comunicação com todos os fundamentos de absolvição previstos no art. 386 do Decreto-Lei nº 3.689, de 3 de outubro de 1941 (Código de Processo Penal)". Isso porque a norma veda o trâmite da ação de improbidade administrativa quando o réu for absolvido no juízo criminal por qualquer das hipóteses descritas no art. 386 do Código de Processo Penal, o que é um contrassenso, porque o fato pode não constituir crime, por exemplo, hipótese de absolvição criminal por atipicidade da conduta ou insuficiência probatória, mas configurar improbidade administrativa.

A independência entre as instâncias no âmbito da improbidade administrativa advém não só da necessidade de coerência do ordenamento jurídico,

[19] "(...) III Este Tribunal Superior tem reiteradamente afirmado a independência entre as instâncias administrativa, civil e penal, salvo se verificada absolvição criminal por inexistência do fato ou negativa de autoria. Dessa forma, a absolvição criminal motivada por ausência de comprovação do elemento anímico da conduta não obsta o prosseguimento da ação civil pública por ato de improbidade administrativa. Precedentes. [...] IX Agravo Interno improvido". (AgInt no REsp 1761220/PR, Rel. Ministra REGINA HELENA COSTA, PRIMEIRA TURMA, julgado em 11/10/2021, DJe 20/10/2021).

[20] STF, RECLAMAÇÃO 41.557 SÃO PAULO, 2ª T, Rel. Min. Gilmar Mendes, j. 15.12.22.

mas da própria Constituição Federal, art. 37, §4º, da Constituição Federal que ressalva a ação penal quando houver atos ímprobos.

Sobre o referido dispositivo constitucional Alexandre de Moraes adverte que "a natureza civil dos atos de improbidade administrativa decorre da redação constitucional, que é bastante clara ao consagrar a independência da responsabilidade civil por ato de improbidade administrativa e a possível responsabilidade penal, derivadas da mesma conduta, ao utilizar a fórmula '... sem prejuízo da ação penal cabível"[21].

A própria lei de improbidade administrativa prevê, em seu art. 12, em harmonia com o texto constitucional, que a responsabilidade pela prática de atos de improbidade administrativa independe das sanções penais comuns e de responsabilidade, civis e administrativas previstas na legislação específica.

O Supremo Tribunal Federal, no julgamento do Tema 576 de Repercussão Geral, de relatoria do Min. Alexandre de Moraes, debateu a possibilidade da Lei 8.429/1992 (Lei de Improbidade Administrativa) ser aplicada a agentes políticos, por eles estarem sujeitos ao regime sancionatório do Decreto-lei 201/1967 (Lei dos Crimes de Responsabilidade). A Corte reiterou a autonomia entre as instâncias, assentando que "a norma constitucional prevista no § 4º do art. 37 exigiu tratamentos sancionatórios diferenciados entre os atos ilícitos em geral (civis, penais e político-administrativos) e os atos de improbidade administrativa, com determinação expressa ao Congresso Nacional para edição de lei específica (Lei 8.429/1992)"[22].

Acrescentou ainda a Suprema Corte nesse julgamento paradigmático que a Constituição Federal "inovou no campo civil para punir mais severamente o agente público corrupto, que se utiliza do cargo ou de funções públicas para enriquecer ou causar prejuízo ao erário, desrespeitando a legalidade e moralidade administrativas, independentemente das já existentes responsabilidades penal e político-administrativa de Prefeitos e Vereadores". Por fim, fixou a seguinte tese de repercussão geral: "O processo e julgamento de prefeito municipal por crime de responsabilidade (Decreto-lei 201/67) não impede

[21] Moraes, Alexandre de. Direito constitucional. 32. ed. rev. e atual. até a EC nº 91, de 18 de fevereiro de 2016 – São Paulo: Atlas, 2016.

[22] RE nº 976.566/PA

sua responsabilização por atos de improbidade administrativa previstos na Lei 8.429/1992, em virtude da autonomia das instâncias".

Em vista do exposto, é possível concluir que a autonomia constitucional do sistema de responsabilidade por improbidade veda intepretação do artigo 21, §4º, da Lei no 8.429/1992, no sentido de comunicabilidade automática e indistinta de qualquer sentença penal absolutória. Não é viável que o dispositivo legal subordine, integralmente, a instância de responsabilização por ato ímprobo à instância criminal, sem exigência de qualquer exame ou consideração acerca dos efeitos concretos de cada fundamento de absolvição sobre o alcance da pretensão punitiva decorrente da Lei de Improbidade[23].

Dessa forma, o §4º do art. 21 da Lei de Improbidade, ao vincular a responsabilidade pela prática de atos de improbidade administrativa a responsabilidade criminal, é inconstitucional e viola o art. 37, §4º, da Constituição Federal.

A inconstitucionalidade desse dispositivo foi declarada em caráter liminar nos autos da ação direita de inconstitucionalidade 7236/DF, rel. Min. Alexandre de Moraes, em decisão publicada em 27.12.2022, por meio da qual foi suspensa a eficácia do art. 20, §4º, da Lei de Improbidade Administrativa. A medida liminar concedida também suspendeu a eficácia dos seguintes artigos da LIA: a) que excluía o ato de improbidade administrativa praticado em decorrência de divergência interpretativa da lei baseada em jurisprudência não pacificada (art. 1º, §8º); b) que restringia a aplicação da sanção de perda da função pública ao cargo ocupado pelo agente público no momento da prática do ato de improbidade administrativa (art. 12, §1º); c) que instituiu um prazo fictício para a contagem da sanção de suspensão dos direitos políticos (art. 12, §10); d) que criou nova condição de procedibilidade ao ministério público, consistente na oitiva prévia do tribunal de contas para quantificação de dano (art. 17-B, §3º). Além disso, conferiu-se interpretação conforme ao artigo 23-C, da Lei 8.429/1992, incluído pela Lei 14.230/2021, no sentido de que os atos que ensejem enriquecimento ilícito, perda patrimonial, desvio, apropriação, malbaratamento ou dilapidação de recursos públicos dos partidos políticos, ou de suas fundações, poderão ser responsabilizados nos termos

23 Maria Lia Porto Corona; CASTRO. Sérgio Pessoa de Paula Castro; RAHIM, Fabiola Marquetti Sanches Rahim. *Anotações Sobre a Lei de Improbidade Administrativa* (p. 191). Edição do Kindle. Anotações Sobre a Lei de Improbidade Administrativa (p. 191). Edição do Kindle.

da Lei 9.096/1995, mas sem prejuízo da incidência da Lei de Improbidade Administrativa.

Em arremate, deve ser reconhecida a independência entre as instâncias de responsabilidade, vedando-se, contudo, uma dupla punição da mesma natureza pelo mesmo fato.

1.5. Sanções cominadas: atos de improbidade que importem enriquecimento ilícito (art. 9º), dano ao erário (art. 10) e violação a princípios da administração pública (art. 11)

O conceito de enriquecimento ilícito tipificado na Lei n. 8.429/1992 (art. 9º) difere-se do enriquecimento sem causa tratado no Código Civil[24]. As expressões são tratadas como sinônimas, por refletirem o enriquecimento de um sujeito à custa de outro. Contudo, "enriquecimento sem causa" designa a inexistência de uma contraprestação a uma vantagem experimentada, pouco importando a sua "causa". A existência de um ato ilícito é dispensável para caracterizar o enriquecimento sem causa e ele não se confunde com o ato ilícito[25]. O enriquecimento ilícito, por sua vez, advém da prática de um ato ilícito, sendo a ilicitude um elemento essencial para a sua caracterização. O âmago do art. 9º exige o enriquecimento ilícito em decorrência dos atos de improbidade administrativo[26].

O primeiro ato de improbidade tipificado pela norma é o enriquecimento ilícito que compreende a obtenção pelo agente público de vantagem indevida em razão do exercício do seu cargo, mandato, função, emprego ou atividade nas entidades tratadas pela lei, para vedar o uso da função pública para angariar vantagem indevida, por meio de qualquer artifício que o agente possa utilizar, a exemplo do abuso de confiança, excesso de poder, exploração de prestígio ou abuso de confiança.

[24] BRASIL. Código Civil (2002). Art. 884. Aquele que, sem justa causa, se enriquecer à custa de outrem, será obrigado a restituir o indevidamente auferido, feita a atualização dos valores monetários.

[25] PEREIRA, Caio Mário da Silva. *Instituições de direito civil* – teoria geral das obrigações. v. 2. 20. ed. Rio de Janeiro: Forense, 2004, p. 291.

[26] FIGUEIREDO, Marcelo. ***Probidade administrativa***: comentários à Lei n. 8.429 e legislação complementar. 5. ed. São Paulo: Malheiros, 2004, p. 85.

Os requisitos para se configurar o ilícito são: o enriquecimento ilícito do agente, a conduta dolosa do agente e a relação do enriquecimento com o exercício das funções públicas. A vantagem econômica não precisa ser recebida diretamente pelo agente público, podendo o enriquecimento ilícito ser de terceiro em razão das funções desenvolvidas por aquele.

A Constituição Federal (art. 37, § 4º) previu um feixe mínimo de sanções para a prática de atos que configurem improbidade administrativa (suspensão dos direitos políticos, perda da função pública e ressarcimento ao erário), possibilitando a sua ampliação pelo legislador ordinário, o que foi efetuado pela Lei n. 8.429/92, com as alterações da Lei n. 12.210/2021[27].

A norma dispõe sobre as sanções para cada modalidade de improbidade, nos respectivos tipos previstos, ou seja, i) atos de improbidade que importem enriquecimento ilícito (art. 9º) que causem dano ao erário (art. 10), que atentam contra os princípios da administração pública (art. 11).

A perda de bens ou valores acrescidos ilicitamente ao patrimônio não representa verdadeira sanção, pois busca unicamente reconduzir o agente à situação anterior à prática do ilícito, mantendo imutável o seu patrimônio legítimo.

O agente público pode enriquecer ilicitamente sem causar prejuízo ao erário. É o que ocorre, por exemplo, quando recebe vantagem indevida para praticar ato de ofício, sem que tenha havido sobrepreço ou superfaturamento (Lei n. 14.133/2021, art. 6º, LVI e LVII) em obra ou serviço contratado pelo poder público. Se o enriquecimento ilícito também causar dano ao erário, haverá violação aos arts. 9º e 10 da Lei n. 8.429/1992. Nesses casos, o agente público e o particular que concorreu para a prática do ato responderão pelo ilícito mais grave, capitulado no art. 9º, devendo a lesão ao patrimônio público ser aferida por ocasião da dosimetria das sanções, como anotado anteriormente. Se, por outro lado, apenas o particular se enriquecer ilicitamente com o concurso do agente público, haverá subsunção da conduta apenas ao art. 10 e não ao 9º, porque este pressupõe sempre o enriquecimento ilícito do agente, ou seja, a vantagem patrimonial indevida advém do exercício de cargo, de mandato, de função, de emprego ou de atividade nas entidades referidas no art. 1º da Lei.

[27] STF, 2ª Turma, RE 598.588, Rel. Min. Eros Grau, Dje 25.02.2010.

Os bens ou valores acrescidos ilicitamente ao patrimônio do agente podem ter relação direta com o ato ímprobo, quando recebe como vantagem indevida um bem móvel ou imóvel, por exemplo. Se o bem é fungível ou se, infungível, foi alienado, com a aquisição de outro em seu lugar, comprovada a prática de um ato ímprobo, com o recebimento de vantagem indevida, eles são alcançados pela perda na sentença. Em se tratando de dano ao erário, todos os bens do réu, passados e futuros, ficam sujeitos à expropriação. Questão mais complexa é a decorrente da comprovação do recebimento de vantagem indevida sem prova de patrimônio descoberto por parte do agente público, seja porque conseguiu "lavar o dinheiro" por meio de outra atividade exercida "licitamente", seja porque há ocultação patrimonial não descoberta. Nesses casos, havendo prova irrefutável do recebimento de vantagem indevida, sem comprovação de patrimônio descoberto, os bens passados do agente devem estar sujeitos à perda, sob pena de se legitimar o enriquecimento ilícito.

Na seara criminal, por exemplo, admite-se a decretação do confisco por equivalência ao produto ou proveito do crime quando estes não forem encontrados ou se localizarem no exterior (art. 91, §§1º e 2º, do Código Penal). E, para crimes com penas superiores a 6 anos de reclusão, a Lei 13.964/2019 (inseriu o art. 91-A ao Código Penal) instituiu no Brasil o denominado confisco alargado, possibilitando a perda, como produto ou proveito do crime, dos bens correspondentes à diferença entre o valor do patrimônio do condenado e aquele que seja compatível com o seu rendimento lícito.

A perda de bens ou valores é sanção prevista para os atos de improbidade que importam enriquecimento ilícito e que causam prejuízos ao erário.

A sanção de perda da função pública passou a atingir apenas o vínculo que o agente público ou político detinha com o poder público na época do cometimento da infração, podendo o magistrado, apenas na hipótese de enriquecimento ilícito, e em caráter excepcional, estendê-la aos demais vínculos, consideradas as circunstâncias do caso e a gravidade da infração (art. 12, §1º).

Anteriormente a alteração legislativa havia divergência entre a Primeira e a Segunda Turmas do Superior Tribunal de Justiça. Para a Primeira Turma normas que descrevem infrações administrativas e cominam penas exigem a legalidade estrita o que induz à vedação à interpretação extensiva. "*motivo pelo qual a sanção de perda da função pública do art. 12 da Lei n. 8.429/1992, ao tempo do trânsito em julgado da sentença condenatória, não pode atingir 'cargo público diverso' ocupado pelo agente daquele que serviu de instrumento para a prática da conduta ilícita*[28]. Para a Segunda Turma, "*a sanção de perda da função pública visa a extirpar da Administração Pública aquele que exibiu inidoneidade (ou inabilitação) moral e desvio ético para o exercício da função pública, abrangendo qualquer atividade que o agente esteja exercendo ao tempo da condenação irrecorrível*[29]".

A dissidência foi dissipada pela Primeira Seção do Superior Tribunal de Justiça, nos autos dos embargos de divergência no recurso especial 1.701.967/RS, sagrando-se vencedora a tese segundo a qual a perda da função pública abrange o cargo ou função ocupada pelo agente público no momento do trânsito em julgado da sentença[30].

No entanto, em razão da alteração legislativa promovida pela Lei 14.210/2021, o referido precedente judicial restou superado. Contudo, a medida liminar concedida nos autos da ação direita de inconstitucionalidade 7236/DF, rel. Min. Alexandre de Moraes, suspendeu a eficácia do referido art. 12, §1º, da Lei de Improbidade Administrativa, que restringia a aplicação da sanção de perda da função pública ao cargo ocupado pelo agente público no momento da prática do ato de improbidade administrativa.

A sanção de perda da função pública não alcança a aposentadoria do servidor. Nesse sentido, a Primeira Seção do Superior Tribunal de Justiça decidiu "*não competir ao Poder Judiciário impor a sanção de cassação de aposentadoria, no âmbito da persecução cível por meio de processo judicial no qual se apura a prática de ato ímprobo, em virtude do princípio da legalidade estrita em matéria de direito sancionador*". Na oportunidade, consignou-se que "*a cassação de aposentadoria do servidor deve ser buscada na sede própria – qual seja, o processo administrativo disciplinar -, única sede na qual o legislador federal, de forma categórica e taxativa, prescreveu sua*

[28] Precedentes: AgRg no AREsp 369.518/SP, Rel. Ministro Gurgel de Faria, Primeira Turma, DJe 28/3/2017; EDcl no REsp 1.424.550/SP, Rel. Ministro Benedito Gonçalves, Primeira Turma, DJe 8/5/2017. 3; AgInt no REsp 1423452 SP 2013/0400250-9 (STJ) Data de publicação: 13/03/2018.

[29] Precedentes: REsp 1.297.021/PR, Rel. Ministra Eliana Calmon, Segunda Turma, DJe 20/11/2013; RMS 32.378/SP, Rel. Ministro Humberto Martins, Segunda Turma, DJe 11.5.2015. No mesmo sentido, as seguintes decisões monocráticas: AREsp 785.137, Rel. Ministro Og Fernandes, publicado em 29.9.2016; e REsp 1.528.429, Min Mauro Campbell Marques, publicado em 29.9.2015.

[30] *EDv nos EREsp 1.701.967/RS, Rel. Ministro GURGEL DE FARIA, Rel. p/ Acórdão Ministro FRANCISCO FALCÃO, PRIMEIRA SEÇÃO, julgado em 09/09/2020, DJe 02/02/2021).*

aplicação, inclusive sob o aspecto procedimental, [...], reservando-se à ação civil pública por ato de improbidade administrativa, a aplicação das penalidades estampadas no art. 12 da Lei n. 8.429/1992[31]".

A sanção de cassação da aposentadoria não é prevista na ação improbidade administrativa, mas apenas a de perda da função pública, razão pela qual não se admite a aplicação extensiva. No âmbito de processo administrativo disciplinar, por expressa disposição legal, admite-se a aplicação da pena de cassação de aposentadoria, desde que o inativo tenha praticado, na atividade, falta punível com a demissão (Lei 8.112/90, arts. 127 e 134).

A jurisprudência do Supremo Tribunal Federal é firme quanto à possibilidade de cassação de aposentadoria pela prática, na atividade, de falta disciplinar punível com demissão, não obstante o caráter contributivo de que se reveste o benefício previdenciário[32]. No julgamento da Arguição de Descumprimento de Preceito Fundamental 418-DF, em 15/04/2020, Rel. Min. Alexandre de Moraes, o Supremo Tribunal Federal concluiu que "a aplicação da penalidade de cassação de aposentadoria ou disponibilidade é compatível com o caráter contributivo e solidário do regime próprio de previdência dos servidores públicos".

A perda da função pública será decretada pelo juízo de primeira instância, independentemente da autoridade processada ter foro por prerrogativa de função na seara criminal[33].

A sanção de perda da função pública é prevista para os atos de improbidade que importam enriquecimento ilícito e que causam prejuízos ao erário, tendo sido suprimida para as hipóteses de violação aos princípios da administração pública, o que constitui retrocesso. De fato, frustrar o caráter competitivo de processo licitatório ou de processo seletivo de parcerias com o poder público, ou dispensá-las indevidamente, por exemplo, constitui crime (Art. 337-F, Código Penal) e improbidade por violação aos princípios, se não houver dano

31 EREsp 1.496.347/ES, Rel. Min. Herman Benjamin, Rel. p/ Acórdão Min. Benedito Gonçalves, Primeira Seção, julgado em 24/2/2021, DJe 28/4/2021.

32 STF. 2ª Turma. AgR no ARE 1.092.355, Rel. Min. Edson Fachin, julgado em 17/5/2019.

33 BRASIL. *Supremo Tribunal Federal*. Emb. Decl. na Ação Direta de Inconstitucionalidade 2.797 - Distrito Federal. Rel. Min. Menezes Direito. Redator do Acórdão RISTF Min. Ayres Britto. 16 maio 2012. Disponível em: https://redir.stf.jus.br/paginadorpub/paginador.jsp?docTP=AC&docID=629993. Acesso em: 23 out. 2022.

ao erário. Se o agente público for condenado criminalmente ele perderá o cargo público, o que, no entanto, não ocorrerá na improbidade administrativa. Ainda, a sanção de perda do cargo poderá ser aplicada no âmbito de processo administrativo disciplinar (art. 132, Lei 8.112/90) mas não poderá ser decretada no processo de improbidade administrativa. A conduta, gravíssima do ponto de vista da integridade da administração pública e penalmente relevante, passou a ter uma proteção débil na seara da improbidade administrativa.

Da mesma forma, a grave conduta de revelar fato ou circunstância de que tem ciência em razão das atribuições e que deva permanecer em segredo, propiciando beneficiamento por informação privilegiada ou colocando em risco a segurança da sociedade e do Estado (Lei 8.429/92, art. 11, inciso III), conquanto também constitua o crime de violação de sigilo profissional (CP, art. 325), passou a ter proteção débil na seara da improbidade administrativa, por se sujeitarem apenas à sanção de multa.

No que se refere aos direitos políticos, eles estão disciplinados no Capítulo IV do Título III da Constituição Federal e relacionam-se ao exercício da soberania popular por meio do sufrágio universal e voto direito e secreto, plebiscito, referendo e iniciativa popular de lei. Eles garantem ao cidadão o direito subjetivo de participar da vida política do Estado. Somente podem ser restringidos pela norma constitucional, por serem considerados direitos fundamentais. A Constituição Federal vedou a cassação dos direitos políticos, disciplinado às hipóteses de perda e suspensão (art. 15).

O cancelamento da naturalização por sentença transitada em julgado, diante de sua irreversibilidade (inciso I) é hipótese de perda dos direitos políticos. A incapacidade civil absoluta, enquanto durarem os seus efeitos, a condenação criminal transitada em julgado, a recusa a cumprir obrigação a todos imposta ou prestação alternativa e a condenação por improbidade administrativa são causas de suspensão dos direitos políticos, por sofrerem limitações temporais.

A condenação criminal transitada em julgado, por crime ou contravenção, qualquer que seja a pena privativa de liberdade aplicada, mesmo que substituída por pena restritiva de direitos, tem como efeito automático a suspensão dos direitos políticos. Na seara da improbidade administrativa, a sanção de suspensão dos direitos políticos não é um efeito automático da condenação, devendo ser aplicada de forma isolada ou cumulativa pelo julgador e reservada para os casos de maior gravidade.

A suspensão dos direitos políticos restringe os direitos de votar e ser votado e acarreta à perda do cargo para o qual o pleno exercício dos direitos políticos é condição necessária para a assunção. Assim, transitada em julgado a sentença que decretar a suspensão dos direitos políticos do parlamentar, por exemplo, comunicada a casa respectiva, esta deverá declarar a perda, sem qualquer juízo de valor quanto à conveniência e oportunidade do ato, por ser ele vinculado, regra aplicada por simetria aos deputados estaduais e vereadores.

O raciocínio é idêntico para a hipótese de suspensão dos direitos políticos de prefeito municipal e governador de Estado, porque o pleno gozo dos direitos políticos é condição essencial para o seu exercício, cabendo ao presidente da câmara dos vereadores ou Assembleia Legislativa, ao receber a comunicação, declarar a extinção do mandato. Por sua vez, o Presidente da República, por acumular as funções de chefe de estado e chefe de governo, possui imunidades não extensíveis aos governadores e prefeitos[34], não pode ser responsabilizado por atos estranhos ao exercício de suas funções (art.86, §4º), razão pela qual a suspensão dos direitos políticos por ato anterior a assunção do mandato não o extingue.

A suspensão dos direitos políticos também impossibilita o exercício do cargo de Ministro de estado e, por simetria, de Secretário Estadual ou Municipal, bem como de cargos de livre nomeação e exoneração. Por sua vez, o servidor efetivo não perde o cargo em decorrência da suspensão dos seus direitos políticos, porque o vínculo que possui com a administração pública não é precário. No entanto, para a posse, o aprovado em concurso público deve estar em pleno gozo dos direitos políticos (art. 5º, Lei 8.112/90).

É importante sublinhar que, ao contrário da perda da função pública, que se circunscreve ao cargo que o agente ocupava ao tempo da prática do ato ímprobo, podendo, excepcionalmente, na hipótese de enriquecimento ilícito,

[34] A previsão constitucional do art. 86, § 4º, da Constituição da República se destina expressamente ao Chefe do Poder Executivo da União, não autorizando, por sua natureza restritiva, qualquer interpretação que amplie sua incidência a outras autoridades, nomeadamente do Poder Legislativo. Precedentes. (Inq 3983, Relator(a): Min. TEORI ZAVASCKI, Tribunal Pleno, julgado em 03/03/2016, ACÓRDÃO ELETRÔNICO DJe-095 DIVULG 11-05-2016 PUBLIC 12-05-2016).

ser estendida para outros vínculos, a perda do mandato em decorrência do trânsito em julgado da sentença que aplicou a sanção de suspensão dos direitos políticos alcança qualquer mandato eletivo que esteja sendo ocupado pelo agente à época do trânsito em julgado. Nesse sentido, decidiu o Supremo Tribunal Federal que *"o pleno exercício dos direitos políticos é pressuposto para o exercício da atividade parlamentar, determinada a suspensão de tais direitos, é evidente que essa suspensão alcança qualquer mandato eletivo que esteja sendo ocupado à época do trânsito em julgado da sentença condenatória. É descabido restringir a aludida suspensão ao mandato que serviu de instrumento para a prática da conduta ilícita"* (STF – AP 396 QO, Relator(a): Min. Cármen Lúcia, Tribunal Pleno, DJe-196 4/10/2013).

A nova norma modificou os patamares referentes à pena de suspensão dos direitos políticos. Extirpou o patamar mínimo previsto para as hipóteses de (i) enriquecimento ilícito (8 anos) e (ii) dano ao erário (5 anos). Por outro lado, aumentou patamar máximo de 10 para 14 anos (i) e de 8 para 12 anos (ii), respectivamente.

A sanção não foi prevista para a hipótese de violação a princípios.

A ausência de fixação de quantia mínima impõe a dificuldade de aquilatar a partir de qual o patamar o magistrado sentenciante deverá partir para realizar a dosimetria. Sugere-se que parta do patamar mínimo de um ano na fase da dosimetria da sanção, considerado percentual mínimo, e, a partir daí, haja a majoração da pena de acordo com a gravidade do fato, a extensão do dano causado, as circunstâncias agravantes ou atenuantes, os antecedentes do agente, dentre outros.

A suspensão dos direitos políticos, enquanto perdurarem os seus efeitos, afeta o direito de se alistar como eleitor (alistabilidade) e o direito de votar (elegibilidade). Ao lado dessas condições de alistabilidade e de elegibilidade (art. 14,§ 3º), a Constituição Federal impõe certas limitações ao direito de ser votado, as causas de inelegibilidade, que podem ser absolutas, por atingirem qualquer cargo (inalistáveis e analfabetos) ou relativas, quando se referirem a determinados cargos ou pleitos.

A Constituição Federal elenca algumas hipóteses de inelegibilidade em decorrência do cargo ocupado, relações de parentesco e condição de militar (art. 14, §§ 6º a 8º) e delega a lei complementar o estabelecimento de outros casos de inelegibilidade e os prazos de sua cessação, a fim de proteger a probidade administrativa, a moralidade para exercício de mandato considerada vida pregressa do candidato, e a normalidade e legitimidade das eleições contra a influência do poder econômico ou o abuso do exercício de função, cargo ou emprego na administração direta ou indireta.

A denominada lei das inelegibilidades (Lei Complementar n. 04/90, art. 1º, inciso I) dispõe serem inelegíveis para qualquer cargo os que forem condenados à suspensão dos direitos políticos, em decisão transitada em julgado ou proferida por órgão judicial colegiado, por ato doloso de improbidade administrativa que importe lesão ao patrimônio público e enriquecimento ilícito, desde a condenação ou o trânsito em julgado até o transcurso do prazo de 8 (oito) anos após o cumprimento da pena.

A condenação a pena de suspensão dos direitos políticos pela prática de ato doloso de improbidade administrativa que importe lesão ao erário (art. 10) e enriquecimento ilícito (art. 9º) acarreta a inelegibilidade do agente desde a confirmação da sentença em segunda instância até o transcurso do prazo de 8 (oito) anos após o cumprimento da pena.

A Lei n. 14.230/2021 extinguiu a modalidade culposa do ato de improbidade administrativa. A cláusula conjuntiva *e* prevista no inciso exige que a conduta do agente acarrete enriquecimento ilícito **e** dano ao erário para que a inelegibilidade se opere, não bastando à subsunção da conduta a uma tipologia ou a outra, mas a ambas (arts. 9º e 10 da LIA), o que denota gravidade da conduta. Atendidas essas circunstâncias e tendo o réu sido sancionado com a suspensão dos direitos políticos, incide a inelegibilidade.

A inelegibilidade terá como marco inicial a confirmação da sentença em segunda instância ou o seu trânsito em julgado, mas a contagem do prazo de 08 anos somente se inicia após o cumprimento da pena. Assim, se o agente for sancionado com a suspensão dos direitos políticos por 05 anos, por exemplo, a partir da confirmação da sentença em segunda instância ele se tornará inelegível, circunstância que perdurará até o trânsito em julgado da condenação. A partir do trânsito em julgado, a justiça eleitoral deve ser comunicada sobre a suspensão dos direitos políticos, por meio do Sistema de Informações de Óbitos e Direitos Políticos – INFODIP, marco a partir do qual se inicia o prazo de 05 anos fixado. Apenas com o cumprimento da pena de suspensão dos direitos políticos, ou seja, 05 anos no exemplo citado, inicia-se o lapso temporal de 08 oito anos da inelegibilidade, o que, na prática, pode retirar definitivamente da vida pública um gestor ímprobo.

O longo período de limitação da capacidade eleitoral passiva do condenado enseja debates quanto à inconstitucionalidade da norma, por violação da proporcionalidade. O Supremo Tribunal Federal, no ano de 2012, reconheceu a constitucionalidade da Lei Complementar 64/90 nas Ações Declaratórias de Constitucionalidade (ADCs) 29 e 30 e na Ação Direta de Inconstitucionalidade (ADI) 4578, inclusive no que tange a inelegibilidade no curso do processo judicial, após o julgamento em segunda instância, sem a fluência do prazo de 08 anos, o qual é contado a partir do cumprimento da pena[35].

A questão foi recentemente submetida a novo escrutínio do Supremo Tribunal Federal, por meio da Ação Declaratória de Inconstitucionalidade 6.630-DF, proposta pelo Partido Democrático Trabalhista – PTB, em que postulou fosse realizada interpretação conforme a Constituição da expressão após o cumprimento da pena, excluindo qualquer interpretação que permita que o prazo de inelegibilidade ultrapasse o prazo de 8 (oito) anos contados a partir da decisão transitada em julgado ou proferida por órgão colegiado, determinando-se, para esse fim, que se realize, quando necessária, a detração: i) do período de inelegibilidade cumprido por antecipação entre o julgamento colegiado e o trânsito em julgado; ii) do período de inelegibilidade cumprido em conjunto com a suspensão dos direitos políticos.

A referida Ação Direta não foi conhecida, por maioria de votos, em razão do tema já ter sido objeto de julgamento, sagrando-se vencedora a tese segundo a qual *"carece de fundamento legal a pretensão a subtrair do prazo de 8 (oito) anos de inelegibilidade posterior ao cumprimento da pena o tempo em que a capacidade eleitoral passiva do agente foi obstaculizada pela inelegibilidade anterior ao trânsito em julgado e pelos efeitos penais da condenação, conforme expressamente debatido e rejeitado pela CORTE no julgamento das ADCs 29 e 30 e da ADI 4578"*[36].

Por via transversa, a nova lei de improbidade administrativa incluiu dispositivo com o objetivo de diminuir o prazo em que o condenado fica impedido de disputar cargos eletivos. Isso porque ao mesmo tempo em que descreve que as sanções somente poderão ser executadas após o trânsito em julgado da

[35] Lei Complementar 64/90. Art. 1º, inciso I, alínea e) os que forem condenados, em decisão transitada em julgado ou proferida por órgão judicial colegiado, desde a condenação até o transcurso do prazo de 8 (oito) anos após o cumprimento da pena, pelos crimes (...).

[36] STF, ADIn 6.630-DF, Redator para o acórdão, Min. Alexandre de Moraes. J. ,9/03/2022.

sentença condenatória, dispôs de forma casuística que "para efeitos de contagem do prazo da sanção de suspensão dos direitos políticos, computar-se-á retroativamente o intervalo de tempo entre a decisão colegiada e o trânsito em julgado da sentença condenatória" (LIA, art. 12, §§ 9º e 10).

A norma criou uma contagem fictícia do prazo de suspensão dos direitos políticos, o que retira por completo a eficácia dessa sanção que é prevista constitucionalmente (CF, art. 15, inciso III), tornando o dispositivo inconstitucional. O reconhecimento da força normativa da Constituição[37] é característica do constitucionalismo moderno, sendo a efetividade da norma constitucional um princípio específico de sua interpretação. A força normativa e vinculante da norma constitucional tem o efeito de impedir que normas infraconstitucionais esvaziem o seu conteúdo e alcance.

Com efeito, a suspensão dos direitos políticos tem como marco inicial a comunicação à Justiça eleitoral da condenação, momento a partir do qual o agente político perde o cargo eletivo que estiver ocupando. Das duas uma, ou se comunica a justiça eleitoral sobre a suspensão dos direitos políticos antes do trânsito em julgado da condenação, iniciando-se o efetivo cumprimento da sanção, com as consequências jurídicas decorrentes, como, por exemplo, a perda de cargo eletivo, ou se aguarda o trânsito em julgado para o início do cumprimento, não podendo ser se admitida a contagem fictícia do prazo da sanção por esvaziar o comando constitucional.

Na ADI 7236/DF, rel. Min. Alexandre de Moraes, foi concedida medida liminar suspendendo a eficácia do referido artigo (art. 12, §10) que possibilitava a contagem de prazo fictício para a sanção de suspensão dos direitos políticos. A constitucionalidade desse artigo também é discutia nos autos da ADI 7.156-DF, Rel. Min. André Mendonça.

Por fim, a inelegibilidade em decorrência da condenação por improbidade administrativa não é decretada pela Justiça comum estadual ou federal, mas aferida pela Justiça eleitoral no momento do registro da candidatura, conforme o art. 11, § 10, Lei das Eleições.

A multa civil possui natureza punitiva e consiste no pagamento de valor pecuniário para a pessoa jurídica lesada e não se confunde com a reparação

[37] HESSE, Konrad. A força normativa da Constituição. Porto Alegre: Sérgio Antonio Fabris Editor, 1991.

do dano ou com a perda de bens ou valores acrescidos ilicitamente ao patrimônio do improbo.

A sanção de multa civil é cominada para as três hipóteses de atos de improbidade administrativa, tendo a Lei 14.210/2021 minorado o *quantum* da multa. Para a hipótese de enriquecimento ilícito (art. 9º), a multa que era de até três vezes o valor do acréscimo patrimonial passou a ser equivalente ao acréscimo patrimonial. Para a hipótese de dano ao erário (art. 10), a multa que era de até duas vezes o valor do dano foi reduzida para o equivalente ao valor do dano. Por fim, para a hipótese de violação aos princípios (art. 11) a multa que era de até cem vezes o valor da remuneração do agente foi reduzida para até 24 (vinte e quatro) vezes o valor da remuneração percebida pelo agente.

Para as hipóteses dos arts. 9º e 10 não existe margem de manobra para a fixação do *quantum* da multa civil, porque a lei dispõe que ela deve ser equivalente ao valor do acréscimo patrimonial ou o equivalente ao valor do dano, ou seja, o percentual não pode ser inferior a esse patamar. Pela redação anterior, em que a multa era de até o percentual fixado pela norma, entendia-se que não havia um patamar mínimo para a imposição, que poderia ser inferior ao valor do dano ou do acréscimo patrimonial indevido. O Superior Tribunal de Justiça decidiu que *"tendo em vista a natureza patrimonial da lesão provocada, entendo por bem manter a imposição do ressarcimento e acrescentar a condenação em multa civil na razão da metade do valor do dano, atualizado monetariamente*[38]*"*.

Para a hipótese de violação a princípios, o percentual a ser fixado pode ser inferior ao valor de uma remuneração do agente, porque a lei não fixou percentual mínimo. O artigo 12, III, dispõe que seria até 24 vezes a remuneração do agente.

A lei dispõe que a multa pode ser aumentada até o dobro, se o juiz considerar que, em virtude da situação econômica do réu, o valor calculado é ineficaz para reprovação e prevenção do ato de improbidade (art. 12, § 2º).

Além disso, se o ato de improbidade for de pequeno potencial ofensivo aos bens jurídicos tutelados, a sanção limitar-se-á à aplicação de multa, sem prejuízo do ressarcimento do dano e da perda dos valores obtidos, quando for

[38] STJ – REsp: 1315528 SC 2012/0055850-0, Relator: Ministro MAURO CAMPBELL MARQUES, Data de Julgamento: 21/08/2012, T2 – SEGUNDA TURMA, Data de Publicação: DJe 09/05/2013.

o caso (art. 12, § 5º). Não se pode confundir ato de improbidade de pequeno potencial ofensivo com condutas que, em razão de sua inexpressividade, sequer chegaram a tipificar o ato, por ausência de tipicidade material.

A sanção de proibição de contratar com o poder público ou de receber benefícios ou incentivos fiscais ou creditícios direta ou indiretamente, ainda que por intermédio de pessoa jurídica da qual seja sócio majoritário, é cominada para as três hipóteses de atos de improbidade administrativa. A lei revogada previa um prazo fixo de dez anos para a hipótese de enriquecimento ilícito (art. 9º); de cinco anos para a hipótese de dano ao erário (art. 10) e de três anos para a hipótese de violação aos princípios (art. 11). Com a alteração, a sanção passou a ser de até 14 (catorze), 12 (doze) e 04 (quatro) anos, respectivamente, sem a indicação de um percentual mínimo.

A sanção de proibição de contratar com o poder público atinge apenas o ente público lesado pelo ato de improbidade, podendo a sanção, em caráter excepcional e por motivos relevantes devidamente justificados, observados os impactos econômicos e sociais das sanções, de forma a preservar a função social da pessoa jurídica, ser estendida para outras esferas públicas.

Atenta às consequências da decisão, a norma prevê que na responsabilização da pessoa jurídica deverão ser considerados os efeitos econômicos e sociais das sanções, de modo a viabilizar a manutenção de suas atividades. Tem-se o reflexo do consequencialismo das decisões judiciais.

A pessoa jurídica será responsabilizada pela prática de ato de improbidade na condição de beneficiária da conduta ou se tiver sido utilizada como instrumento para a prática do ato por seu representante legal ou preposto.

A condição de representante da pessoa jurídica, por si só, sem que tenha concorrido para a prática da conduta improba ou dela se beneficiado, não legitima para o representante para figurar no polo passivo da ação, sob pena de se caracterizar responsabilidade objetiva. De qualquer forma, se concorreu para a prática do ato, pouco importa que ele tenha se beneficiado. Não se deve confundir responsabilidade pela prática de ato ilícito com o enriquecimento sem causa decorrente da condição de beneficiário da conduta ilícita. A responsabilidade do agente estará configurada independentemente do proveito da infração.

Se, de qualquer modo, o *extraneus* concorre para a prática do ato na condição de representante da pessoa jurídica de direito privado, causando perda patrimonial ao erário ou enriquecimento ilícito de terceiros, responde pela prática do ato, independentemente de ter se beneficiado diretamente dessa conduta (CC, arts. 186 e 927). Contudo, àquele que, não concorrendo para a prática do ato ilícito dele se beneficia, é obrigado a restituir o que foi indevidamente obtido (CC, art. 884). Vale dizer, a configuração do ato ilícito independe da obtenção de benefício direto. O que a norma buscou afastar foi a responsabilidade do representante da pessoa jurídica pelo simples fato de possuir vínculos com ela, seja na condição de sócio, cotista, diretor ou colaborador, o que configura responsabilidade objetiva.

1.6. Ressarcimento Integral do Dano Patrimonial

A nova redação do art. 12 da Lei n. 8.429/1992 tornou expresso que a cominação das sanções será aplicada independentemente do ressarcimento integral do dano patrimonial. Isso porque, a obrigação de reparar o dano causado a outrem não configura sanção, mas retorno ao *status quo*, inserindo-se na categoria de princípio geral do direito. Segundo o Código Civil, aquele que, por ato ilícito, causar dano a outrem, fica obrigado a repará-lo (art. 927).

A sentença que julgar procedente o(s) pedido(s) condenará o réu ao ressarcimento dos danos e à perda ou à reversão dos bens e valores ilicitamente adquiridos, em favor da pessoa jurídica prejudicada pelo ilícito (art. 18 da Lei n. 8.429/1992).

Na seara criminal, o Código Penal dispõe que a condenação torna certa a obrigação de indenizar o dano causado pelo crime e acarreta a perda em favor da União, ressalvado o direito do lesado ou de terceiro de boa-fé, do produto do crime ou de qualquer bem ou valor que constitua proveito auferido pelo agente com a prática do fato criminoso (art. 91, I e II, b).

A perda de bens é prevista no art. 5º, XLV e XLVI, da CF/1988. No campo da improbidade, a CF/1988 dispõe expressamente sobre a reparação integral do dano causado ao erário pela prática de ato de improbidade administrativa, assim como a medida cautelar de indisponibilidade para torná-la efetiva.

Sobre o ressarcimento ao erário, a Convenção das Nações Unidas Contra a Corrupção (Convenção de Mérida, 2003) reconhece como princípio fundamental o direito dos Estados vítimas à recuperação do produto ou proveito da corrupção (art. 51). Sob essa perspectiva, a ação de improbidade administrativa mantém a sua feição coletiva, com vistas à recuperação dos ativos desviados, que não se constitui sanção.

Sobre a reparação dos danos causados ao Estado, o Supremo Tribunal Federal fixou as seguintes teses em sede de repercussão geral: i) Tema 666, decidido em Repercussão Geral no RE 669.069, Rel. Min. Teori Zavascki: É prescritível a ação de reparação de danos à Fazenda Pública decorrente de ilícito civil; ii) Tema 897, decidido na Repercussão Geral no RE 852.475, Red. p/Acórdão: Min. Edson Fachin: São imprescritíveis as ações de ressarcimento ao erário fundadas na prática de ato doloso tipificado na Lei n. 8.429/1992; e iii) Tema 899, decidido na Repercussão Geral no RE 636.886, Rel. Min. Alexandre de Moraes: É prescritível a pretensão de ressarcimento ao erário fundada em decisão de Tribunal de Contas.

As ações de ressarcimento ao erário fundadas na prática de ato doloso tipificado na Lei n. 8.429/1992 são imprescritíveis (art. 37, § 5º, CF/88). Cabe ao legitimado na causa de pedir tipificar o ato de improbidade praticado pelo agente e o elemento subjetivo do dolo.

Retirou-se da pessoa jurídica lesada a legitimidade para a propositura da ação de improbidade (art. 17 da Lei n. 8.429/1992), que passou a ser exclusiva do Ministério Público, o qual deverá assumir a titularidade das ações em trâmite em até um ano. Contudo, o Supremo Tribunal Federal, no julgamento das ADIs 7042 e 7043, sob relatoria do Min. Alexandre de Moraes, declarou a inconstitucionalidade do art. 17 da Lei n. 8.429/1992, sem redução de texto, restabelecendo às pessoas jurídicas lesadas a legitimidade para a propositura das ações de improbidade, ao argumento de que a CF/1988 atribuiu a exclusividade ao Ministério Público para a propositura da ação penal pública, dispondo, expressamente, que a legitimação do *parquet* para a propositura de ações civis não impede a de terceiros (art. 129, I e § 1º, da CF/1988). Dessa forma, a lei ordinária não poderia atribuir ao Ministério Público exclusividade para a propositura de ação que visa tutelar o patrimônio público da pessoa jurídica. Por consequência lógica, foi reconhecida a legitimidade da pessoa jurídica lesada para firmar acordos de não persecução cível.

A pessoa jurídica lesada poderá ainda tutelar o patrimônio público por meio da ação civil pública (Lei n. 7.347/1985) ou da ação de ressarcimento pelo rito comum. O cidadão eleitor também possui legitimidade para a propositura da ação popular com vistas à tutela do patrimônio público (art. 5º,

LXXIII, da CF/1988 e Lei n. 4.717/1965). Se na causa de pedir da ação for narrada a prática de um ato doloso de improbidade administrativa, a ação de ressarcimento é imprescritível. No caso de dano decorrente de ilícito civil em geral, o prazo é o da prescrição quinquenal.

A liquidação do dano, se houver, além do desencadeamento da fase de cumprimento da sentença referente ao ressarcimento do patrimônio público ou à perda ou à reversão dos bens permaneceu a cargo da pessoa jurídica interessada (art. 18, §§ 1º e 2º, da Lei n. 8.429/92).

O ressarcimento espontâneo do dano não afasta a prática do ato de improbidade administrativa, mas deve ser sopesado na fase de dosimetria das sanções. Além disso, pode indicar a ausência de dolo por parte do agente, afastando a tipicidade do ato de improbidade. Às lesões de pequena monta, não ofensivas ao bem jurídico tutelado pela Lei de Improbidade, afasta-se a tipicidade material, aplicando-se o princípio da insignificância, e a proporcionalidade.

Para fins de apuração do valor do ressarcimento deverão ser descontados os serviços efetivamente prestados (LIA, art. 18, §3º) ficando superado o entendimento do Superior Tribunal de Justiça no sentido de que, nos casos de dispensa/inexigibilidade de licitação, o dano ao erário é presumido[39].

A matéria encontra-se afetada para ser submetida a julgamento sob o Tema 1128[40] pelo Superior Tribunal de Justiça. No tocante ao percentual e índice a serem aplicados, em homenagem ao princípio da simetria, devem ser aplicados os precedentes do Supremo Tribunal Federal – STF (Tema 810) e do Superior Tribunal de Justiça – STJ (Tema 905).

Os referidos temas têm sido aplicados em condenações por ressarcimento derivado de ato ilícito decorrente de improbidade administrativa[41].

[39] AREsp 1461963/SP, Rel. Ministro Francisco Falcão, Segunda Turma, DJe 25.9.2019). No mesmo sentido: REsp 1.431.610/GO, Rel. Ministro Og Fernandes, Segunda Turma, DJe 26.2.2019; REsp 1.507.099/GO, Rel. Ministro Francisco Falcão, Segunda Turma, DJe 19.12.2019; AgRg no AREsp 617.563/SP, Rel. Ministra Assusete Magalhães, Segunda Turma, DJe 14.10.2016.

[40] Definir o termo inicial dos juros e da correção monetária da multa civil prevista na Lei de Improbidade Administrativa, isto é, se devem ser contados a partir do trânsito em julgado, da data do evento danoso – nos termos das Súmulas 43 e 54/STJ -, ou de outro marco processual.

[41] TJSP; AI 2216999-78.2021.8.26.0000; Ac. 15426555; Pacaembu; Nona Câmara de Direito Público; Rel. Des. Oswaldo Luiz Palu; Julg. 23/02/2022; DJESP 18/03/2022; Pág. 2888.

Sendo assim, as teses firmadas nos Tema 810/STF e 905/STJ devem ser aplicadas não somente às pretensões ressarcitórias exercidas contra a Fazenda Pública, mas também, em respeito aos princípios da isonomia e da simetria, nas hipóteses em que a Fazenda Pública é a autora da ação e/ou a credora do valor objeto da condenação.

Contudo, ressalta-se que, a partir da promulgação da Emenda Constitucional nº 113, de 08.12.2021, a apuração do débito deverá se dar unicamente pela taxa SELIC (Sistema Especial de Liquidação e de Custódia), mensalmente e de forma simples, nos termos do disposto em seu artigo 3º, ficando vedada a incidência da taxa SELIC cumulada com juros e correção monetária.

Em síntese, os valores a pagar decorrentes da condenação por atos de improbidade administrativa vem ser atualizados nos seguintes termos:

i) **até dezembro/2002**: juros de mora de 0,5% ao mês; correção monetária de acordo com os índices previstos no Manual de Cálculos da Justiça Federal, com destaque para a incidência do IPCA-E a partir de janeiro/2001;
ii) **de 10.01.2003 (vigência CC/2002) a 28.06.2009 (vigência Lei 11.960/2009):** juros de mora correspondentes à taxa SELIC, vedada cumulação com qualquer outro índice;
iii) **de 29.06.2009 a 08.12.2021 (EC nº 113/2021):** juros de mora segundo o índice de remuneração da caderneta de poupança e correção monetária com base no IPCA-E.
iv) **a partir de 09.12.2021:** atualização pela taxa SELIC (Sistema Especial de Liquidação e de Custódia), mensalmente e de forma simples, vedada a sua incidência cumulada com juros e correção monetária.

2. Da Declaração de Bens

O monitoramento da evolução patrimonial e das atividades desempenhadas pelo agente público é prática comum e extremamente difundida em diversos países, consiste na previsão de mecanismos que permitam aferir a licitude da evolução patrimonial do agente público. Evolução patrimonial consentânea com os rendimentos auferidos em razão do exercício da função pública e com as demais receitas de origem lícita percebidas pelo agente apresenta-se como indício veemente de preservação da ética administrativa, denotando que os bens e valores de natureza pública não foram utilizados na satisfação de interesses privados, o que estaria em flagrante dissonância dos fins da norma[42].

O art. 13 da lei de improbidade administrativa, alterado pela Lei 14.230/2021, condiciona a posse e o exercício do cargo do agente público à apresentação de declaração de imposto de renda e proventos de qualquer natureza, que tenha sido apresentada à Secretaria Especial da Receita Federal do Brasil, a fim de ser arquivada no serviço de pessoal competente.

Trata-se de exigência que possui o objetivo principal de permitir o acompanhamento da evolução patrimonial do agente público durante a sua vida funcional, especialmente para verificação da exteriorização de riqueza incompatível com a sua renda e eventual indício de prática de ato de improbidade por enriquecimento ilícito[43]. A aquisição de bens cujo valor seja desproporcional à evolução do patrimônio ou à renda do agente público configura o ato de improbidade descrito no art. 9º, inciso VII, da LIA.

A norma dispõe que a declaração de bens deverá será atualizada anualmente e na data em que o agente público deixar o exercício do mandato, do cargo, do emprego ou da função.

A lei prevê como sanção a pena de demissão ao agente público que se recusar a prestar a declaração dos bens dentro do prazo determinado ou que prestar declaração falsa. A demissão pressupõe a prática de ato doloso por parte do agente público, seja se recusando a entregar a declaração de bens (ato comissivo por omissão), seja entregando declaração falsa (ato comissivo), não podendo ser confundida com ato culposo, consistente na desídia de entregar a declaração ou no equívoco em sua entrega.

O Estatuto dos Servidores Públicos Federais (Lei n.º 8.112/90) dispõe que o servidor deverá apresentar declaração de bens e valores que constituem o seu patrimônio para a posse em cargo público de provimento efetivo ou em comissão.

[42] GARCIA, Emerson; ALVES, Rogério Pacheco. *Improbidade administrativa*. 9. ed. São Paulo: Saraiva, 2017, p. 201/202.

[43] Neves, Daniel Amorim Assumpção; Oliveira, Rafael Carvalho Rezende. *Comentários à Reforma da Lei de Improbidade Administrativa* (p. 90). Forense. Edição do Kindle.

A Lei 12.813/2013, que dispõe sobre o conflito de interesses no exercício de cargo ou emprego do Poder Executivo federal e impedimentos posteriores ao exercício do cargo ou emprego, aplicável aos ocupantes dos cargos de ministro de Estado, de natureza especial ou equivalentes, de presidente, vice-presidente e diretor, ou equivalentes, de autarquias, dentre outros, determina, em seu art. 9º, a obrigatoriedade de as referidas autoridades enviarem à Comissão de Ética Pública ou à Controladoria-Geral da União, conforme o caso, anualmente, declaração com informações sobre situação patrimonial, participações societárias, atividades econômicas ou profissionais e indicação sobre a existência de cônjuge, companheiro ou parente, por consanguinidade ou afinidade, em linha reta ou colateral, até o terceiro grau, no exercício de atividades que possam suscitar conflito de interesses.

Além disso, a norma impõe que essas autoridades são obrigadas a comunicar por escrito à Comissão de Ética Pública ou à unidade de recursos humanos do órgão ou entidade respectivo, conforme o caso, o exercício de atividade privada ou o recebimento de propostas de trabalho que pretende aceitar, contrato ou negócio no setor privado, ainda que não vedadas pelas normas vigentes.

O Decreto n. 10.571/2020 regulamenta, no âmbito federal, a apresentação e a análise das declarações de bens e de situações que possam gerar conflito de interesses por agentes públicos civis da administração pública federal. Na seara federal, compete a Controladoria-Geral da União analisar a evolução patrimonial dos agentes públicos, o que poderá ensejar a instauração de sindicância patrimonial ou, conforme o caso, de processo administrativo disciplinar, caso haja fundado indício de evolução patrimonial incompatível com os rendimentos auferidos de modo legítimo e comprovado.

Conclusões

A Lei de improbidade administrativa com a redação da Lei 14.230/21 procedeu a alterações na tipificação, no regime de sanções e aplicação de penalidades. A reboque, a atividade interpretativa das Cortes de vértice, Supremo Tribunal Federal e Superior Tribunal de Justiça, devem gerar aperfeiçoamentos e eliminar incongruências no texto legislativo. Garante-se a independência das instâncias, mas veda-se a dupla punição. Acaba com o tipo culposo de improbidade, mas o mantém desde que haja o trânsito em julgado. Procede a modificações de cunho negativo quanto à suspensão de direitos políticos e faz remissões à inelegibilidade.

Houve consideráveis avanços notadamente quanto à delimitação concreta da improbidade, pois a leitura aberta da norma revogada possibilitava o ajuizamento de miríade de ações, o que impactava negativamente o ambiente político, pelo pesado fardo dessa modalidade de ações, muitas vezes ajuizadas quando havia posicionamentos divergentes ou zona cinzenta na aplicação pelos tribunais administrativos e jurisdicionais. Por outro lado, nesse aspecto, a redução da tipologia do artigo 11, calcado nos princípios, tem sido considerada uma involução na tutela da probidade administrativa, o que, todavia, não foi objeto do presente estudo.

Ao fim e ao cabo, houve acertos e desacertos, os quais são objeto de consideração de embates doutrinários e jurisprudências, para que haja uma adequação interpretativa na aplicação da norma, assegurando-se sua justiça, efetividade e compromisso com os direitos fundamentais dos cidadãos.

Referências

ALEXY, Robert. *Teoria da argumentação jurídica*: a teoria do discurso racional como teoria da fundamentação jurídica. 5. ed. Rio de Janeiro: Forense, 2020.

ARAS, Vladimir *et al.* (org.). *Corrupção*: aspectos sociológicos, criminológicos e jurídicos. Salvador: JusPodivm, 2020.

ÁVILA, Humberto. *Teoria dos princípios.* 8. ed. São Paulo: Malheiros, 2008.

BADARÓ, Gustavo Henrique; Bottini, Pierpaolo Cruz. *Lavagem de dinheiro*: aspectos penais e processuais penais. 4. ed. São Paulo: RT, 2019.

BERTONCINI, Mateus. *O microssistema de proteção da probidade administrativa e a construção da cidadania.* Disponível em: https://escolasuperior.mppr.mp.br/arquivos/File/Arquivos_Antigos/o_microssistema.pdf. Acesso em: 13 out. 2022.

BEZERRA FILHO, Aluizio. *Processo de improbidade administrativa*: anotado e comentado. 2. ed. Salvador: JusPodivm, 2019.

BRASIL. *Superior Tribunal de Justiça.* AgInt no CC 174.764/MA, Rel. Min. Mauro Campbell Marques, Primeira Seção, j. 09-02-2022, DJe 17-02-2022.

BRASIL. *Superior Tribunal de Justiça.* Voto-vista. REsp 951389/SC, Rel. Min. Herman Benjamin, Primeira Seção, j. 09-06-2010, DJe 04-05-2011.

BRASIL. *Superior Tribunal de Justiça.* HC 351.763/AP, Rel. Min. Reynaldo Soares da Fonseca, Quinta Turma, j. 24-05-2016, DJe 01-06-2016.

BRASIL. *Supremo Tribunal Federal.* ADI 3.367, Rel. Min. Cezar Peluso, j. 13-4-2005, Plenário, DJ 22-9-2006.

BRASIL. *Supremo Tribunal Federal.* RE 976.556, Rel. Min. Alexandre de Moraes, j. 13-09.2019, DJE 26-09-2019.

BRASIL. *Supremo Tribunal Federal.* Emb. Decl. na Ação Direta de Inconstitucionalidade 2.797 – Distrito Federal. Rel. Min. Menezes Direito. Redator do Acórdão RISTF Min. Ayres Birtto. 16 maio 2012. Disponível em: https://redir.stf.jus.br/paginadorpub/paginador.jsp?docTP=AC&docID=629993. Acesso em: 23 out. 2022.

BRASIL. *Supremo Tribunal Federal.* MS 23262 DF, Rel. Min. Dias Toffoli, j. 23-04-2014, Tribunal Pleno, Public. 29-10-2014.

BRASIL. *Supremo Tribunal Federal.* Ag. Reg. Pet 3240 DF, Rel. Min. Teori Zavascki, j. 15-05-2018, Tribunal Pleno, Public. 21-08-2018.

BRASIL. *Tribunal de Justiça do Estado do Mato Grosso.* AI 1022660-56.2021.8.11.0000, Rel. Dr. Alexandre Elias Filho.

BRASIL. *Decreto n. 5.687, de 31 de janeiro de 2006.* Promulga a Convenção das Nações Unidas contra a Corrupção, adotada pela Assembleia Geral das Nações Unidas, em 31 de outubro de 2003, e assinada pelo Brasil em 9 de dezembro de 2003.

BRASIL. *Decreto n. 4.411, de 07 de outubro de 2002.* Promulga a Convenção Interamericana contra a Corrupção, de 29 de março de 1996, com reserva para o art. XI, parágrafo 1°, inciso "c".

BRASIL. *Supremo Tribunal Federal.* ARE 843989/PR, Rel. Min Alexandre de Moraes.

BUENO, Cassio Scarpinella; PORTO FILHO, Pedro Paulo de Rezende (coord.) *Improbidade administrativa*: questões polêmicas e atuais. São Paulo: Malheiros, 2001.

CÂMARA DOS DEPUTADOS. *Comissão Especial destinada a proferir parecer ao Projeto de Lei n. 10.887, de 2018, do Sr. Roberto de Lucena, que altera a Lei n. 8.429, de 2 de junho de 1992, que dispõe sobre improbidade administrativa.* Autor: Deputado ROBERTO DE LUCENA. Rel. Deputado CARLOS ZARATTINI. Disponível em: https://www.camara.leg.br/proposicoesWeb/prop_mostrarintegra?codteor=2028078. Acesso em: 23 out. 2022.

CAPEZ, Fernando. *Improbidade administrativa*: limites constitucionais. 2. ed. São Paulo: Saraiva, 2015.

Carvalho Filho, José dos Santos. *Improbidade administrativa*: prescrição e outros prazos extintivos. 2. ed. Rio de Janeiro: Atlas, 2016.

CAVALCANTI FILHO, João Trindade. *Retroatividade da reforma da Lei de Improbidade Administrativa (Lei n. 14.230, de 25 de outubro de 2021).* Brasília: Senado Federal, Consultoria Legislativa, Núcleo de Estudos e Pesquisas. nov. 2021, 22 p. Série: Textos para discussão n. 305. Disponível em: https://www2.senado.gov.br/bdsf/handle/id/595539. Acesso em: 24 out. 2022.

CORONA, Maria Lia Porto; CASTRO. Sérgio Pessoa de Paula Castro; RAHIM, Fabiola Marquetti Sanches Rahim. *Anotações Sobre a Lei de Improbidade Administrativa* (p. 191). Edição do Kindle.

FREITAS, Daniel Santos de. *Improbidade e prescrição intercorrente*: análise da jurisprudência em formação. 27 jan. 2022. Disponível em: https://www.conjur.com.br/2022-jan-27/

freitas-improbidade-prescricao-intercorrente-analise-jurisprudencia-formacao. Acesso em: 23 out. 2022.

FIGUEIREDO, Marcelo. *Probidade administrativa*: comentários à Lei n. 8.429 e legislação complementar. 5. ed. São Paulo: Malheiros, 2004.

FERREIRA FILHO, Manoel Gonçalves. *Comentários à Constituição Brasileira. Emenda Constitucional nº 1,* de 17-10-1969. v. 3. Artigos 130 a 210. São Paulo: Saraiva, 1977.

FIGUEIREDO, Marcelo. *Probidade administrativa* – comentários à Lei n. 8.429/92 e legislação complementar. 6. ed. São Paulo: Malheiros, 2009.

GAJARDONI, Fernando da Fonseca *et al. Comentários à Lei de Improbidade Administrativa.* 4. ed. Edição. São Paulo: RT, 2020.

GARCIA, Emerson; ALVES, Rogério Pacheco. *Improbidade administrativa.* 9. ed. São Paulo: Saraiva, 2017

LEONEL, Ricardo de Barros. Nova LIA: aspectos da retroatividade associada ao direito sancionador. *Conjur.* 17 nov. 2021. Disponível em: https://www.conjur.com.br/2021-nov-17/leonel-lia-retroatividade-associada-direito-sancionador. Acesso em: 23 out. 2022.

MARQUES, Mauro Campbell. *Improbidade administrativa* – temas atuais e controvertidos. Rio de Janeiro: Forense, 2016.

MUDROVITSCH, Rodrigo de Bittencourt; NÓBREGA, Guilherme Pupe da. Improbidade administrativa: retroatividade e prescrição intercorrente. *Conjur.* 26 nov. 2021. Disponível em: https://www.conjur.com.br/2021-nov-26/improbidade-debate-retroatividade-prescricao-intercorrente. Acesso em: 23 out. 2022;

NEVES, Daniel Amorim Assumpção; OLIVEIRA, Rafael Carvalho Rezende. *Comentários à Reforma da Lei de Improbidade Administrativa.* Forense. Edição do Kindle.

OSÓRIO, Fábio Medina. *Teoria da improbidade administrativa*: má gestão pública – corrupção – ineficiência. 4. ed. São Paulo: RT, 2018

PEREIRA, Caio Mário da Silva. *Instituições de direito civil* – teoria geral das obrigações. v. 2. 20. ed. Rio de Janeiro: Forense, 2004.

THEODORO JÚNIOR, Humberto. NUNES, Dierle, BAHIA, Alexandre Melo Franco, PEDRON, Flávio Quinaud. *Novo CPC. Fundamentos e Sistematização.* Rio de Janeiro: 2015, Ed. Forense.

TOURINHO FILHO, Fernando da Costa. Código de Processo Penal Comentado, vol. I, pág. 22.

SILVA Virgílio Afonso da. *O proporcional e o razoável*, Revista dos Tribunais 798 (2002)

9
Representação à autoridade administrativa e procedimento administrativo. Comentários aos artigos 14 e 15.

Marilda de Paula Silveira
Antonio Rodrigo Machado

Introdução

Art. 14. Qualquer pessoa poderá representar à autoridade administrativa competente para que seja instaurada investigação destinada a apurar a prática de ato de improbidade.
§ 1º A representação, que será escrita ou reduzida a termo e assinada, conterá a qualificação do representante, as informações sobre o fato e sua autoria e a indicação das provas de que tenha conhecimento.
§ 2º A autoridade administrativa rejeitará a representação, em despacho fundamentado, se esta não contiver as formalidades estabelecidas no § 1º deste artigo. A rejeição não impede a representação ao Ministério Público, nos termos do art. 22 desta lei.
§ 3º Atendidos os requisitos da representação, a autoridade determinará a imediata apuração dos fatos que, em se tratando de servidores

> federais, será processada na forma prevista nos arts. 148 a 182 da Lei nº 8.112, de 11 de dezembro de 1990 e, em se tratando de servidor militar, de acordo com os respectivos regulamentos disciplinares.
>
> § 3º Atendidos os requisitos da representação, a autoridade determinará a imediata apuração dos fatos, observada a legislação que regula o processo administrativo disciplinar aplicável ao agente. (Redação dada pela Lei nº 14.230, de 2021)
>
> Art. 15. A comissão processante dará conhecimento ao Ministério Público e ao Tribunal ou Conselho de Contas da existência de procedimento administrativo para apurar a prática de ato de improbidade.
>
> Parágrafo único. O Ministério Público ou Tribunal ou Conselho de Contas poderá, a requerimento, designar representante para acompanhar o procedimento administrativo.

As alterações promovidas pela Lei 14.230, de 25 de outubro de 2021, na Lei de Improbidade Administrativa não modificaram significativamente a redação original dos artigos 14 e 15 da Lei 8.429, de 1992. O direito de representação por ato de improbidade administrativa continua nos exatos termos definidos em 1992 e qualquer pessoa, seja física seja jurídica, pode levar à autoridade administrativa competente fatos que contenham indícios de autoria e de materialidade da prática de improbidade administrativa.

O direito de petição aos Poderes Públicos contra ilegalidades, estabelecido no art. 5º, XXXIV, *a*, da CF, é direito fundamental de qualquer cidadão e representa forte instrumento constitucional contra arbitrariedades e em favor de interesses individuais ou coletivos. Está presente em regras definidas em quase todos os ramos do direito público, a exemplo de um pedido de certidão negativa na esfera tributária[1] ou da representação criminal por parte do ofendido, nos termos do art. 24 do Código de Processo Penal, como requisito para a promoção de denúncia do Ministério Público.

Diferentemente da representação criminal, elemento imprescindível para a interposição de ação penal pública condicionada, a representação por ato de

[1] A Lei nº 9.051, de 18 de maio de 1995, dispõe sobre "a expedição de certidões para a defesa de direitos e esclarecimentos de situações" que podem ser requeridas aos órgãos da Administração Pública da União, dos estados, do Distrito Federal e dos Municípios e define o prazo de quinze dias para o seu cumprimento.

improbidade administrativa não é considerada indispensável para a instauração de investigação disciplinar para apurar este ilícito. Ainda que não exista qualquer representação, a Administração Pública deverá instaurar de ofício a chamada sindicância investigativa ou até mesmo o processo administrativo disciplinar se já possui elementos de materialidade do ilícito praticado, como expõem a Lei 8.112, de 1990, e a Lei 9.704, de 1999, ambas de incidência federal.

1. Do instituto da Representação da Lei de Improbidade Administrativa

O direito de peticionar contra ilegalidades materializado no art. 5º da Constituição e disciplinado no art. 14 da Lei de Improbidade faz parte do exercício da cidadania e do controle democrático da Administração Pública. Quando a informação for de conhecimento de servidor público, deixa tal condição de possibilidade e passa a fazer parte dos deveres de tais agentes públicos, podendo a sua omissão ser enquadrada como infração disciplinar[2] ou crime contra a Administração Pública[3], como é o caso da legislação federal e da distrital.

Tratando sobre o dever funcional de levar ao conhecimento da autoridade superior as irregularidades que tiver ciência em razão do cargo, o professor Antonio Carlos Alencar Carvalho afirma[4]:

[2] A Lei Complementar Distrital nº 840 regulamenta o Estatuto dos Servidores do Distrito Federal e estabelece em seu art. 180, VII e VIII, como deveres dos agentes "levar ao conhecimento da autoridade superior as falhas, vulnerabilidades e as irregularidades de que tiver ciência em razão do cargo público ou função de confiança" e "representar contra ilegalidade, omissão ou abuso de poder". O Estatuo dos Servidores Públicos Federais, Lei 8.112, de 1990, é referência para todas as leis específicas dos entes federativos e traz idênticos deveres em seu art. 116, VI e XII: "levar as irregularidades de que tiver ciência em razão do cargo ao conhecimento da autoridade superior ou, quando houver suspeita de envolvimento desta, ao conhecimento de outra autoridade competente para apuração" e "representar contra ilegalidade, omissão ou abuso de poder".

[3] Código Penal: Condescendência criminosa - Art. 320 - Deixar o funcionário, por indulgência, de responsabilizar subordinado que cometeu infração no exercício do cargo ou, quando lhe falte competência, não levar o fato ao conhecimento da autoridade competente: Pena - detenção, de quinze dias a um mês, ou multa.

[4] CARVALHO. Antonio Carlos Alencar. *Manual de Processo Administrativo Disciplinar e Sindicância: à luz da jurisprudência dos tribunais e da casuística da Administração Pública*. 6. ed. rev. atual. e aum. - Belo Horizonte - Fórum, 2019 p. 1288.

> A conivência com a improbidade, a desonestidade, a irregularidade, o ato de fechar os olhos aos ilícitos que se repetem na Administração Pública não podem ser admitidos, sob pen de fracasso da boa atividade administrativa e malogro no cumprimento dos princípios constitucionais e legais que a regem.
> O servidor público também é responsável pela fiscalização ao respeito à moralidade entre seus pares, cabendo-lhe o dever legal de denunciar aos superiores (ou até aos hierarcas maiores do que estes quando a autoridade superior estiver diretamente envolvida no fato ilícito ou for sua autora), por meio de representação, as irregularidades de que tome conhecimento em virtude do ofício funcional.

Da mesma forma, falando sobre o dever funcional de representar contra ilegalidade, omissão ou abuso de poder, o doutrinador sustenta[5] que o agente público "tem a obrigação de velar pela obediência à Lei e de funcionar como agente inibidor de abusos, motivo por que pode e deve representar contra atuações ilegais ou arbitrárias, por parte de colegas, subordinados e de seus superiores."

A redação do art. 14 da Lei de Improbidade é de fato bastante ampla e não está restrita aos legitimados da ação popular[6] e não terá o condão de restringir a movimentação dos mais diferentes órgãos de controle a partir da distribuição de competência punitiva dentro do regime jurídico-administrativo. Significa dizer que os mesmos fatos que darão ensejo à instauração de uma sindicância ou PAD por improbidade administrativa poderão ser objeto de investigação no tribunal de contas, no ministério público ou no mesmo órgão em que ocorreram os fatos para fins distintos da esfera correcional, a exemplo das infrações com base na Lei de Licitações e Contratos ou na Lei Anticorrupção.

Aliás, vale destacar que o art. 14 da Lei de Improbidade inicia o capítulo V da norma e este tem como título "Do Procedimento Administrativo e do Processo Judicial". Obviamente que a representação de que trata tal artigo

[5] CARVALHO. Antonio Carlos Alencar. *Manual de Processo Administrativo Disciplinar e Sindicância: à luz da jurisprudência dos tribunais e da casuística da Administração Pública*. 6. ed. rev. atual. e aum. – Belo Horizonte – Fórum, 2019 p. 1328.

[6] https://www.conjur.com.br/2020-mar-27/representacao-apuracao-administrativa-improbidade

está se referindo exclusivamente à instauração de processo administrativo, de caráter disciplinar, uma vez que a autoridade que recebe tal informação deverá ser a autoridade administrativa com competência para dar início à investigação, mas o mesmo documento indicando fatos caracterizados como ato de improbidade também deverá ser levado ao conhecimento da advocacia pública[7] e do ministério público para o possível início do procedimento judicial.

2. Da Identificação do autor da representação por ato de improbidade

O art. 14, § 1º da LIA exige requisitos para a validade da representação por ato de improbidade administrativa e a ausência destas formalidades estabelecidas resultará em sua rejeição, conforme definição do § 2º do mesmo artigo. A Lei é bem criteriosa ao exigir que a representação deverá ser feita sempre por escrito, seja assim apresentada desde o início, seja reduzida a termos pela própria Administração Pública quando feita oralmente.

Diversas leis que regulamentam os direitos e obrigações dos servidores públicos trazem idêntico conteúdo normativo de identificação do autor de representação como condição para a procedibilidade de representação por atos ilícitos. Em âmbito federal, a Lei 8.112, de 1990, expõe em seu art. 144 que "as denúncias sobre irregularidades serão objeto de apuração, desde que contenham a identificação e o endereço do denunciante e sejam formuladas por escrito, confirmada a autenticidade".

O primeiro requisito de validade apresentado no art. 14 da LIA é a qualificação do representante e o segundo é de conteúdo, já que o documento precisa

[7] Apesar das Lei 14.230, de 2021, ter retirado a legitimidade ativa para a proposição de ação de improbidade dos entes lesados por atos, por meio de seus órgãos de advocacia pública, o Supremo Tribunal Federal decidiu suspender a alteração legislativa na Medida Cautelar na Ação Direta de Inconstitucionalidade 7.042/DF ao "(A) Conceder Interpretação Conforme a Constituição Federal ao caput e §§ 6º-A, 10-C e 14, do artigo 17 da Lei nº 8.429/92, com a redação dada pela Lei nº 14.230/2021, no sentido da existência de legitimidade ativa concorrente entre o ministério público e as pessoas jurídicas interessadas para a propositura da ação por ato de improbidade administrativa; (B) suspender os efeitos do § 20, do artigo 17 da Lei nº 8.429/92, com a redação dada pela Lei nº 14.230/2021, em relação a ambas as Ações Diretas de Inconstitucionalidade (7042 e 7043); (C) Suspender os efeitos do artigo 3º da Lei nº 14.230/2021".

demonstrar as informações do fato, da autoria e as provas que indiquem a prática delituosa. O segundo requisito não é causa de muitos questionamentos por parte da doutrina e jurisprudência, mas a exigência de identificação do autor da representação para a garantia de sua validade é matéria que requer maior cuidado.

Mauro Roberto Gomes de Mattos[8] defende que embora a manifestação do pensamento seja protegida pela Constituição Federal, é vedado o anonimato.

> Dessa forma, para que se instaure um processo administrativo disciplinar contra o servidor público, é imperioso que se formalize uma acusação certa, delimitada e circunstanciada, vinculada à violação de deveres/obrigações praticada pelo referido servidor, em decorrência do seu vínculo legal com a Administração Pública.
> [...]
> O anonimato revela uma prova ilícita, sem valor (STF. Rel. Min. Ilmar Galvão. *HC nº 73.351/SP*, 1ª T. DJ de 19 mar. 1999, p. 9), não dando azo, via de consequência, à ação de improbidade administrativa, bem como à instauração de sindicância ou de processo administrativo disciplinar.
> [...]

Em continuidade, o citado professor afirma[9] que a identificação da denúncia é formalidade legal para a sua procedibilidade, embora em alguns casos a administração tem procedido com a investigação dos fatos narrados.

> Essa formalidade legal é o mínimo que se exige de uma apuração séria e confiável, haja vista que não interessa à Administração Pública atuar de modo inoperante e despender recursos para investigar questões somenas ou a vida pessoal de seus servidores, sem que haja o necessário nexo de causalidade com a respectiva irregularidade praticada pelo servidor público, no exercício de sua função.

[8] MATTOS. Mauro Roberto Gomes de. *Lei nº 8.112/90 Interpretada e Comentada*. 6ª ed. rev. e atual. – Niterói, RJ: Impetus, 2012. p. 972, 973

[9] MATTOS. Mauro Roberto Gomes de. Lei nº 8.112/90 Interpretada e Comentada. 6ª ed. rev. e atual. – Niterói, RJ: Impetus, 2012. p. 976.

> Ao se identificar o responsável por uma denúncia/representação, objetiva a lei conferiu [conferir] uma certa credibilidade ao subscritor da mesma, para que o denunciante ou representante não se utilize de uma faculdade/dever legal de forma indevida.
> Em muitas situações a Administração Pública tem admitido a representação anônima, sem a qualificação do seu subscritor, pois ela só contém informações sobre os fatos a serem apurados e sua possível autoria.

A problemática da questão está na possibilidade de a Administração Pública dar sequência ao seu poder disciplinar a partir de denúncia anônima, o que, ao menos em tese, ofenderia o texto expresso da norma e, também, a vedação ao anonimato presente na Constituição Federal, art. 5º, IV.

Ocorre que é pacífica a aceitação de denúncia anônima para a instauração de sindicância investigativa por parte da jurisprudência brasileira. O Superior Tribunal de Justiça editou a Súmula 611[10] em que define a aceitabilidade de informações sem qualificação do autor serem utilizadas para dar início à investigação: "Desde que devidamente motivada e com amparo em investigação ou sindicância, é permitida a instauração de processo administrativo disciplinar com base em denúncia anônima, em face do poder-dever de autotutela imposto à Administração".

O Supremo Tribunal Federal também compreende ser constitucional a instauração de processo administrativo disciplinar após a realização de sindicância em razão do dever da autoridade pública de apurar irregularidades[11]. E análise da Suprema Corte sobre o tema fica ainda mais firme quando trata da questão na esfera penal que, muito embora seja instância punitiva distinta, também representa o poder punitivo estatal e serve como parâmetro para a análise da pesquisa aqui empreendida.

Em julgado sobre o tema, o STF[12] entendeu que para não comprometer a apuração de possíveis ilícitos por parte do Estado e, ao mesmo tempo,

[10] Súmula 611, PRIMEIRA SEÇÃO, julgado em 09/05/2018, DJe 14/05/2018.

[11] RMS 34694 AgR, Relator(a): LUIZ FUX, Primeira Turma, julgado em 05/11/2019, PROCESSO ELETRÔNICO DJe-251 DIVULG 18-11-2019 PUBLIC 19-11-2019

[12] HC 106664, Relator(a): CELSO DE MELLO, Segunda Turma, julgado em 27/08/2013, PROCESSO ELETRÔNICO DJe-213 DIVULG 29-10-2014 PUBLIC 30-10-2014

respaldar a garantia de publicidade dos atos da Administração Pública – polícia judiciária na esfera penal – a interpretação deve seguir alguns parâmetros:

> (a) o escrito anônimo não justifica, por si só, desde que isoladamente considerado, a imediata instauração da *"persecutio criminis"*, eis que peças apócrifas não podem ser incorporadas, formalmente, ao processo, salvo quando tais documentos forem produzidos pelo acusado, ou, ainda, quando constituírem, eles próprios, o corpo de delito (como sucede com bilhetes de resgate no delito de extorsão mediante sequestro, ou como ocorre com cartas que evidenciem a prática de crimes contra a honra, ou que corporifiquem o delito de ameaça, ou que materializem o *"crimen falsi"*, p. ex.);
>
> (b) nada impede, contudo, que o Poder Público , provocado por delação anônima ("disque-denúncia", p. ex.), adote medidas informais destinadas a apurar, previamente, em averiguação sumária, "com prudência e discrição", a possível ocorrência de eventual situação de ilicitude penal, desde que o faça com o objetivo de conferir a verossimilhança dos fatos nela denunciados, em ordem a promover, então, em caso positivo, a formal instauração da *"persecutio criminis"*, mantendo-se, assim, completa desvinculação desse procedimento estatal em relação às peças apócrifas; e
>
> (c) o Ministério Público, de outro lado, independentemente da prévia instauração de inquérito policial, também pode formar a sua "opinio delicti" com apoio em outros elementos de convicção que evidenciem a materialidade do fato delituoso e a existência de indícios suficientes de autoria, desde que os dados informativos que dão suporte à acusação penal não derivem de documentos ou de escritos anônimos nem os tenham como único fundamento causal.

Extrai-se do julgado acima e da jurisprudência específica sobre poder disciplinar que está permitido que a Administração Pública, no exercício do seu dever de investigação de ilícitos, penais ou administrativos, instaure procedimento investigativo prévio ao inquérito na esfera penal e à sindicância na esfera disciplinar. Não pode, portanto, instaurar o próprio inquérito policial ou o processo administrativo disciplinar apenas com base em informações apócrifas.

O problema da interpretação de ambos os tribunais[13] é que a origem da denúncia anônima, para além da contrariedade com o texto do art. 14, § 2º, da Lei de Improbidade, não poderá ser compatibilizada com a licitude da prova. Vale dizer diretamente: se a denúncia anônima for realizada com base em prova ilícita, terá a Administração Pública concedido consequência válida a algo que a Constituição, art. 5º, LVI, vedou qualquer efeito jurídico de reconhecimento.

Uma mensagem apócrifa com conteúdo obtido por intermédio de interceptação telefônica criminosa, por exemplo, poderá dar início à investigação criminal ou disciplinar contra agente público. Essa é a maneira mais segura para que alguém não seja punido pelo ilícito de representação falsa estipulado no art. 19 da Lei de improbidade que afirma: "constitui crime a representação por ato de improbidade contra agente público ou terceiro beneficiário, quando o autor da denúncia o sabe inocente" com pena de detenção de seis a dez meses e multa.

Ao abrir mão de aferir os critérios de admissibilidade da representação por ato de improbidade contra servidor público expostos na lei, há espaço aberto para a convalidação de provas ilegalmente obtidas. Mesmo que a interpretação permitindo o uso de denúncias anônimas aumente a possibilidade de identificação de ilícitos, graves danos podem ser causados aos agentes públicos investigados e o esvaziamento do conteúdo explícito no art. 19 da LIA é consequência lógica.

No direito disciplinar a utilização excessiva do princípio *pas de nullité sans grief*, com necessidade efetiva de comprovação de prejuízo diante de aspectos elementares na condução do processo[14], destina erroneamente ao réu o papel

[13] O Estatuto dos Servidores Públicos do Distrito Federal, Lei Complementar Distrital nº 840/2011 também afirma em seu art. 212 que a partir de denúncias anônimas, "a administração pública pode iniciar reservadamente investigações para coleta de outros meios de prova necessários para a instauração de sindicância ou processo disciplinar".

[14] "A decretação de nulidade no processo administrativo depende da demonstração do efetivo prejuízo para as partes, à luz do princípio *pas de nullité sans grief*". (BRASIL, Superior Tribunal de Justiça - AgRg no REsp 1186672/DF, Rel. Ministro Benedito Gonçalves, Primeira Turma, Julgado em 05/09/2013. Diário [de] Justiça eletrônico, 13/09/2013; BRASIL. Superior Tribunal

de comprovar o prejuízo em razão da ilicitude da prova. Tal condição precisa ser refletida a partir da alteração geral do sistema de improbidade que foi significativamente transformado a partir da Lei 14.230, de 2021.

3. Da alteração do sistema de improbidade

O Direito Penal e o Direito Administrativo Sancionador se submetem a um conjunto determinado de princípios constitucionais destinados à proteção dos acusados em geral e define um núcleo limitador na atuação punitiva do Estado. O "núcleo estruturante de direitos dos acusados em geral, na perspectiva de submissão às cláusulas do devido processo legal e do Estado de Direito"[15] está no art. 5º, LV, da Constituição Federal que define: "aos litigantes, em processo judicial ou administrativo, e aos acusados em geral são assegurados o contraditório e ampla defesa, com os meios e recursos a ela inerentes".

A Constituição reconhece a necessidade de proteger o cidadão acusado, em qualquer das possíveis áreas de exercício do poder punitivo estatal, ainda que submetidos a diferentes relações de sujeição. E, portanto, faz isso por meio de princípios que têm a função de direcionar/limitar a atividade punitiva do Estado.

A "nova" Lei de Improbidade inova ao estabelecer que "aplicam-se ao sistema da improbidade [...] os princípios constitucionais do direito administrativo sancionador" (art. 1º, § 4º) e isso deve definir uma nova roupagem da caracterização de atos de corrupção por parte do Estado punitivo. Não é lei penal em sentido estrito, mas com ela compartilha valores presentes na Constituição e isso deve definir a interpretação sobre os seus comandos.

de Justiça. REsp 1225426/SC, Rel. Ministro Napoleão Nunes Maia Filho, Primeira Turma, Julgado em 27/08/2013, Diário [de] Justiça eletrônico,11/09/2013; BRASIL, Superior Tribunal de Justiça – MS 019823/DF, Rel. Ministra Eliana Calmon, Primeira Seção, Julgado em 14/08/2013, Diário [de] Justiça eletrônico 23/08/2013; BRASIL, Superior Tribunal de Justiça – MS 017518/DF, Rel. Ministro Humberto Martins, Primeira Seção, Julgado em 26/06/2013, Diário [de] Justiça eletrônico, 02/08/2013; e MS 015859/DF, Rel. Ministro Arnaldo Esteves Lima, Primeira Seção, Julgado em 22/05/2013, Diário [de] Justiça eletrônico, 05/06/2013.

[15] OSÓRIO, Fábio Medina. *Direito administrativo sancionador.* 5º ed. São Paulo: Revista dos Tribunais, 2015. p. 125.

Muito embora não exista uma nova lei de improbidade propriamente dita, uma vez que a Lei 8.429/1992 foi apenas modificada pela Lei 14.230, de 2021, trata-se de uma vertiginosa modificação do mecanismo de combate aos atos de corrupção. A nova lei alterou de tal maneira a personalidade da Lei de Improbidade que não é desarrazoado denominá-la de "nova" lei, ainda que não seja uma lei nova.

Com a atual redação da norma, a ação de improbidade deixa de ser – explicitamente – considerada uma ação civil. Em seu art. 17-D, a Lei 14.230/2021 afirma que a ação de improbidade "não constitui ação civil" e sim ação de natureza "repressiva, de caráter sancionatório, destinada à aplicação de sanções de caráter pessoal". A ação de improbidade é instrumento do Estado para punir, para sancionar, para aplicar medida aflitivas contra aqueles que praticaram atos de corrupção contra o Estado e não se constitui como medida de prevenção da prática de ilícitos.

A natureza da ação de improbidade foi de tal maneira modificada que o caput do art. 17-D ainda expõe que está "vedado seu ajuizamento para o controle de legalidade de políticas públicas e para a proteção do patrimônio público e social, do meio ambiente e de outros interesses difusos, coletivos e individuais homogêneos". Tais bens jurídicos continuam sob a tutela de proteção de outros instrumentos que a própria Constituição já garantiu desde a sua gênese, a exemplo da ação civil pública e da ação popular.

Diante dos dois exemplos, registre-se que o caráter de proteção e prevenção geral de tais bens jurídicos está presente na Lei da Ação Civil Pública, Lei 7.347/1985, que em seu art. 1º define a responsabilidade por danos morais e patrimoniais causados ao patrimônio público e social (VIII), ao meio ambiente (I) e a qualquer outro interesse difuso ou coletivo (IV). A ação civil pública é o instrumento destinado à correção e responsabilização de agentes públicos e particulares, seja pessoa física seja pessoa jurídica, onde o Poder Judiciário poderá deferir a anulação do ato administrativo, impor obrigação de fazer ou não fazer aos gestores, garantir a indenização por danos materiais e morais e até mesmo a imposição de multas.

Além da ação civil pública, a Constituição Federal, art. 5º, LXXIII, ainda define a ação popular como remédio jurídico destinado a "anular ato lesivo ao patrimônio público ou de entidade de que o Estado participe, à moralidade administrativa, ao meio ambiente e ao patrimônio histórico e cultural". São, portanto, a ação popular e a ação civil pública os dois principais instrumentos do Estado para o controle de legalidade de políticas públicas e para a proteção do patrimônio público e, por isto, tal escopo está vedado à ação de improbidade a partir da nova redação do art. 17-D da Lei de Improbidade. Vale ressaltar, o legislador retira explicitamente a sobreposição de objetivos que passou a existir na prática entre ação de improbidade e ação civil pública ou ação popular.

Se uma ação de improbidade for ajuizada pelo Ministério Público e o magistrado entender que os fatos que fundamentam a acusação não reúnem os elementos necessários à utilização deste mecanismo repressivo, converterá a ação de improbidade em ação civil pública, nos termos do art. 17, § 16, da Lei 8.429/1992. Mais uma medida da nova lei que tem o objetivo de destacar a natureza da ação de improbidade das demais ações civis de proteção do erário.

A verdade é que a Lei de Improbidade nunca foi destinada a ser norma de caráter preventivo, mas agora a alteração legislativa promovida pela Lei 14.230/2021 deixa isso explícito. É lei com sanções contundentes e que foi utilizada – erroneamente – em larga escala para a correção de atos administrativos nos mais diferentes setores do Estado.

O legislador deixa evidenciada a natureza sancionatória da lei, reafirma as suas contundentes sanções, direciona a sua utilização para os casos de corrupção e impõe requisitos proporcionais aos castigos que deve aplicar. Nesse aspecto, e aqui tratamos apenas desse aspecto, o legislador acertou ao separar as armas estatais para os mais diferentes níveis de controle da atividade administrativa.

Acontece que toda essa alteração legislativa no sistema de probidade da Administração não modificou apenas o processo judicial, mas sim o conteúdo do significado de ato de improbidade. Ainda que se reconheça que a Administração pública tem competência para "aplicar a servidor público a pena de demissão em razão da prática de improbidade administrativa, independentemente de prévia condenação, por autoridade judiciária, à perda da função pública"[16], dita autonomia não se refere ao mérito escolhido pela alteração promovida a partir da Lei 14.230, de 2021.

[16] Súmula 651 do Superior Tribunal de Justiça

A Administração Pública não poderá, por exemplo, a pretexto de sua independência para aferir a prática de improbidade, ultrapassar o comando legal que afirma no art. 17-B, §1º, na atual redação da Lei 8.429, 1992: "a ilegalidade sem a presença de dolo que a qualifique não configura ato de improbidade". Não será possível que em processo administrativo disciplinar um servidor seja condenado pela prática de ato de improbidade sem a presença do elemento subjetivo especificamente indicado na Lei.

Tal alteração "traz a necessidade de uma maior sofisticação e esmero na instrução dos processos penaliformes"[17] e duas obrigações essenciais para a validade do processo administrativo sancionador. A primeira questão é a necessidade de apuração prévia à sindicância sobre a origem da denúncia anônima, já que informações obtidas ilegalmente não poderão dar ensejo a qualquer investigação por parte da Administração Pública.

O segundo elemento limitador do tratamento da questão é a proibição de que a denúncia anônima seja utilizada como prova em eventual processo administrativo disciplinar e, portanto, não deve ser utilizada para qualquer finalidade. Uma carta, um e-mail ou um telefonema reduzido a termo, seja qual for a forma de recebimento dessas informações, "não podem ser incorporadas, formalmente, ao processo"[18].

Nesse sentido, a Controladoria-Geral da União[19], definiu a seguinte sistemática para a apuração (na esfera federal) de denúncias anônimas.

> Exige-se da autoridade pública a devida cautela quando se deparar com delação anônima, visto que, nada obstante a necessidade de promover a imediata averiguação, a Administração não deve reagir imediatamente com a instauração de processos disciplinares formais. Faz-se necessário, de início, avaliar a pertinência da notícia veiculada sob o manto do anonimato, averiguando a existência de indicativos mínimos de

[17] https://www.conjur.com.br/2021-nov-07/johnston-sumula-651stj-lei-improbidade-administrativa

[18] HC 106664, Relator(a): CELSO DE MELLO, Segunda Turma, julgado em 27/08/2013, PROCESSO ELETRÔNICO DJe-213 DIVULG 29-10-2014 PUBLIC 30-10-2014

[19] Controladoria-Geral da União. Corregedoria-Geral da União. Manual de Processo Administrativo Disciplinar. Brasília – Jan. de 2021. p. 39. Disponível em: https://repositorio.cgu.gov.br/bitstream/1/64869/6/Manual_PAD_2021_1.pdf. Acesso em: 21 mar, 2022.

> razoabilidade. A tal procedimento dá-se o nome de juízo (ou exame) de admissibilidade.
>
> Feito isso, ou seja, constatada a existência de indícios de verossimilhança da denúncia, o passo seguinte da autoridade é determinar a instauração de uma investigação preliminar, de caráter restrito, informal, a fim de recolher sinalizadores (provas de materialidade e autoria) aptos a respaldar o administrador público quanto à instauração de sindicância, de processo administrativo disciplinar ou mesmo de arquivamento da denúncia.
>
> Essa providência prévia, sumária ou também denominada preparatória, deve ser a primeira reação da autoridade no momento em que se deparar com notícia de um ilícito funcional. Ela poderá ser informal e dispensar comissão, sendo que qualquer servidor poderá ser designado para realizar os atos de instrução voltados ao recolhimento dos subsídios necessários à ulterior tomada de decisão pela Administração (arquivamento da denúncia, ou a instauração de processo disciplinar formal – sindicância acusatória/punitiva ou PAD).
>
> Promovida essa investigação inquisitorial e verificada a existência de indicativos básicos da ocorrência de irregularidades, a instauração de sindicância ou PAD será fundamentada no resultado desse procedimento prévio (diga-se, feita por servidor público devidamente identificado) e não na denúncia anônima.

A tipicidade da conduta ilícita de agente público pode ser aferida pela autoridade administrativa e ser enquadrada em outro tipo infracional presente no estatuto competente, mas a sanção disciplinar por ato de improbidade administrativa está sujeita aos limites impostos pela lei em seu conteúdo. É exatamente por isso que a exigência legal de identificação da origem do denunciante, presente no art. 14 da LIA, deve ser levada em consideração para a instauração de investigação na esfera disciplinar, conforme texto expresso da Lei.

4. Da alteração promovida pela Lei 14.230, de 2021, no art. 14, §3º, da LIA

A alteração promovida pela Lei 14.230, de 2021, na Lei de Improbidade Administrativa realizada no art. 14, §3º, retirou a indicação da regulamentação da forma de apuração da improbidade na esfera administrativa. Na redação anterior constava o direcionamento para a legislação federal de servidores públicos e também de militares.

Originalmente, a Lei 8.429, de 1992, remetia à apuração de atos de improbidade como infrações disciplinares à Lei 8.112, de 1990, Estatuto dos Servidores Públicos Federais, o que representava um erro diante das diferentes competências dos entes federativos para apurar ilícitos dos seus próprios agentes. Na parte dos servidores militares, constante no mesmo parágrafo, a Lei destinou a escolha do procedimento às normas de cada órgão.

A mudança legislativa consignou a expressão "observada a legislação que regula o processo administrativo disciplinar aplicável ao agente", o que demonstra a natureza de legislação nacional e, sendo assim, válida para todos os entes da Federação. Exatamente por isto é que está definida a competência privativa da União para legislar sobre o tema.

O raciocínio utilizado por Maria Sylvia Zanella Di Pietro[20] é no sentido de que: a) as medidas cautelares e de penalização previstas na LIA possuem natureza civil (ressarcimento, indisponibilidade de bens) e política (suspensão dos direito políticos, perda da função pública – natureza política e penal), sendo, portanto, matérias de competência privativa da União, segundo o art. 22, I, da CF/88; b) É possível a aplicação de sanções a particulares quando participam ao lado de agentes públicos, algo que está fora da alçada do poder disciplinar da Administração Pública; e c) No aspecto judicial, o procedimento previsto para legitimar as sanções da LIA é o processo civil, também matéria de competência privativa da União.

A competência exclusiva da União para legislar sobre o tema impõe à Lei de Improbidade a abrangência nacional e não apenas federal, que seria o caso se fosse o destino das punições apenas dos servidores federais. Os atos de improbidade praticados por agentes públicos dos "Poderes Executivo, Legislativo e

[20] DI PIETRO, Maria Sylvia Zanella. Direito Administrativo. 29ª ed. São Paulo: Atlas, 2016, p.982.

Judiciário, bem como da administração direta e indireta, no âmbito da União, dos Estados, dos Municípios e do Distrito Federal", conforme redação do art. 1º, §5º, da LIA, serão apurados na esfera administrativa seguindo a lei competente de cada órgão ou entidade do Estado.

Por todas essas questões, a alteração legislativa no §3º do art. 14 da Lei de Improbidade trilhou o caminho da constitucionalidade ao respeitar a autonomia dos entes federativos para a definição do rito processual a ser adotado. Será necessário que a lei competente para a definição de infrações administrativas contemple a possibilidade da improbidade como ilícito e defina, ainda, uma sanção administrativa como consequência de sua prática.

5. Da comunicação ao Tribunal de Contas e ao Ministério Público

O art. 15 da Lei de Improbidade não sofreu qualquer modificação na Lei 14.233, de 2021, e continua válida a regra que obriga a comissão processante (do PAD) informar ao Ministério Público, titular da ação penal e da ação de improbidade, e ao tribunal de contas sobre os fatos que estão sob sua responsabilidade de apuração. O parágrafo único do art. 15 da LIA indica ainda a possibilidade do ministério público e tribunal de contas, após a notificação, designar representante para acompanhar o procedimento administrativo.

Essa obrigatoriedade da lei está de acordo com o dever geral de probidade no exercício do controle por parte da Administração Pública. Tanto é assim que o Superior Tribunal de Justiça interpreta a ausência de cumprimento dessa notificação aos órgãos de controle externo como irregularidade que não pode ser arguida pelo acusado em seu favor para anular sanção aplicada.

Para o STJ, "constitui mera irregularidade, incapaz de gerar nulidade, o fato de a comissão processante não ter dado ciência imediata ao Ministério Público e ao Tribunal de Contas da existência do procedimento administrativo disciplinar"[21]. De fato, uma regra que tem o escopo de instar outros órgãos de controle a investigar a possível prática de improbidade não ofende em nada os direitos do acusado na esfera administrativa.

[21] BRASIL, Superior Tribunal de Justiça. MS nº 15.021/DF. Relator: Ministro Felix Fischer, julgado em 25/8/2010.

Apesar da ausência de nulidade no processo disciplinar, vale destacar que a regra contida na Lei de Improbidade imputa ao tribunal de contas uma prerrogativa que se compatibiliza com o seu papel constitucional. O Supremo Tribunal Federal quando julgou o Tema 899 e definiu ser "prescritível a pretensão de ressarcimento ao erário fundada em decisão de Tribunal de Contas" declarou o limite da competência do Tribunal de Contas da União para a apuração das ilicitudes que podem ser enquadradas como atos de improbidade:

> "No processo de tomada de contas, o TCU não julga pessoas, não perquirindo a existência de dolo decorrente de ato de improbidade administrativa, mas, especificamente, realiza o julgamento técnico das contas à partir da reunião dos elementos objeto da fiscalização e apurada a ocorrência de irregularidade de que resulte dano ao erário, proferindo o acórdão em que se imputa o débito ao responsável"[22].

Ao contrário da fiscalização contábil exercida pelos tribunais de contas, o processo administrativo disciplinar tem a finalidade de investigar não apenas a materialidade de supostos ilícitos, mas também a sua autoria. O acompanhamento de PAD por servidor indicado por tribunal de contas é contraproducente, uma vez que destinará agente público para o acompanhamento de diversos atos processuais sem qualquer serventia para o controle externo.

Deve-se interpretar tal regra – não apenas em relação ao tribunal de contas, mas também ao ministério público competente – como obrigatoriedade de informar aos órgãos de controle externo que foi instaurado PAD e, ao final de seu julgamento, enviar toda instrução probatória e fundamentação da condenação ou absolvição aplicada ao caso concreto para que os órgãos constitucionais estejam cientes das informações levantadas pela Administração Pública em seu poder disciplinar.

[22] Tema 899 do Supremo Tribunal Federal

Referências

DI PIETRO, Maria Sylvia Zanella. Direito Administrativo. 29ª ed. São Paulo: Atlas, 2016, p.982.

CARVALHO. Antonio Carlos Alencar. *Manual de Processo Administrativo Disciplinar e Sindicância: à luz da jurisprudência dos tribunais e da casuística da Administração Pública.* 6. ed. rev. atual. e aum. – Belo Horizonte – Fórum, 2019.

MATTOS. Mauro Roberto Gomes de. *Lei nº 8.112/90 Interpretada e Comentada.* 6ª ed. rev. e atual. – Niterói, RJ: Impetus, 2012. p. 972, 973

OSÓRIO, Fábio Medina. *Direito administrativo sancionador.* 5º ed. São Paulo: Revista dos Tribunais, 2015. p. 125

BRASIL. Superior Tribunal de Justiça. Súmula 611, PRIMEIRA SEÇÃO, julgado em 09/05/2018, DJe 14/05/2018.

BRASIL, STF. RMS 34694 AgR, Relator(a): LUIZ FUX, Primeira Turma, julgado em 05/11/2019, PROCESSO ELETRÔNICO DJe-251 DIVULG 18-11-2019 PUBLIC 19-11-2019

BRASIL, STF. HC 106664, Relator(a): CELSO DE MELLO, Segunda Turma, julgado em 27/08/2013, PROCESSO ELETRÔNICO DJe-213 DIVULG 29-10-2014 PUBLIC 30-10-2014

BRASIL, Superior Tribunal de Justiça – AgRg no REsp 1186672/DF, Rel. Ministro Benedito Gonçalves, Primeira Turma, Julgado em 05/09/2013. Diário [de] Justiça eletrônico, 13/09/2013;

BRASIL. Superior Tribunal de Justiça. REsp 1225426/SC, Rel. Ministro Napoleão Nunes Maia Filho, Primeira Turma, Julgado em 27/08/2013, Diário [de] Justiça eletrônico,11/09/2013; BRASIL, Superior Tribunal de Justiça – MS 019823/DF, Rel. Ministra Eliana Calmon, Primeira Seção, Julgado em 14/08/2013, Diário [de] Justiça eletrônico 23/08/2013; BRASIL, Superior Tribunal de Justiça – BRASIL. Superior Tribunal de Justiça. MS 017518/DF, Rel. Ministro Humberto Martins, Primeira Seção, Julgado em 26/06/2013, Diário [de] Justiça eletrônico, 02/08/2013; e MS 015859/DF, Rel. Ministro Arnaldo Esteves Lima, Primeira Seção, Julgado em 22/05/2013, Diário [de] Justiça eletrônico, 05/06/2013.

BRASIL. Superior Tribunal de Justiça. Súmula 651 do Superior Tribunal de Justiça

https://www.conjur.com.br/2021-nov-07/johnston-sumula-651stj-lei-improbidade-administrativa

BRASIL, Superior Tribunal de Justiça. MS nº 15.021/DF. Relator: Ministro Felix Fischer, julgado em 25/8/2010.

Controladoria-Geral da União. Corregedoria-Geral da União. Manual de Processo Administrativo Disciplinar. Brasília – Jan. de 2021. p. 39. Disponível em: https://repositorio.cgu.gov.br/bitstream/1/64869/6/Manual_PAD_2021_1.pdf. Acesso em: 21 mar, 2022.

10

Decretação da indisponibilidade de bens na ação de improbidade administrativa: comentários ao Art. 16

Cynthia Gruendling Juruena
Fábio Scopel Vanin
Renan Guedes Sobreira

Introdução

Com as alterações inseridas na Lei de Improbidade Administrativa a partir da edição da Lei n. 14.230/21, a decretação da indisponibilidade de bens de forma cautelar assumiu novos contornos. O tema está inserido, com a redação atual, no art. 16.

O presente capítulo trará um panorama sobre o tema na redação originária da Lei n. 8.429/92, o debate legislativo que ocorreu para que tais novidades legislativas fossem inseridas na LIA e uma análise do art. 16, *caput* e de seus 14 parágrafos incluídos pela Lei n. 14.230/21.

1. Indisponibilidade de bens dos réus na redação originária da Lei n. 8.429/92

A relação entre indisponibilidade de bens e Improbidade Administrativa tem previsão na Constituição Federal, art. 37, § 4º, que dispõe que os atos desta natureza importarão, entre outras medidas, na indisponibilidade dos bens "na forma e gradação previstas em lei, sem prejuízo da ação penal cabível."

Com base no estipulado na Constituição Federal, a indisponibilidade de bens fora tratada no texto original da Lei nº 8.429/1992, em especial o art. 7º, que definiu em seu *caput*:

> Art. 7° Quando o ato de improbidade causar lesão ao patrimônio público ou ensejar enriquecimento ilícito, caberá a autoridade administrativa responsável pelo inquérito representar ao Ministério Público, para a indisponibilidade dos bens do indiciado.

O parágrafo único do mesmo dispositivo destacava que a indisponibilidade referida no *caput* "recairá sobre bens que assegurem o integral ressarcimento do dano, ou sobre o acréscimo patrimonial resultante do enriquecimento ilícito".

Tratando de tema análogo – sequestro de bens – também pode ser destacado o art. 16 do texto originário da Lei nº 8.429/1992, tendo o *caput* com o seguinte teor:

> Art. 16. Havendo fundados indícios de responsabilidade, a comissão representará ao Ministério Público ou à procuradoria do órgão para que requeira ao juízo competente a decretação do sequestro dos bens do agente ou terceiro que tenha enriquecido ilicitamente ou causado dano ao patrimônio público.

Como será explicitado nos tópicos a seguir, o conteúdo dos art. 7º e art. 16, restaram integralmente revogados pela nova norma de improbidade, Lei nº 14.230/2021. No novo regime jurídico, o art. 7º deixou de tratar de indisponibilidade, que passa situar-se em substituição ao art. 16.

O objetivo do tópico introdutório é retratar regime jurídico da indisponibilidade antes da Lei nº 14.230/2021. Deve ficar clara a ressalva de que o conteúdo aqui exposto diz respeito a dispositivos hoje integralmente revogados, e portanto, apresenta entendimentos que tendem a ser alterados pela doutrina e jurisprudência a partir da recente reforma legislativa, na forma que será explicitado nos tópicos vindouros.

A indisponibilidade de bens foi regrada, no regime jurídico originário da Lei de Improbidade Administrativa, como medida de caráter cautelar, não como sanção. Segundo Ferraresi "sua finalidade é evitar que o improbo dilapide seu patrimônio" e ainda que "não se consiga, após a sentença condenatória, ressarcir os prejuízos que provocou ao Estado ou reaver o acréscimo patrimonial resultante do enriquecimento ilícito".[1]

Di Pietro explica que ela "tem nítido caráter preventivo" e objetiva "acautelar os interesses do erário durante a apuração dos fatos, evitando a dilapidação, a transferência ou ocultação dos bens, que tornariam impossível o ressarcimento do dano".[2]

No mesmo sentido, Nohara também inclui a indisponibilidade de bens – ao lado do afastamento do agente público em exercício do cargo e o sequestro de bens – como medidas acautelatórias da Lei de Improbidade.[3]

Oliveira, ao destacar os tipos de condutas ímprobas e suas possíveis consequências, destaca que no regime jurídico vigente até então, a indisponibilidade de bens era medida preventiva indicada especialmente para os casos de enriquecimento ilícito e danos ao erário.[4]

Ao indicar a que ramo do Direito pertenceria a medida, Di Pietro destaca que a indisponibilidade de bens "afeta atributo inerente ao próprio direito de

1 FERRARESI, Eurico. Improbidade administrativa: Lei 8.429/1992 comentada. Rio de Janeiro: Forense, 2011. p. 55. O autor baliza sua posição no REsp 817.557/ES que definiu ""A indisponibilidade dos bens não é sanção, mas providencia cautelar destinada a garantir o resultado útil do processo e a futura recomposição do patrimônio público lesado, bem como a execução de eventual sanção pecuniária a ser imposta e qualquer outro encargo financeiro decorrente da condenação"

2 DI PIETRO, Maria Sylvia Zanella. Direito Administrativo. 31 ed. Rio de Janeiro: Forense, 2018. p. 1034.

3 NOHARA, Irene Patrícia. Direito Administrativo. 8ª ed. São Paulo: Atlas, 2018. p. 965.

4 OLIVEIRA, Rafael Carvalho Rezende. Curso de Direito Administrativo. 6ª ed. Rio de Janeiro: Forense, 2018. p. 884-885.

propriedade (livre disposição do bem)" tratando-se de medida a ser aplicada na esfera civil e que não pode ser utilizada diretamente nas esferas penal e administrativa, onde as investigações deverão ser instauradas e as medidas acatadas, na forma dos seus regramentos[5]. E complementa:

> Mesmo que a autoridade administrativa represente ao Ministério Público, na forma do art. 7º (para pedir indisponibilidade de bens) e art. 16 (para solicitar o sequestro de bens), não pode deixar de ser instaurado e ter tramitação o devido processo administrativo, pois ele insere-se como manifestação do poder disciplinar da Administração Pública, com natureza de poder-dever, e portanto, irrenunciável.[6]

A forma como foi regrado, no texto originário, o diálogo entre as esferas administrativa e judicial, para garantir-se a indisponibilidade de bens, motivou críticas na doutrina.

Di Pietro explica que "embora o art. 7º imponha a autoridade administrativa responsável pelo inquérito administrativo o dever de representar ao Ministério Público para a indisponibilidade de bens do indiciado"[7] a medida poder ser requisitada independentemente de tal representação, indicando falhas no teor do antigo dispositivo:

> Aliás, o dispositivo tem uma redação infeliz, porque, se a própria pessoa jurídica interessada tem legitimidade para propor a ação, não há razão para que ela mesma não tome a iniciativa para requerer judicialmente a decretação da indisponibilidade. Não há necessidade de requer ao Ministério Público o exercício de uma competência que pode ser exercida pelo órgão jurídico da própria entidade a que pertence a autoridade jurídica.[8]

[5] DI PIETRO, Maria Sylvia Zanella. Direito Administrativo. 31 ed. Rio de Janeiro: Forense, 2018. p. 1019.

[6] DI PIETRO, Maria Sylvia Zanella. Direito Administrativo. 31 ed. Rio de Janeiro: Forense, 2018. p. 1021.

[7] DI PIETRO, Maria Sylvia Zanella. Direito Administrativo. 31 ed. Rio de Janeiro: Forense, 2018. p. 1037.

[8] DI PIETRO, Maria Sylvia Zanella. Direito Administrativo. 31 ed. Rio de Janeiro: Forense, 2018. p. 1037.

Ferraresi também crítica a redação original do *caput* do art. 7º, afirmando que ele "disse menos do que deveria". Na opinião do autor, tanto o Ministério Público, quanto da pessoa jurídica interessada tem legitimidade para propor a ação, podendo ambos requisitar a indisponibilidade em juízo. Segundo ele é "equivocada a interpretação no sentido de que somente o Ministério Público poderia postular tal medida".[9]

Assim, no regime originário, tratava-se de medida a ser buscada em juízo cível. Ainda que a necessidade fosse identificada no inquérito administrativo, os legitimados deveriam buscar a indisponibilidade por meio de medida judicial, com o objetivo de evitar futura alienação de bens.

Fazzio Junior aborda a indisponibilidade de bens, com base nas normas revogadas, sob duas perspectivas: a) para garantir devolução do acréscimo; b) para assegurar ressarcimento.

Ao tratar da garantia da devolução do acréscimo, Fazzio Junior aponta no sentido de que o alcance da indisponibilidade ficaria limitada ao acréscimo patrimonial relacionado ao ilícito, somente justificando-se ir além do aumento de bens, quando evidenciada sua absoluta necessidade.[10]

Valendo-se das palavras de Rizzardo, explica-se que para efeitos de devolução de acréscimo "não podem ser vinculados ao proveito de eventuais atos de improbidade os bens cuja compra teve como base a alienação de outros anteriormente incluídos no patrimônio" ou ainda aqueles "havidos por

[9] FERRARESI, Eurico. Improbidade administrativa: Lei 8.429/1992 comentada. Rio de Janeiro: Forense, 2011. p. 54.

[10] FAZZIO JR., Waldo. Improbidade Administrativa, 4ª edição. São Paulo: Atlas, 2016. p. 375. O autor baliza suas opiniões no julgado TRF 1ª R. - AG 200101000246645/MG - Rel. Des. Fed. Cândido Ribeiro - DJU 1-7-2005, que definiu ""O art. 7º, parágrafo único, da Lei nº 8.429/92 não limitou a indisponibilidade aos bens e valores existentes antes do deferimento da medida. Com relação ao limite temporal, a jurisprudência tem entendido que a medida deve recair sobre os bens adquiridos posteriormente aos atos de improbidade" e ainda, na decisão TRF 1ª R. - AG 200101000406619/RO - Rel. Juiz Fed. Conv. Saulo José Casali Bahia, onde resta afirmado que ""A decretação da indisponibilidade de bens de réus em ação de improbidade, como medida cautelar assecuratória da eficácia do deferimento do pedido de ressarcimento do dano, nos termos do art. 7º e parágrafo único da Lei nº 8.429, de 2-6-1992, requer sempre razoável demonstração dos supostos danos ou do enriquecimento sem causa, não sendo admissível que seja decretada de modo universal e generalizado, de modo a alcançar todos os bens dos réus, e em valor inclusive superior, eventualmente, ao prejuízo dito causado. Ademais, no caso de enriquecimento ilícito, os bens devem ter sido adquiridos após a ocorrência do evento ensejador da propositura da ação de improbidade administrativa."

herança, doação, prêmios, sorteios, recompensa, favorecimento, pois a origem se revela inteiramente lícita."[11]

No que diz respeito a indisponibilidade para assegurar o ressarcimento, Fazzio Junior explica que ela poderia recair sobre quaisquer bens suficientes para a restituição do erário, pois estaria relacionada ao dever de indenizar. Nas palavras do autor "tratando-se de medida que objetiva assegurar o futuro ressarcimento de danos, deve estar alicerçada em indícios inequívocos de responsabilidade e recair em bens necessários e suficientes."[12]

Em mesmo sentido, Rizzardo acrescenta que a indisponibilidade de bens, para além da devolução do acréscimo, visando a possibilidade de assegurar o ressarcimento, permite evitar que o improbo seja beneficiado:

> Se, no entanto, não mais existem os bens ou se desapareceu o proveito, perde a consistência tal tese, pois equivaleria a eximir o autor que obteve o indevido enriquecimento ou causou o desfalque dos efeitos satisfatórios e recuperatórios da sentença que condena em ato de improbidade. Mesmo porque a finalidade da lei é assegurar o integral ressarcimento dos prejuízos causados ao erário. Não se mostra relevante se os bens do demandado foram adquiridos antes ou depois da prática de atos de improbidade.[13]

[11] RIZZARDO, Arnaldo. Ação Civil Pública e Ação de Improbidade Administrativa, 3ª edição. Rio de Janeiro: Forense, 2014. p. 423.

[12] FAZZIO JR., Waldo. Improbidade Administrativa, 4ª edição. São Paulo: Atlas, 2016. p. 376-377. A posição do autor tinha como base a STJ – REsp 1.195.828/MA – Rel. Min. Mauro Campbell Marques – J. 2-9-2010 – DJe 4-10-2010, que afirmava ""É pacífico nesta Corte Superior entendimento segundo o qual a indisponibilidade de bens deve recair sobre o patrimônio dos réus em ação de improbidade administrativa de modo suficiente a garantir o integral ressarcimento de eventual prejuízo ao erário, levando-se em consideração, ainda, o valor de possível multa civil como sanção autônoma."

[13] RIZZARDO, Arnaldo. Ação Civil Pública e Ação de Improbidade Administrativa, 3ª edição. Rio de Janeiro: Forense, 2014. p. 423. A posição do autor tem como base o REsp. nº 955.835/SP, da Primeira Turma, j. em 9.09.2008, DJU de 6.10.2008, no seguinte sentido: "O artigo 7º da Lei nº 8.429/92 tem o objetivo de assegurar o ressarcimento do dano causado ao erário público, sendo desimportante que a indisponibilidade recaia sobre bens adquiridos anteriormente ao indigitado ato. Precedentes: REsp. nº 886.524/SP, Rel. Min. João Otávio de Noronha, DJ de 13.11.2007, REsp. nº 401.536/MG, Rel. Min. Denise Arruda, DJ de 06.02.2006"

Desta forma, segundo Fazzio Jr. "quando se trata de enriquecimento ilícito, o objeto é o produto do enriquecimento", devendo a indisponibilidade alcançar somente os bens adquiridos por consequência da conduta que gerou acréscimo patrimonial. Por outro lado, ao buscar-se a recomposição do erário, a indisponibilidade ganharia extensão ampliada, podendo englobar outros bens, suficientes para garantir a reparação.[14]

Garcia e Alves tinham posição semelhante sobre o alcance da indisponibilidade dos bens no regime jurídico originário da Lei de Improbidade Administrativa:

> Sem prejuízo da generalidade da medida, o certo é que deve a constrição incidir apenas sobre o montante necessário à plena reparação do dano, não sobre todo o patrimônio do requerido quando este se apresentar bem superior ao prejuízo. A medida deve ser, em resumo, proporcional ao escopo que se deseja alcançar.[15]

Pelos motivos expostos, Ferraresi destaca "a importância de descrever na inicial o montante do dano ou do enriquecimento ilícito, mesmo que por estimativa" pois será com base neste apontamento que "em casos de urgência se decretará a indisponibilidade dos bens do ímprobo".[16]

Garcia e Alves, ao tratar especificamente da alienação de bens imóveis, destacam que "o mais importante é garantir a sua inalienabilidade, o que se materializa por intermédio da inscrição do ato judicial no respectivo Registro Imobiliário". Para os autores, nada impede que o réu continue a exercer a posse do imóvel, desde que garantida a sua conservação. Sendo assim, ainda que exista a indisponibilidade, nada impede que os imóveis tenham o improbo como depositário, desde que se preste contas da administração ao magistrado, reservando-se especial cautela a possibilidade de eventual desvio de bens. [17]

[14] FAZZIO JR., Waldo. Improbidade Administrativa, 4ª edição. São Paulo: Atlas, 2016. p. 378.

[15] GARCIA, Emerson; ALVES, Rogério P. Improbidade administrativa. São Paulo: Editora Saraiva, 2014. p. 572.

[16] FERRARESI, Eurico. Improbidade administrativa: Lei 8.429/1992 comentada. Rio de Janeiro: Forense, 2011. p. 63.

[17] GARCIA, Emerson; ALVES, Rogério P. Improbidade administrativa. São Paulo: Editora Saraiva, 2014. p. 571. Os autores indicam que a possibilidade de administração dos bens pelo

Outro tema relevante acerca da indisponibilidade no regime jurídico originário tratava do seu alcance sobre bens impenhoráveis ou de familiares.

Na forma descrita por Garcia e Alves, como regra geral, "a medida de indisponibilidade de bens não poderá alcançar aqueles considerados impenhoráveis pelo legislador ordinário, sob pena de aniquilamento da dignidade da pessoa alcançada pela responsabilização".[18]

Em relação específica ao bem de família, Ferraresi dispõe que o instituto "convive com a indisponibilidade", visto que a medida "não provoca necessariamente a expropriação do bem, apenas impede sua alienação", o que tem sido deferido em decisões judiciais.[19]

No mesmo sentido está o entendimento de Rizzardo ao destacar que a indisponibilidade poderia recair sobre bem de família, pelos parâmetros tidos nas normas hoje revogadas. Para o autor "não se está tratando da impenhorabilidade, que se averiguará em outro momento, quando da alienação judicial forçada. A medida é de mera prevenção contra possível alienação".[20]

Ainda sobre o bem de família, Garcia e Alves trazem a ressalva de que "quando a conduta causadora de dano ao patrimônio público também caracterizar crime", após o trânsito em julgado da sentença condenatória penal, tornava-se incabível inclusive a oposição de impenhorabilidade, na forma do art. 3º, VI, da Lei n. 8.009/1990.[21]

ímprobo com prestação de contas ao Juiz tem base no entendimento d STJ, RMS n. 6197/DF, 2ª T., rel. Min. Hélio Mossiman, DJU de 18/5/1998.

[18] GARCIA, Emerson; ALVES, Rogério P. Improbidade administrativa. São Paulo: Editora Saraiva, 2014. p. 572.

[19] FERRARESI, Eurico. Improbidade administrativa: Lei 8.429/1992 comentada. Rio de Janeiro: Forense, 2011. p. 66-67. Na forma do AgRg no REsp 956.039/PR. "A Lei n. 8.009/90 visa a resguardar o lugar onde se estabelece o lar, impedindo a alienação do bem onde se estabelece a residência familiar. No caso, o perigo de alienação, para o agravante, não existe. Ao contrário, a indisponibilidade objetiva justamente impedir que o imóvel seja alienado e, caso seja julgado procedente o pedido formulado contra o agravante na ação de improbidade, assegurar o ressarcimento dos danos que porventura tenham sido causados ao erário".

[20] RIZZARDO, Arnaldo. Ação Civil Pública e Ação de Improbidade Administrativa, 3ª edição. Rio de Janeiro: Forense, 2014. p. 424.

[21] GARCIA, Emerson; ALVES, Rogério P. Improbidade administrativa. São Paulo: Editora Saraiva, 2014. P. 572. Os autores destacam que "Em se tratando de medida que recaia sobre o patrimônio de pessoa casada pelo regime de comunhão de bens, a jurisprudência, com base no art. 1.046, § 3º, do CPC, vem admitindo a oposição de embargos de terceiro pela mulher,

Fazzio Junior (p. 378) destaca ainda que "por força do art. 8º da Lei nº 8.429/92, o sucessor daquele que causar lesão ao patrimônio público ou se enriquecer ilicitamente está sujeito às cominações legais, de índole patrimonial, até o limite do valor da herança", com destaque de que o teto é o valor que os herdeiros perceberam, nada mais. [22]

O art. 8º também foi motivo de alteração. Desta forma, assim como as demais reflexões trazidas até aqui, precisa ser observado sob o prisma do novo regime jurídico, na forma que passa a ser exposta com a apresentação dos debates sobre o Projeto de Lei que deu origem a Lei nº 14.230/2021.

2. Debates sobre a indisponibilidade de bens no processo legislativo da Lei n. 14.230/21

A Lei Federal n. 8.429/1992 sofreu duas grandes alterações desde sua feitura. A primeira no ano 2000, com a edição da Medida Provisória n. 2.088-35, reeditada pelas Medidas Provisórias n. 2.088-36/2001 e n. 2.225-45/2001, com a criação da fase preliminar; e a segunda em 2021, com a edição da Lei Federal n. 14.230, que modificou diversos dispositivos.

Ambas têm em comum o fato de serem câmbios constritivos da vontade punitiva. A introdução da fase preliminar objetivava "de conter 'o exibicionismo de membros do MP' e 'a banalização da ação de improbidade'".[23] Já a reforma estabelecida mais recentemente, visa a desfazer interpretações estabelecidas jurisprudencialmente, uma espécie de *overruling* legislativo.

O processo legislativo que culminou na Lei Federal n. 14.230/2021 teve seu início em outubro de 2018 no Projeto de Lei n. 10.887, apresentado pelo Deputado Federal Roberto de Lucena (PODEMOS – São Paulo), quando se pretendeu legitimar legislativamente alguns entendimentos do Superior Tribunal de Justiça.

uma vez que a sua meação não responde "pelo cumprimento de obrigação oriunda de ato ilícito pelo marido"

[22] FAZZIO JR., Waldo. Improbidade Administrativa, 4ª edição. São Paulo: Atlas, 2016. p. 378.

[23] GEBRAN NETO, João Pedro; SCHIRMER, Mário Sérgio de. **Lei de improbidade é meio para combater a corrupção.** Disponível em: http://www.conjur.com.br/2010-jan-24/segunda-leituraafastar-aplicacao-lei-improbidade-defender-corrupcao. Acesso em 25 jan. 2023.

Inicialmente, pretendeu-se legitimar a possibilidade de inclusão do valor de potencial multa ao redigir o *caput* do art. 16: "Na ação por improbidade administrativa poderá ser formulado, em caráter antecedente ou incidente, pedido de indisponibilidade de bens dos réus, a fim de garantir a integral recomposição do erário e a aplicação de outras sanções de natureza patrimonial"; e ainda fazer constar no parágrafo 4º que a constrição deveria ser suficiente à "garantia do ressarcimento ao erário dos prejuízos patrimoniais alegados e da multa civil".

Também se pretendia referendar legislativamente o entendimento jurisprudencial de que é desnecessária a demonstração de perigo de dano ou risco ao resultado útil do processo à determinação de constrição patrimonial.[24] A redação original do projeto permitia o bloqueio de bem de família (art. 16, §6º) e incidia em equívoco redacional (art. 16, §7º) ao afirmar que a indisponibilidade de bem de terceiro "depende da instauração de incidente de desconsideração da personalidade jurídica", uma vez que essa somente é aplicável às pessoas jurídicas. Por fim, o projeto originalmente apresentado salientava a possibilidade de constrição de patrimônio no exterior (art. 16, §8º).

Conforme trâmite legislativo, a proposta foi remetida às Comissões de Seguridade Social e Família; Desenvolvimento Econômico, Indústria, Comércio e Serviços; Trabalho, Administração e Serviço Público; Finanças e Tributação; além da Comissão de Constituição de Justiça e Cidadania; conforme art. 54 do Regimento Interno da Câmara dos Deputados (RICD). Considerando a submissão à análise de mais de três comissões, atendendo ao disposto no art. 34, II do RICD, foi criada Comissão Especial de análise.

Sem embargo, a legislatura se encerrou no final de 2018, arquivando-se "todas as proposições que no seu decurso tenham sido submetidas à deliberação da Câmara e ainda se encontrem em tramitação", eis que não se tratava das poucas exceções constantes nos incisos do art. 105 RICD.

Tendo o novo Congresso Nacional iniciado a 57ª legislatura (2018-2022) e reeleito o Deputado Federal Roberto de Lucena (PODE-SP), foi apresentado

[24] Art. 16, §2º. O pedido de indisponibilidade será concedido independentemente da demonstração de perigo de dano ou de risco ao resultado útil do processo, desde que o juiz se convença da probabilidade da ocorrência dos atos descritos na petição inicial à luz dos seus respectivos elementos de instrução, após a oitiva do réu em 5 (cinco) dias.

o Requerimento n. 156 a fim de desarquivar o projeto e retomar a tramitação legislativa, o que ocorreu em fevereiro de 2019.

O Presidente da Câmara dos Deputados, Deputado Federal Rodrigo Maia, designou Comissão Especial composta por doze parlamentares titulares da base governista[25] e oito parlamentares titulares das demais agremiações.[26] Instalada a Comissão Especial e designado como relator o Deputado Federal Carlos Zarattini (PT– SP), foram requisitadas e autorizadas diversas audiências públicas pelos parlamentares Marco Bertaiolli (PSD-SP), Tadeu Alencar (PSB-PE), Deputado Federal Daniel Trzeciak (PSDB-RS), Deputado Federal Pompeo de Mattos (PDT-RS), Deputado Federal Herculano Passos (MDB--SP), Deputado Federal Paulo Teixeira (PT-SP), Deputado Federal Paulo Freire Costa (PL-SP), Deputado Federal Nereu Crispim (PSL-RS), Deputado Federal Sergio Vidigal (PDT-ES) e ainda outros, além do próprio relator. Nas audiências públicas foram ouvidas autoridades acadêmicas e judiciárias de diversas regiões do país.

Está claro, portanto, que o processo legislativo desencadeado pelo PL 10.887/2018, rebatizado posteriormente como Projeto de Lei n. 2.505/2021, gerou grande interesse por parte de parlamentares e forte mobilização de especialistas das mais diversas áreas jurídicas e ramos jurisdicionais a fim de debater as alterações propostas.

Após catorze audiências públicas e três seminários, com a oitiva de mais de sessenta autoridades, em outubro de 2020, o Deputado Federal Carlos Zarattini, relator do projeto, apresentou ao plenário o relatório. O parlamentar destacou que a Comissão de Juristas, presidida pelo Ministro do Superior Tribunal de Justiça Mauro Campbell, orientou-se no sentido de harmonizar a norma com o Código de Processo Civil de 2015 e, especialmente, a fim de "incorporar ao projeto a jurisprudência consolidada dos Tribunais Superiores na interpretação da LIA".

O relator salientou que entre 2010 e 2020 ocorrera um significativo incremento no número de condenações com base na Lei de Improbidade

[25] PSL/PP/PSD/MDB/PL/PRB/DEM/PSDB/PTB/PSC/PMN.

[26] PDT/PODE/SOLIDARIEDADE/PCdoB/PATRIOTA/CIDADANIA/PROS/AVANTE/PV/DC/PT/ PSB/PSOL/REDE/NOVO

Administrativa, ultrapassando dezoito mil só em tribunais federais, o que, em sua perspectiva, demonstra um salutar combate à corrupção.

Zarattini destaca inconstitucionalidade no art. 16, §8º constante no projeto e a necessidade de sua eliminação. Na sequência, o relator apresentou substitutivo, no qual assentou nova redação ao art. 16, §10, nos seguintes termos: "A indisponibilidade a que se refere o caput deste artigo recairá sobre bens que assegurem exclusivamente o integral ressarcimento do dano ao erário, não incidindo sobre os valores a serem eventualmente aplicado a título de multa civil e sobre eventual acréscimo patrimonial resultante do enriquecimento ilícito".

O englobamento do valor da multa civil também foi extirpado do *caput* e do §4º do art. 16, restando indicado meramente que a monta constrita deve ser suficiente à reparação do dano. O equívoco redacional do §6º do art. 16 foi mantido, afirmando que o atingimento de bens de terceiros depende de incidente de desconsideração de personalidade jurídica, sem distinguir pessoas físicas e jurídicas.

Diante da apresentação em plenário, o Deputado Federal Cacá Leão (PP – BA) solicitou regime de urgência para apreciação do projeto, o que foi acolhido pela mesa diretora, nos termos do art. 155 RICD.[27] Na sequência, Carlos Zarattini apresentou novo parecer, mantendo as linhas gerais do art. 16, especialmente na exclusão do valor da multa na quantia constrita, o que antes se autorizava jurisprudencialmente.

O Relatório Preliminar de Plenário n. 2 (RPP 2) corrige a redação do §6º, que passou a constar: "A indisponibilidade de bens de terceiro depende da demonstração da sua efetiva concorrência para os atos ilícitos apurados ou, tratando-se de pessoa jurídica, da instauração de incidente de desconsideração da personalidade jurídica, a ser processada na forma da lei processual". Salutar a modificação, eis que impede afetação indiscriminada de patrimônio de terceiros e distingue os procedimentos relativos às pessoas físicas e jurídicas.

[27] Art. 155. Poderá ser incluída automaticamente na Ordem do Dia para discussão e votação imediata, ainda que iniciada a sessão em que for apresentada, proposição que verse sobre matéria de relevante e inadiável interesse nacional, a requerimento da maioria absoluta da composição da Câmara, ou de Líderes que representem esse número, aprovado pela maioria absoluta dos Deputados, sem a restrição contida no § 2º do artigo antecedente.

Ainda, o RPP 2 explicitou no §10 que há possibilidade de decretação de indisponibilidade de bens, mas "não incidindo sobre os valores a serem eventualmente aplicados a título de multa civil ou sobre acréscimo patrimonial decorrente de atividade lícita".

Interessante observar que o termo "*multa*" aparece no RPP 2 em oito situações, sendo seis na própria redação proposta e duas na justificação ou relatório, sem demonstrar os motivos que levaram à alteração do entendimento jurisprudencialmente fixado e constante na redação originalmente proposta.

Decidida pela urgência na tramitação, em 16 de junho de 2021 o projeto foi levado a votação em Sessão Deliberativa Extraordinária e Semipresencial. A bancada do Partido Novo apresentou requerimento a fim de retirar o projeto de pauta, pois não teria sido suficientemente debatido. O pedido foi rejeitado por 406 dos 464 presentes na Câmara dos Deputados, tendo o apoio apenas do Podemos e do PSOL.

Parlamentares debateram o projeto em Plenário e foram apresentadas dezesseis emendas, sendo apenas uma aprovada. Com a nova redação, foi alterado o §3º do art. 16, passando a constar que é vedada a presunção de urgência para decretação de constrição patrimonial, confrontando entendimento jurisprudencial assente. Ainda, foram acrescentadas normas a fim de estabelecer ordem de preferência no bloqueio de bens (§11), impondo ao magistrado o dever de analisar as consequências da ordem constritiva e a observância de não afetação de serviços públicos (§12), a vedação de penhora de valores até quarenta salários-mínimos em caderneta de poupança (§13) e de indisponibilidade de bem de família (§14).

O projeto foi votado dessa forma, obtendo aprovação na Câmara dos Deputados, sendo remetido ao Senado Federal pelo Ofício n. 647/2021 em 18 de junho. O Senado Federal devolveu o projeto em 4 de outubro de 2021, Ofício n. 560, afirmando que esse fora aprovado com emendas, de modo que essas deveriam ser votadas na Câmara dos Deputados. As modificações foram feitas sobretudo nas tipificações e penalidades constantes na norma, restando intocado o trâmite de indisponibilidade de bens previsto no art. 16.

Por fim, o Ofício n. 157/2021 comunicou ao Senado Federal a aprovação nos termos que fora devolvido o projeto e a remessa à sanção presidencial, transformando-se o Projeto n. 2.505 na Lei Federal n. 14.230, de 25 de outubro de 2021.

Inobstante as numerosas audiências públicas, em diversas partes do país, envolvendo diversas autoridades acadêmicas e judiciárias, especialistas técnicos no tema, e a pretensão de solidificar legislativamente interpretações jurisprudenciais, o resultado final parece, efetivamente, pouco debatido nalguns pontos, especialmente aqueles que confrontam com a jurisprudência até então dominante.

A tramitação açodada contrasta com a quantidade de audiências públicas e a modificação de pontos sensíveis do projeto original, constantes no art. 16, sem a adequada justificação legislativa podem comprometer a aceitação judicial das alterações.

Ana Paula de Barcellos sustenta que há um direito fundamental à justificativa dos atos estatais, inclusive a conformar o devido procedimento na elaboração das normas,[28] pois permite aferir a legitimidade constitucional e moral do ato normativo editado e, por conseguinte, sua potencial aceitabilidade social.

Roberta Simões Nascimento destaca a "importância das exposições de motivos (no momento das discussões) e do preâmbulo (quando já aprovada a lei)", pois "aí está contida a *ratio legis*" e "se a ideia é conferir mais racionalidade ao processo de elaboração das leis, o enfoque argumentativo não pode desprezar tais peças".[29]

Considerando as inovações legais introduzidas pela Lei Federal n. 14.230/2021, notadamente aquelas constantes no art. 16, fica clara a falta de demonstração de argumentos a justificar as alterações, ocultando a *ratio legis* e violando o direito fundamental ao devido procedimento de elaboração normativa.

Potencialmente essa é uma das justificativas para a forte reação negativa que a norma gerou nos órgãos judiciários quando de sua aprovação. A Associação de Juízes Federais publicou artigo intitulado "A Nova Lei da Impunidade Administrativa";[30] representantes do Ministério Público e da Advocacia-Geral

[28] BARCELLOS, Ana Paula de. **Direitos Fundamentais e Direito à Justificativa**: devido procedimento na elaboração normativa. Belo Horizonte: Fórum, 2016.

[29] NASCIMENTO, Roberta Simões. **Teoria da Legislação e Argumentação Legislativa**: Brasil e Espanha em perspectiva comparada. Curitiba: Alteridade, 2019, p. 480.

[30] MARTINS, Tiago. **A nova "Lei de Impunidade Administrativa"**. Disponível em: https://www.ajufe.org.br/imprensa/artigos/15791-nova-lei-da-impunidade-administrativa. Acesso em: 29 jan. 2023.

da União afirmaram que as alterações "podem aumentar a impunidade e a corrupção".[31]

O processo legislativo de atualização das normas é imprescindível a garantir o atrelamento da hipótese normativa aos fatos da vida, mas não pode se distanciar do devido processo de elaboração legislativa, garantindo não apenas o debate público – como feito nas audiências públicas e seminários –, mas também a transparência argumentativa que justifica a mudança proposta.

A norma cuja alteração é injustificada argumentativamente, como ocorreu no caso do art. 16 em estudo, gera natural desconfiança da sociedade em geral e, mais acentuadamente, entre os aplicadores do Direito para com a nova legislação. Esse déficit legislativo gera ponto nebuloso sobre a *mens legis* e a *ratio legis*, abrindo grande flanco à construção jurisprudencial, que deve ser observada face à Lei de Improbidade Administrativa nos próximos anos.

3. Um panorama do art. 16 com as alterações introduzidas pela Lei n. 14.230/21

A decretação da indisponibilidade de bens dos réus em sede de ação de improbidade administrativa foi um tema com bastante inovações introduzidas pela Lei n. 14.230/21. A Lei inseriu 14 parágrafos ao art. 16, trazendo significativas alterações a consolidados posicionamentos jurisprudenciais.

A redação do *caput* do art. 16 dispõe que o pedido de indisponibilidade poderá ser formulado em caráter antecedente ou incidente, a fim de garantir a recomposição do erário ou do acréscimo patrimonial resultante de enriquecimento ilícito.[32] Verifica-se que o *caput* consagra que antes mesmo da propositura da ação de improbidade administrativa já poderá ser formulado o pedido de indisponibilidade de bens.

[31] SENADO FEDERAL. **Mudanças na Lei de Improbidade podem aumentar impunidade, dizem especialistas.** Disponível em: https://www12.senado.leg.br/noticias/audios/2021/08/mudancas-na-lei-de-improbidade-podem-aumentar-impunidade-dizem-especialistas. Acesso em: 29 jan. 2023.

[32] BRASIL. **Lei n. 8.429**, de 2 de junho de 1992. Dispõe sobre as sanções aplicáveis em virtude da prática de atos de improbidade administrativa, de que trata o § 4º do art. 37 da Constituição Federal; e dá outras providências. Disponível em: <https://www.planalto.gov.br/ccivil_03/Leis/L8429.htm>. Acesso em: 13 jan. 2023.

O §1º-A estabelece que "o pedido de indisponibilidade de bens a que se refere o *caput* deste artigo poderá ser formulado independentemente da representação de que trata o art. 7º desta Lei".[33] Ou seja, cabe ao Ministério Público decidir sobre a formulação do pedido de indisponibilidade de bens, independentemente da representação do interessado.[34]

Essa nova redação veio para pacificar este ponto, visto que a redação originária do art. 7º da Lei 8.429/92 trazia que caberia à autoridade administrativa responsável pelo inquérito representar ao Ministério Público, a fim de solicitar a decretação da indisponibilidade dos bens. Zanella di Pietro inclusive já tecia críticas a essa previsão, assinalando a possibilidade de o Ministério Público, de ofício, requerer a decretação dessa medida cautelar.[35]

O §2º do art. 16 dispõe sobre a possibilidade de incluir na indisponibilidade de bens a investigação, o exame e o bloqueio de bens, contas bancárias e aplicações financeiras mantidas pelo indiciado no exterior.[36] Deverão ser observados, em tal hipótese, as legislações específicas e tratados internacionais que versam acerca da colaboração internacional de combate à corrupção.

O art. 16, §3º traz que haverá o deferimento do pedido apenas "mediante a demonstração no caso concreto de perigo de dano irreparável ou de risco ao processo, desde que o juiz se convença da probabilidade da ocorrência dos atos descritos na petição inicial". Além disso, o parágrafo 3º estipula a necessidade de oitiva do réu em 5 dias.[37]

[33] BRASIL. **Lei n. 8.429**, de 2 de junho de 1992. Dispõe sobre as sanções aplicáveis em virtude da prática de atos de improbidade administrativa, de que trata o § 4º do art. 37 da Constituição Federal; e dá outras providências. Disponível em: <https://www.planalto.gov.br/ccivil_03/Leis/L8429.htm>. Acesso em: 13 jan. 2023.

[34] JUSTEN FILHO, Marçal. **Reforma da Lei de Improbidade Administrativa comparada e comentada:** Lei 14.230, de 25 de outubro de 2021. Rio de Janeiro: Forense, 2022, p. 173.

[35] DI PIETRO, Maria Sylvia Zanella. **Direito Administrativo.** 31. ed. rev. atual. ampl. Rio de Janeiro: Forense, 2018, p. 1039.

[36] BRASIL. **Lei n. 8.429**, de 2 de junho de 1992. Dispõe sobre as sanções aplicáveis em virtude da prática de atos de improbidade administrativa, de que trata o § 4º do art. 37 da Constituição Federal; e dá outras providências. Disponível em: <https://www.planalto.gov.br/ccivil_03/Leis/L8429.htm>. Acesso em: 13 jan. 2023.

[37] BRASIL. **Lei n. 8.429**, de 2 de junho de 1992. Dispõe sobre as sanções aplicáveis em virtude da prática de atos de improbidade administrativa, de que trata o § 4º do art. 37 da Constituição Federal; e dá outras providências. Disponível em: <https://www.planalto.gov.br/ccivil_03/Leis/L8429.htm>. Acesso em: 13 jan. 2023.

Esse dispositivo incluído pela Lei 14.230/21 veio para estabelecer a necessidade de demonstrar a presença dos requisitos clássicos da tutela de urgência. Isto é, evidenciar indícios concretos do enquadramento em uma das tipificações legais (arts. 9º, 10 e 11 da LIA), comprovação do elemento doloso, autoria. Ademais, deverá ser evidenciado que a ausência de decretação da indisponibilidade de bens produz risco de comprometimento da eficácia da decisão.[38] Desse modo, "é indispensável apresentar elementos fáticos concretos que demonstrem os indícios desse risco".[39]

Embora o art. 16, §3º traga como um dos requisitos a oitiva do réu em 5 dias, o §4º dispõe que a decretação da indisponibilidade "poderá ser sem a oitiva prévia do réu, sempre que o contraditório prévio puder comprovadamente frustrar a efetividade da medida ou houver outras circunstâncias que recomendem a proteção liminar, não podendo a urgência ser presumida".[40]

Ressalta-se que há, pendentes de julgamento, algumas ADI que impugnam alguns dispositivos inseridos na Lei de Improbidade Administrativa. Dentre eles, questiona-se a constitucionalidade do art. 16, §§ 3º e 4º. "O desfecho dessas ações será curioso porque parte dos dispositivos impugnados reflete precisamente o entendimento jurisprudencial sobre a matéria pacificado pelo STJ".[41]

O art. 16, §5º determina que, em havendo mais de um réu na ação, a soma dos valores declarados indisponíveis não poderá ser superior ao valor estipulado na inicial como do dano ao erário ou enriquecimento ilícito.[42]

[38] JUSTEN FILHO, Marçal. **Reforma da Lei de Improbidade Administrativa comparada e comentada:** Lei 14.230, de 25 de outubro de 2021. Rio de Janeiro: Forense, 2022, p. 177.

[39] JUSTEN FILHO, Marçal. **Reforma da Lei de Improbidade Administrativa comparada e comentada:** Lei 14.230, de 25 de outubro de 2021. Rio de Janeiro: Forense, 2022, p. 178.

[40] BRASIL. **Lei n. 8.429**, de 2 de junho de 1992. Dispõe sobre as sanções aplicáveis em virtude da prática de atos de improbidade administrativa, de que trata o § 4º do art. 37 da Constituição Federal; e dá outras providências. Disponível em: <https://www.planalto.gov.br/ccivil_03/Leis/L8429.htm>. Acesso em: 17 jan. 2023.

[41] NASCIMENTO, Roberta Simões. **Nas ADIs contra nova Lei de Improbidade, STF julgará jurisprudência do STJ.** Jota, 2022. Disponível em: <https://www.jota.info/opiniao-e-analise/colunas/defensor-legis/nas-adis-contra-nova-lei-de-improbidade-stf-julgara-jurisprudencia-do-stj-09112022>. Acesso em: 18 jan. 2023.

[42] BRASIL. **Lei n. 8.429**, de 2 de junho de 1992. Dispõe sobre as sanções aplicáveis em virtude da prática de atos de improbidade administrativa, de que trata o § 4º do art. 37 da

Este dispositivo trouxe a ideia do valor global, ou seja, se os réus concorreram em um dano de determinado valor, o bloqueio não poderá superar esta monta.

O art. 16, §6º estipula sobre o valor da indisponibilidade, que deverá considerar a estimativa de dano indicada na inicial, "permitida a sua substituição por caução idônea, por fiança bancária ou por seguro-garantia judicial, a requerimento do réu, bem como a sua readequação durante a instrução do processo".[43] Marçal Justen Filho[44] aponta que apenas essas figuras jurídicas são previstas na legislação, mas que, em situações concretas, pode o magistrado aceitar outra forma de garantia. Em virtude da natureza dinâmica dos provimentos cautelares, é possível que ocorra a readequação do valor da indisponibilidade ao longo do processo.

O art. 16, §7º estabelece a possibilidade de decretação da indisponibilidade de bens de terceiros, desde que demonstrada a sua efetiva concorrência para os atos ilícitos apurados.[45] Pode haver a indisponibilidade de bens de terceiros, visto que a Lei 8.429/92 dispõe que poderá ter legitimidade passiva o agente público e terceiro que induza ou concorra para a prática de ato ímprobo.[46]

Constituição Federal; e dá outras providências. Disponível em: <https://www.planalto.gov.br/ccivil_03/Leis/L8429.htm>. Acesso em: 17 jan. 2023.

[43] BRASIL. **Lei n. 8.429**, de 2 de junho de 1992. Dispõe sobre as sanções aplicáveis em virtude da prática de atos de improbidade administrativa, de que trata o § 4º do art. 37 da Constituição Federal; e dá outras providências. Disponível em: <https://www.planalto.gov.br/ccivil_03/Leis/L8429.htm>. Acesso em: 22 jan. 2023.

[44] JUSTEN FILHO, Marçal. **Reforma da Lei de Improbidade Administrativa comparada e comentada:** Lei 14.230, de 25 de outubro de 2021. Rio de Janeiro: Forense, 2022, p. 179.

[45] BRASIL. **Lei n. 8.429**, de 2 de junho de 1992. Dispõe sobre as sanções aplicáveis em virtude da prática de atos de improbidade administrativa, de que trata o § 4º do art. 37 da Constituição Federal; e dá outras providências. Disponível em: <https://www.planalto.gov.br/ccivil_03/Leis/L8429.htm>. Acesso em: 22 jan. 2023.

[46] "Art. 3º As disposições desta Lei são aplicáveis, no que couber, àquele que, mesmo não sendo agente público, induza ou concorra dolosamente para a prática do ato de improbidade". BRASIL. **Lei n. 8.429**, de 2 de junho de 1992. Dispõe sobre as sanções aplicáveis em virtude da prática de atos de improbidade administrativa, de que trata o § 4º do art. 37 da Constituição Federal; e dá outras providências. Disponível em: <https://www.planalto.gov.br/ccivil_03/Leis/L8429.htm>. Acesso em: 22 jan. 2023.

Além disso, o art. 16, §7º prevê que quando se tratar de pessoa jurídica, poderá ocorrer a instauração de incidente de desconsideração da personalidade jurídica, a ser processado na forma da lei processual.[47] Não é cabível realizar a desconsideração da personalidade jurídica sem a observância de um processo específico e diferenciado, que possui a previsão nos arts. 133 e seguintes do CPC.[48]

O art. 16, §8º reconhece a possibilidade de aplicar, "no que for cabível, o regime da tutela provisória de urgência da Lei nº 13.105, de 16 de março de 2015 (Código de Processo Civil)",[49] com previsão nos arts. 300 e seguintes do CPC.[50] O art. 16, §9º dispõe que da decisão que deferir ou indeferir a indisponibilidade de bens caberá agravo de instrumento, nos termos do CPC.[51]

O art. 16, §10 traz uma previsão interessante, tratando de dois aspectos distintos. O dispositivo elucida que a decretação de indisponibilidade se destina ao ressarcimento do dano ao erário, "sem incidir sobre os valores a serem

[47] BRASIL. **Lei n. 8.429**, de 2 de junho de 1992. Dispõe sobre as sanções aplicáveis em virtude da prática de atos de improbidade administrativa, de que trata o § 4º do art. 37 da Constituição Federal; e dá outras providências. Disponível em: <https://www.planalto.gov.br/ccivil_03/Leis/L8429.htm>. Acesso em: 22 jan. 2023.

[48] JUSTEN FILHO, Marçal. **Reforma da Lei de Improbidade Administrativa comparada e comentada:** Lei 14.230, de 25 de outubro de 2021. Rio de Janeiro: Forense, 2022, p. 175.

[49] BRASIL. **Lei n. 8.429**, de 2 de junho de 1992. Dispõe sobre as sanções aplicáveis em virtude da prática de atos de improbidade administrativa, de que trata o § 4º do art. 37 da Constituição Federal; e dá outras providências. Disponível em: <https://www.planalto.gov.br/ccivil_03/Leis/L8429.htm>. Acesso em: 22 jan. 2023.

[50] "Art. 300. A tutela de urgência será concedida quando houver elementos que evidenciem a probabilidade do direito e o perigo de dano ou o risco ao resultado útil do processo.
§ 1º Para a concessão da tutela de urgência, o juiz pode, conforme o caso, exigir caução real ou fidejussória idônea para ressarcir os danos que a outra parte possa vir a sofrer, podendo a caução ser dispensada se a parte economicamente hipossuficiente não puder oferecê-la.
§ 2º A tutela de urgência pode ser concedida liminarmente ou após justificação prévia.
§ 3º A tutela de urgência de natureza antecipada não será concedida quando houver perigo de irreversibilidade dos efeitos da decisão". BRASIL. **Lei nº 13.105,** de 16 de março de 2015. Código de Processo Civil. Disponível em: <https://www.planalto.gov.br/ccivil_03/_ato2015-2018/2015/lei/l13105.htm>. Acesso em: 23 jan. 2023.

[51] BRASIL. **Lei n. 8.429**, de 2 de junho de 1992. Dispõe sobre as sanções aplicáveis em virtude da prática de atos de improbidade administrativa, de que trata o § 4º do art. 37 da Constituição Federal; e dá outras providências. Disponível em: <https://www.planalto.gov.br/ccivil_03/Leis/L8429.htm>. Acesso em: 22 jan. 2023.

eventualmente aplicados a título de multa civil ou sobre acréscimo patrimonial decorrente de atividade lícita".[52]

A primeira parte, de que a indisponibilidade de bens não poderá englobar valores a título de multa, é oposta à antiga práxis dos tribunais pátrios. Conforme elucidado no primeiro tópico, o STJ possuía repetitivo sobre o tema, em que era possível incidir a decretação de indisponibilidade de bens sobre os valores a título de multa. A segunda parte do dispositivo trata da impossibilidade de bloqueio de valores decorrente de atividade lícita.

O art. 16, §11 elenca a prioridade na ordem de bens em que será decretada a indisponibilidade.[53] Apenas na inexistência de bens móveis e imóveis em geral que será realizado o bloqueio de contas bancárias. Nesse sentido, desvela-se como última *ratio* a indisponibilidade sobre recursos pecuniários.

O art. 16, §12 enfatiza a necessidade de apreciação dos efeitos práticos da decisão, "vedada a adoção de medida capaz de acarretar prejuízo à prestação de serviços públicos".[54] Esse dispositivo está alinhado com as normas introduzidas pela LINDB (Lei n. 13.655/18), que se preocupa com um racional consequencialista, com a análise das consequências práticas da decisão, devendo haver um exame da proporcionalidade.[55] Ainda mais apreciando a parte final

[52] BRASIL. **Lei n. 8.429**, de 2 de junho de 1992. Dispõe sobre as sanções aplicáveis em virtude da prática de atos de improbidade administrativa, de que trata o § 4º do art. 37 da Constituição Federal; e dá outras providências. Disponível em: <https://www.planalto.gov.br/ccivil_03/Leis/L8429.htm>. Acesso em: 22 jan. 2023.

[53] "§ 11. A ordem de indisponibilidade de bens deverá priorizar veículos de via terrestre, bens imóveis, bens móveis em geral, semoventes, navios e aeronaves, ações e quotas de sociedades simples e empresárias, pedras e metais preciosos e, apenas na inexistência desses, o bloqueio de contas bancárias, de forma a garantir a subsistência do acusado e a manutenção da atividade empresária ao longo do processo". BRASIL. **Lei n. 8.429**, de 2 de junho de 1992. Dispõe sobre as sanções aplicáveis em virtude da prática de atos de improbidade administrativa, de que trata o § 4º do art. 37 da Constituição Federal; e dá outras providências. Disponível em: <https://www.planalto.gov.br/ccivil_03/Leis/L8429.htm>. Acesso em: 22 jan. 2023.

[54] BRASIL. **Lei n. 8.429**, de 2 de junho de 1992. Dispõe sobre as sanções aplicáveis em virtude da prática de atos de improbidade administrativa, de que trata o § 4º do art. 37 da Constituição Federal; e dá outras providências. Disponível em: <https://www.planalto.gov.br/ccivil_03/Leis/L8429.htm>. Acesso em: 22 jan. 2023.

[55] MARQUES NETO, Floriano de Azevedo; FREITAS, Rafael Véras de. **Comentários à Lei n. 13.655/2018** (Lei da segurança para a inovação pública). Belo Horizonte: Fórum, 2019, p. 44-45.

do artigo, que se volta à impossibilidade de que tal medida acarrete prejuízo a prestação de serviços públicos.

O art. 16, §13 e 14 consagra algumas vedações à decretação de indisponibilidade de bens, visando a sobrevivência digna do acusado durante o trâmite processual. As limitações são em relação à quantia de até 40 (quarenta) salários-mínimos depositados em caderneta de poupança, em outras aplicações financeiras ou em conta corrente e à bem de família do réu – desde que o bem não seja fruto de vantagem patrimonial indevida.[56]

Houve diversos parágrafos incluídos pela Lei n. 14.230/21, que não possuíam dispositivo correspondente na redação originária da LIA. Isto ocorreu a fim de estipular parâmetros para a decretação da indisponibilidade de bens – em muitos casos, a Lei n. 14.230/21 incluiu parágrafos no art. 16 com preceitos contrários ao que era adotado pelos tribunais brasileiros.

Conclusões

A Lei n. 8.429/92 não estipulava muitas balizas para a decretação cautelar da indisponibilidade de bens dos réus. Nesse sentido, os tribunais superiores passaram a decidir sobre o tema, com diversos recursos repetitivos no STJ.

A Lei n. 14.230/21, que alterou significativamente a Lei de Improbidade Administrativa, teve a preocupação de inserir no texto legal tais parâmetros para deferimento do pedido cautelar de indisponibilidade de bens, com ordem de bloqueio de bens, bens que não podem ser bloqueados, requisitos que devem ser preenchidos, dentre outros.

Interessante ressaltar que se verificou no presente capítulo que uma importante alteração – da impossibilidade de incluir o valor da multa no bloqueio de bens em sede de cautelar – foi inserido sem debate legislativo. Inicialmente, no projeto de lei, a redação era mantendo o valor da multa no cálculo dos valores de indisponibilidade. Este era o posicionamento jurisprudencial, que foi alterado pela Lei n. 14.230/21 sem debate no processo legislativo.

56 BRASIL. **Lei n. 8.429**, de 2 de junho de 1992. Dispõe sobre as sanções aplicáveis em virtude da prática de atos de improbidade administrativa, de que trata o § 4º do art. 37 da Constituição Federal; e dá outras providências. Disponível em: <https://www.planalto.gov.br/ccivil_03/Leis/L8429.htm>. Acesso em: 22 jan. 2023.

Alguns temas alterados pela Lei n. 14.230/21 já vêm sendo questionados em ações de inconstitucionalidade no STF. Resta aguardar se teremos ainda decisões no Supremo Tribunal Federal que promovam mudanças ao tema da indisponibilidade de bens. Por enquanto, o que se verifica é que era importante incluir parâmetros para decretação de indisponibilidade, mas que, devido ao pedido de urgência do trâmite, alguns debates legislativos foram praticamente dizimados.

Referências

BARCELLOS, Ana Paula de. **Direitos Fundamentais e Direito à Justificativa**: devido procedimento na elaboração normativa. Belo Horizonte: Fórum, 2016.

BRASIL. **Lei n. 8.429**, de 2 de junho de 1992. Disponível em: https://www.planalto.gov.br/ccivil_03/Leis/L8429.htm. Acesso em: 13 jan. 2023.

BRASIL. **Lei nº 13.105, de 16 de março de 2015. Disponível em: https://www.planalto.gov.br/ccivil_03/_ato2015-2018/2015/lei/l13105.htm. Acesso em: 23 jan. 2023.**

DI PIETRO, Maria Sylvia Zanella. **Direito Administrativo.** 31. ed. rev. atual. ampl. Rio de Janeiro: Forense, 2018.

FAZZIO JR., Waldo. **Improbidade Administrativa.** 4ª ed. São Paulo: Atlas, 2016.

FERRARESI, Eurico. **Improbidade administrativa**: Lei 8.429/1992 comentada. Rio de Janeiro: Forense, 2011.

GARCIA, Emerson; ALVES, Rogério P. **Improbidade administrativa**. São Paulo: Editora Saraiva, 2014.

GEBRAN NETO, João Pedro; SCHIRMER, Mário Sérgio de. **Lei de improbidade é meio para combater a corrupção**. Disponível em: http://www.conjur.com.br/2010-jan-24/segunda-leituraafastar-aplicacao-lei-improbidade-defender-corrupcao. Acesso em: 25 jan. 2023.

JUSTEN FILHO, Marçal. **Reforma da Lei de Improbidade Administrativa comparada e comentada:** Lei 14.230, de 25 de outubro de 2021. Rio de Janeiro: Forense, 2022.

MARQUES NETO, Floriano de Azevedo; FREITAS, Rafael Véras de. **Comentários à Lei n. 13.655/2018** (Lei da segurança para a inovação pública). Belo Horizonte: Fórum, 2019.

MARTINS, Tiago. **A nova "Lei de Impunidade Administrativa"**. Disponível em: https://www.ajufe.org.br/imprensa/artigos/15791-nova-lei-da-impunidade-administrativa. Acesso em: 29 jan. 2023.

NASCIMENTO, Roberta Simões. **Nas ADIs contra nova Lei de Improbidade, STF julgará jurisprudência do STJ.** Jota, 2022. Disponível em: <https://www.jota.info/opiniao-e-analise/colunas/defensor-legis/nas-adis-contra-nova-lei-de-improbidade-stf-julgara-jurisprudencia-do-stj-09112022>. Acesso em: 18 jan. 2023.

NASCIMENTO, Roberta Simões. **Teoria da Legislação e Argumentação Legislativa**: Brasil e Espanha em perspectiva comparada. Curitiba: Alteridade, 2019.

NOHARA, Irene Patrícia. **Direito Administrativo.** 8ª ed. São Paulo: Atlas, 2018.

OLIVEIRA, Rafael Carvalho Rezende. **Curso de Direito Administrativo.** 6ª ed. Rio de Janeiro: Forense, 2018.

RIZZARDO, Arnaldo. **Ação Civil Pública e Ação de Improbidade Administrativa** 3ª ed. Rio de Janeiro: Forense, 2014.

SENADO FEDERAL. **Mudanças na Lei de Improbidade podem aumentar impunidade, dizem especialistas.** Disponível em: https://www12.senado.leg.br/noticias/audios/2021/08/mudancas-na-lei-de-improbidade-podem-aumentar-impunidade-dizem-especialistas. Acesso em: 29 jan. 2023.

11

O processo judicial na nova Lei de Improbidade Administrativa: comentários ao Art. 17

Fábio Lima Quintas
Gustavo Fernandes Sales

1. O Novo Artigo 17 da Lei de Improbidade Administrativa

A Lei nº 8.429, de 1992 – que dá cumprimento ao art. 37, § 4º, da Constituição Federal[1] ao dispor sobre a improbidade administrativa –, foi alvo de importante atualização efetivada pela recente Lei nº 14.230, de 2021, com destaque para as inovações no campo processual, as quais estão concentradas, em sua maior parte, no *caput* e nos diversos parágrafos do art. 17, objeto dos presentes comentários.

Para facilitar a compreensão panorâmica da reforma processual da Lei de Improbidade Administrativa, cada assunto (e os respectivos temas correlatos) será analisado em subtópico temático próprio.

[1] CF, Art. 37, § 4º Os atos de improbidade administrativa importarão a suspensão dos direitos políticos, a perda da função pública, a indisponibilidade dos bens e o ressarcimento ao erário, na forma e gradação previstas em lei, sem prejuízo da ação penal cabível.

1.1. Legitimidade para a ação

Pela redação originária da Lei nº 8.429, de 1992, eram legitimados para a ação de improbidade tanto o Ministério Público quanto a pessoa jurídica interessada – esta entendida como a entidade que sofrera os efeitos gravosos do ato de improbidade, podendo ser as pessoas federativas, as entidades da Administração Indireta, as entidades privadas que recebam subvenção, benefício ou incentivo, fiscal ou creditício, de entes públicos ou governamentais, e as entidades privadas para cuja criação ou custeio o erário haja concorrido ou concorra no seu patrimônio ou receita atual (Lei nº 8.429/1992, art. 1º, §§ 5º a 7º)[2]. O litisconsórcio ativo era possível, facultativo[3], e a legitimidade era entendida como concorrente e disjuntiva.

Nada obstante, a Lei nº 14.230, de 2021, modificou a redação do *caput* do artigo 17 da Lei de Improbidade Administrativa para atribuir legitimação ativa exclusiva ao Ministério Público. Ademais, como norma transitória, o art. 3º da Lei nº 14.230, de 2021, estabeleceu que, "no prazo de 1 (um) ano a partir da data de publicação desta Lei, o Ministério Público competente manifestará interesse no prosseguimento das ações por improbidade administrativa em curso ajuizadas pela Fazenda Pública, inclusive em grau de recurso", ficando suspenso o processo durante referido prazo, observado o disposto no art. 314 do CPC (art. 3º, § 1º). Por fim, caso não adotada a providência descrita no *caput* do artigo 3º, o processo será extinto sem resolução do mérito (art. 3º, § 2º).

Diante da alteração legal, parecia correto entender que a pessoa jurídica interessada só poderia ocupar o polo ativo de maneira superveniente e de forma condicionada – vale dizer, sempre ao lado do Ministério Público –, em face da autorização prevista no § 14 do art. 17 da Lei de Improbidade: "Sem prejuízo da citação dos réus, a pessoa jurídica interessada será intimada para, caso queira, intervir no processo"[4].

[2] Ainda, o § 13 do art. 17 – incluído pela Lei Complementar nº 157, de 2016 – dispunha que, para os efeitos da lei, também se considerava pessoa jurídica interessada o ente tributante que figurar no polo ativo da obrigação tributária de que tratam o § 4º do art. 3º e o art. 8º-A da Lei Complementar nº 116, de 2003.

[3] Esse sempre foi o entendimento do Superior Tribunal de Justiça, conforme se observa, ilustrativamente, do AgRg no REsp 1.411.897/SP, julgado em 24.4.14.

[4] A Lei nº 14.230, de 2021, revogou o § 3º do art. 17 da Lei de Improbidade Administrativa, que autorizava expressamente a chamada "inversão de legitimidade" ou "intervenção móvel

É necessário registrar, contudo, que se formou entre os estudiosos poderosa tese no sentido de que a redução da legitimidade para a ação de improbidade seria inconstitucional, por afronta ao art. 129, § 1º, da Constituição Federal – o qual dispõe que a legitimação do Ministério Público para as ações civis previstas no referido artigo não impede a de terceiros, nas mesmas hipóteses, segundo o disposto na própria Constituição e na lei. Mesmo diante da inegável margem de conformação atribuída ao legislador infraconstitucional para a disciplina da legitimação desses terceiros, entende-se, por essa linha de pensamento, que eventual diminuição do rol de legitimados acarretaria retrocesso quanto ao imperativo constitucional de combate à improbidade administrativa. Defende-se, nesse cenário, que os órgãos e entes diretamente atingidos pela conduta ímproba devem ter papel ativo na conservação do patrimônio público e na salvaguarda da Constituição.

A nosso ver, a alteração legal não parece incidir em inconstitucionalidade, já que o comando constitucional é claro ao delegar ao legislador infraconstitucional a tarefa de elencar os legitimados para as ações civis, podendo ele aumentar ou reduzir o rol a cada caso. Ao revés, a reforma legal procede à correta distribuição de funções entre as pessoas jurídicas e órgãos estatais, atribuindo ao Ministério Público a tarefa de materializar a persecução punitiva – já que o órgão ministerial é o mais capacitado para tanto, como o faz na esfera penal – e às pessoas jurídicas lesadas a busca pelo ressarcimento dos danos sofridos, inclusive mediante liquidação do dano e cumprimento da sentença referente ao ressarcimento do patrimônio público ou à perda ou

da pessoa jurídica", por extensão da regra prevista no § 3º do art. 6º da Lei da Ação Popular, segundo a qual "a pessoa jurídica de direito público ou de direito privado, cujo ato seja objeto de impugnação, poderá abster-se de contestar o pedido, ou poderá atuar ao lado do autor, desde que isso se afigure útil ao interesse público, a juízo do respectivo representante legal ou dirigente". No entanto, a revogação parece ter sido motivada pela menção, na redação do revogado § 3º do art. 17 da Lei nº 8.429, de 1992, da expressão "no caso da ação principal ter sido proposta pelo Ministério Público (...)", já que, doravante, não haverá outra hipótese a não ser a deflagração da ação de improbidade pelo órgão ministerial. Remanesce, porém, a possibilidade de escolha da posição processual à pessoa jurídica intimada para intervir no processo. Nesse mesmo sentido, posicionam-se Daniel Amorim Assumpção Neves e Rafael Carvalho Rezende Oliveira. *In*: NEVES, Daniel Amorim Assumpção; OLIVEIRA, Rafael Carvalho Rezende. *Comentários à reforma da lei de improbidade administrativa*: Lei 14.230, de 25.10.2021 comentada artigo por artigo. Rio de Janeiro: Forense, 2022, p. 88.

à reversão dos bens, nos termos do art. 18, *caput* e § 1º, da Lei de Improbidade Administrativa[5].

É dizer: a Lei nº 14.230, de 2021, tirou do Administrador Público a legitimidade para ajuizar ações de improbidade, mas deverá ele, no exercício de suas funções, representar ao Ministério Público (que tem seus deveres institucionais) quando houver indício de improbidade, e ajuizar a ação de ressarcimento se entender presente seus pressupostos. No nosso entender, o legislador — no âmbito de sua atuação política — atuou no seu campo legítimo de atuação na conformação do ordenamento jurídico[6].

É preciso destacar, no entanto, que, em fevereiro de 2022, nos autos das ADIs 7.042 e 7.043, o Min. Alexandre de Moraes, em decisão monocrática, concedeu medida cautelar no sentido de dar interpretação conforme a Constituição para reconhecer a existência de legitimidade ativa concorrente entre o Ministério Público e as pessoas jurídicas interessadas para a propositura da ação por ato de improbidade administrativa.

Posteriormente, em agosto de 2022, o Plenário do Supremo Tribunal Federal, no julgamento do mérito das referidas ações, por maioria, assentou que "os entes públicos que sofreram prejuízos em razão de atos de improbidade também estão autorizados, de forma concorrente com o Ministério Público, a propor ação e a celebrar acordos de não persecução civil em relação a esses atos". Prevaleceu que, nas ações de improbidade administrativa, a atuação do Ministério Público é extraordinária na defesa do patrimônio público em sentido amplo. Já a atuação da pessoa jurídica lesada — que foi quem sofreu os efeitos gravosos dos atos ímprobos — é ordinária, pois objetiva a proteção, em seu próprio nome, daquilo que lhe é inerente: seu patrimônio.

[5] De sua parte, Marçal Justen Filho afirma que a legitimidade alargada do regime anterior "ampliava o risco de distorções, especialmente em virtude de disputas político-partidárias". Ademais, relembra que "[a] supressão da legitimidade ativa da entidade interessada não implica vedação à sua participação no processo. A Lei 14.230/2021 assegurou a sua intervenção, inclusive para defesa dos seus interesses patrimoniais diretos". In: JUSTEN FILHO, Marçal. *Reforma da lei de improbidade administrativa comentada e comparada*: Lei 14.230, de 25 de outubro de 2021. Rio de Janeiro: Forense, 2022, p. 188.

[6] Sobre o ponto, vide: QUINTAS, Fábio Lima. É inconstitucional dar ao MP legitimidade exclusiva para ação de improbidade?. Conjur, 12 de fevereiro de 2022. Disponível em: <https://www.conjur.com.br/2022-fev-12/observatorio-constitucional-inconstitucional-dar-mp-legitimidade-exclusiva-acao-improbidade>.

De outro lado, quanto à legitimidade passiva, a reforma legislativa não traz qualquer mudança, devendo figurar no polo passivo da ação o "sujeito ativo" do ato de improbidade, que poderá ser o agente público e o terceiro que age em conluio, induzindo ou concorrendo dolosamente para a prática do ato de improbidade (art. 3º)[7].

1.2. *Competência*

Em vista do entendimento do Supremo Tribunal Federal, a definição da competência para processamento e julgamento das ações de improbidade administrativa não deve se pautar por eventual prerrogativa de foro de agentes políticos estabelecida na esfera penal. No Agravo Regimental na Petição 3.240, o STF definiu que a ação de improbidade deve ser processada e julgada nas instâncias ordinárias, ainda que proposta contra agente político que tenha foro privilegiado na esfera penal[8].

Afastada a competência das Justiças especializadas e fixada a competência da Justiça Estadual ou Federal, a depender da presença no feito, como interessadas, da União, suas autarquias, fundações públicas e empresas públicas

[7] Mantém-se o entendimento jurisprudencial no sentido de que o particular não pode figurar exclusivamente no polo passivo nas ações de improbidade administrativa, já que, da mesma forma, não pode ser "sujeito ativo" do ato de improbidade administrativa isoladamente, pois sempre age em conluio com o agente público. Nesse sentido, ilustrativamente: STJ, AgInt no REsp 1.608.855/PR, DJe 12.4.2018.

[8] Veja-se: "O foro especial por prerrogativa de função previsto na Constituição Federal em relação às infrações penais comuns não é extensível às ações de improbidade administrativa, de natureza civil. Em primeiro lugar, o foro privilegiado é destinado a abarcar apenas as infrações penais. A suposta gravidade das sanções previstas no art. 37, § 4º, da Constituição, não reveste a ação de improbidade administrativa de natureza penal. Em segundo lugar, o foro privilegiado submete-se a regime de direito estrito, já que representa exceção aos princípios estruturantes da igualdade e da república. Não comporta, portanto, ampliação a hipóteses não expressamente previstas no texto constitucional. E isso especialmente porque, na hipótese, não há lacuna constitucional, mas legítima opção do poder constituinte originário em não instituir foro privilegiado para o processo e julgamento de agentes políticos pela prática de atos de improbidade na esfera civil. Por fim, a fixação de competência para julgar a ação de improbidade no 1º grau de jurisdição, além de constituir fórmula mais republicana, é atenta às capacidades institucionais dos diferentes graus de jurisdição para a realização da instrução processual, de modo a promover maior eficiência no combate à corrupção e na proteção à moralidade administrativa." (STF, Ag.Reg. na Pet 3.240, julgado em 10.5.18)

federais (CF, art. 109, I)[9], resta determinar qual a Comarca ou Seção Judiciária Federal competente (competência de foro).

Antes da reforma, não havia regra expressa a respeito, motivo pelo qual o Superior Tribunal de Justiça determinava a aplicação subsidiária do art. 2º da Lei da Ação Civil Pública, que estabelecia a competência do foro do local do dano como absolutamente competente para o julgamento das ações civis públicas[10].

A Lei nº 14.230, de 2021, traz como inovação a regra constante do § 4º-A do art. 17 da Lei de Improbidade Administrativa, a qual prescreve que a ação de improbidade deverá ser proposta perante o *foro do local onde ocorrer o dano* ou *da pessoa jurídica prejudicada*. O dispositivo consagrou, portanto, *foros concorrentes* entre o foro do local do dano e o foro da sede da pessoa jurídica vítima do ato de improbidade.

Tramitando mais de uma ação de improbidade com a mesma causa de pedir ou o mesmo pedido, haverá *conexão*, e ambas as ações deverão ser processadas e julgadas no mesmo juízo. Aliás, o novel § 5º do art. 17 da Lei de Improbidade dispõe que a propositura da ação *prevenirá* a competência do juízo para todas as ações posteriormente intentadas que possuam a mesma causa de pedir ou o mesmo objeto.

1.3. Rito comum

Conforme disposto no art. 17, "a ação para a aplicação das sanções de que trata esta Lei será proposta pelo Ministério Público e seguirá o procedimento comum previsto na Lei nº 13.105, de 16 de março de 2015 (Código de Processo Civil), salvo o disposto nesta Lei".

Portanto, como regra, segue-se o rito comum dos artigos 318 a 512 do Código de Processo Civil, com o recebimento da petição inicial; a citação

[9] O Superior Tribunal de Justiça fixou a seguinte tese: "Nas ações de improbidade administrativa, a competência cível da Justiça Federal é definida em razão da presença das pessoas jurídicas de direito público na relação processual e não em razão da natureza da verba em discussão, afasta-se, assim, a incidência das Súmulas n. 208 e 209 do Superior Tribunal de Justiça, por versarem sobre a fixação de competência em matéria penal." (*Jurisprudência em teses, 187ª edição, publicada em 11 de março de 2022*).

[10] Nesse sentido: STJ, AgInt no REsp 1.796.801/PR, j. 7.11.19.

do réu; a apresentação de resposta; réplica, se o caso; produção de provas; e sentença. Ressalvam-se as peculiaridades próprias instituídas pela Lei de Improbidade Administrativa – que não são poucas –, tais como a previsão de requisitos ligeiramente diferentes para a petição inicial, o prazo diferenciado para apresentação de contestação, a inexistência de audiência de conciliação e mediação, a inaplicabilidade tanto da presunção de veracidade dos fatos alegados pelo autor em caso de revelia quanto da imposição de ônus da prova ao réu, a previsão de uma decisão de tipificação da conduta, especialidades na produção da prova oral etc.

No comparativo com a redação originária da Lei nº 8.429, de 1992, a principal novidade promovida pela reforma está na supressão da antiga defesa prévia (antes constante do art. 17, § 7º), a qual encontrava inspiração no procedimento criminal para os crimes praticados por funcionários públicos (artigos 513 a 518 do Código de Processo Penal). Registre-se que o Superior Tribunal de Justiça já vinha entendendo pela ausência de nulidade processual em caso de não ter sido oportunizada a defesa anteriormente à citação, a não ser que fosse comprovado prejuízo, por força do princípio *pas de nullité sans grief*[11].

Lado outro, mantém-se a intimação da pessoa jurídica interessada para, caso queira, intervir no processo (art. 17, § 14).

1.4. Petição Inicial

O § 6º do art. 17 da Lei nº 8.429, de 1999, dispõe que a petição inicial observará o seguinte: I – deverá individualizar a conduta do réu e apontar os elementos probatórios mínimos que demonstrem a ocorrência das hipóteses dos arts. 9º, 10 e 11 desta Lei e de sua autoria, salvo impossibilidade devidamente fundamentada; II – será instruída com documentos ou justificação que contenham indícios suficientes da veracidade dos fatos e do dolo imputado ou com razões fundamentadas da impossibilidade de apresentação de qualquer dessas provas, observada a legislação vigente, inclusive as disposições constantes dos

[11] Nesse cenário, é ilustrativo o AgInt no AREsp 1.315.771/SP, julgado em 28.3.19. Aliás, o STJ houve por bem fixar a seguinte tese: "A ausência da notificação do réu para a defesa prévia, prevista no art. 17, § 7º, da Lei de Improbidade Administrativa, só acarreta nulidade processual se houver comprovado prejuízo (*pas de nullité sans grief*)" (*Jurisprudência em teses, 38ª edição*).

arts. 77 e 80 da Lei nº 13.105, de 16 de março de 2015 (Código de Processo Civil).

Antes da reforma, falava-se que a ação deveria ser instruída com "indícios suficientes da existência do ato de improbidade"; agora, exige-se que contenham "indícios suficientes da veracidade dos fatos e do dolo imputado". Mantém-se a possibilidade de se trazer razões fundamentadas da impossibilidade de apresentação de tais provas. Ademais, há remissão expressa aos dispositivos do Código de Processo Civil que tratam dos deveres das partes e de seus procuradores e da responsabilidade das partes por dano processual, inclusive por litigância de má-fé.

Quanto ao inciso I do art. 17, § 6º, que trata da individualização da conduta do réu com apontamento da ocorrência dos atos de improbidade dos arts. 9º, 10 e 11 e de sua autoria, impõe-se a leitura conjunta com o disposto no § 10-D do mesmo art. 17, pelo qual, para cada ato de improbidade administrativa, deverá necessariamente ser indicado apenas um tipo dentre aqueles previstos nos arts. 9º, 10 e 11 da LIA. Pode-se entender que a vedação se restringe a que um mesmo ato tenha mais de uma tipificação legal como de improbidade, admitindo-se, contudo, a cumulação de diferentes atos, cada qual com sua tipificação própria[12].

A reforma manteve a previsão legal de crime pela representação por ato de improbidade contra agente público ou terceiro beneficiário *quando o autor da denúncia o sabe inocente* (art. 19)[13].

1.5. Tutelas provisórias

Pelo § 6º-A do art. 17 da Lei de Improbidade Administrativa, o Ministério Público poderá requerer as tutelas provisórias adequadas e necessárias, nos

[12] Nesse mesmo sentido, posicionam-se Daniel Amorim Assumpção Neves e Rafael Carvalho Rezende Oliveira. *In*: NEVES, Daniel Amorim Assumpção; OLIVEIRA, Rafael Carvalho Rezende. *Comentários à reforma da lei de improbidade administrativa*: Lei 14.230, de 25.10.2021 comentada artigo por artigo. Rio de Janeiro: Forense, 2022, p. 80.

[13] Não obstante essa previsão, entende-se que o art. 19 da Lei de Improbidade Administrativa foi tacitamente revogado pela Lei nº 14.110, de 2020, que trouxe modificações ao art. 339 do Código Penal (denunciação caluniosa). Ressalte-se que o tipo penal previsto no art. 19 da Lei de Improbidade continua a ser aplicado para as situações anteriores a 21.12.20, haja vista o teor mais gravoso do art. 339 do CP (CF, art. 5º, XL).

termos dos arts. 294 a 310 da Lei nº 13.105, de 16 de março de 2015 (Código de Processo Civil). O mesmo se diga quanto à pessoa jurídica interessada, em vista do entendimento do Supremo Tribunal Federal a respeito da legitimação ativa concorrente entre a pessoa jurídica lesada e o Ministério Público para propor a ação de improbidade e celebrar acordos de não persecução civil em relação a esses atos.

Veja-se, portanto, que as medidas poderão ser requeridas de forma antecedente ou incidental, assim como também dispõe o art. 16 em relação à indisponibilidade de bens. Assim, a título exemplificativo, o autor poderá iniciar o processo por meio exclusivamente do pedido de tutela provisória antecedente ou buscar a tutela incidentalmente, a qualquer tempo[14].

No que se refere à medida de indisponibilidade de bens, estabelecida no art. 16, § 3º, é digno de referência que "*apenas será deferido mediante a demonstração no caso concreto de perigo de dano irreparável ou de risco ao resultado útil do processo, desde que o juiz se convença da probabilidade da ocorrência dos atos descritos na petição inicial com fundamento nos respectivos elementos de instrução, após a oitiva do réu em 5 (cinco) dias*". Significa dizer que, no novo regime legal da improbidade administrativa, essa tutela provisória tem natureza de tutela de urgência e não de evidência, tendo o legislador, assim, buscado superar a jurisprudência que havia se firmado no STJ na dicção original da Lei 8.429, de 1992[15].

1.6. Rejeição da petição inicial

O § 6º-B do art. 17 da Lei de Improbidade Administrativa, incluído pela reforma promovida pela Lei nº 14.230, de 2021, dispõe que a petição inicial será

[14] O tema da indisponibilidade de bens é minudenciado no art. 16 da Lei de Improbidade Administrativa.

[15] A respeito do tema, vide, a respeito, o acórdão proferido no RESP 1.319.515, julgado pela 1ª. Seção do STJ, valendo destacar o seguinte fragmento da ementa: "No caso da medida cautelar de indisponibilidade, prevista no art. 7º da LIA, não se vislumbra uma típica tutela de urgência, como descrito acima, mas sim uma tutela de evidência, uma vez que o periculum in mora não é oriundo da intenção do agente dilapidar seu patrimônio e, sim, da gravidade dos fatos e do montante do prejuízo causado ao erário, o que atinge toda a coletividade. O próprio legislador dispensa a demonstração do perigo de dano, em vista da redação imperativa da Constituição Federal (art. 37, §4º) e da própria Lei de Improbidade (art. 7º). (REsp 1319515/ES, Rel. Ministro Napoleão Nunes Maia Filho, Rel. p/ Acórdão Ministro Mauro Campbell Marques, 1ª. Seção, julgado em 22/08/2012, DJe 21/09/2012)

rejeitada nos casos do art. 330 da Lei nº 13.105, de 16 de março de 2015 (Código de Processo Civil), bem como quando não preenchidos os requisitos a que se referem os incisos I e II do § 6º deste artigo, ou ainda quando manifestamente inexistente o ato de improbidade imputado.

São, portanto, três as hipóteses de rejeição da petição inicial: (a) em um primeiro grupo reúnem-se os casos previstos no art. 330 do CPC: quando a petição inicial for inepta; a parte for manifestamente ilegítima; o autor carecer de interesse processual; ou se a petição inicial for defeituosa, por desrespeito às prescrições dos arts. 106 e 321 do CPC; (b) quando não individualizada a conduta do réu ou não apontados elementos probatórios mínimos[16] (ou não fundamentada a impossibilidade de fazê-lo), conforme os incisos I e II do § 6º do art. 17; (c) ou quando manifestamente inexistente o ato de improbidade imputado.

Em qualquer caso de rejeição, o recurso adequado será a apelação, com possibilidade de retratação pelo juízo. Não havendo retratação, entende-se que o réu deve ser citado para (apenas) apresentar contrarrazões de apelação. Se provido o recurso de apelação, devem os autos retornarem à primeira instância, cabendo ao juiz intimar o réu para apresentar defesa (contestação).

1.7. Autuação e itação

O § 7º do art. 17 da Lei de Improbidade Administrativa prescreve que se a petição inicial estiver em devida forma, o juiz mandará autuá-la e ordenará a citação dos requeridos para que a contestem no prazo comum de 30 (trinta) dias, iniciado o prazo na forma do art. 231 da Lei nº 13.105, de 16 de março de 2015 (Código de Processo Civil).

A citação tem por objetivo convocar o réu a integrar a relação processual e possibilitar que apresente sua contestação. Como a lei não traz especificidades, a citação se dará pelas formas previstas no Código de Processo Civil. Independentemente do número de réus, o prazo para contestar é comum de

[16] Segundo o entendimento tradicional do STJ, "a presença de *indícios de cometimento de atos ímprobos* autoriza o recebimento fundamentado da petição inicial nos termos do art. 17, §§ 7º, 8º e 9º, da Lei n. 8.429/92, devendo prevalecer, no juízo preliminar, o *princípio do in dubio pro societate*" (AgRg no AREsp 604.949/RS, j. 5.5.15).

trinta dias, não havendo designação da audiência de conciliação e mediação de que trata o art. 334 do CPC.

Também não há menção à possibilidade de reconvenção, até mesmo porque a ação de improbidade tem natureza exclusivamente repressiva, de caráter sancionador, não cabendo ao réu veicular qualquer pretensão própria, mas apenas defender-se das imputações.

1.8. Previsão do cabimento de agravo de instrumento

Registre-se, ainda, que, nos termos da reforma legal, da decisão que rejeitar questões preliminares suscitadas pelo réu em sua contestação caberá *agravo de instrumento* (art. 17, § 9º-A).

Aliás, a Lei nº 14.230, de 2021, promove na Lei de Improbidade Administrativa algumas repetições desnecessárias, a exemplo do disposto no § 21 do mesmo art. 17, pelo qual "das decisões interlocutórias caberá *agravo de instrumento,* inclusive da decisão que rejeitar questões preliminares suscitadas pelo réu em sua contestação".

Também o § 17 do art. 17 prescreve que da decisão que converter a ação de improbidade em ação civil pública caberá agravo de instrumento.

Os requisitos e prazos seguem o disposto no Código de Processo Civil.

1.9. Possibilidade de solução consensual

Durante longo tempo, prevalecia entre os estudiosos a ideia de impossibilidade da celebração de qualquer tipo de acordo no âmbito da ação de improbidade administrativa, diante do princípio da *indisponibilidade do interesse público*[17]. Aliás, a própria Lei nº 8.429, de 1992, vedada a transação, acordo ou conciliação nas ações de improbidade (redação originária do art. 17, § 1º).

[17] Marçal Justen Filho afirma que admitir o cabimento de acordos versando sobre práticas danosas e reprováveis ao patrimônio público não configura infração à indisponibilidade do interesse público, já que a solução consensual envolve direitos de titularidade pública, essencialmente patrimoniais. *In*: JUSTEN FILHO, Marçal. *Reforma da lei de improbidade administrativa comentada e comparada*: Lei 14.230, de 25 de outubro de 2021. Rio de Janeiro: Forense, 2022, pp. 205-6.

No entanto, aos poucos o ordenamento jurídico brasileiro passou a contar cada vez mais com mecanismos consensuais de resolução dos conflitos, mesmo no âmbito do Direito Administrativo, a exemplo do acordo de leniência disciplinado na Lei nº 12.846, de 2013, mantida a obrigação de ressarcir o dano[18].

Com a edição da Lei nº 13.964, de 2019 (popularmente conhecida como "Lei Anticrime"), o § 1º do art. 17 da Lei de Improbidade, com nova redação, passou a admitir a celebração de acordo de não persecução cível, atualmente regulamentado pelo novel art. 17-B, incluído pela Lei nº 14.230, de 2021[19].

[18] Nesse contexto normativo, o Conselho Nacional do Ministério Público editou a Resolução nº 179, de 2017, que, no que guarda pertinência com a questão em discussão, prevê:
"Art. 1º O compromisso de ajustamento de conduta é instrumento de garantia dos direitos e interesses difusos e coletivos, individuais homogêneos e outros direitos de cuja defesa está incumbido o Ministério Público, com natureza de negócio jurídico que tem por finalidade a adequação da conduta às exigências legais e constitucionais, com eficácia de título executivo extrajudicial a partir da celebração. § 1º Não sendo o titular dos direitos concretizados no compromisso de ajustamento de conduta, não pode o órgão do Ministério Público fazer concessões que impliquem renúncia aos direitos ou interesses difusos, coletivos e individuais homogêneos, cingindo-se a negociação à interpretação do direito para o caso concreto, à especificação das obrigações adequadas e necessárias, em especial o modo, tempo e lugar de cumprimento, bem como à mitigação, à compensação e à indenização dos danos que não possam ser recuperados.
§ 2º É cabível o compromisso de ajustamento de conduta nas hipóteses configuradoras de improbidade administrativa, sem prejuízo do ressarcimento ao erário e da aplicação de uma ou algumas das sanções previstas em lei, de acordo com a conduta ou o ato praticado.
§ 3º A celebração do compromisso de ajustamento de conduta com o Ministério Público não afasta, necessariamente, a eventual responsabilidade administrativa ou penal pelo mesmo fato, nem importa, automaticamente, no reconhecimento de responsabilidade para outros fins que não os estabelecidos expressamente no compromisso."

[19] Antes da recente alteração, o Superior Tribunal de Justiça teve a oportunidade de homologar acordo de não persecução cível em ação de improbidade, no julgamento do ARESP 1.314.581, que teve a seguinte ementa:
"PROCESSUAL CIVIL E ADMINISTRATIVO. ACORDO N O AGRAVO EM RECURSO ESPECIAL. IMPROBIDADE A DMINISTRATIVA. HOMOLOGAÇÃO JUDICIAL DO AJUSTE. ART. 17, § 1º, DA LEI N. 8.429/1992, COM REDAÇÃO ALTERADA PELA LEI N. 13.964/2019.
1. Trata-se de possibilidade, ou não, de homologação judicial de acordo no âmbito de ação de improbidade administrativa em fase recursal.
2. A Lei n. 13.964/2019, de 24 de dezembro de 2019, alterou o § 1º do art. 17 da Lei n. 8.429/1992, o qual passou a prever a possibilidade de acordo de não persecução cível no âmbito da ação de improbidade administrativa.
3. No caso dos autos, as partes objetivam a homologação judicial de acordo no bojo do presente agravo em recurso especial, o qual não foi conhecido, por maioria, por esta e. Primeira Turma,

Ademais, o § 10-A, incluído pela Lei nº 13.964, de 2019, passou a dispor que, *havendo a possibilidade de solução consensual, poderão as partes requerer ao juiz a interrupção do prazo para a contestação, por prazo não superior a 90 (noventa) dias.* Este dispositivo foi mantido pela última reforma legislativa.

1.10. Providências judiciais após a contestação e decisão de tipificação

Após o oferecimento da contestação, os §§ 10-B e 10-C do art. 17 da Lei de Improbidade Administrativa, incluídos pela reforma promovida pela

mantendo-se o acórdão proferido pelo TJSP que condenou o recorrente à modalidade culposa do art. 10 da LIA, em razão de conduta omissiva consubstanciada pelo não cumprimento de ordem judicial que lhe fora emitida para o fornecimento ao paciente do medicamento destinado ao tratamento de deficiência coronária grave, o qual veio a falecer em decorrência de infarto agudo de miocárdio, ensejando, por conseguinte, dano ao erário, no montante de R$ 50.000,00, devido à condenação do Município por danos morais em ação indenizatória.
4. O Conselho Superior do Ministério Público do Estado de São Paulo deliberou, por unanimidade, pela homologação do Termo de Acordo de Não Persecução Cível firmado entre a Promotoria de Justiça do Município de Votuporanga e o ora agravante, nos termos das Resoluções n. 1.193/2020 do Conselho Superior do Ministério Público do Estado de São Paulo e n. 179/2017 do Conselho Nacional do Ministério Público, tendo em vista a conduta culposa praticada pelo ora recorrente, bem como a reparação do dano ao Município.
5. Nessa linha de percepção, o Ministério Público Federal manifestou-se favoravelmente à homologação judicial do acordo em apreço asseverando que: "Realmente, resta consignado no ajuste que apesar de ter causado danos ao erário, o ato de improbidade em questão foi praticado na modalidade culposa, tendo o Agravante se comprometido a reparar integralmente o Município no valor atualizado de R$ 91.079.91 (noventa e um mil setenta e nove reais e noventa e um centavos), além de concordar com a aplicação da pena de proibição de contratar com o Poder Público ou receber benefícios ou incentivos fiscais ou creditícios, direta ou indiretamente, ainda que por intermédio de pessoa jurídica da qual seja sócio majoritário, pelo prazo de cinco anos (e-STJ 998/1005). Em suma, os termos do ajuste não distanciam muito da condenação originária (e-STJ 691), revelando adequação para ambas as partes. Resta a toda evidência, portanto, que a transação celebrada entre o Agravante e o Agravado induz a extinção do feito na forma do art. 487, III, "b", do CPC ." (e-STJ fls. 1.036-1.037).
6. Dessa forma, tendo em vista a homologação do acordo pelo Conselho Superior do MPSP, a conduta culposa praticada pelo ora recorrente, bem como a reparação do dano ao Município de Votuporanga, além da manifestação favorável do Ministério Público Federal à homologação judicial do acordo, tem-se que a transação deve ser homologada, ensejando, por conseguinte, a extinção do feito, com resolução de mérito, com supedâneo no a rt. 487, III, "b" , do CPC/2015.
7 . Homologo o acordo e julgo prejudicado o agravo em recurso especial." (Acordo no AREsp 1314581/SP, Rel. Ministro BENEDITO GONÇALVES, PRIMEIRA TURMA, julgado em 23/02/2021, DJe 01/03/2021)

Lei nº 14.230, de 2021, preveem algumas providências a serem tomadas pelo juízo.

Pelo § 10-B, oferecida a contestação e, se for o caso, ouvido o autor, o juiz: I – procederá ao julgamento conforme o estado do processo, observada a eventual inexistência manifesta do ato de improbidade; II – poderá desmembrar o litisconsórcio, com vistas a otimizar a instrução processual.

É importante destacar que a abertura de prazo para réplica só deve ocorrer se a contestação trouxer matéria preliminar, juntada de documento pelo réu ou alegação de defesa de mérito indireta (sendo eloquente nesse sentido, a expressão "se for o caso", contida no § 10-B do art. 17). Em homenagem ao princípio do contraditório e da isonomia, não deve ser a réplica utilizada para outro fim senão oportunizar ao autor a possibilidade de manifestar-se sobre questão nova trazido pelo réu.

Há, contudo, uma lacuna: a lei não prevê prazo para a apresentação da réplica, o que poderá gerar polêmicas. São três as possibilidades: (a) prazo residual de 5 dias, conforme art. 218, § 3º, do CPC; (b) prazo de 15 dias consagrado nos arts. 350 e 351 do CPC; (c) prazo de 30 dias, dando ao autor o mesmo prazo concedido ao réu para apresentar sua defesa. A respeito, Daniel Amorim Assumpção Neves e Rafael Carvalho Rezende Oliveira defendem que deverá ser concedido ao autor o prazo de 30 dias para replicar, por conta do princípio da isonomia[20]. Entendemos que a solução será a mesma, mas por fundamento diverso: havendo regra expressa no CPC acerca do prazo para réplica (15 dias), este deverá ser aplicado, em atenção ao art. 17, *caput*, da Lei de Improbidade Administrativa, que determina seja seguido o procedimento comum do CPC. Não obstante, tratando-se de ação de caráter cível, o Ministério Público terá prazos duplicados para se manifestar nos autos (CPC, art. 180)[21]. A dobra do prazo é benefício concedido, também, às pessoas jurídicas de direito público (CPC, art. 183).

[20] NEVES, Daniel Amorim Assumpção; OLIVEIRA, Rafael Carvalho Rezende. *Comentários à reforma da lei de improbidade administrativa*: Lei 14.230, de 25.10.2021 comentada artigo por artigo. Rio de Janeiro: Forense, 2022, p. 85.

[21] A respeito, vide o seguinte precedente do STJ:
"AÇÃO CIVIL PÚBLICA – NATUREZA CÍVEL DA AÇÃO – MINISTÉRIO PÚBLICO – PRAZO EM DOBRO PARA RECORRER – IMPROBIDADE ADMINISTRATIVA – RESPONSABILIDADE SOLIDÁRIA ATÉ A INSTRUÇÃO FINAL DO FEITO – INDISPONIBILIDADE DOS BENS LIMITADA AO RESSARCIMENTO INTEGRAL DO DANO AO

O § 10-C estabelece que após a réplica do Ministério Público, o juiz proferirá decisão na qual indicará com precisão a tipificação do ato de improbidade administrativa imputável ao réu, sendo-lhe vedado modificar o fato principal e a capitulação legal apresentada pelo autor.

O que se tem, portanto, é que o procedimento segue a sequência natural de recebimento da petição inicial, citação dos réus, apresentação de defesa (contestação) e de réplica, com as peculiaridades mencionadas ao longo dos presentes comentários.

Outra polêmica que já se antevê está na parte final do § 10-C do art. 17. Pela letra do texto normativo, é vedado ao juízo modificar o fato principal e a *capitulação legal* apresentada pelo autor. O novo dispositivo legal, ao que tudo indica, busca superar o entendimento jurisprudencial de que os réus se defendem dos fatos, e não da capitulação jurídica, cabendo ao juiz o enquadramento correto, sem que se possa falar em prejuízo à defesa. Ilustrativamente, tem-se o seguinte julgado do Superior Tribunal de Justiça:

> "O pacífico entendimento do STJ é no sentido de que não há ofensa ao princípio da congruência quando a decisão judicial enquadra os supostos atos de improbidade em dispositivo diverso daquele trazido

ERÁRIO. 1. O entendimento jurisprudencial sedimentado no STF e no STJ, na época em que protocolizado o agravo de instrumento, era no sentido que a intimação pessoal do Ministério Público se dava com o "ciente" lançado nos autos, quando efetivamente entregues ao órgão ministerial, e não da data da entrada dos autos na secretaria. 2. Em razão da natureza cível da ação, o Parquet tem prazo em dobro para recorrer na ação civil pública por improbidade administrativa (art. 188 do CPC). 3. Nos casos de improbidade administrativa, a responsabilidade é solidária até a instrução final do feito, momento em que se delimitará a quota de responsabilidade de cada agente para a dosimetria da pena. 4. É entendimento assente no âmbito desta Corte que, conforme o artigo 7º, parágrafo único, da Lei n. 8.429/92, a indisponibilidade dos bens deve ser limitada ao valor que assegure o integral ressarcimento ao erário e do valor de eventual multa civil. 5. Cumpre à instância ordinária verificar a extensão da medida de indisponibilidade necessária para garantir o ressarcimento integral do dano, pois, avaliar se os bens constritos excederam, ou não, o valor do dano ao erário, implicaria a análise do material probatório dos autos, inviável em sede de recurso especial, nos termos da Súmula 7 desta Corte. Agravo regimental parcialmente provido, apenas para limitar a extensão da medida de indisponibilidade ao valor necessário para o integral ressarcimento do suposto dano ao erário e do valor de eventual multa civil." (AgRg nos EDcl no Ag 587.748/PR, Rel. Ministro HUMBERTO MARTINS, SEGUNDA TURMA, julgado em 15/10/2009, DJe 23/10/2009)

na exordial, uma vez que os réus se defendem dos fatos que lhes são imputados, competindo ao juízo, como dever de ofício, sua qualificação jurídica, vigendo em nosso ordenamento jurídico os brocardos *iura novit curia* e o *da mihi factum, dabo tibi ius*." (STJ, AgInt no AREsp 1.415.942/SP, j. 17.11.20)

Numa visão notadamente garantista, o novo regime legal extrai consequências jurídicas importantes para a exigência de que a causa de pedir indique os fatos e os fundamentos jurídicos do pedido (teoria da substanciação), na perspectiva de que deve haver uma congruência entre o enquadramento jurídico dado na inicial e a apreciação judicial[22].

1.11. Especificação e produção de provas e nulidade da decisão de mérito na ação de improbidade

Proferida a decisão referida no § 10-C, as partes serão intimadas a especificar as provas que pretendem produzir (art. 17, § 10-E). Pode-se compreender que mesmo em caso de revelia do réu, como não se aplica a presunção de veracidade dos fatos alegados pelo autor (art. 17, § 19), a fase de especificação de provas não poderá ser dispensada.

Pelo § 10-F do art. 17 da Lei nº 8.429, de 1992, incluído pela Lei nº 14.230, de 2021, será *nula* a decisão de mérito total ou parcial da ação de improbidade administrativa que: I – condenar o requerido por tipo diverso daquele definido na petição inicial; II – condenar o requerido sem a produção das provas por ele tempestivamente especificadas.

[22] Críticas a respeito da permissão – na ação penal e na de improbidade administrativa – da condenação do réu com base em dispositivo diverso do apontado na inicial, sob o argumento de que o acusado se defende dos fatos, não da norma que os qualifica, podem ser encontradas em texto de Néviton Guedes. Segundo o autor, em uma visão constitucionalizada do tema, o acusado não poderia ser prejudicado, de surpresa, por uma nova qualificação jurídica dos fatos, diversa daquela indicada na inicial, já que a qualificação dos fatos é empreendida em meio a um *círculo hermenêutico* (Konrad Hesse), em que o intérprete seleciona a norma a partir do fato colhido na realidade e o fato é selecionado tendo em conta uma prévia antecipação da norma que se pretende aplicar. O réu não se defenderia de fatos puros, "mas dos fatos como foram qualificados pelo autor". *In*: GUEDES, Néviton. O princípio da congruência na ação civil pública de improbidade administrativa. *In*: MARQUES, Mauro Campbell (org.). *Improbidade administrativa*: temas atuais e controvertidos. Rio de Janeiro: Forense, 2017, pp. 300-1.

Quanto ao inciso I, embora não se permita a condenação por tipo diverso do indicado na inicial, nada é dito sobre a adstrição ou vinculação do juízo ao pedido no que se refere às sanções a serem aplicadas. Tradicionalmente, o STJ tem entendido que o julgador não está adstrito ao pedido do autor na hipótese de aplicação das sanções previstas no art. 12 da Lei de Improbidade Administrativa[23]. Mesmo a aplicação das penas independentemente de pedido vem sendo admitida[24].

O inciso II, por sua vez, deverá ser objeto de interpretação adequada (ou até mesmo interpretação conforme à Constituição) para declarar-se que não há direito subjetivo do réu ao deferimento de diligências inúteis ou meramente protelatórias, nos termos do art. 370, parágrafo único, do CPC. Ainda que postulada dentro do prazo concedido pelo juiz, caberá ao magistrado analisar sobre a pertinência da prova postulada.

Mudança importante promovida pela Lei nº 14.230, de 2021, está na revogação do antigo § 12 do art. 17, que determinava a aplicação do disposto no art. 221, *caput* e § 1º, do Código de Processo Penal aos depoimentos ou inquirições realizadas nas ações de improbidade. Essa alteração impactará diretamente na colheita dos depoimentos de autoridades da República, já que não há mais a prerrogativa de opção pela prestação de depoimento por escrito ao Presidente e Vice-Presidente da República, e aos presidentes do Senado Federal, da Câmara dos Deputados e do Supremo Tribunal Federal (CPP, art. 221, § 1º). Com a revogação, passam a ser aplicadas tão somente as regras do Código de Processo Civil para a produção probatória, apesar da natureza sancionatória da ação.

Mas há uma peculiaridade na fase probatória nas ações de improbidade, em comparação ao procedimento comum do CPC: o novel § 18 do art. 17 dispõe que ao réu será assegurado o *direito de ser interrogado* sobre os fatos de que trata a ação, e a sua recusa ou o seu silêncio não implicarão confissão. Relembre-se que o interrogatório previsto no CPC é uma mera faculdade do juiz.

Nada é dito pela lei quanto ao momento em que se deva realizar o interrogatório. Diante do silêncio normativo, duas teses antagônicas podem ser divisadas. A primeira em defesa do interrogatório como último ato da

[23] Nesse sentido, vide: STJ, REsp 1.134.461/SP, julgado em 3.8.10.

[24] Nesse sentido, vide: STJ, AgRg no REsp 1.125.634/MA, julgado em 16.12.10.

instrução, à semelhança do procedimento penal, como forma de intensificar o exercício das prerrogativas constitucionais da ampla defesa e do contraditório em um processo que, embora tenha caráter extrapenal, tem natureza exclusivamente punitiva, podendo culminar na imposição de sanções severas dotadas de forte carga política[25]. A segunda tese, tradicional, defenderá que continue sendo seguida a ordem prevista no art. 361 do CPC, com a oitiva do réu em momento anterior à colhida dos depoimentos das testemunhas arroladas pelas partes, em especial diante do comando expresso do art. 17, *caput*, da Lei de Improbidade Administrativa, que determina a aplicação do procedimento comum previsto no CPC, salvo o disposto na Lei.

1.12. Casos de extinção do processo e decisão de conversão da ação de improbidade em ação civil pública

Há três dispositivos na Lei de Improbidade Administrativa – os dois primeiros incluídos pela Lei nº 14.230, de 2021, e o terceiro com nova redação dada pela mesma lei – que determinam a extinção imediata do processo:

(1) pelo art. 17, § 6º-B, o juiz deverá rejeitar a petição inicial nos casos ali retratados, inclusive quando verificar que é manifestamente inexistente o ato de improbidade imputado.
(2) pelo art. 17, § 10-B, inc. I, o juiz, após a contestação e, se for o caso, a réplica, procederá ao julgamento conforme o estado do processo, observada a eventual inexistência manifesta do ato de improbidade. Nesse caso, as únicas alternativas são o julgamento de improcedência do pedido ou o julgamento de extinção por questões processuais, e não o julgamento antecipado pela procedência do pedido.
(3) por fim, pelo § 11 do art. 17, em qualquer momento do processo, verificada a inexistência do ato de improbidade, o juiz julgará a demanda

[25] O STF, em diversas ocasiões, já teve a oportunidade de qualificar o interrogatório em ações criminais como *ato de defesa do réu*, extraindo daí o direito ao silêncio, vide HC 94.016, Rel. Min. Celso de Mello, Segunda Turma, julgado em 16.09.2008. Recentemente, o Rel. Min. Ricardo Lewandowski, em decisão monocrática proferida no HC 212.693, em 05.04.2022, afirmou que o direito de falar por último, de ser interrogado após as testemunhas, deve ser observado também no procedimento para apuração de ato infracional praticado por adolescentes.

improcedente. Neste caso, houve correção da redação originária para destacar que o juiz poderá não apenas extinguir o processo sem julgamento do mérito - como estava no § 11 em sua redação primitiva -, mas, também, para permitir o julgamento de improcedência, caso comprovada a inexistência da conduta ímproba.

Mais interessante é a possibilidade de conversão da ação de improbidade em ação civil pública prevista no § 16 do art. 17 da Lei de Improbidade, incluído pela Lei nº 14.230, de 2021. De acordo com o referido dispositivo, "a qualquer momento, se o magistrado identificar a existência de ilegalidades ou de irregularidades administrativas a serem sanadas sem que estejam presentes todos os requisitos para a imposição das sanções aos agentes incluídos no polo passivo da demanda, poderá, em decisão motivada, converter a ação de improbidade administrativa em ação civil pública, regulada pela Lei nº 7.347, de 24 de julho de 1985".

Esse enunciado normativo reforça o que parece ser uma opção deliberada do legislador infraconstitucional em afastar dúvidas quanto à real natureza da ação de improbidade administrativa.

Segundo parcela da doutrina administrativista, a ação de improbidade teria natureza de *ação civil pública*[26], já que a Lei nº 7.347, de 24 de julho de 1985, é expressa ao indicar que suas disposições regem, também, "as ações de responsabilidade por danos morais e patrimoniais causados a qualquer outro interesse difuso ou coletivo" (art. 1º, IV). Nesse sentido, o STJ tradicionalmente sempre fez uso da expressão "ação civil pública de improbidade administrativa"[27]. Com isso, permitia-se perseguir na ação de improbidade a imposição de sanções legais de natureza punitiva, repressivo-reparatória e constitutiva[28].

[26] Com esse pensamento pode ser citada a professora Maria Sylvia Zanella Di Pietro. *In*: DI PIETRO, Maria Sylvia Zanella. *Direito administrativo*. 32. ed., Rio de Janeiro: Forense, 2019, p. 1044.

[27] Ilustrativamente, tem-se o AgInt no AREsp 1.303.178/SP, j. 8.6.20.

[28] Nesse sentido, o STJ fixou a seguinte tese: "É lícita a cumulação de pedidos de natureza condenatória, declaratória e constitutiva na ação civil pública por ato de improbidade administrativa" (*Jurisprudência em Teses, ed. 186, de 19.11.21*).

Corrente oposta diz que a ação de improbidade e a ação civil pública são ações diversas, com procedimentos distintos, reguladas por leis próprias e específicas[29]. Ilustrativamente, Hely Lopes Meirelles já anotava que a praxe forense de tratar a ação de improbidade meramente como uma nova modalidade de ação civil pública configura "prática de pouca técnica jurídica, pois a ação de improbidade administrativa tem natureza, contornos e regramentos próprios, não se confundindo com aqueles específicos das ações civis públicas em geral"[30]. No mesmo sentido, Rodrigo de Bittencourt Mudrovitsch e Guilherme Pupe da Nóbrega já advogavam que o elemento preponderante na distinção entre tais ações residiria não na transindividualidade do bem jurídico tutelado (direito difuso), mas no enfoque diferenciado de cada uma delas[31].

De fato, a corrente adversa – defensora da tese de que a ação de improbidade é uma ação civil pública – parece partir da ideia questionável de que tudo que não é interesse individual deve ser regido por um sistema único de direitos coletivos, quando o que se tem são variadas espécies de ritos tanto na defesa dos direitos coletivos quanto na de interesses individuais. Sempre nos pareceu claro que a finalidade da Lei de Improbidade é a responsabilização por meio da imposição de sanções, com forte carga política, e não a proteção de determinados bens caros à sociedade e a reparação do dano, típicas da ação civil pública[32].

[29] Nesse sentido, posicionam-se autores como José dos Santos Carvalho Filho e Hely Lopes Meirelles. *In*: CARVALHO FILHO, José dos Santos. *Manual de direito administrativo*. 33. ed., São Paulo: Atlas, 2019, pp. 1178-9. *In*: MEIRELLES, Hely Lopes; WALD, Arnoldo; MENDES, Gilmar Ferreira. *Mandado de segurança e ações constitucionais*. 36ª ed. São Paulo: Editora Malheiros, 2014, p. 272.

[30] *In*: MEIRELLES, Hely Lopes; WALD, Arnoldo; MENDES, Gilmar Ferreira. *Mandado de segurança e ações constitucionais*. 36ª ed. São Paulo: Editora Malheiros, 2014, p. 276.

[31] MUDROVITSCH, Rodrigo de Bittencourt; NÓBREGA, Guilherme Pupe. A separação entre ação de improbidade e ação civil pública. *Revista Consultor Jurídico*. 17 dez. 2021. Disponível em: < https://www.conjur.com.br/2021-dez-17/improbidade-debate-separacao-entre--acao-improbidade-acao-civil-publica>. Acesso em: 23 abril 2022.

[32] No mesmo sentido, Victor Marcel Pinheiro, ao afirmar o intuito da reforma legislativa de diferenciar a ação de improbidade administrativa das ações civis públicas, relembra o Parecer n. 14, de 2021, da Comissão de Constituição, Justiça e Cidadania do Senado Federal, proferido em 29 de setembro de 2021, contendo o seguinte trecho em destaque: "(...) A definição explícita, clara e incontroversa de que as ações de improbidade administrativa, destinadas à imposição de sanções pessoais, não se confundem com as ações civis públicas, cuja vocação é a proteção do patrimônio público e social, do meio ambiente e de outros interesses difusos

A reforma promovida pela Lei nº 14.230/21 parece tomar partido nesse dissenso, ao dispor no art. 17-D que "a ação por improbidade administrativa é repressiva, de caráter sancionatório, destinada à aplicação de sanções de caráter pessoal previstas nesta Lei, e *não constitui ação civil*, vedado seu ajuizamento para o controle de legalidade de políticas públicas e para a proteção do patrimônio público e social, do meio ambiente e de outros interesses difusos, coletivos e individuais homogêneos". Em complemento, o parágrafo único prescreve que, "ressalvado o disposto nesta Lei, o controle de legalidade de políticas públicas e a responsabilidade de agentes públicos, inclusive políticos, entes públicos e governamentais, por danos ao meio ambiente, ao consumidor, a bens e direitos de valor artístico, estético, histórico, turístico e paisagístico, a qualquer outro interesse difuso ou coletivo, à ordem econômica, à ordem urbanística, à honra e à dignidade de grupos raciais, étnicos ou religiosos e ao patrimônio público e social *submetem-se aos termos da Lei nº 7.347, de 24 de julho de 1985*".

Diante dessa dualidade é que o art. 17, § 16, da Lei de Improbidade Administrativa permite ao magistrado converter a ação de improbidade em ação civil pública, caso identifique a existência de ilegalidades ou de irregularidades administrativas a serem sanadas *sem que estejam presentes todos os requisitos para a imposição das sanções aos agentes incluídos no polo passivo da demanda.*

Questão que deverá ser enfrentada diz respeito à possibilidade de conversão da ação após a citação do réu, já que, necessariamente, deverá haver a modificação dos fundamentos e dos pedidos específicos para a deflagração da ação civil pública. Em tais casos, pode-se interpretar o § 16 do art. 17 no sentido de que, para não acarretar a extinção da ação pura e simplesmente, o juiz determinará a conversão e o reinício do processo, com a renovação dos atos processuais já praticados, permitindo-se o adequado exercício da ampla defesa e do contraditório.

e coletivos, esvazia eventual pecha de inconstitucionalidade do Projeto de Lei nº 2.505, de 2021. (...) No mesmo sentido, propõe-se, com a supressão do texto proposto para o § 4º do art. 11 da Lei nº 8.429, de 2 de junho de 1992, e a inclusão do artigo 17-D, a conceituação legal da ação de improbidade administrativa, afastando, em definitivo, sua coincidência com as ações civis públicas, destinadas à proteção do patrimônio público e social, do meio ambiente e de outros interesses difusos e coletivos – e, nessa medida, a incidência do § 1º do artigo 129 da Constituição." *In*: CAVALCANTE FILHO, João Trindade *et al. Comentários à reforma da lei de improbidade administrativa (lei nº 14.230/2021)*. Brasília: Unyleya, 2021.

1.13. Desconsideração da personalidade jurídica

Pelo novel § 15 do art. 17 da Lei de Improbidade Administrativa, se a imputação envolver a desconsideração de pessoa jurídica, serão observadas as regras previstas nos arts. 133 a 137 do CPC. Previsão similar é encontrada no art. 16, § 7º, que trata da indisponibilidade de bens.

Como se sabe, a aplicação das sanções deve se restringir à pessoa jurídica autora do ato de improbidade administrativa, não atingindo, em regra, os sócios ou outras pessoas jurídicas diversas. Contudo, caso sejam constatados os requisitos previstos na legislação – em especial o art. 50 do Código Civil –, poderá ser desconsiderada a personalidade da pessoa jurídica para atingir terceiros, mediante a observância do rito processual previsto no CPC.

Lembre-se que a pessoa física – o sócio, cotista, diretor ou colaborador da pessoa jurídica – poderá responder direta e pessoalmente pelos atos praticados, caso comprovada a sua participação e os benefícios diretos, caso em que responderá nos limites da sua participação (Lei nº 8.429/1992, art. 2º, § 1º).

1.14. *Não aplicabilidade de determinadas regras na ação de improbidade*

O § 19 do art. 17 da Lei de Improbidade Administrativa, incluído pela Lei nº 14.230, de 2021, dispõe que *não se aplicam na ação de improbidade administrativa*: I – a presunção de veracidade dos fatos alegados pelo autor em caso de revelia; II – a imposição de ônus da prova ao réu, na forma dos §§ 1º e 2º do art. 373 do Código de Processo Civil; III – o ajuizamento de mais de uma ação de improbidade administrativa pelo mesmo fato, competindo ao Conselho Nacional do Ministério Público dirimir conflitos de atribuições entre membros de Ministérios Públicos distintos; IV – o reexame obrigatório da sentença de improcedência ou de extinção sem resolução de mérito.

Pelo inciso I, portanto, apesar de se mostrar possível a decretação da revelia em face do réu que não apresenta contestação (CPC, art. 344), não haverá a produção dos efeitos materiais referentes à presunção de veracidade dos fatos alegados pelo autor. Como nada é dito a respeito da dispensa de intimação do réu revel para os atos processuais, deve ser aplicado o disposto no art. 346 do CPC, segundo o qual "os prazos contra o revel que não tenha patrono nos autos fluirão da data de publicação do ato decisório no órgão oficial".

Em relação ao inciso II, veda-se a imposição do ônus da prova ao réu, mesmo diante dos casos previstos em lei ou diante de peculiaridades da causa relacionadas à impossibilidade ou à excessiva dificuldade de cumprir o encargo nos termos do *caput* do art. 373 do CPC ou à maior facilidade de obtenção da prova do fato contrário (CPC, art. 373, § 1º). Nada obstante, deve-se entender que essa vedação se refere à inversão do ônus da prova quanto aos fatos constitutivos da improbidade, porque sempre caberá ao réu provar os fatos impeditivos ou extintivos da pretensão do autor[33].

O inciso III veda a dupla persecução pelos mesmos fatos, que poderia caracterizar *litispendência*, além de impor ao Conselho Nacional do Ministério Público a competência para dirimir conflitos de atribuições entre membros de Ministérios Públicos distintos, na esteira do entendimento do Supremo Tribunal Federal[34].

Por fim, o inciso IV veda expressamente a remessa necessária da sentença que deixa de condenar o réu, restando superado o entendimento doutrinário e jurisprudencial[35] no sentido de que se aplicaria às ações de improbidade administrativa, por força de um microssistema processual coletivo, a regra do art. 19, *caput*, da Lei nº 4.717, de 1965.

[33] No mesmo sentido está a doutrina de Marçal Justen Filho. *In*: JUSTEN FILHO, Marçal. *Reforma da lei de improbidade administrativa comentada e comparada*: Lei 14.230, de 25 de outubro de 2021. Rio de Janeiro: Forense, 2022, p. 197.

[34] Na Pet 4.891/DF, julgada em 16.6.20, o Supremo Tribunal Federal assentou que "A solução de conflitos de atribuições entre ramos diversos dos Ministérios Públicos pelo CNMP, nos termos do artigo 130-A, § 2º, e incisos I e II, da Constituição Federal e no exercício do controle da atuação administrativa do Parquet, é a mais adequada, pois reforça o mandamento constitucional que lhe atribuiu o controle da legalidade das ações administrativas dos membros e órgãos dos diversos ramos ministeriais, sem ingressar ou ferir a independência funcional".

[35] Veja-se o entendimento tradicional do Superior Tribunal de Justiça, ilustrativamente: "As sentenças de improcedência de pedidos formulados em ação civil pública por ato de improbidade administrativa sujeitam-se indistintamente ao reexame necessário, seja por aplicação subsidiária do Código de Processo Civil (art. 475 do CPC/1973), seja pela aplicação analógica do Lei da Ação Popular (art. 19 da Lei n. 4.717/65)." (AgInt no AgInt no AREsp 520.897/MG, j. 19.6.18)

1.15. Obrigatoriedade de defesa judicial do administrador público pela assessoria jurídica

Pelo novel § 20 do art. 17 da Lei de Improbidade Administrativa, a assessoria jurídica que emitiu o parecer atestando a legalidade prévia dos atos administrativos praticados pelo administrador público ficará obrigada a defendê-lo judicialmente, caso este venha a responder ação por improbidade administrativa, até que a decisão transite em julgado.

A regra não incide, portanto, nos casos em que a conduta imputada ao réu não tiver sido embasada em parecer jurídico emitido pelo órgão de assessoramento jurídico competente.

Houve questionamento sobre a inconstitucionalidade formal por vício subjetivo do referido dispositivo ao impor à advocacia pública nas demais esferas além da federal a atribuição de promover a defesa do agente público que tenha incorrido em improbidade administrativa com base em parecer emitido pelo órgão público. Nas ADIs 7.042 e 7.043/DF-MC, o ministro Alexandre de Moraes concedeu medida liminar *ad referendum* do plenário para suspender os efeitos do § 20 do artigo 17 da Lei nº 8.429, de 1992, com a redação dada pela Lei nº 14.230, de 2021. Por fim, no julgamento do mérito das referidas ações, o Plenário do Supremo Tribunal Federal declarou a inconstitucionalidade parcial, com redução de texto, do dispositivo em questão para assentar que, no tocante ao polo passivo, não deve existir obrigatoriedade de defesa judicial do agente público que cometeu ato de improbidade por parte da Advocacia Pública, pois a sua predestinação constitucional, enquanto função essencial à Justiça, identifica-se com a representação judicial e extrajudicial dos entes públicos. Contudo, permite-se essa atuação em caráter extraordinário e desde que norma local assim disponha.

Referências

BRASIL. **Constituição da República Federativa do Brasil, de 5 de outubro de 1988.** Disponível em: <http://www.planalto.gov.br/ccivil_03/Constituicao/Constituiçao.htm>. Acesso em: 23 abril 2022.

______. **Lei Federal nº 8.429, de 2 de junho de 1992.** Dispõe sobre as sanções aplicáveis em virtude da prática de atos de improbidade administrativa, de que trata o § 4º do art. 37 da Constituição Federal; e dá outras providências. Disponível em: <http://www.planalto.gov.br/ccivil_03/leis/l8429.htm>. Acesso em: 23 abril 2022.

______. **Lei Federal nº 13.105, de 16 de março de 2015.** Código de Processo Civil. Disponível em: <http://www.planalto.gov.br/ccivil_03/_ato2015-2018/2015/lei/l13105.htm>. Acesso em: 23 abril 2022.

______. **Lei Federal nº 14.230, de 25 de outubro de 2021.** Altera a Lei nº 8.429, de 2 de junho de 1992, que dispõe sobre improbidade administrativa. Disponível em: <http://www.planalto.gov.br/ccivil_03/_ato2019-2022/2021/lei/L14230.htm>. Acesso em: 23 abril 2022.

______. Superior Tribunal de Justiça (1ª Turma). **Agravo Interno em Agravo em Recurso Especial 1415942/SP**. Relator: Min. Benedito Gonçalves, 17 de novembro de 2020. Disponível em: <https://scon.stj.jus.br/SCON/GetInteiroTeorDoAcordao?num_registro=201803295856&dt_publicacao=18/12/2020> Acesso em: 23 abril 2022.

______. Supremo Tribunal Federal (decisão monocrática). **Ações Diretas de Inconstitucionalidade 7.042 e 7.043**. Relator: Min. Alexandre de Moraes, 17 de fevereiro de 2022. Disponível em: < https://portal.stf.jus.br/processos/downloadPeca.asp?id=15349715946&ext=.pdf> Acesso em: 23 abril 2022.

______. Supremo Tribunal Federal (Plenário). **Agravo Regimental na Petição 3.240**. Relator: Teori Zavascki. Relator para o acórdão: Roberto Barroso, 10 de maio de 2018. Disponível em: <https://redir.stf.jus.br/paginadorpub/paginador.jsp?docTP=TP&docID=748003291> Acesso em: 23 abril 2022.

CARVALHO FILHO, José dos Santos. **Manual de direito administrativo**. 33. ed., São Paulo: Atlas, 2019.

CAVALCANTE FILHO, João Trindade *et al*. **Comentários à reforma da lei de improbidade administrativa (lei nº 14.230/2021)**. Brasília: Unyleya, 2021.

DI PIETRO, Maria Sylvia Zanella. **Direito administrativo**. 32. ed., Rio de Janeiro: Forense, 2019.

GUEDES, Néviton. O princípio da congruência na ação civil pública de improbidade administrativa. *In*: MARQUES, Mauro Campbell (org.). **Improbidade administrativa**: temas atuais e controvertidos. Rio de Janeiro: Forense, pp. 275-310, 2017.

JUSTEN FILHO, Marçal. **Reforma da lei de improbidade administrativa comentada e comparada**: Lei 14.230, de 25 de outubro de 2021. Rio de Janeiro: Forense, 2022.

MEIRELLES, Hely Lopes; WALD, Arnoldo; MENDES, Gilmar Ferreira. **Mandado de segurança e ações constitucionais**. 36ª ed. São Paulo: Editora Malheiros, 2014.

MUDROVITSCH, Rodrigo de Bittencourt; NÓBREGA, Guilherme Pupe. A separação entre ação de improbidade e ação civil pública. **Revista Consultor Jurídico**. 17 dez.

2021. Disponível em: < https://www.conjur.com.br/2021-dez-17/improbidade-debate--separacao-entre-acao-improbidade-acao-civil-publica>. Acesso em: 23 abril 2022.

NEVES, Daniel Amorim Assumpção; OLIVEIRA, Rafael Carvalho Rezende. **Comentários à reforma da lei de improbidade administrativa**: Lei 14.230, de 25.10.2021 comentada artigo por artigo. Rio de Janeiro: Forense, 2022.

QUINTAS, Fábio Lima. É inconstitucional dar ao MP legitimidade exclusiva para ação de improbidade?. **Conjur**, 12 de fevereiro de 2022. Disponível em https://www.conjur.com.br/2022-fev-12/observatorio-constitucional-inconstitucional-dar-mp-legitimidade-exclusiva-acao-improbidade

12
Comentários ao Artigo 17-B da Lei nº 8.429/1992: O acordo de não persecução cível nas ações de improbidade administrativa

Mauro Campbell Marques
Fabiano da Rosa Tesolin

Introdução

A Lei nº 14.230/2021, sancionada em 25 de outubro de 2021, reformou a Lei nº 8.429/1992 (Lei de Improbidade Administrativa), introduzindo profundas mudanças em diversos aspectos da norma sancionadora, após quase trinta anos de vigência.

Entre as principais alterações, destaca-se o contido no artigo 17-B, que trata do acordo de não persecução cível no âmbito da ação de improbidade administrativa, introduzido em nosso sistema jurídico pela Lei nº 13.964/2019 (Lei Anticrime).

A possibilidade de realização de acordos nas ações que visam punir atos de improbidade administrativa representa uma grande modificação na forma como o tema será tratado no âmbito administrativo e judicial, afastando a vedação constante na redação original da Lei nº 8.429/1992.

O referido dispositivo apresenta os resultados mínimos, os requisitos obrigatórios, os limites materiais e os parâmetros procedimentais para a concretização do instrumento consensual, itens examinados a seguir.

1. Acordo de não persecução cível nas ações de improbidade administrativa: entre a Lei nº 8.429/92 e a Lei nº 14.230/2021

O debate e a efetiva utilização de instrumentos consensuais para a solução de controvérsias no âmbito do direito administrativo sancionador são relativamente recentes no cenário nacional[1].

Diante de tal premissa, a partir de uma análise cronológica da legislação nacional, ainda que de maneira superficial, é possível vislumbrar a evolução do tema entre a edição da Lei de Improbidade Administrativa – LIA (Lei nº 8.429/1992) e a Lei n. 14.230/2021.

A redação original da Lei da nº 8.429/1992, estabelecia, no art. 17, § 1º, a expressa vedação de qualquer hipótese de "transação, acordo ou conciliação" na ação de improbidade administrativa. O pressuposto contido no dispositivo determinava, de maneira inequívoca, a impossibilidade de ato de natureza consensual entre as partes, em razão do direito indisponível tutelado pela norma sancionadora. Em tal contexto, o Superior Tribunal de Justiça, em algumas oportunidades, manifestou-se[2] no sentido do não cabimento de acordo na ação de improbidade administrativa em face da expressa vedação legal.

Apesar da proibição contida na Lei de Improbidade Administrativa, a necessidade de debate e inclusão de alternativas de consensualidade nas ações de improbidade administrativa ganhou relevo, principalmente no âmbito

[1] Sérgio Guerra e Juliana Palma lecionam que "a legislação brasileira, até a década de 1980, não permitia que uma decisão administrativa, decorrente de ato ou contrato administrativo, em que houvesse sido imposta uma penalidade ao agente privado, no âmbito da função estatal do poder de polícia, fosse alterada por algum acordo ou compromisso, notadamente se isso importasse suspensão de uma sanção em troca de determinada obrigação" (GUERRA, Sérgio; PALMA, Juliana Bonacorsi de. Art. 26 da LINDB: novo regime jurídico de negociação com a Administração Pública. *Revista de Direito Administrativo*, Rio de Janeiro, nov. 2018, p. 142).

[2] REsp 1.217.554/SP, Rel. Ministra ELIANA CALMON, SEGUNDA TURMA, julgado em 15/08/2013, DJe 22/08/2013.

doutrinário, diante dos institutos similares previstos em normas editadas nas últimas décadas.

Entre os principais exemplos, é destacado o termo de ajustamento de conduta previsto na Lei nº 7.347/1985 (Lei da Ação Civil Pública – LAC), apontado e defendido como o instrumento adequado para a realização de acordos nas ações de improbidade administrativa[3]. A partir da interpretação do alcance do instrumento jurídico mencionado, o Conselho Nacional do Ministério Público – CNMP editou a Resolução nº 179/2017, que reconheceu expressamente a possibilidade de celebrar Termo de Ajustamento de Conduta (TAC) nos casos em que se imputa a agentes públicos ou particulares a prática de improbidade administrativa.

A possibilidade de termo de ajuste de conduta figurar como instrumento de consensualidade na ação de improbidade administrativa também foi admitida, em julgado isolado, pelo Superior Tribunal de Justiça[4], não obstante fundadas críticas no âmbito doutrinário[5].

[3] Interessante citar que a redação originária da Lei da Ação Civil Pública não previa a possibilidade da celebração de termo de ajustamento de conduta, o que somente ocorreu com a entrada em vigor do Código de Defesa do Consumidor (Lei nº 8.078/1990), que incluiu o § 6º no art. 5º da LACP, a fim de dispor que "os órgãos públicos legitimados poderão tomar dos interessados compromisso de ajustamento de sua conduta às exigências legais, mediante cominações, que terá eficácia de título executivo extrajudicial".

[4] AgRg no AREsp 780.833/MT, Rel. Ministro NAPOLEÃO NUNES MAIA FILHO, PRIMEIRA TURMA, julgado em 03/05/2016, DJe 24/05/2016.

[5] Emerson Garcia apresenta importantes considerações sobre a utilização do termo de ajuste de conduta previsto na Lei de Ação Civil Pública: "A funcionalidade do termo de compromisso de conduta, como se disse, é a de evitar a violação ou recompor o bem jurídico tutelado. O seu objetivo não é propriamente o de reduzir a esfera jurídica individual, o que denota profunda distinção em relação à consensualidade de colaboração ou de pura reprimenda afeta ao direito sancionador propriamente dito. Essa premissa certamente facilita a compreensão do art. 5º, LXXIII, da Constituição da República, que autoriza o ajuizamento da ação popular, por qualquer cidadão, para anular ato lesivo ao patrimônio público, e do art. 1º, VIII, da 7.347/1985, com a redação dada pela Lei nº 13.004/2014, segundo o qual 'regem-se pelas disposições desta Lei, sem prejuízo da ação popular, as ações de responsabilidade por danos morais e patrimoniais' causados 'ao patrimônio público e social'. Essa responsabilização, como é intuitivo, é a cível *stricto sensu*, calcada no referencial de reparação; não a cível lato sensu, afeta ao direito sancionador extrapenal judicial cível lato sensu. Portanto, apesar de o termo de ajustamento de conduta estar previsto no art. 5º, § 6º, da Lei nº 7.347/1985, ele não se presta à consensualidade de colaboração ou de pura reprimenda. Se o objetivo de algum operador do direito for utilizá-lo, fá-lo-á com base em norma diversa que não essa" (GARCIA, Emerson. A consensualidade no direito administrativo sancionador brasileiro: potencial de

Outrossim, a Lei nº 12.529/2011, norma que estrutura o Sistema Brasileiro de Defesa da Concorrência e dispõe sobre a prevenção e repressão às infrações contra a ordem econômica, estabeleceu o programa de leniência, instituto considerado referência de instrumento de consensualidade no âmbito do direito administrativo sancionador brasileiro.

Outra proposta interpretativa da legislação vigente considerou que a Lei nº 12.850/2013 (Lei de Combate ao Crime Organizado), de natureza penal – que regula, entre outros temas, meios de obtenção de prova –, previu o instituto da colaboração premiada[6], que, ao permitir a concessão de benefícios de natureza penal ao colaborador, entre os quais até mesmo o perdão judicial, poderia ser aplicada no âmbito da Lei nº 8.429/1992.

O debate jurídico relacionado à aplicação da mencionada norma no âmbito da ação de improbidade administrativa ponderava que, se possível a realização de acordos na seara criminal, com mais razão seria autorizado no âmbito civil, potencialmente menos grave. Por outro lado, entendimento contrário sustentava o princípio da especialidade da Lei de Improbidade Administrativa, em face da expressa previsão legal que não admitia qualquer tipo de avença, sem prejuízo da eventual utilização de prova emprestada produzida na esfera penal.

Em sede doutrinária[7], a colaboração premiada prevista na Lei nº 12.850/ /2013 é apontada como espécie de negócio jurídico atípico, instituto previsto no art. 190 do Código de Processo Civil de 2015, o que permitiria a

incidência no âmbito da Lei n. 8.429/92. *Revista Síntese: Direito Administrativo*, São Paulo, v. 12, n. 141, set. 2017, p. 542-595).

[6] Importante consignar que o referido instituto jurídico foi significativamente alterado pela Lei Anticrime (Lei nº 13.964/2019).

[7] Fredie Didier Júnior e Daniela Santos Bomfim defendem as seguintes conclusões: "a) admitem-se a colaboração premiada e o acordo de leniência como negócios jurídicos atípicos no processo de improbidade administrativa (art. 190 do CPC c/c o art. 4º da Lei nº 12.850/2013 e com os arts. 16-17 da Lei nº 12.846/2013); b) admite-se negociação nos processos de improbidade administrativa, sempre que isso for possível, na respectiva ação penal, observados, sempre, por analogia, os limites de negociação ali previstos; c) admitem-se os acordos parciais, sendo considerados parcela incontroversa; d) admite-se a 'colaboração premiada' em processos de improbidade administrativa, respeitados os limites e critérios da lei de regência." (DIDIER JR., Fredie; BOMFIM, Daniela Santos. A colaboração premiada como negócio jurídico processual atípico nas demandas de improbidade administrativa. *A&C – Revista de Direito Administrativo & Constitucional*, Belo Horizonte, ano 17, n. 67, p. 105-120, jan./mar. 2017. DOI: 10.21056/aec.v17i67.475).

derrogação de normas processuais, inclusive a negociação nas ações de improbidade administrativa.

A relação entre a colaboração premiada e a possibilidade de acordo na ação de improbidade administrativa também já foi analisada pelo Superior Tribunal de Justiça[8], que concluiu pela inaplicabilidade do instituto na seara civil. Por outro lado, o Supremo Tribunal Federal, em recente manifestação, reconheceu repercussão geral[9], na qual se debate a possibilidade da admissão da colaboração premiada na ação de improbidade administrativa, sob o enfoque do princípio da legalidade[10].

[8] REsp 1464287/DF, Rel. Ministro MAURO CAMPBELL MARQUES, SEGUNDA TURMA, julgado em 10/03/2020, DJe 26/06/2020)

[9] ARE 1175650 RG, Relator(a): Min. ALEXANDRE DE MORAES, julgado em 25/04/2019, PROCESSO ELETRÔNICO DJe-093 DIVULG 06-05-2019 PUBLIC 07-05-2019.

[10] O Relator Ministro Alexandre de Moraes ponderou em seu voto que reconheceu a repercussão geral do tema que há "potencial ofensa ao princípio da legalidade, por se admitir a colaboração premiada na ação de improbidade sem expressa autorização legal e com vedação normativa à realização de transação pela LIA (CF, art. 5º, II)", bem como estabelecer "os limites à disponibilidade de bens e interesses públicos, face a imprescritibilidade da ação de ressarcimento ao erário (CF, art. 37, §§ 4º e 5º)". Por fim, ainda ponderou a importância de considerar "os efeitos de eventual colaboração premiada realizada pelo Ministério Público em relação às demais ações de improbidade movidas pelos mesmos fatos, em virtude da existência de legitimidade concorrente (CF, art. 129, §1º)". Recentemente, o Supremo Tribunal Federal julgou o mérito nos seguintes termos: "Decisão: O Tribunal, por unanimidade, apreciando o tema 1.043 da repercussão geral, negou provimento ao recurso extraordinário e fixou a seguinte tese: É constitucional a utilização da colaboração premiada, nos termos da Lei 12.850/2013, no âmbito civil, em ação civil pública por ato de improbidade administrativa movida pelo Ministério Público, observando-se as seguintes diretrizes: (1) Realizado o acordo de colaboração premiada, serão remetidos ao juiz, para análise, o respectivo termo, as declarações do colaborador e cópia da investigação, devendo o juiz ouvir sigilosamente o colaborador, acompanhado de seu defensor, oportunidade em que analisará os seguintes aspectos na homologação: regularidade, legalidade e voluntariedade da manifestação de vontade, especialmente nos casos em que o colaborador está ou esteve sob efeito de medidas cautelares, nos termos dos §§ 6º e 7º do artigo 4º da referida Lei 12.850/2013; (2) As declarações do agente colaborador, desacompanhadas de outros elementos de prova, são insuficientes para o início da ação civil por ato de improbidade; (3) A obrigação de ressarcimento do dano causado ao erário pelo agente colaborador deve ser integral, não podendo ser objeto de transação ou acordo, sendo válida a negociação em torno do modo e das condições para a indenização; (4) O acordo de colaboração deve ser celebrado pelo Ministério Público, com a interveniência da pessoa jurídica interessada e devidamente homologado pela autoridade judicial; (5) Os acordos já firmados somente pelo Ministério Público ficam preservados até a data deste julgamento, desde que haja previsão de total ressarcimento do dano, tenham sido devidamente homologados em Juízo e regularmente cumpridos pelo beneficiado".

Por sua vez, a Lei nº 12.846/2013 (Lei Anticorrupção), aplicável às pessoas jurídicas que pratiquem atos contra a Administração Pública, previu no art. 16 a possibilidade da realização de acordo de leniência. Interessante lembrar que a MP nº 703/2015, que originou a referida lei, determinou a revogação do § 1º do art. 17 da Lei nº 8.429/1992. Entretanto, por ato[11] declaratório do Presidente da Mesa do Congresso Nacional nº 27 de 2016, a referida medida provisória perdeu a sua validade, o que proporcionou a manutenção da redação original da LIA, vedando acordo nas ações de improbidade administrativa[12].

Embora o debate sobre a extensão da compatibilidade das referidas normas (LIA e LAC), no tocante à utilização do acordo de leniência nas ações de improbidade administrativa, tenha perdido parte da sua importância em razão da introdução do acordo de não persecução cível pela Lei nº 13.964/2019 (Lei Anticrime), significativas ponderações em sentido contrário foram expostas em sede doutrinária[13].

A promulgação da Lei nº 13.140/2015, que regula a mediação entre particulares como meio de solução de controvérsias e a autocomposição de conflitos no âmbito da administração pública, também proporcionou reflexões a respeito do tema. A norma permite no art. 36, § 4º, a realização de conciliação

[11] "A Medida Provisória nº 703, de 18 de dezembro de 2015, publicada no Diário Oficial da União no dia 21, do mesmo mês e ano, que Altera a Lei nº 12.846, de 1º de agosto de 2013, para dispor sobre acordos de leniência, teve seu prazo de vigência encerrado no dia 29 de maio do corrente ano".

[12] No entanto, o Ministério Público Federal, por meio da Nota Técnica n.º 1/2017 da 5ª Câmara de Coordenação e Revisão – Combate à Corrupção, orientou que se deve "observar, por analogia, na improbidade administrativa, todo o previsto no art. 16, §1º, II e III, da LAC, por ser fácil e plenamente transponível de uma matéria a outra, devido à semelhança dos atos lesivos tratados e do modelo normativo utilizado" e concluiu que, "por incompatibilidade com o microssistema, o advento da LAC promoveu a derrogação, ainda que tácita, da antiga vedação ao acordo de leniência na LIA".

[13] Emerson Garcia aduz que a "limitação dos efeitos do acordo de leniência ao processo administrativo destinado à apuração de responsabilidades com base na Lei nº 8.666/1993 e na Lei nº 12.846/2013, bem como ao processo judicial voltado à aplicação das sanções previstas neste último diploma legal, indica uma opção consciente de não o estender a outras esferas de responsabilização. Esse aspecto torna-se bem nítido ao observarmos o teor do art. 30, I, da Lei nº 12.846/2013, segundo o qual a aplicação das sanções previstas neste diploma legal "não afeta os processos de responsabilização e aplicação de penalidades decorrentes" de "ato de improbidade administrativa nos termos da Lei nº 8.429, de 2 de junho de 1992" (ob. cit).

em ação de improbidade administrativa pela Advocacia-Geral da União em "conflitos que envolvam controvérsia jurídica entre órgãos ou entidades de direito público que integram a administração pública federal", mediante "anuência expressa do juiz da causa ou do Ministro Relator".

Outrossim, a Lei nº 13.655/2018, que alterou sensivelmente a Lei de Introdução ao Direito Brasileiro (LINDB), ao dispor sobre um conjunto de normas jurídicas gerais aplicáveis ao direito público, estabeleceu no art. 26 a possibilidade da realização de termo de compromisso[14] entre interessados, visando "eliminar irregularidade, incerteza jurídica ou situação contenciosa na aplicação do direito público".

Traçada a breve digressão acerca das normas editadas após a Lei nº 8.429/1992, que proporcionaram efetivo debate a respeito do cabimento de instrumentos consensuais no âmbito da ação de improbidade administrativa, é fácil reconhecer posicionamentos divergentes nas esferas doutrinária e jurisprudencial. De um lado, aqueles que sustentavam a possibilidade da utilização da consensualidade, em face da incompatibilidade com os novos instrumentos jurídicos contidos em leis posteriores e a revogação tácita da vedação legal contida na LIA e, do outro lado, aqueles que defendiam a impossibilidade de transação diante da vedação expressa contida na lei especial.

Tais debates foram mitigados diante da Lei nº 13.964/2019 (Lei Anticrime), que alterou[15] o art. 17, § 1º, da Lei nº 8.429/1992, a fim de permitir a celebração de acordo de não persecução cível nas ações de improbidade administrativa.

Entretanto, apesar do inequívoco avanço proporcionado pela autorização legislativa para admitir acordos nas ações de improbidade administrativa,

[14] O Superior Tribunal de Justiça já proclamou que é inviável o acolhimento do pedido de suspensão do processo, a fim de que sejam buscados os meios de compensação da conduta ímproba praticada, à luz da Lei nº 13.655/2018, uma vez que deve prevalecer a regra especial contida no art. 17, § 1º, da Lei 8.429/1992. (excerto da ementa do AgInt no REsp 1654462/MT, Rel. Ministro SÉRGIO KUKINA, PRIMEIRA TURMA, julgado em 07/06/2018, DJe 14/06/2018)

[15] "Art. 6º - A lei nº 8.429, de 2 de junho de 1992, passa a vigorar com as seguintes alterações:
Art. 17. ....
§1º As ações de que trata este artigo admitem a celebração de acordo de não persecução cível, nos termos desta lei. (...)
§10-A. Havendo a possibilidade de solução consensual, poderão as partes requerer ao juiz a interrupção do prazo para a contestação, por prazo não superior a 90 (noventa) dias".

o texto original aprovado pelo Congresso Nacional foi parcialmente vetado pela Presidência da República, especificamente nos pontos que tratavam do procedimento e da delimitação dos limites materiais do instrumento consensual.

O veto presidencial aos referidos dispositivos gerou uma situação jurídica inusitada, pois a norma que autorizou o acordo de não persecução cível expressamente o admitiu *"nos termos desta lei"*, entretanto, os referidos termos[16] foram vetados. A ausência dos limites ou a extensão do acordo, bem como do procedimento a ser adotado pelas partes envolvidas, impedindo qualquer ordem de padronização em âmbito nacional, certamente seria capaz de gerar potencial insegurança jurídica[17].

Em tal contexto, diante da ausência dos termos da lei, alguns órgãos legitimados[18] para o ajuizamento de ações de improbidade administrativa

[16] O texto aprovado, em linhas gerais, incorporou integralmente os termos contidos no PL nº 10.887/2018 da Câmara dos Deputados, o qual teve origem em uma proposta de anteprojeto de atualização da Lei nº 8.429/1992, apresentada por uma Comissão de Juristas instituída pela Presidência da referida casa legislativa, da qual ambos os autores do presente trabalho participaram, como Presidente e Membro, respectivamente.

[17] Nesse sentido, a oportuna ponderação de Camilo Zufelato e Lucas Vieira Carvalho: "Entretanto, essas duas tímidas e genéricas alterações acabam por confundir ainda mais o fenômeno da autocomposição na improbidade administrativa. O novo §1º, ao tratar do acordo de não persecução cível, dispõe que sua determinação seguirá os 'termos desta Lei'. O problema — sem entrar no mérito do que previa o Projeto de Lei — foi que o presidente da República vetou o que seria o artigo 17-A da lei, o qual continha a disciplina mínima do acordo. Para tanto, arguiu a violação da legitimidade para o acordo, uma vez que o projeto de lei atribuía somente ao Ministério Público a possibilidade de celebração. Se a proposta do Congresso Nacional para o Projeto de Lei já podia ser considerada deficitária por ignorar elementos essenciais da celebração dos acordos em sede de atos de improbidade administrativa, tais como a distinção entre leniência prévia e concomitante, os benefícios que poderiam ser concedidos ao agente improbo, ou mesmo critérios objetivos de negociação por parte do Ministério Público, dentre outros aspectos, os vetos do Poder Executivo tornaram mais conturbada a alteração legislativa. Abre-se espaço para uma autocomposição sem qualquer regulação" (ZUFELATO, Camilo; CARVALHO, Lucas. "Lei Anticrime" prevê acordos em ação de improbidade administrativa. *Consultor Jurídico*. Disponível em: https://www.conjur.com.br/2020-jan-08/lei-anticrime-preve-acordos-acao-improbidade-administrativa?imprimir=1. Acesso em: 8 abr. 2022).

[18] Antes das alterações contidas na Lei nº 14.230/2021, que reformou a Lei de Improbidade Administrativa e modificou a legitimidade ativa a fim de restringir ao Ministério Público o ajuizamento da ação principal e a realização de acordo de não persecução cível.

instrumentalizaram regulamentações[19] para a realização dos acordos de não persecução cível.

A ausência de regulamentação legal dos acordos de não persecução cível foi suprida[20] pela Lei nº 14.230, sancionada pela Presidência da República em 25 de outubro de 2021, ao introduzir o novo art. 17-B[21] na Lei nº 8.429/1992

[19] Entre outras, destaque para o Ministério Público do Estado de São Paulo (NOTA TÉCNICA CAOPP/MPSP n. 02/2020) e Advocacia-Geral da União (Portaria Normativa AGU nº 18, de 16 de julho de 2021).

[20] Fernando Gajardoni esclarece que com "o advento da Lei 14.230/2021, que inseriu na Lei 8.429/1992 o art. 17-B, sana-se o problema da legislação revogada, pois agora se tem uma normativa específica, de nível nacional, sobre acordos em tema de improbidade. Evidentemente, no âmbito de competência de cada ramo do Ministério Público (Federal e Estadual), ainda poderão ser editadas normas de uniformização dos procedimentos (inclusive a bem do tratamento igualitários das situações em que serão celebrados os acordos), observando-se eventual diretriz nacional que, porventura, venha ser editada pelo Conselho Nacional do Ministério Público" (GAJARDONI, Fernando da Fonseca *et al. Comentários à Lei de improbidade Administrativa, Lei nº 8.429, com as alterações da Lei nº 14.230/2021.* 5ª ed. São Paulo: Thompson Reuters Brasil, 2021, proview, RL-19).

[21] "Art. 17-B. O Ministério Público poderá, conforme as circunstâncias do caso concreto, celebrar acordo de não persecução civil, desde que dele advenham, ao menos, os seguintes resultados:
I – o integral ressarcimento do dano;
II – a reversão à pessoa jurídica lesada da vantagem indevida obtida, ainda que oriunda de agentes privados.
§ 1º A celebração do acordo a que se refere o caput deste artigo dependerá, cumulativamente:
I – da oitiva do ente federativo lesado, em momento anterior ou posterior à propositura da ação;
II – de aprovação, no prazo de até 60 (sessenta) dias, pelo órgão do Ministério Público competente para apreciar as promoções de arquivamento de inquéritos civis, se anterior ao ajuizamento da ação;
III – de homologação judicial, independentemente de o acordo ocorrer antes ou depois do ajuizamento da ação de improbidade administrativa.
§ 3º Para fins de apuração do valor do dano a ser ressarcido, deverá ser realizada a oitiva do Tribunal de Contas competente, que se manifestará, com indicação dos parâmetros utilizados, no prazo de 90 (noventa) dias.
§ 4º O acordo a que se refere o caput deste artigo poderá ser celebrado no curso da investigação de apuração do ilícito, no curso da ação de improbidade ou no momento da execução da sentença condenatória.
§ 5º As negociações para a celebração do acordo a que se refere o caput deste artigo ocorrerão entre o Ministério Público, de um lado, e, de outro, o investigado ou demandado e o seu defensor.
§ 6º O acordo a que se refere o caput deste artigo poderá contemplar a adoção de mecanismos e procedimentos internos de integridade, de auditoria e de incentivo à denúncia de irregularidades e a aplicação efetiva de códigos de ética e de conduta no âmbito da pessoa

o procedimento e os parâmetros de aplicação do acordo de não persecução cível no âmbito das ações de improbidade administrativa.

As novidades legislativas introduzidas pela Lei nº 14.230/2021 são essenciais para o desenvolvimento de parâmetros do devido processo legal coletivo, caracterizado por um procedimento regulado por lei e conduzido por autoridade competente ou, em outras palavras, as garantias decorrentes das cláusulas do devido processo legal.

2. Legitimidade ativa e resultados mínimos para realização de acordo de não persecução cível

O principal objetivo do acordo de não persecução cível[22] é conjugar a rápida solução de um processo que envolve, em regra, questões de grande repercussão social e política (e algumas vezes complexidade) e que tramitam durante anos no Poder Judiciário, inclusive proporcionando de maneira efetiva a recomposição de danos patrimoniais causados ao erário e, de outro lado, o acusado/réu negociar sanções que poderão ser impostas, mediantes concessões recíprocas entre as partes, sem passar pelas incertezas inerentes ao processo judicial.

A primeira grande novidade proporcionada pela nova norma está prevista no *caput* do art. 17-B, relacionada à legitimidade ativa para a realização dos

jurídica, se for o caso, bem como de outras medidas em favor do interesse público e de boas práticas administrativas.
§ 7º Em caso de descumprimento do acordo a que se refere o caput deste artigo, o investigado ou o demandado ficará impedido de celebrar novo acordo pelo prazo de 5 "cinco" anos, contado do conhecimento pelo Ministério Público do efetivo descumprimento.»

22 Na visão de Marçal Justen Filho, o "acordo de não persecução civil apresenta natureza transacional, configurada pela existência de concessões recíprocas. Em sua configuração essencial, aproxima-se de uma transação destinada a prevenir ou a encerrar litígios. Propicia ao poder público a recuperação de valores patrimoniais indevidamente na titularidade de sujeitos privados (agentes públicos ou não), independentemente do desenrolar de um processo usualmente muito demorado e bastante problemático. Por outro lado, dá oportunidade ao sujeito privado de evitar sancionamento mais severo. Em todas as hipóteses, há a eliminação ou o encerramento do processo judicial, cujo desenlace sempre apresenta uma margem de incerteza" (JUSTEN FILHO, Marçal. *Reforma da lei de improbidade administrativa comentada e comparada*: Lei nº 14.230, de 25 de outubro de 2021. Rio de Janeiro: Forense, 2022, p. 206).

acordos de não persecução cível. A norma reformadora alterou o art. 17 da Lei nº 8.429/1992 para atribuir legitimidade exclusiva para o Ministério Público ajuizar as ações de improbidade administrativa, o que excluiria a legitimidade ativa dos entes públicos lesados pelo ato ímprobo, conforme previa a redação original da norma, antes da reforma imposta pela Lei nº 14.230/2021.

Não obstante, o Plenário do Supremo Tribunal Federal restabeleceu a existência de "legitimidade ativa concorrente e disjuntiva entre o Ministério Público e as pessoas jurídicas interessadas para a propositura da ação por ato de improbidade administrativa e para a celebração de acordos de não persecução civil"[23], além de declarar a inconstitucionalidade do art. 3º[24] da Lei nº 14.230/2021.

Diante do julgamento do Supremo Tribunal Federal, a fim de evitar insegurança jurídica aos envolvidos no acordo de não persecução cível, seria recomendado, ao menos em alguns casos, que as negociações entre o Ministério Público ou o ente público lesado e o acusado/réu da prática de ato ímprobo, fossem realizadas com a participação do outro colegitimado, inclusive proporcionando acordo conjunto entre os envolvidos na celebração do instrumento consensual.

O *caput* do art. 17-B da LIA também estipulou que o Ministério Público e os entes públicos lesados poderão, conforme as circunstâncias do caso concreto, celebrar o acordo de não persecução cível. A primeira ponderação a ser feita é que os legitimados ativos não são obrigados a oferecerem o acordo de não persecução cível em todas as ações de improbidade administrativa. O acordo de não persecução cível tampouco pode ser considerado como direito público

[23] O Supremo Tribunal Federal, "por maioria, julgou parcialmente procedentes os pedidos formulados na ação direta para: (a) declarar a inconstitucionalidade parcial, sem redução de texto, do caput e dos §§ 6º-A e 10-C do art. 17, assim como do caput e dos §§ 5º e 7º do art. 17-B, da Lei 8.429/1992, na redação dada pela Lei 14.230/2021, de modo a restabelecer a existência de legitimidade ativa concorrente e disjuntiva entre o Ministério Público e as pessoas jurídicas interessadas para a propositura da ação por ato de improbidade administrativa e para a celebração de acordos de não persecução civil;" (STF, ADI 7.042/DF e ADI 7.043/DF, Plenário, Rel. Min. Alexandre de Moraes, DJE publicado em 28/02/2023).

[24] "Art. 3º. No prazo de 1 (um) ano a partir da data de publicação desta Lei, o Ministério Público competente manifestará interesse no prosseguimento das ações por improbidade administrativa em curso ajuizadas pela Fazenda Pública, inclusive em grau de recurso".

subjetivo[25] do acusado a sua realização, pois exige avaliação[26] do membro do *Parquet* e/ou representantes dos entes públicos sobre a pertinência da realização do instrumento consensual diante do caso concreto.

Tópico que merece atenção é o fato de o texto legal (art. 17-B, I e II, da LIA) introduzido pela Lei nº 14.230/2021 exigir, como resultado mínimo para a realização de acordo de não persecução cível, o integral ressarcimento do dano e a reversão à pessoa jurídica lesada da vantagem indevida obtida, ainda que oriunda de agentes privados.

Ora, o ressarcimento aos cofres públicos será sempre obrigatório nas hipóteses de lesão ao erário e não corresponde a uma sanção propriamente dita[27], mas mera recomposição do dano causado pelo ato de improbidade administrativa.

Assim, os resultados a serem exigidos para a realização do instrumento consensual, além do ressarcimento ao erário obrigatório, também deveria prever, em princípio, a imposição[28] de pelo menos uma das sanções previstas na Lei nº 8.429/1992.

[25] Fernando Gajardoni entende que a obtenção de "acordo em tema de improbidade administrativa, não é de direito público subjetivo do investigado/acusado, conforme, aliás já é o entendimento corrente da suspensão do processo (art. 89 da Lei 9.099/95), nos acordos de não persecução penal (Art. 28-A do CPP) e mesmo dos termos de ajustamento de condutas – TACs (art. 5º, § 6º, da Lei 7.347/1985). Consequentemente, não cabe sindicância judicial, ainda que provocada pelo investigado/acusado, sobre a negativa motivada de celebração do acordo. É vedado ao Poder Judiciário se imiscuir em algo que compete, exclusivamente, ao Ministério Público decidir (art. 17-B, caput, da LIA)" (ob.cit., proview, RL-19).

[26] Daniel Amorim Assunção Neves e Rafael Carvalho Rezende Oliveira ressaltam que sob "a perspectiva da isonomia seria interessante todo réu de ação de improbidade administrativa saber de antemão que terá uma chance de solução consensual, mas no caso concreto poderemos ter um verdadeiro espetáculo 'para inglês ver'. Afinal, se o promotor que conduz a demanda não pretende celebrar acordo algum, ainda que seja obrigado a oferecer um, basta apresentar termos absolutamente desproporcionais" (NEVES, Daniel; OLIVEIRA, Rafael. *Comentários à reforma da lei de improbidade administrativa*: Lei nº 14.230, de 25.10.2021, comentada artigo por artigo. Rio de Janeiro: Forense, 2022, p. 99).

[27] A jurisprudência do STJ fixou a compreensão de que o ressarcimento ao Erário não possui natureza de sanção, mas de cominação puramente reparadora dos danos causados ao Erário. (excerto da ementa do AgRg no REsp 1.366.208/MT, Rel. Ministro HUMBERTO MARTINS, Rel. p/ Acórdão Ministro HERMAN BENJAMIN, SEGUNDA TURMA, julgado em 26/04/2016, DJe 07/10/2016).

[28] Em tal contexto, Fernando Gajardoni afirma não existir "óbice algum para que sejam convencionadas sanções de inelegibilidade, perda de cargo público ou suspensão dos direitos

A reforma proporcionada pela Lei nº 14.230/2021 é clara ao dispor no art. 17-D da LIA que a "ação por ato de improbidade administrativa é repressiva, de caráter sancionatório, destinada à aplicação de sanções de caráter pessoal" previstas na norma reformada. Até mesmo os casos previstos no art. 12, § 5º, da LIA, que tratam de atos de improbidade que causem menor potencial ofensivo aos bens jurídicos tutelados pela norma sancionadora, estabelecem a imposição de multa civil, sem prejuízo do ressarcimento do dano e da perda dos valores obtidos.

Assim, não faz sentido admitir que o acordo de não persecução cível exija como resultado mínimo apenas o ressarcimento do prejuízo causado ao erário pelo ato de improbidade administrativa, ainda que revertido pelo ente público lesado, mas sim a efetiva necessidade de imposição de uma ou mais sanções previstas na Lei nº 8.429/1992, observada a gravidade do caso concreto.

3. Requisitos legais para a celebração de transação da ação de improbidade administrativa

O texto legal introduzido pela Lei nº 14.230/2021 também estabeleceu no § 1º do art. 17-B da LIA os requisitos legais para a celebração de acordo de não persecução cível nas ações de improbidade administrativa, especificamente a presença cumulativa dos seguintes requisitos:

> I – da oitiva do ente federativo lesado, em momento anterior ou posterior à propositura da ação;
> II – de aprovação, no prazo de até 60 (sessenta) dias, pelo órgão do Ministério Público competente para apreciar as promoções de arquivamento de inquéritos civis, se anterior ao ajuizamento da ação;

políticos, mesmo havendo previsão legal e constitucional de que elas só se dariam com o trânsito em julgado de sentença condenatória. Observe-se que os arts. 20, da Lei 8.429/1992, e art. 15, da CF, são aplicáveis enquanto é imposto ao investigado/acusado a sanção de inelegibilidade, perda do cargo ou suspensão dos direitos políticos (solução adjudicada do conflito), e não quando ele, voluntariamente, aceita tais sanções como consequência do acordo (solução negociada do conflito). Por essa razão, inclusive não se aplica aos acordos a ressalva do art. 12, § 1º, da LIA (1ª parte). Se há aceitação do agente público, ele pode perder o cargo/função pública atualmente ocupada" (ob. cit., proview, RL-19).

III – de homologação judicial, independentemente de o acordo ocorrer antes ou depois do ajuizamento da ação de improbidade administrativa.

Antes de analisar os requisitos cumulativos necessários à celebração do acordo de não persecução cível, é necessário destacar que a lei reformada não exigiu do acusado/réu o reconhecimento da prática do ato de improbidade administrativa; contudo, caso seja incontroverso, certamente deve ser considerado no momento das negociações e definições dos termos[29] do instrumento consensual.

O inciso I estabelece a necessidade de oitiva do ente federativo lesado, que poderia ser realizado em momento anterior ou posterior à propositura da ação de improbidade administrativa. O dispositivo não é claro sobre qual seria a finalidade da referida oitiva, mas parece ser razoável afirmar que serviria para colher elementos relacionados à conduta do agente público ou político, sobre a gravidade do ato ímprobo e elementos que permitam apurar eventual enriquecimento ilícito e a extensão da lesão causada ao erário.

O dispositivo legal nada esclarece sobre a eventual necessidade de concordância do ente público lesado com a realização do acordo de não persecução cível.

Em tal prisma, a decisão do Supremo Tribunal Federal, já mencionada, que reconheceu a existência de legitimidade ativa concorrente entre o Ministério Público e as pessoas jurídicas interessadas para propor ações de improbidade administrativa, é capaz de alterar sensivelmente a dinâmica de interpretação do requisito previsto no mencionado inciso.

Assim, a eventual discordância entre os legitimados para a realização do instrumento consensual nas ações de improbidade administrativa, tal como o valor do ressarcimento ao erário, por exemplo, pode gerar insegurança jurídica para o acusado/réu, o que reforça a importância de criar mecanismos

[29] Daniel Amorim Assunção Neves e Rafael Carvalho Rezende Oliveira apontam que "para fins de celebração de acordo, tanto faz a existência de profundas dúvidas a respeito da conduta imputada ao réu, ou a certeza de ter havido a prática de atos de improbidade. O grau de cognição a respeito dos fatos, além do tempo dispendido até a celebração do acordo, se são irrelevantes para admissão de sua celebração, certamente devem ser considerados na determinação de seus termos" (ob. cit., p. 101-102).

que diminuam a chance de ocorrência de hipóteses que afastem o interesse dos envolvidos na realização dos acordos.

O inciso II estabelece o controle do acordo de não persecução cível, formulado pelo membro do Ministério Público, por meio de aprovação no âmbito da própria instituição por órgão responsável pela análise das promoções de arquivamento de inquéritos civis. O referido requisito somente seria necessário, na visão da nova lei, nos casos em que o acordo for anterior ao ajuizamento da ação de improbidade administrativa.

Não obstante a previsão legal, o controle dos acordos de não persecução cível realizados por membros do Ministério Público merecem ser objeto de aprovação por órgão interno da própria instituição em qualquer hipótese, independentemente se realizado antes ou depois do ajuizamento da ação de improbidade administrativa[30]. O controle tem como principais virtudes proporcionar segurança jurídica ao acordo propriamente dito e aos celebrantes,

[30] Sobre as hipóteses que podem decorrer do mencionado requisito, Fernando Gajardoni expõe de maneira detalhada que o "órgão superior do Ministério Público, em vista da promoção de arquivamento encaminhada pelo membro, analisara, no prazo de 60 dias(corridos), se o acordo de não persecução civil: a) atende aos parâmetros normativos do próprio órgão, que embora não possa abrandar as condicionantes estabelecidas no art. 17-B, da Lei 8.429/1992 (na redação da Lei 14.230/2021), pode adotar procedimentos próprios a fim de padronizar a atuação no seu âmbito inclusive condicionando a celebração a outros requisitos/sanções além dos previstos na LIA, ou objetivando atenuantes em vista da colaboração do investigado. b) atende as diretrizes do art. 17-B, § 2º, da LIA, isto é, se a celebração do acordo considerou a personalidade do agente, a natureza, as circunstâncias, a gravidade e a repercussão social do ato de improbidade, bem como as vantagens, para o interesse público; e c) cobre todo o dano a ser reparado a implica em reversão da vantagem obtida com a conduta ilícita em favor da pessoa jurídica lesada. Da análise, poderá o Conselho Superior do Ministério público (CSMP) ou a Câmara de Coordenação e Revisão (CCR) adotar uma das seguintes providencias: a) Homologar a promoção e arquivamento e, de tabela, ratificar os termos do acordo de não persecução civil, o que permitiria ao membro do Ministério público promover a ação para homologação judicial (art. 17-B, § 1º, III); b) Converter o procedimento em diligência para que, em sendo necessário, sejam levantados novos dados (v.g relativos à extensão do dano a ser reparado) a fim de que possa ser tomada uma decisão responsável adequada a respeito do tema; e c) Rejeitar a promoção de arquivamento e, de tabela, o acordo, sendo que competira ao órgão proponente seguir nas investigações, propor a ação de improbidade administrativa contra o investigado ou celebrar novo acordo com conteúdo distinto, promovendo, mais uma vez, o arquivamento o inquérito civil para análise da repaginada avença pelo órgão superior do MP" (ob.cit., proview, RL-19).

bem como ao próprio membro do Ministério Público que compartilha a responsabilidade pela adoção do instrumento consensual.

Por fim, o inciso III do referido dispositivo exige a homologação judicial do acordo de não persecução cível independentemente de o acordo ocorrer antes ou depois do ajuizamento da ação de improbidade administrativa. A previsão é adequada, tendo em vista a necessidade de atribuir a natureza de título executivo judicial e maior segurança jurídica, diante da homologação judicial, nos termos do art. 515, III, do CPC/2015, por se tratar de espécie de autocomposição extrajudicial de qualquer natureza.

Embora a lei seja silente, parece razoável que o magistrado possa exercer o controle[31] do preenchimento dos resultados (art. 17-B, I e II, da LIA) e a efetiva presença cumulativa dos requisitos contidos no art. 17-B, II e III, e § 1º da LIA. Assim, a homologação do acordo de não persecução cível pelo juiz não configura mera chancela do Poder Judiciário do instrumento consensual apresentado, mas efetivo controle da legalidade das cláusulas apresentadas e cumprimento dos requisitos mínimos e parâmetros estabelecidos em lei.

4. Elementos que devem ser considerados para a realização do acordo e a oitiva do Tribunal de Contas nas hipóteses de ressarcimento ao erário

O § 2º do art. 17-B da LIA apresenta uma importante inovação a ser seguida nos acordos de não persecução cível nas ações de improbidade: a adoção de parâmetros minimamente objetivos do caso concreto para verificar a pertinência da adoção do instrumento consensual.

Assim, em qualquer caso, a pertinência da celebração do acordo deverá considerar a personalidade do agente público ou político envolvido na ação de improbidade administrativa, a natureza e as circunstâncias do ato ímprobo praticado, a gravidade e a repercussão social do ato de improbidade administrativa na sociedade.

[31] Daniel Amorim Assunção Neves e Rafael Carvalho Rezende Oliveira entendem que "a atividade judicial nesse caso limita-se a analisar os requisitos formais do acordo, não cabendo ao juízo adentrar no seu conteúdo" (ob. cit., p. 101).

O referido dispositivo apresenta elementos fundamentais para que o membro do Ministério Público (ou o ente público lesado legitimado[32]) avalie a pertinência do acordo de não persecução cível, sem prejuízo da análise das vantagens, para o interesse público, da rápida solução do caso concreto.

Por sua vez, o § 3º do art. 17-B da LIA apresenta uma novidade ao dispor que para "fins de apuração do valor do dano a ser ressarcido, deverá ser realizada a oitiva do Tribunal de Contas competente, que se manifestará, com indicação dos parâmetros utilizados, no prazo de 90 (noventa) dias".

A previsão normativa desperta algumas ponderações, especialmente sobre a obrigatoriedade de oitiva do Tribunal de Contas e a vinculação para fins de apuração do valor a ser ressarcido ao erário.

O acordo de não persecução cível no âmbito das ações de improbidade administrativa é um ato consensual realizado entre o Ministério Público (ente público lesado) e o acusado/réu, mediante concessões recíprocas. Apesar de significativa liberdade, o ressarcimento ao erário é resultado obrigatório para a realização do acordo (art. 17-B, I, da LIA), ou seja, não é possível transigir sobre a necessária recomposição aos efetivos prejuízos causados pelo ato de improbidade administrativa.

Assim, embora o ressarcimento seja obrigatório, não significa dizer que o valor devido ao erário não possa ser objeto de livre ajuste entre os envolvidos, desde que observada a recomposição[33] integral aos cofres públicos do prejuízo patrimonial causado.

Inexiste, portanto, a obrigatoriedade[34] da oitiva do Tribunal de Contas para a indicação de parâmetros para a fixação de valores, o que deverá ocorrer,

[32] Em razão da decisão singular proferida pelo Supremo Tribunal Federal (ADI 7.043, Rel. Min. Alexandre de Moraes, DJe 21.3.22).

[33] Marçal Justen Filho alerta que "não se pode esquecer que a dimensão transacional do acordo de não persecução civil implica concessões recíprocas entre as partes. Por decorrência, a definição dos valores a serem indenizados comporta uma margem de variação, compreendida no âmbito de renúncias necessárias à obtenção de um resultado satisfatório." (ob. cit., p. 208).

[34] Ao analisar o referido dispositivo, Fernando Gajardoni entende que, apesar do "deverá constante do dispositivo, parece bastante evidente que não se trata de regra cogente ou de ordem pública. Estando o MP e o próprio investigado/acusado-a quem compete definir a extensão da assunção de sua responsabilidade – de acordo com a fixação do dano/vantagem com base em outro parâmetro documentado (v.g. uma avaliação extrajudicial por perito público ou privado), possível que a avença seja celebrada com base nos referidos valores, sem a necessidade de se consultar o Tribunal de Contas" (ob.cit., proview, RL-19).

salvo melhor juízo, em hipóteses de maior complexidade para a aferição da extensão da lesão ao erário gerada pelo ato de improbidade administrativa.

Por outro lado, nas situações em que o Tribunal de Contas indicar os valores do ressarcimento aos cofres públicos, surge a indagação sobre a vinculação[35] das partes e do juízo aos parâmetros indicados. Embora a relevância do resultado apresentado pela Corte de Contas, parece evidente que as partes possam impugnar os valores indicados, principalmente quando não corresponderem às tratativas estabelecidas pelo Ministério Público, entes públicos lesados e os acusados/réus. O juízo responsável pela homologação do acordo de não persecução cível tampouco está vinculado aos parâmetros indicados pelo Tribunal de Contas, caso entenda, por exemplo, que o ressarcimento patrimonial não tenha sido atendido em desrespeito ao previsto no art. 17-B, I, da LIA.

De outro modo, é incontroverso o significativo número de ações de improbidade administrativa em tramitação no Poder Judiciário, das quais grande parte trata de atos que causaram lesão aos cofres públicos. Em tal contexto, remeter todos esses autos para oitiva do Tribunal de Contas indicar os parâmetros utilizados nas hipóteses de apuração de dano causado ao erário, a ser realizado no prazo de noventa dias, pode retardar a realização do acordo entre as partes.

Além disso, o eventual descumprimento do referido prazo indicado na lei (em razão da complexidade do caso concreto, por exemplo), não possui qualquer ressalva ou penalidade caso não seja observado, sendo capaz de gerar efetivos atrasos na tramitação do acordo de não persecução cível e influenciar em eventual prescrição da ação principal.

O Supremo Tribunal Federal, em decisão monocrática[36] proferida pelo Ministro Alexandre de Moraes na ADI 7.236/DF (DJe 10/1/2023), suspendeu a eficácia do artigo 17-B, § 3º da Lei 8.429/1992, incluído pela Lei 14.230/2021.

[35] Daniel Amorim Assunção Neves e Rafael Carvalho Rezende Oliveira defendem que o "parecer do Tribunal de Contas não é vinculante, de forma que o juízo não está adstrito a ele, em especial se houver impugnação das partes. Mas também não me parece que possa ser definido consensualmente, porque dessa forma estar-se-ia indiretamente violando as exigências mínimas do acordo. Se não há certeza quanto ao valor e as partes fecham um acordo num valor que pareça conveniente para ambas, que garantia haverá de reparação integral" (ob.cit, p. 100).

[36] Consta da referida decisão: "Nada obstante, ao regulamentar esse instrumento de consensualidade administrativa, o dispositivo questionado estabelece a obrigatoriedade da oitiva do

5. Fase processual na ação de improbidade administrativa – AIA para a realização do acordo

Com efeito, o § 4º do art. 17-B introduz parâmetro relacionado ao momento em que poderá ser realizado o acordo de não persecução cível na ação de improbidade administrativa.

O legislador reformador optou por permitir amplitude na celebração do instrumento consensual, autorizando a realização do acordo de não persecução cível durante a investigação do ilícito e antes do ajuizamento da ação principal, após o ajuizamento da ação de improbidade administrativa e, até mesmo, durante a execução da sentença condenatória.

A realização do acordo de não persecução cível antes do ajuizamento da ação de improbidade administrativa ou durante a sua tramitação em primeiro grau de jurisdição é recomendada, pois observa a rápida solução da controvérsia, ainda que a conveniência da realização do instrumento consensual esteja submetida aos diversos fatores que decorrem da análise do caso concreto.

No âmbito recursal, a nova lei admite que os acordos sejam realizados perante os tribunais locais (tribunais de justiça e tribunais regionais federais) e nas cortes superiores. No âmbito do Superior Tribunal de Justiça, a homologação dos acordos de não persecução cível tem sido realizada diretamente pelos órgãos julgadores da Corte[37].

Entretanto, permanecem algumas dúvidas a respeito do interesse do legitimado ativo em realizar o acordo de não persecução cível somente na fase de

Tribunal de Contas competente, que deverá se manifestar, com a indicação dos parâmetros utilizados, no prazo de 90 (noventa) dias. Ao assim dispor, a norma aparenta condicionar o exercício da atividade-fim do Ministério Público à atuação da Corte de Contas, transmudando-a em uma espécie de ato complexo apto a interferir indevidamente na autonomia funcional constitucionalmente assegurada ao órgão ministerial. Eventual desrespeito à plena autonomia do Ministério Público, em análise sumária, consiste em inconstitucionalidade perante a independência funcional consagrada nos artigos 127 e 128 da Constituição Federal. Além de inúmeras incertezas que circundam a aplicação da regra (v.g. vinculatividade do cálculo realizado e procedimentos para sua oitiva), portanto, a própria fixação de prazo para a manifestação, mediante lei ordinária de autoria parlamentar, afeta o gozo das prerrogativas de autonomia e de autogoverno das Cortes de Contas (...)".

[37] Acordo no AREsp 1610631/PR, Rel. Ministro GURGEL DE FARIA, PRIMEIRA TURMA, julgado em 22/06/2021, DJe 17/08/2021; Acordo no AREsp 1314581/SP, Rel. Ministro BENEDITO GONÇALVES, PRIMEIRA TURMA, julgado em 23/02/2021, DJe 01/03/2021.

cumprimento da sentença condenatória[38], o que pode gerar efeito contrário ao pretendido pela lei e retardar a rápida solução da lide diante do interesse público.

6. Possibilidade de implementação de regras de *compliance* e aplicação de sanção diante do descumprimento pelo demandado dos termos do acordo de não persecução cível

Por fim, é importante destacar duas relevantes previsões legais introduzidas pela Lei nº 14.230/2021 na Lei de Improbidade Administrativa.

A primeira, contida no § 6º do art. 17-B, prevê que o acordo de não persecução cível poderá

> contemplar a adoção de mecanismos e procedimentos internos de integridade, de auditoria e de incentivo à denúncia de irregularidades e a aplicação efetiva de códigos de ética e de conduta no âmbito da pessoa jurídica, se for o caso, bem como de outras medidas em favor do interesse público e de boas práticas administrativas.

Em outras palavras, a introdução de mecanismos e procedimentos internos de *compliance* para as pessoas jurídicas envolvidas na prática de atos de improbidade administrativa, em medidas semelhantes às previstas na Lei nº 12.846/2013 (Lei Anticorrupção). Além disso, também permite, conforme as circunstâncias do caso concreto, implementar outras medidas em favor do interesse público, bem como de boas práticas administrativas, que podem decorrer da própria necessidade de mudanças procedimentais na burocracia

[38] Daniel Amorim Assunção Neves e Rafael Carvalho Rezende Oliveira entendem que "só valerá a pena sob a ótica do Ministério Público se o cumprimento de sentença estiver ainda no início, de forma que a satisfação integral da parte condenatória da decisão evita um longo de nem sempre tranquilo caminho procedimental executivo. Ou numa situação na qual a execução já chegou a um beco sem saída, sem localização patrimonial e diante da ineficácia das medidas coercitivas típicas e atípicas. Nesse caso, embora seja extremamente cínico por parte do executado a promessa de quitação integral e imediata de sua dívida, porque aí estaria confessado tacitamente uma blindagem patrimonial, pode ser adequada a celebração de um acordo" (ob.cit, p. 102).

administrativa que visem diminuir ambiente[39] que propicie a prática de atos ímprobos.

No mesmo viés, o art. 23-A da nova Lei de Improbidade Administrativa também dispõe que é "dever do poder público oferecer contínua capacitação aos agentes públicos e políticos que atuem com prevenção ou repressão de atos de improbidade administrativa".

Outrossim, o § 7º do art. 17-B prevê que em

> caso de descumprimento do acordo a que se refere o caput deste artigo, o investigado ou o demandado ficará impedido de celebrar novo acordo pelo prazo de 5 (cinco) anos, contado do conhecimento pelo Ministério Público do efetivo descumprimento.

Embora exista uma consequência pelo descumprimento do acordo, a impossibilidade de realizar novo acordo pelo prazo de cinco anos, o dispositivo nada trata sobre os termos efetivamente desrespeitados. Eventuais descumprimentos[40] de cláusulas que estipulem o ressarcimento ao erário, o pagamento de multa civil ou alguma outra questão de natureza pecuniária, poderiam, ao menos, ser objeto de execução do acordo homologado judicialmente.

Não obstante, merecem ser elaborados instrumentos que possam ser utilizados em eventuais descumprimentos de cláusulas de caráter pessoal ou não patrimonial, como eventual compromisso de não concorrer em determinadas

[39] Marçal Justen Filho afirma que deve ser admitido que "o acordo imponha ao agente privado, especialmente quando se tratar de organização empresarial, a implementação de mecanismos de autossaneamento de práticas reprováveis. Isso envolve o dever de observância de padrões de governança interna, destinados a impedir a reiteração de práticas reprováveis similares no futuro" (ob.cit, p. 209).

[40] Daniel Amorim Assunção Neves e Rafael Carvalho Rezende Oliveira asseveram, em sentido diverso, que o "inadimplemento da obrigação acordada faz com que se volte à situação anterior à celebração do acordo. E não por uma questão de Justiça ou como forma de evitar manobras eivadas de má-fé. Mas simplesmente por conta da anulação do negócio celebrado. É importante lembrar que, nos termos do art. 17-B, I, da LIA, a validade do acordo depende do integral ressarcimento do dano, não de uma promessa de ressarcimento, mas do ressarcimento em si. Significa dizer que, havendo o inadimplemento do acordo, ele restará viciado, porque o elemento mínimo a garantir sua validade não terá sido concretizado" (NEVES, Daniel; OLIVEIRA, Rafael. *Comentários à reforma da lei de improbidade administrativa*: Lei nº 14.230, de 25.10.2021, comentada artigo por artigo. Rio de Janeiro: Forense, 2022, p. 103).

eleições, pois, provavelmente, não seria mais possível retomar a ação de improbidade administrativa em razão da prescrição, o que geraria potencial perigo de eventual inefetividade do acordo realizado.

A fim de evitar riscos de descumprimento das termos contidos no acordo de não persecução cível, é interessante fazer constar no acordo cláusula de suspensão do prazo prescricional da ação de improbidade administrativa até o efetivo cumprimento integral dos termos convencionados.

Conclusões

A análise da evolução legislativa entre a Lei nº 8.429/1992 e a Lei nº 14.230/2021 permite afirmar o acerto da opção do legislador em criar e regulamentar o acordo de não persecução cível nas ações de improbidade administrativa, moderno instrumento de consensualidade no âmbito do direito administrativo sancionador.

A previsão legal de procedimento específico e parâmetros para a realização do acordo de não persecução cível resolveu, ao menos em parte, o problema gerado pelo veto presidencial imposto na introdução do instrumento consensual em nosso sistema judicial pela Lei nº 13.964/2019, proporcionando previsibilidade e segurança jurídica aos envolvidos.

A Lei nº 14.230/2021, ao reformar e alterar profundamente a Lei nº 8.429/1992, introduziu importantes balizas para a realização dos acordos de não persecução cível nas ações de improbidade administrativa, entre as quais a necessidade de homologação judicial dos instrumentos consensuais, a previsão de parâmetros objetivos do caso concreto a serem considerados para a realização ou não dos acordos e a possibilidade de implementação de regras de *compliance* e de boas práticas administrativas que visem a diminuição da prática de atos que atentem contra a probidade administrativa.

Apesar dos importantes avanços proporcionados pela nova legislação, também é possível reconhecer a existência de pontos que merecem especial atenção dos operadores do direito. Entre esses, a ausência de previsão da aplicação de sanções mínimas no acordo de não persecução cível, além da determinação do ressarcimento ao erário, da possibilidade de acordos em sede de cumprimento execução da sentença condenatória e da ausência de instrumentos que proporcionem maior garantia ao cumprimento das cláusulas previstas nos acordos de não persecução cível, questões que podem mitigar a efetividade e importância do instrumento consensual nas ações de improbidade administrativa.

Referências

BINENBOJM, Gustavo. Da supremacia do interesse público ao dever de proporcionalidade: um novo paradigma para o direito administrativo. *Revista de Direito Administrativo*, Rio de Janeiro, v. 239, p. 1-32, jan. 2005.

CABRAL, Antônio do Passo. *Pactum de non petendo*: a promessa de não processar no direito brasileiro. Disponível em: <https://www.academia.edu/41504237/Pactum_de_non_petendo_a_promessa_de_n%C3%A3o_processar_no_direito_brasileiro>. Acesso em: 3 nov. 2021.

DIDIER JR., Fredie; BOMFIM, Daniela Santos. A colaboração premiada como negócio jurídico processual atípico nas demandas de improbidade administrativa. *A&C – Revista de Direito Administrativo & Constitucional*, Belo Horizonte, ano 17, n. 67, p. 105-120, jan./mar. 2017. DOI: 10.21056/aec.v17i67.475.

DINO, Nicolao. Falta título do artigo. *In*: SALGADO, Daniel; QUEIROZ, Ronaldo (orgs.) *A prova no enfrentamento da macrocriminalidade*. 3. ed., rev., atual. e ampl. Salvador: Ed. Juspodivm, 2019.

FREITAS, Juarez. *Direito fundamental à boa administração pública*. 3 ed. São Paulo: Malheiros, 2014.

GABARDO, Emerson; REZENDE, Maurício Correa de Moura. O conceito de interesse público no direito administrativo brasileiro. *Revista Brasileira de Estudos Políticos*. Belo Horizonte, n. 115, jul./dez. 2017, p. 267-318.

GAJARDONI, Fernando da Fonseca *et al. Comentários à Lei de improbidade Administrativa, Lei nº 8.429, com as alterações da Lei nº 14.230/2021.* 5ª ed. São Paulo: Thompson Reuters Brasil, 2021.

GARCIA, Emerson. A consensualidade no direito administrativo sancionador brasileiro: potencial de incidência no âmbito da Lei n. 8.429/92. *Revista Síntese: Direito Administrativo*, São Paulo, v. 12, n. 141, set. 2017, p. 542-595.

JUSTEN FILHO, Marçal. *Reforma da lei de improbidade administrativa comentada e comparada*: Lei nº 14.230, de 25 de outubro de 2021. Rio de Janeiro: Forense, 2022.

MUDROVITSCH, Rodrigo de Bittencourt; NÓBREGA, Guilherme. *Comentários à lei de improbidade administrativa e ao projeto de sua reforma*. Rodrigo de Bittencourt Mudrovisch. Rio de Janeiro: Lumen Juris, 2021.

MOREIRA, Egon Bockmann; PEREIRA, Paula Pessoa. Art. 30 da LINDB: o dever público de incrementar a segurança jurídica. Revista de Direito Administrativo, Rio de Janeiro, nov. 2018. ISSN 2238-5177, p. 243-274.

MOREIRA NETO, Diogo de Figueiredo. Novos institutos consensuais da ação administrativa. *Revista de Direito Administrativo*, Rio de Janeiro, v. 231, jan. 2003, p. 129-156.

MARQUES, Mauro Campbell *et al.* (coords.). *Improbidade administrativa*: temas atuais e controvertidos. Rio de Janeiro: Forense, 2017.

MITIDIERO, Daniel. *Accountability e transparência da justiça civil*: uma perspectiva comparada. São Paulo: Revista dos Tribunais, 2019.

NEVES, Daniel; OLIVEIRA, Rafael. *Comentários à reforma da lei de improbidade administrativa*: Lei nº 14.230, de 25.10.2021, comentada artigo por artigo. Rio de Janeiro: Forense, 2022.

O'DONNELL, Guillermo. Accountability Horizontal e novas poliarquias. *Lua Nova*, São Paulo, n. 44, 1998, p. 27-54. Disponível em: http://www.scielo.br/pdf/ln/n44/a03n44. Acesso em: 8 abr. 2022.

OLIVEIRA, Gustavo Justino de; BARROS FILHO, Wilson Accioli. Inquérito civil público e acordo administrativo: apontamentos sobre o devido processo legal adequado, contraditório, ampla defesa e previsão de cláusulas de segurança nos termos de ajustamento de condutas (Tac's). In: OLIVEIRA, Gustavo Justino de; BARROS FILHO, Wilson Accioli. Acordos administrativos no Brasil. São Paulo: Almedina, 2020.

PALMA, Juliana Bonacorsi de. Sanção e acordo na Administração Pública. São Paulo: Malheiros, 2015.

PEREIRA, Rafael. Manual do acordo de não persecução cível. Belo Horizonte: CEI, 2020.

PROLA JR., Carlos; TABAK, Benjamin; AGUIAR, Júlio. Gestão Pública Temerária como Hipótese de Improbidade Administrativa: Possibilidade e efeitos na prevenção e no combate à corrupção. Brasília: Núcleo de Estudos e Pesquisas/CONLEG/ *Senado*, setembro/2015 (Texto para Discussão nº 182). Disponível em: www.senado.leg.br/estudos. Acesso em: 23 set. 2015.

VITORELLI, Edilson. *O devido processo civil coletivo*. São Paulo: Revista dos Tribunais, 2016.

VORONOFF, Alice. *Direito administrativo sancionador no Brasil*: justificação, interpretação e aplicação. Belo Horizonte: Fórum, 2019.

ZUFELATO, Camilo; CARVALHO, Lucas. "Lei Anticrime" prevê acordos em ação de improbidade administrativa. *Consultor Jurídico*. Disponível em: https://www.conjur.com.br/2020-jan-08/lei-anticrime-preve-acordos-acao-improbidade-administrativa?imprimir=1. Acesso em: 8 abr. 2022).

13

Sentença judicial e natureza da ação de improbidade administrativa: comentários aos Artigos 17-C e 17-D

LUIS HENRIQUE MADALENA
CAROLINA CYRILLO

Introdução

Os artigos 17-C e 17-D compõem o Capítulo V da legislação em comento, e dispõem, especificamente, sobre o Procedimento Administrativo e o Processo Judicial aplicável aos casos de Improbidade Administrativa. Ambos possuem relevância específica e justificam seu tratamento destacado.

O artigo 17-C versa sobre as especificidades da sentença nos processos de Improbidade Administrativa, com especial enfoque para seus elementos essenciais e requisitos. São muitas as novidades trazidas pelo advento da Lei nº 14.230/2021, que deverão provocar muitas discussões pela doutrina e jurisprudência. Isso, pois trata de elementos decisivos para a conformação definitiva da decisão de condenação ou absolvição.

Já o artigo 17-D trata de importante questão acerca da natureza da ação de improbidade, que a diferencia de outras possíveis demandas de caráter sancionatório e repressivo, além daquelas de controle de legalidade de políticas públicas e das destinadas a proteção do patrimônio público e social, do meio ambiente e de outros interesses difusos, coletivos e individuais homogêneos, de natureza civil e administrativa.

1. A Sentença nos Processos de Improbidade Administrativa (Artigo 17-C)

O artigo 17-C da Lei de Improbidade Administrativa indica alguns elementos que devem ser considerados pelo juiz no momento da prolação da sentença nos autos do processo de improbidade, e isso para evitar condenações com base em fundamentação deficiente ou nula. Tanto é que logo o *caput* do dispositivo indica que o artigo 489 do Código de Processo Civil é aplicável aos processos de improbidade.

Embora essa remissão ao artigo 489 do CPC não seja estritamente necessária, na medida em que ele se aplica a toda decisão judicial, fica clara a preocupação com a fundamentação da sentença. Seja como for, dizer que o artigo 489 deve ser observado pelo juiz que cuida da ação de improbidade é privilegiar o dever de fundamentação das decisões judiciais insculpido no artigo 93, inciso IX, da Constituição da República. Em termos práticos, isso significa que está vedado ao juiz, na fundamentação da sua decisão:

a. indicar dispositivo normativo sem explicar de que forma e por qual razão ele se aplica ao caso sob julgamento (artigo 489, § 1º, inciso I, do CPC);

b. empregar conceitos jurídicos indeterminados sem explicar em específico o motivo de sua incidência ao caso. Assim, sentenças condenatórias fundamentadas no dolo do agente, sem a explicação de porquê a conduta foi considerada dolosa, se encontram vedadas (artigo 489, § 1º, inciso II, do CPC);

c. utilizar argumentos que se prestariam a justificar qualquer outra decisão. Aqui, o que o legislador busca evitar é a famosa "decisão padrão", que se ajusta não aos pedidos específicos das partes, mas a matéria sob julgamento (artigo 489, § 1º, inciso III, do CPC);

d. deixar de enfrentar todos os argumentos levantados pelas partes capazes de, em tese, influenciar a sua decisão. Nota-se, então, a necessidade de o juiz mostrar que, na sua decisão, levou em consideração todos os argumentos aduzidos pelos litigantes, destacando aqueles que o levaram a decidir pela procedência (ou não) da ação (artigo 489, § 1º, inciso IV, do CPC)[1];

e. invocar precedente ou enunciado de súmula sem justificar o porquê da sua aplicação ao caso em julgamento ou, ainda, deixar de seguir enunciado de súmula, jurisprudência ou precedente sem explicar o motivo da não aplicação (artigo 489, § 1º, incisos V e VI, do CPC);

Para além dessas exigências gerais, a Lei de Improbidade também prevê uma série de outras regras decisórias específicas que devem ser respeitadas pelos juízes. São os incisos I a VII do artigo 17-C.

1.1. A exigência de fundamentação específica (inciso I)

Nos termos do inciso I do artigo 17-C, o juiz, na sentença, deve demonstrar detalhadamente os motivos que o levaram a enquadrar a conduta do agente em algum dos atos de improbidade administrativos previstos nos artigos 9, 10 e 11 da Lei. Assim, por exemplo, o dolo do agente, sem o qual não há o que se falar em improbidade administrativa, não pode ser presumido pelo juiz.

É preciso, para dizer o mínimo, que nos autos existam fortes indícios de autoria e materialidade. Sendo a argumentação do Ministério Público baseada em suposições e/ou conjecturas que podem ou não ter ocorrido, vedada está a condenação do agente. É contra essa "presunção" que se insurge o dispositivo analisado.

1.2. A necessidade de se considerar as consequências práticas da decisão e a realidade do agente (incisos II e III)

Aqui o legislador seguiu a tendência do direito brasileiro de incorporar o consequencialismo como forma de decisão, iniciada com a edição da Lei

[1] Neste ponto, importante lembrar que o atual entendimento do Superior Tribunal de Justiça vai de encontro com a exigência de fundamentação exauriente. De acordo com a Corte, não é obrigação do juiz levar em consideração todos os argumentos deduzidos no processo caso já entenda que tenha um motivo suficiente para fundamentar a sua decisão. Ver EDcl no AgRg no EREsp nº 1.483.155/BA.

nº 13.655/2018, que incluiu na Lei de Introdução às Normas de Direito Brasileiro o artigo 20 com a seguinte redação: *"Nas esferas administrativa, controladora e judicial, não se decidirá com base em valores jurídicos abstratos sem que sejam consideradas as consequências práticas da decisão"*.

Em simples termos, o dispositivo estabelece o dever de o juiz sempre levar em conta as circunstâncias do caso concreto. A invocação pura e simples de valores jurídicos abstratos para a condenação, como o recurso retórico vazio ao princípio da supremacia do interesse público, sem a avaliação de como tais valores dialogam com a realidade da Administração Pública brasileira, muitas vezes deficiente e sucateada, não é suficiente para configurar um dos atos de improbidade administrativa. É nesse sentido que, de acordo com o inciso III do artigo 17-C, deve o juiz levar em consideração os obstáculos e as dificuldades que incidiam sobre o gestor, limitando ou condicionando seus atos.

1.3. Instruções para a dosimetria da pena

O inciso IV do artigo 17-C serve para guiar o juiz na aplicação das sanções previstas na Lei de Improbidade. Cabe a ele considerar, de forma isolada ou cumulativa:

- **a.** os princípios da proporcionalidade ou da razoabilidade, no sentido de que penas mais severas devem ser aplicadas para condutas mais severas, de maior reprovabilidade. Até mesmo por isso, uma outra questão que deve ser considerada pelo juiz é a natureza, a gravidade e o impacto da infração cometida, bem como a extensão do dano causado (inciso IV, *a*, *b* e *c*, do artigo 17-C);
- **b.** o proveito patrimonial obtido pelo agente, que deve ser mensurado até mesmo para viabilizar o ressarcimento integral do dano patrimonial violado (inciso IV, *d*, do artigo 17-C);
- **c.** a existência de circunstâncias atenuantes ou agravantes, como os antecedentes do agente e a sua atuação (ou não) no sentido de minorar os prejuízos e as consequências de seus atos. Assim, aquele que, após o cometimento do ilícito, colabora com as investigações, fornecendo informações relevantes para a recomposição patrimonial da

Administração, merece uma punição mais branda (inciso V, *e*, *f* e *g*, do artigo 17-C);

1.4. A cumulação de penalidades (inciso V)

De acordo com o inciso V do artigo 17-C, o juiz, na dosimetria da pena, deve levar em consideração as penalidades sofridas pelo agente nas demais instâncias em virtude do mesmo fato, de modo que caso o agente já tenha sido penalizado nas esferas penal, civil ou administrativa, a sua condenação pelo mesmo fato também em algumas das sanções previstas na Lei de Improbidade Administrativa deve ser mais branda.

Contudo, pode ser o caso de o agente já ter sido penalizado em alguma outra instância com uma pena que não pode ser novamente a ele imposta. É o caso, por exemplo, da hipótese de ressarcimento do dano. Em tal caso, não há o que se falar em uma nova condenação à mesma pena, sendo perfeitamente aplicável o princípio da vedação ao *bis in idem*.

Nesse ponto, inclusive, fica evidente que a reforma da lei quer privilegiar que não se use a ação de improbidade quando é possível proteger o bem jurídico de outras formas, evitando-se o uso da ação de improbidade quando houver outros meios de proteger o bem jurídico.

1.5. A condenação de terceiro (inciso VI)

Como já visto, o art. 3º da Lei de Improbidade permite a condenação daquele que, mesmo não sendo agente público, induz ou concorre dolosamente para a prática do ato. Nesse contexto, o que faz o inciso VI do artigo 17-C é estabelecer um critério que deve ser observado pelo juiz na condenação desses terceiros, qual seja, a exigência de conduta específica, que reflita, inclusive, o elemento subjetivo do dolo. Sua condenação não pode ser uma consequência automática da condenação do agente. É inadmissível, portanto, a condenação de terceiros por ações ou omissões para as quais não tenha concorrido ou das quais não tiver obtido vantagem patrimonial ilícita.

1.6. A condenação por afronta a princípios (inciso VII)

De acordo com o inciso VII do artigo 17-C, na condenação do agente por violação aos princípios da Administração (artigo 11 da Lei), isto é, sem que tenha ocorrido prejuízo patrimonial ou enriquecimento ilícito, deve o juiz detalhar, de modo específico, em que medida a atuação do agente violou determinado princípio. Aqui temos basicamente uma repetição da vedação de o juiz empregar conceitos jurídicos indeterminados ou abstratos sem explicar o motivo de sua incidência ao caso, estabelecida no artigo 489, § 1º, inciso II, do CPC.

1.7. Disposições complementares (§§ 1º, 2º E 3º DO ARTIGO 17-C)

O § 1º é repetitivo e desnecessário. Ele apenas dispôs, mais uma vez, que a configuração de quaisquer dos atos de improbidade exige a comprovação do dolo do agente, isto é, da sua efetiva intenção de praticar o ilícito. Por esse motivo, maiores comentários a ele não serão feitos.

O § 2º, por sua vez, trata da questão da pluralidade de agentes. De acordo com o tal dispositivo, cada agende deve ser punido na exata medida da sua participação e benefícios diretos obtidos, sendo vedada a solidariedade. Cabe ao juiz, portanto, na sentença, especificar em que medida cada acusado participou na consumação do ilícito, de forma a viabilizar que o sancionamento seja proporcional à conduta de cada um deles. É, em certa medida, a consagração da individualização da pena, dando a exata dimensão de que ao sistema da improbidade aplicam-se os princípios do direito administrativo sancionador, tal como vem estabelecido já no artigo 1º, § 4º, da Lei.

Por fim, o § 3º apenas estabelece que as decisões contra a fazenda pública em sede de ações de improbidade não ensejarão o reexame necessário. Trata-se, assim como o § 1º, de uma norma desnecessária, na medida em apenas repete o já estabelecido no § 19, inciso IV, do artigo 17 da Lei.

2. A Natureza da Ação de Improbidade (Artigo 17-D)

O que o artigo 17-D faz é, basicamente, impedir que a ação de improbidade seja utilizada como sucedâneo de ação civil pública. Ao evidenciar a natureza repressiva e sancionatória da ação de improbidade, o legislador deixa claro que sua finalidade em nada se confunde com a ação civil pública, que se presta a responsabilizar agentes pela prática de danos causados ao meio-ambiente, ao consumidor, a bens e direitos de valor artístico, estético, histórico, turístico e paisagístico (Lei nº 7.347/1985). Até mesmo por essa razão nada impede que ambas as ações sejam propostas de forma concomitante em virtude de um mesmo fato.

No entanto, ao criar para a improbidade *standards* de proteção mais elevados aos acusados, do que há na ação civil pública, a Lei de improbidade possui o desiderato de impedir a utilização do direito sancionatório e repressivo do sistema da improbidade, quando a proteção do bem jurídico possa ser tutelada através de ação civil, evitando-se o uso de um sistema de punição mais gravoso quando está disponível um sistema mais brando. Em relação ao artigo 17-D, cabe um comentário sobre a modificação da compreensão do papel da improbidade em todo sistema jurídico. Parece que a modificação da lei, ao introduzir taxativamente que o sistema de improbidade é repressivo, sancionatório e que a ele se aplicam os princípios constitucionais do direito administrativo sancionador, criou um sistema intermediário com *standards* de proteção ao acusado, que fica no meio termo entre o direito penal (e processual penal) e o direito administrativo de natureza civil (ou reparatório).

No mínimo, resta evidente que houve um aumento substancial no ônus argumentativo, acusatório e probatório atribuído ao Ministério Público enquanto órgão acusador. Foram deixadas para a ação de improbidade apenas as lesões graves (ou gravíssimas) que não podem ser reparadas através da recomposição de danos, o que não pode ser ignorado pelo órgão ministerial e pelo juiz. Portanto, da leitura conjunta do artigo 17-D com o artigo 1º, § 4º, da Lei, nota-se a ocorrência de um verdadeiro giro epistemológico no que concerne ao sistema da improbidade administrativa, no sentido de que se tentou evitar o uso de um sistema punitivo extremamente gravoso, quando for possível proteger o bem jurídico com simples ação civil.

14
ODS 16 da agenda 2030: Metodologia de pesquisa empírica em ações de improbidade administrativa visando a desjudicialização

Maria Tereza Uille Gomes
Clarissa Bueno Wandscheer

Introdução

O presente capítulo tem por objetivo compartilhar os resultados de pesquisa empírica desenvolvida pelo Conselho Nacional de Justiça (CNJ) a partir da análise de sentenças de improbidade administrativa e seu diálogo com a Agenda 2030, ODS 16 e meta 9 do Poder Judiciário.

Para isso adotaram-se as seguintes metodologias: qualitativa, de natureza básica, com objetivo descritivo, de procedimento bibliográfico e documental. Qualitativa porque o foco é o estudo realizado pelo CNJ. Pesquisa básica com perspectiva aplicada porque objetiva a difusão dos resultados da pesquisa do CNJ e seu diálogo com a Agenda 2030. Descritiva porque o estudo descreve e comenta os resultados do Caderno CNJ "Estudo de dados processuais: improbidade administrativa: acordo de não persecução cível".

Por fim, a pesquisa caracteriza-se por bibliográfica e documental tendo em vista a utilização de livros e artigos de especialistas na área de improbidade administrativa e desenvolvimento sustentável e materiais produzidos pelo Conselho Nacional de Justiça e a Comissão Permanente de Acompanhamento dos ODS e da Agenda 2030.

O trabalho foi estruturado em: desenvolvimento sustentável e Poder Judiciário; alterações na Lei de Improbidade Administrativa; desjudicialização de demandas, meta 9 do Poder Judiciário e Laboratórios de Inovação e Objetivos de Desenvolvimento Sustentável (LIODS); análise do Caderno CNJ "Estudo de dados processuais: improbidade administrativa: acordo de não persecução cível"; conclusões, referências.

1. Desenvolvimento sustentável e Poder Judiciário

A Agenda 2030 de desenvolvimento sustentável capitaneada pela Organização da Nações Unidas e aprovada em Assembleia Geral pelos Estados membros possui 17 Objetivos e para cada objetivo uma série de metas e indicadores mensuráveis, com padrões estatísticos internacionais. E 2030 representa a reta final para o atingimento dessa agenda internacional para o desenvolvimento.

A limitada visão do desenvolvimento como crescimento econômico passa a abranger as esferas sociais e ambientais. Além de destacar o papel da governança nacional e internacional, ou seja, a importância de diversos atores públicos, privados, nacionais e internacionais para a efetivação de tão importantes objetivos.

Os Objetivos de Desenvolvimento Sustentável impulsionaram a governança internacional que surgiu no final dos anos de 1980, quando o Banco Mundial e o Fundo Monetário Internacional passaram a utilizar a expressão "boa governança" para indicar um conjunto de princípios guia para ações com os países-membros que recebiam seus financiamentos[1].

[1] GONÇALVES, Alcindo; COSTA, José Augusto Fontoura. Governança ambiental global: possibilidades e limites. In: Rei, Fernando Cardozo Fernandes; GRANZIEIRA, Maria Luiza Machado (coordenadores). **Direito ambiental internacional: avanços e retrocessos**. São Paulo: Atlas, 2015. p. 93.

Inicialmente, observa-se que a governança assim como o termo desenvolvimento estavam associados às questões financeiras e econômicas envolvendo diversos atores.

Em 1991 a Comissão sobre Governança Global, criada pela ONU, apresenta novo conceito sobre o termo governança indicando "a totalidade das diversas maneiras pelas quais os indivíduos e as instituições, públicas e privadas, administram seus problemas comuns"[2].

Também é possível acrescentar que

> O processo de governança envolve descobrir meios de identificar metas e depois identificar os meios para alcançar essas metas. Embora seja fácil identificar a lógica da governança e os mecanismos para atingir essas metas sejam muito bem conhecidos pela ciência política e administração pública, a governança ainda não é uma tarefa simples[3].

Dessa forma, a ampliação de atores é um dos fatores que identifica a proposta da governança que se reflete no ODS 17 Parcerias e meios de implementação[4]:

> 17.14 Aumentar a coerência das políticas para o desenvolvimento sustentável
> 17.16 Reforçar a parceria global para o desenvolvimento sustentável, complementada por parcerias multissetoriais que mobilizem e compartilhem conhecimento, expertise, tecnologia e recursos financeiros, para apoiar a realização dos objetivos do desenvolvimento sustentável em todos os países, particularmente nos países em desenvolvimento

[2] COMISSÃO SOBRE GOVERNANÇA GLOBAL apud GONÇALVES, Alcindo; COSTA, José Augusto Fontoura. **Governança ambiental global: possibilidades e limites**. In: Rei, Fernando Cardozo Fernandes; GRANZIEIRA, Maria Luiza Machado (coordenadores). Direito ambiental internacional: avanços e retrocessos. São Paulo: Atlas, 2015. p. 95.

[3] PETERS, Brainard Guy. **O que é Governança?** Revista TCU 127, maio-agosto, 2013. p.29.

[4] ONU (ORGANIZAÇÃO DAS NAÇÕES UNIDAS). Transformando Nosso Mundo: a Agenda 2030 para o Desenvolvimento Sustentável. 2015.

> 17.17 Incentivar e promover parcerias públicas, público-privadas e com a sociedade civil eficazes, a partir da experiência das estratégias de mobilização de recursos dessas parcerias

Com isso identificar as funções e metas de cada um dos atores permitirá aprimorar a governança e, assim, a qualidade do desempenho das atividades do setor público, nesse artigo do Poder Judiciário e o sistema de justiça, seus parceiros. "Quatro funções fundamentais [são apresentadas] para a governança: estabelecimento de metas, coordenação das metas, implementação, avaliação e reações e comentários[5]".

A Agenda 2030 também destaca o papel – parceiros – das instituições para a efetivação de sociedades pacíficas e inclusivas como indica o ODS 16 – Promover sociedades pacíficas e inclusivas para o desenvolvimento sustentável, proporcionar o acesso à justiça para todos e construir instituições eficazes, responsáveis e inclusivas em todos os níveis[6]:

> 16.5 Reduzir substancialmente a corrupção e o suborno em todas as suas formas
> 16.6 Desenvolver instituições eficazes, responsáveis e transparentes em todos os níveis

Nesse aspecto se destaca a atuação do Poder Judiciário[7] que instituiu por meio da Resolução nº 296/2019 a Comissão Permanente de Acompanhamento dos Objetivos de Desenvolvimento Sustentável e da Agenda 2030, com a finalidade de propor e realizar estudos e políticas judiciárias relacionadas à Agenda 2030, bem como representar o CNJ no processo de diálogo com entes federativos e sociedade civil para a implantação da Agenda 2030 no âmbito do Poder Judiciário.

[5] PETERS, Brainard Guy. **O que é Governança?** Revista TCU 127, maio-agosto, 2013. p.29.
[6] ONU (ORGANIZAÇÃO DAS NAÇÕES UNIDAS). **Transformando Nosso Mundo: a Agenda 2030 para o Desenvolvimento Sustentável**. 2015.
[7] CONSELHO NACIONAL DE JUSTIÇA. **Caderno Agenda 2030 e Inovação no Poder Judiciário: coletânea de atos normativos relacionados à Agenda 2030**. Disponível em: https://www.cnj.jus.br/wp-content/uploads/2020/07/CADERNO-AGENDA-2030-6.pdf. Acesso em 26.06.2022.

Dentre as iniciativas destacam-se a adoção da Meta 09 e os Laboratórios de Inovações e Objetivos de Desenvolvimento Sustentável, que consistem em mecanismos de integração da Agenda 2030 no Poder Judiciário, temas que serão tratados no tópico a seguir.

2. Alterações na Lei de Improbidade Administrativa

A Constituição Federal de 1988 veda em seu artigo 15 a cassação de direitos políticos, cuja perda ou suspensão só se dará em determinadas hipóteses, sendo uma delas, o caso de improbidade administrativa, nos termos do artigo 37, § 4º.

Ao tratar dos princípios que regem a administração pública, dentre os quais, o da legalidade, impessoalidade, moralidade, publicidade e eficiência, a Constituição Federal, dispõe o § 4º do artigo 37, que:

> Os atos de improbidade administrativa importarão a suspensão dos direitos políticos, a perda da função pública, a indisponibilidade dos bens e o ressarcimento ao erário, na forma e gradação previstos em lei, sem prejuízo da ação penal cabível.

No ano de 1992 a Lei de Improbidade Administrativa (LIA), Lei 8.429, de 2 de junho de 1992, foi sancionada e dispôs sobre referidas sanções. Decorridos quase 30 anos de vigência da Lei de Improbidade Administrativa, no aspecto do rito processual, a lei sofreu duas alterações de grande impacto, uma no ano de 2.019 com o advento do artigo 6º da Lei 13.964, e outra, ainda maior, no ano de 2021, com a sanção da Lei 14.230 que estabeleceu condicionantes.

A primeira alteração da Lei de Improbidade Administrativa se deu em 24 de dezembro de 2.019, quando da aprovação da Lei 13.964, de 24 de dezembro de 2.019, que aperfeiçoou a legislação penal e processual penal, conhecida como "pacote anticrime".

A Lei 13.964/2.019, que trata do juiz de garantias, acabou por ampliar o poder do Ministério Público, no campo penal, ao propor Acordo de Não Persecução Penal (ANPP), para infrações penais praticadas sem violência ou grave ameaça e com pena mínima inferior a 4 (quatro) anos, nos termos do artigo 28-A.

A Lei 13.964 alterou não apenas a legislação processual penal mas também a legislação processual civil, e ampliou os poderes do Ministério Público, trazendo inovações na Lei de Improbidade Administrativa, ao admitir a celebração de Acordo de Não Persecução Cível (ANPC), nos termos do § 1º, do artigo 17 da Lei 8.429/1992, nos casos de improbidade administrativa.

Com o advento da Lei 14.230/2021 e da redação dada ao artigo 17-B, vieram então as alterações legislativas e condicionantes para que o Ministério Público, conforme as circunstâncias do caso concreto, pudesse celebrar Acordo de Não Persecução Cível (ANPC), desde que presentes, ao menos, os seguintes resultados:

> I – integral ressarcimento do dano;
> II – reversão à pessoa jurídica lesada da vantagem indevida obtida, ainda que oriunda de agentes privados.

O Acordo de Não Persecução Cível (ANPC) pode ser celebrado, nos termos do § 4º do artigo 17-B da Lei de Improbidade Administrativa, em três momentos distintos: no curso da investigação, no curso da ação de improbidade ou no momento da execução da sentença condenatória.

O resultado do acordo depende de alguns requisitos legais, dentre os quais, a homologação judicial do acordo, independentemente de o acordo ocorrer antes ou depois do ajuizamento da ação de improbidade administrativa, nos termos do inciso III, § 1º, do artigo 17-B, novidade introduzida pela Lei 14.230/2021.

De acordo com o princípio da razoável duração do processo, previsto no inciso LXXVIII, artigo 5º, da Constituição Federal e o da vantagem para o interesse público na rápida solução do caso, previsto no § 2º, do artigo 17-B, incluído pela Lei nº 14.230, de 2.021, é de se entender que no curso da ação de improbidade administrativa, mesmo após a sentença e antes do julgamento pelo Tribunal é possível, em instância superior, o Acordo de Não Persecução Penal.

As alterações promovidas na Lei de Improbidade Administrativa, nessa fase processual, conferem ao Poder Judiciário maior agilidade para a solução pacífica de conflitos, por meio da homologação de acordos que podem ser promovidos pelo Ministério Público, na forma da lei.

Em qualquer fase processual, inclusive na fase posterior a sentença e anterior ao julgamento do recurso de apelação pelo Tribunal, é possível, portanto, o Acordo de Não Persecução, o que permite reforçar o combate a corrupção com resultados ágeis e efetivos.

Dessa forma, as alterações legislativas promovidas em 1992 e 2021 permitem avançar em mais um dos elementos da governação que é a implementação ou a capacidade do setor público, aqui do Poder Judiciário, de atingir as metas definidas como a Meta 9 e os princípios constitucionais norteadores.

Se verificar que "(...) houve um afastamento dos instrumentos de comando e controle para a implementação de programas em direção ao uso de instrumentos "mais suaves" envolvendo a negociação[8]".

O Poder Judiciário Brasileiro está sobrecarregado e para que possa atender a todas as demandas de forma eficiente/eficaz e célere depende da atuação coordenada de outros atores do Sistema de Justiça.

O número de processos e recursos que tramitam nos Tribunais Brasileiros são indicadores incontestáveis que para o cumprimento do princípio constitucional da eficiência e da razoável duração do processo é necessário desjudicializar.

A desjudicialização é o movimento inverso da judicialização, e que surge como iniciativa do próprio Poder Judiciário, baseado em ciência de dados e estatística de volume e taxonomia dos processos, ao identificar as possíveis hipóteses de prevenção da judicialização ou redução da judicialização por assuntos/ramos do direito, de forma a tornar a resposta ao jurisdicionado mais célere e efetiva.

A desjudicialização, como será abordado no próximo item, é um movimento que vem se materializando no Poder Judiciário por meio dos Centros de Inteligência, da Meta Nacional 9 e dos Laboratórios de Inovação e Objetivos de Desenvolvimento Sustentável (LIODS) com a introdução da Agenda 2030 no planejamento macro estratégico do Judiciário Brasileiro, sexênio 2.021 a 2.027.

Uma das formas de desjudicialização é a dos Acordos de Não Persecução Penal e Acordos de Não Persecução Cível, em que a legislação amplia os poderes do Ministério Público podendo propor ao Judiciário a homologação do acordo, desde que preenchidas as condicionantes legais, sem que o processo de

8 PETERS, Brainard Guy. **O que é Governança?** Revista TCU 127, maio-agosto, 2013. p.31.

diálogo do acordo tenha que ser conduzido pelo Poder Judiciário, reservando-lhe o ato final de homologação.

Esse tipo de solução ainda comporta, por parte do Ministério Público, o desenvolvimento de plataformas tecnológicas que facilitem os atos processuais até a celebração do A.N.P.C.

Como medir o impacto das inovações legislativas trazidas pelas Leis Lei 13.964/2019 e Lei 14.230/2021 no âmbito do Poder Judiciário exigiu, também, a criação de metodologia específica, de natureza quantitativa e qualitativa.

No campo do Acordo de Não Persecução Cível foi então criada uma metodologia de pesquisa, a partir de um conjunto de ações de improbidade administrativa, em trâmite no Tribunal Regional Federal, como amostragem para medir os impactos do possível ANPC em momento subsequente à sentença e anterior ao julgamento do recurso de apelação cível, tomando como base ações de improbidade administrativa.

Essa metodologia quantitativa e qualitativa, com definição de padrões de pesquisa com inteligência humana e uso de recursos tecnológicos com inteligência artificial foi criada e implementada pelo Conselho Nacional de Justiça, no âmbito da Comissão Permanente da Agenda 2030 no espaço Laboratório de Inovação e Objetivos de Desenvolvimento Sustentável (LIODS).

São quase trinta relatórios de pesquisa realizados pelo LIODS[9] e disponibilizados no site do CNJ, no período de 2.018 a 2.021, dentre os quais, duas pesquisas com amostras do potencial do ANPC e do ANPP, em casos processos de improbidade administrativa e crime de moeda falsa, em grau de apelação.

A criação da metodologia e a coordenação geral da pesquisa ficou a cargo da então Conselheira Maria Tereza Uille Gomes e da equipe do LIODS, referida no caderno CNJ de estudo, de um lado, e de outro lado, o TRF da 1ª Região que serviu como experiência piloto, a partir de reunião realizada no Tribunal com a então Corregedora Desembargadora Federal Maria do Carmo Cardoso e a Desembargadora Federal Monica Sifuentes, e seu gabinete, que atuaram como interlocutores para a efetivação da pesquisa em laboratório.

[9] CONSELHO NACIONAL DE JUSTIÇA. **Relatórios**. Disponíveis para consulta em https://www.cnj.jus.br/programas-e-acoes/agenda-2030/liods-cnj-laboratorio-de-inovacao-inteligenica-e-ods/relatorios/ Acesso em 26.06.2022.

O Conselho Nacional de Justiça e a Universidade Positivo celebraram termo de cooperação técnica para a realização de pesquisas acadêmicas e elaboração de artigos científicos, sendo este artigo um dos produtos analíticos.

3. Desjudicialização de demandas, Meta 9 do Poder Judiciário e Laboratórios de Inovação e Objetivos de Desenvolvimento Sustentável (LIODS)

O número de demandas judicializadas no Poder Judiciário Brasileiro impõe reflexões. São mais de 70 milhões de processos na base de dados do Poder Judiciário para um orçamento limitado. É tida como a nação mais litigante do planeta e mecanismos precisam ser encontrados para dar cumprimento ao princípio da solução pacífica de conflitos por meio da conciliação, mediação e arbitragem.

O Poder Judiciário Brasileiro por meio do XIII Encontro Nacional realizado em Maceió, em 25 e 26 de novembro de 2019, aprovou a Meta Nacional 9 para implementação nos Tribunais do País, nos segmentos STJ, Justiça Federal, Justiça Estadual, Justiça do Trabalho e Militar. No ano seguinte a Meta Nacional 9 foi também institucionalizada pela Justiça Eleitoral.

O estabelecimento de metas "constituem os objetivos para os quais os governos e seus parceiros na sociedade tentarão movimentar a sociedade e a economia[10]". Nesse caso a meta 9, representa o primeiro passo para a governança. Ou seja, é a escolha de objetivos a serem alcançados pela sociedade. Nesse, caso para a atuação do Poder Judiciário.

A meta nacional 9 mobilizou ações síncronas e com a mesma metodologia aplicada por 91 Tribunais no Judiciário Brasileiro de forma síncrona, tendo sido aprovada pelos Tribunais em Encontro, coordenado pelo CNJ, com o objetivo de integrar a Agenda 2030 ao Poder Judiciário incentivando os Tribunais do País a elaborar Plano de Ação.

A meta 9, para 2020, consistiu em integrar a Agenda 2030 ao Poder Judiciário Brasileiro, e, para isso, os Tribunais no decorrer no ano elaboraram ações de prevenção ou desjudicialização de litígios voltadas aos Objetivos de Desenvolvimento Sustentável, da Agenda 2030.

[10] PETERS, Brainard Guy. **O que é Governança?** Revista TCU 127, maio-agosto, 2013. p.30.

Para desenvolver a Meta, o Tribunal escolhia um dos 17 ODS, selecionava por meio da base de dados, um dos três assuntos, relacionados na Tabela Processual Unificada – TPU – mais demandados no Tribunal referente aquele ODS, e elaborava um Plano de Ação, utilizando o modelo 5w2h para tornar viável o alcance da meta proposta pelo Tribunal para aquele assunto.

Nesse aspecto é possível observar a coerência na seleção das metas, pois os temas selecionados estavam entre a maior quantidade de ações em andamento no Tribunal de referência. Tendo em vista que a "segunda fase do processo de governança inclui tornar coerentes as metas adotadas pelas organizações públicas, e, portanto, tenta tornar as atividades do setor público, e de seus pares no setor privado, mais coordenadas[11]".

O apoio ao desenvolvimento da meta pelo Tribunal contava com a colaboração, no âmbito do CNJ, da Comissão Permanente da Agenda 2030 e da Comissão de Gestão Estratégica, Estatística e Orçamento.

Para fins dessa meta, entendeu o CNJ por "desjudicialização" a redução do acervo de processos relacionados ao assunto específico da TPU selecionada, vinculado ao ODS escolhido.

As ações de improbidade administrativa integram o ODS 16 da Agenda 2030. Esse tipo de ação não tem um volume muito significativo se comparado com demandas de outras naturezas (ex: ações de direito à saúde, ações de direito do consumidor), porém a complexidade e o volume de recursos envolvidos são de grande impacto.

Assim sendo, para além dos esforços síncronos dos Tribunais e comprometimento com a Agenda 2030 – primeiro Tribunal no mundo a fazer a indexação com a Agenda 2030 – o CNJ também criou o Laboratório de Inovação, Inteligência e Objetivos de Desenvolvimento Sustentável (LIODS), justamente para criar metodologias de pesquisa quantitativa ou qualitativa capazes de contribuir com o movimento de desjudicialização.

O que é o LIODS?

Conforme definido no site do CNJ[12] o LIODS, Laboratório de Inovação, Inteligência e Objetivos de Desenvolvimento Sustentável é o programa que

[11] PETERS, Brainard Guy. ... p. 30.

[12] CONSELHO NACIONAL DE JUSTIÇA. **LIODS CNJ – Laboratório de Inovação, Inteligência e ODS**. Disponível em: https://www.cnj.jus.br/programas-e-acoes/agenda-2030/liods-cnj-laboratorio-de-inovacao-inteligenica-e-ods/ Acesso em 26.06.2022.

une o conhecimento institucional, a inovação e a cooperação, é um espaço administrativo e horizontal de diálogo e articulação de políticas públicas entre o Poder Judiciário, os entes federativos e a sociedade civil, com o objetivo de se alcançar a paz, a justiça e a eficiência institucional.

O LIODS foi criado por meio da Portaria 119/2019 do Conselho Nacional de Justiça, que definiu originalmente suas competências.

Dentre os vários Laboratórios realizados no CNJ em parceria com os Tribunais, um deles, relacionado ao ODS 16, teve como escopo a análise de um volume de ações de improbidade administrativa já julgadas em 1º grau e sujeitas a recurso no Tribunal. E esse Laboratório é que será objeto de análise no item subsequente.

Registre-se, que esses embriões que vieram do LIODS CNJ, dos Laboratórios de Inovação no Poder Judiciário, da Meta Nacional 9 e dos Centros de Inteligência deram origem a aprovação da Resolução CNJ 395/2021, que criou a Política de Gestão da Inovação, no âmbito do Poder Judiciário, recomendando a criação, em rede, de Laboratórios em todos os Tribunais do País, como espaços de design para pensar soluções para o movimento de desjudicialização do Poder Judiciário e melhorar a sustentabilidade das atividades meio.

4. Análise do Caderno CNJ "Estudo de dados processuais: improbidade administrativa: acordo de não persecução cível"

A seleção do Caderno CNJ "Estudo de dados processuais: improbidade administrativa: acordo de não persecução cível" foi selecionado para comentar o artigo 17-B da Lei de Improbidade Administrativa que admite o Acordo de Não Persecução Cível mesmo na fase de execução de sentença.

O estudo inicia com a apresentação do que se entende por condutas típicas que representam o ato de improbidade administrativa previstas na lei n° 8.429/1992 e alterações.

Contextualizar a preocupação em identificar o impacto no Poder Judiciário das demandas relacionadas com a improbidade administrativa. É possível perceber o impacto a partir de dados do Painel Justiça em números e do Mapa de Improbidade do Sistema Único de Informações do Ministério Público Federal.

Segundo o painel justiça em números, em 2019, apresentou a indexação por assunto 10011: improbidade administrativa com o ingresso de 31.371 novas ações no Poder Judiciário, no assunto 10012: danos ao erário foram 22.373 novos processos, no assunto 10013: enriquecimento ilícito foram 6.068 processos e no assunto 10014: violação aos princípios administrativos foram 17.022 novos processos[13].

O mapa da improbidade administrativa vinculado ao Sistema Único de Informações do Ministério Público Federal mostrou que de 2014-2019, conforme informações do painel de *Business Intelligence*, foram propostas pelo MPF 8.771 ações civis de improbidade administrativa e 2.298 ações civis públicas. Ou seja, 80% das ações propostas pelo MPF em todas as instâncias da justiça federal referem-se a ações de improbidade administrativa[14].

Dessa forma, em Oficina organizada pelo Laboratório de Inovação, Inteligência e Objetivos de Desenvolvimento Sustentável (LIODS) foram definidas variáveis para analisar as ações civis públicas (ACPs) relacionadas a improbidade administrativa. Participou da oficina a Desembargadora Monica Sifuentes, do Tribunal Regional Federal da 1ª Região, que cedeu as sentenças para o estudo[15].

A extração dos dados das sentenças foi feita por meio de um script de extração ("robô") com linguagem de programação Java. Assim, "o script extrai as informações conforme o algoritmo desenvolvido, podendo haver erros nos dados [decorrentes da] ausência de interpretação ou contextualização dos mesmos[16]". Por isso, não é possível garantir a confiabilidade absoluta dos

[13] Conselho Nacional de Justiça (CNJ). **Estudo de dados processuais: improbidade administrativa: acordo de não persecução cível** / Conselho Nacional de Justiça; Coordenadora Maria Tereza Uille Gomes; Comissão Permanente de Acompanhamento dos Objetivos de Desenvolvimento Sustentável da Agenda 2030. – Brasília: CNJ, 2021. p.14-15.

[14] Conselho Nacional de Justiça (CNJ). **Estudo de dados processuais: improbidade administrativa: acordo de não persecução cível** / Conselho Nacional de Justiça; Coordenadora Maria Tereza Uille Gomes; Comissão Permanente de Acompanhamento dos Objetivos de Desenvolvimento Sustentável da Agenda 2030. – Brasília: CNJ, 2021. p.18.

[15] Conselho Nacional de Justiça (CNJ). **Estudo de dados processuais: improbidade administrativa: acordo de não persecução cível** / Conselho Nacional de Justiça; Coordenadora Maria Tereza Uille Gomes; Comissão Permanente de Acompanhamento dos Objetivos de Desenvolvimento Sustentável da Agenda 2030. – Brasília: CNJ, 2021. p.23.

[16] Conselho Nacional de Justiça (CNJ). **Estudo de dados processuais: improbidade administrativa: acordo de não persecução cível** / Conselho Nacional de Justiça; Coordenadora

dados utilizados, uma vez que a extração foi feita de forma automatizada por computador. Mas, de outro lado, servem como uma amostragem das sentenças na justiça federal que envolvem o ilícito de moeda falsa.

Em média as ACPs propostas apresentaram o valor da causa entre R$ 20.000,00 a R$ 100.000,00 em 24% dos casos e de R$ 100.000,00 a R$1milhão em 39% das ações. Não se observou variações significativas nas sentenças proferidas com esses valores. Contudo, há uma nítida diminuição nos valores das sentenças para as causas de até R$ 1000,00, o que indica que a designação de valores da causa, nesses casos, é simbólica[17], mas pode indicar ações ajuizadas em série, com o mesmo objetivo e pessoas jurídicas distintas.

Em prol da defesa da razoável duração do processo também foi analisado o tempo decorrido entre o ajuizamento da ação e a prolação da sentença final. Destaca-se que essa preocupação reflete a proposta o ODS 16 referente à paz, a justiça e a instituições eficazes.

Em média, levou-se 1 ano e 9 meses para o julgamento em primeiro grau das sentenças de improbidade analisadas. A sentença julgada com mais celeridade levou 20 dias. Já a mais demorada levou mais de 18 anos até a prolação de sentença em primeiro grau[18].

Outros dados interessantes nessa amostragem referem-se ao polo ativo e passivo das ações. Em 90% dos casos as ações foram propostas pelo MPF e nos demais casos distribuídos entre União, Municípios, Associações, Institutos, Correios e um Banco. E no polo passivo, em 60% das ações, figuraram predominantemente prefeitos com 88% dos casos, seguidos de governadores, com 8% e deputados com 4%[19].

Maria Tereza Uille Gomes; Comissão Permanente de Acompanhamento dos Objetivos de Desenvolvimento Sustentável da Agenda 2030. – Brasília: CNJ, 2021. p.23.

17 Conselho Nacional de Justiça (CNJ). **Estudo de dados processuais: improbidade administrativa: acordo de não persecução cível** / Conselho Nacional de Justiça; Coordenadora Maria Tereza Uille Gomes; Comissão Permanente de Acompanhamento dos Objetivos de Desenvolvimento Sustentável da Agenda 2030. – Brasília: CNJ, 2021. p.31-32.

18 Conselho Nacional de Justiça (CNJ). **Estudo de dados processuais: improbidade administrativa: acordo de não persecução cível** / Conselho Nacional de Justiça; Coordenadora Maria Tereza Uille Gomes; Comissão Permanente de Acompanhamento dos Objetivos de Desenvolvimento Sustentável da Agenda 2030. – Brasília: CNJ, 2021. p.32.

19 Conselho Nacional de Justiça (CNJ). **Estudo de dados processuais: improbidade administrativa: acordo de não persecução cível** / Conselho Nacional de Justiça; Coordenadora

Esse estudo representa a fase de avaliação das ações de governança e propõe caminhos de reação, ou seja, de resposta tanto pelo Poder Judiciário como pelo sistema de justiça.

Conclusões

Das sentenças analisadas e sujeitas a apelação cível foi possível identificar o Ministério Público Federal como maior demandante (90%). Muitas ações têm o mesmo objeto e pessoas jurídicas distintas, com o mesmo valor da causa, por exemplo, o valor de R$ 1.000,00 para os casos de prefeitos que não observaram a lei de transparência na divulgação dos dados públicos.

Ao estabelecer critérios e indicadores objetivos para a desjudicialização das ações de improbidade administrativa, em fase recursal, mesmo após a sentença de 1º grau, é possível ao Judiciário, por meio de diálogo com o Ministério Público, por exemplo, ajustar que nas causas com valor abaixo de (x) que envolvam o tema (y) o recurso será encaminhado ao MPF para tentativa de Acordo de Não Persecução Penal, em 2º grau, antes do julgamento pelo Colegiado.

Diálogos interinstitucionais dessa natureza, envolvendo o Judiciário, o Ministério Público, os atores demandados e as pesquisas acadêmicas empíricas, têm o potencial de impulsionar a desjudicialização e a celeridade do Poder Judiciário, por meio de Acordos de Não Persecução, em ambientes de Laboratório de Inovação. É o que se espera possa vir a acontecer em relação ao ODS 16 da Agenda 2030.

Dessa forma, a identificação da importância do ODS 16 da Agenda 2030 para orientar a criação de metas do Poder Judiciário, como a construção da Meta 9; a coordenação das atividades pelo Poder Judiciário com a avaliação dos dados pelo LIODs e com resultados e sugestões de encaminhamentos apresentados no Caderno CNJ "Estudo de dados processuais: improbidade administrativa: acordo de não persecução cível" fica evidente a importância da governança no sistema de justiça brasileiro. Encerrando as funções

Maria Tereza Uille Gomes; Comissão Permanente de Acompanhamento dos Objetivos de Desenvolvimento Sustentável da Agenda 2030. – Brasília: CNJ, 2021. p.32-33.

fundamentais para a governança: i) estabelecimento de metas, ii) a coordenação das metas, iii) a implementação, iv) avaliação e reações. Acrescida da participação de parceiros para melhor atingimento das metas e objetivos traçados como apresentados nesse estudo com a atuação do Ministério Público e Universidade Positivo.

A inteligência humana na análise de dados e a inteligência artificial podem potencializar os resultados de desjudicialização das ações de improbidade administrativa identificando potenciais casos de aplicação de acordos de não persecução cível, e esse mecanismo passa necessariamente pela taxonomia de dados e classificação das ações por ODS no Poder Judiciário Brasileiro, para se alcançar o Sistema de Justiça Pacificador[20].

Referências

CONSELHO NACIONAL DE JUSTIÇA (CNJ). **Estudo de dados processuais**: improbidade administrativa: acordo de não persecução cível / Conselho Nacional de Justiça; Coordenadora Maria Tereza Uille Gomes; Comissão Permanente de Acompanhamento dos Objetivos de Desenvolvimento Sustentável da Agenda 2030. – Brasília: CNJ, 2021. 36p.

CONSELHO NACIONAL DE JUSTIÇA (CNJ). **E-Revista.** V. 4. N. 1 (2020) Sistema de Justiça Pacificador e os 15 anos do Conselho Nacional de Justiça. Maria Tereza Uille Gomes e Raquel Elias Ferreira Dodge. https://www.cnj.jus.br/ojs/index.php/revista-cnj/article/view/143. Publicado em 15.06.2020.

CONSELHO NACIONAL DE JUSTIÇA. LIODS CNJ – **Laboratório de Inovação, Inteligência e ODS.** Disponível em: https://www.cnj.jus.br/programas-e-acoes/agenda-2030/liods-cnj-laboratorio-de-inovacao-inteligenica-e-ods/ Acesso em 26.06.2022.

CONSELHO NACIONAL DE JUSTIÇA. **Relatórios.** Disponível em: https://www.cnj.jus.br/programas-e-acoes/agenda-2030/liods-cnj-laboratorio-de-inovacao-inteligenica-e-ods/relatorios/ Acesso em 26.06.2022.

CONSELHO NACIONAL DE JUSTIÇA. **Caderno Agenda 2030 e Inovação no Poder Judiciário**: coletânea de atos normativos relacionados à Agenda 2030. Disponível em: https://www.cnj.jus.br/wp-content/uploads/2020/07/CADERNO-AGENDA-2030-6.pdf. Acesso em 26.06.2022.

GONÇALVES, Alcindo; COSTA, José Augusto Fontoura. Governança ambiental global: possibilidades e limites. In: Rei, Fernando Cardozo Fernandes; GRANZIEIRA, Maria

[20] Sistema de Justiça Pacificador e os 15 anos do CNJ. Passado, presente e inovações futuras do Judiciário.

Luiza Machado (coordenadores). **Direito ambiental internacional**: avanços e retrocessos. São Paulo: Atlas, 2015. p. 93-115.

ONU (ORGANIZAÇÃO DAS NAÇÕES UNIDAS). **Transformando Nosso Mundo: a Agenda 2030 para o Desenvolvimento Sustentável**. 2015.

PETERS, Brainard Guy. O que é Governança? **Revista TCU 127**, maio-agosto, 2013. p.28-33.

15
Efeitos penais das alterações à Lei nº 12.430/2021

Carolina Costa Ferreira

Introdução

O objetivo do presente artigo é refletir sobre as recentes alterações à Lei nº 8.429/1992, promovidas pela Lei nº 12.430/2021, em relação às disposições penais no âmbito da improbidade administrativa. Além das alterações nos artigos 20 e 21 da Lei nº 8.429, é importante discutir os efeitos das relevantes alterações realizadas no art. 1º da lei, tanto em relação ao conceito de ato de improbidade administrativa[1], de dolo[2] e da efetiva inclusão dos princípios constitucionais do chamado "Direito Administrativo Sancionador"[3] às dinâmicas do sistema de investigação de improbidade administrativa.

A Lei de Improbidade Administrativa, desde a sua entrada em vigor, é objeto de extensa produção acadêmica e técnica. Como a lei apresenta sanções

[1] "Art. 1º, §1º. Consideram-se atos de improbidade administrativa as condutas dolosas tipificadas nos arts. 9º, 10 e 11 desta Lei, ressalvados tipos previstos em leis especiais" (BRASIL, 2021).
[2] "Art. 1º, §2º. Considera-se dolo a vontade livre e consciente de alcançar o resultado lícito, tipificado nos arts. 9º, 10 e 11 desta Lei, não bastando a voluntariedade do agente" (BRASIL, 2021).
[3] "Art. 1º, §4º. Aplicam-se ao sistema da improbidade disciplinado nesta Lei os princípios constitucionais do direito administrativo sancionador" (BRASIL, 2021).

de natureza administrativa, civil e criminal, sua tríplice natureza, como indicou o saudoso Ministro Teori Zavascki[4], requer maior atenção à aplicação dos princípios da proporcionalidade, da razoabilidade e da duração razoável do processo.

As alterações promovidas pela Lei nº 14.230/2021 acentuaram a necessidade deste debate, especialmente pela definição legal específica para o dolo e as repercussões processuais – (ir)retroatividade da lei, aplicabilidade de disposições mais benéficas a casos em andamento, interpretação do caráter penal aos atos de improbidade administrativa – que ainda estão sendo discutidos e interpretados pelo Supremo Tribunal Federal, em especial, o Tema nº 1.199 de Repercussão Geral (BRASIL, 2022).

Assim, em meio a tão importantes discussões, o presente texto terá como objetivo investigar em que medida as alterações promovidas pela Lei nº 12.430/2021 à Lei nº 8.429/1992 impactam o tratamento penal dos atos de improbidade administrativa.

Para tanto, serão analisados os artigos 19 a 22 da Lei nº 8.429/1992, indicando suas principais alterações; em seguida, será discutido o conceito legal de dolo para atos de improbidade administrativa e serão indicados elementos comuns à discussão, nos âmbitos administrativo e penal; por último, serão lançadas algumas reflexões a respeito do futuro do chamado "Direito Administrativo Sancionador" e suas implicações em matéria penal.

1. Alterações promovidas pela Lei nº 14.230/2021 à Lei nº 8.429/1992:

A Lei nº 14.230/2021 promoveu algumas alterações à matéria penal, já disposta na Lei nº 8.429/1992. O art. 19 não sofreu nenhuma alteração, mantendo sua redação originária:

[4] "Embora reconhecendo a natureza não penal das sanções estabelecidas na Lei de Improbidade, tem-se enfatizado que sua aplicação "não raro, haverá de ser direcionada pelos princípios básicos norteadores do direito penal, o qual sempre assumirá uma posição subsidiária no exercício do poder sancionador do Estado, já que este, como visto, deflui de uma origem comum, e as normas penais, em razão de sua maior severidade, outorgam garantias mais amplas ao cidadão" (GARCIA, Émerson; ALVES, Rogério Pacheco. *Improbidade administrativa.* 2 ed. Rio de Janeiro: Lumen Juris, 2004, p 457)." (BRASIL, 2006, p. 8).

> Art. 19. Constitui crime a representação por ato de improbidade contra agente público ou terceiro beneficiário, quando o autor da denúncia o sabe inocente.
> Pena: detenção de seis a dez meses e multa.
> Parágrafo único. Além da sanção penal, o denunciante está sujeito a indenizar o denunciado pelos danos materiais, morais ou à imagem que houver provocado (BRASIL, 1992).

Trata-se de crime comum, doloso, em tipo especial aos crimes contra a administração da justiça, já que a intenção desta criminalização é colocar "um freio na atuação irresponsável da ação de improbidade administrativa, que não pode utilizar da sua faculdade de ingresso na justiça, se sabedor da inocência de quem é alçado à condição de réu" (MATTOS, 2004, p. 565). A intenção do dispositivo penal específico é evitar "ações aventureiras", como já indicou o Superior Tribunal de Justiça (BRASIL, 2012).

O art. 20 sofreu alterações em seus parágrafos – até a publicação da Lei nº 14.230/2021, a Lei de Improbidade indicava que a autoridade judicial ou administrativa poderia determinar o afastamento (cautelar) de agente público do exercício do cargo, emprego ou função, sem prejuízo da remuneração, "quando a medida se fizer necessária à instrução processual". A nova alteração manteve o sentido do parágrafo anterior, adicionando a hipótese de que o afastamento também seja necessário "para evitar a iminente prática de novos ilícitos" (BRASIL, 2021). A novidade trazida pela Lei nº 14.230/2021 foi a definição do prazo de até 90 (noventa) dias, prorrogáveis por uma única vez por igual período, mediante decisão motivada (BRASIL, 2021).

Ainda não há precedentes, no Superior Tribunal de Justiça ou no Supremo Tribunal Federal, a respeito da natureza de tal prazo e da possibilidade de manutenção de prorrogações para além de uma única vez, como indica a nova redação. Interessante perceber que, em matéria penal, o mesmo prazo de 90 (noventa) dias foi definido, no art. 316 do Código de Processo Penal – por ocasião da alteração legislativa promovida pela Lei nº 13.964/2019, como o prazo de revisão da decisão de decretação da prisão preventiva e, nesse caso, o Supremo Tribunal Federal entendeu que eventual ausência de reavaliação da prisão preventiva não implica em revogação automática da custódia (BRASIL, 2022).

O art. 21, por sua vez, sofreu alteração em seu inciso I, com nova redação, que indica adições legislativas sob a forma de parágrafos:

Art. 21. A aplicação das sanções previstas nesta lei independe:

I – da efetiva ocorrência de dano ao patrimônio público, salvo quanto à pena de ressarcimento e às condutas previstas no art. 10 desta Lei; (Redação dada pela Lei nº 14.230, de 2021)

II – da aprovação ou rejeição das contas pelo órgão de controle interno ou pelo Tribunal ou Conselho de Contas.

§ 1º Os atos do órgão de controle interno ou externo serão considerados pelo juiz quando tiverem servido de fundamento para a conduta do agente público (Incluído pela Lei nº 14.230, de 2021)

§ 2º As provas produzidas perante os órgãos de controle e as correspondentes decisões deverão ser consideradas na formação da convicção do juiz, sem prejuízo da análise acerca do dolo na conduta do agente. (Incluído pela Lei nº 14.230, de 2021)

§ 3º As sentenças civis e penais produzirão efeitos em relação à ação de improbidade quando concluírem pela inexistência da conduta ou pela negativa da autoria. (Incluído pela Lei nº 14.230, de 2021)

§ 4º A absolvição criminal em ação que discuta os mesmos fatos, confirmada por decisão colegiada, impede o trâmite da ação da qual trata esta Lei, havendo comunicação com todos os fundamentos de absolvição previstos no art. 386 do Decreto-Lei nº 3.689, de 3 de outubro de 1941 (Código de Processo Penal). (Incluído pela Lei nº 14.230, de 2021)

§ 5º Sanções eventualmente aplicadas em outras esferas deverão ser compensadas com as sanções aplicadas nos termos desta Lei. (Incluído pela Lei nº 14.230, de 2021)

Importante destacar os parágrafos incluídos pela Lei nº 14.230/2021, que se referem a provas eventualmente produzidas por processos administrativos ou órgãos de controle interno ou externo. A discussão sobre a possibilidade de prova emprestada no processo administrativo (disciplinar ou não) não é novidade em matéria processual penal, desde a decisão, pelo Supremo Tribunal Federal, da Questão de Ordem no Inquérito nº 2.424/RJ (BRASIL, 2007). Também é relevante mencionar que a ideia de devido processo penal – ou de processo justo – pode e deve ser realizada tanto no processo administrativo, quanto no processo civil ou processo penal. Considerando-se as recentes alterações aos artigos 158 e seguintes do Código de Processo Penal, em relação ao atendimento à cadeia de custódia da prova, para qualquer tipo de prova que seja produzida para fins de utilização no processo penal, sua origem e procedência precisam ser definidas, em cumprimento ao contraditório processual, no sentido indicado por Antonio Scarance Fernandes (2009) como um binômio composto por informação e reação.

Destaca-se, também, a importância da redação do novo parágrafo 4º, que indica o impedimento do trâmite da ação de improbidade em caso de absolvição – em relação a qualquer um dos incisos do art. 386 do Código de Processo Penal. Trata-se de alteração bastante relevante, que tem por finalidade evitar decisões contraditórias entre as instâncias processuais cíveis e penais, motivo de críticas há muito realizadas nesse sentido. Além disso, tal dispositivo impede o uso indevido de ações de improbidade administrativa para fins políticos (ou político-criminais), na linha do que Fábio Gondinho de Oliveira (2022) já indicou ser, infelizmente, realidade nos rincões do Brasil.

Quanto ao art. 22, houve singela alteração à parte final do *caput*, indicando a possibilidade de requisição, pelo Ministério Público, de inquérito civil ou procedimento investigativo assemelhado e requisitar a instauração de inquérito policial (BRASIL, 2021). Houve, ainda, a inclusão de parágrafo único, que estabelece ao investigado "a oportunidade de manifestação por escrito e de juntada de documentos que comprovem suas alegações e auxiliem na elucidação dos fatos" (BRASIL, 2021), prerrogativa da qual defensoras e defensores já dispunham em processos administrativos e criminais, tanto pelas disposições do Estatuto da Ordem dos Advogados do Brasil (Lei nº 8.906/1994) quanto da Súmula Vinculante nº 14[5].

Quanto ao conceito de dolo, a partir do conceito previsto no art. 1º, §2º, em redação dada pela Lei nº 14.230/2021: "*considera-se dolo a vontade livre e consciente de alcançar o resultado ilícito tipificado nos arts. 9º, 10 e 11, desta Lei, não bastando a voluntariedade do agente*", entende-se que é pressuposto da ação de

[5] Súmula Vinculante nº 14: "É direito do defensor, no interesse do representado, ter acesso amplo aos elementos de prova que, já documentados em procedimento investigatório realizado por órgão com competência de polícia judiciária, digam respeito ao exercício do direito de defesa (BRASIL, 2009).

improbidade administrativa o delineamento da conduta dolosa do agente, a comprovação de sua vontade livre e consciente em alcançar o resultado supostamente indicado pelo Ministério Público, quando da individualização do ato de improbidade. Assim, como dispõe o art. 41 do Código de Processo Penal, quando menciona os requisitos para a propositura da ação penal, deve haver a descrição do "fato [que consiste em ato de improbidade], com todas as suas circunstâncias". O paralelismo é necessário, no caso, justamente para salvaguardar o Ministério Público de rejeições sumárias a iniciais de ações de improbidade, por imprecisão na descrição do ato ímprobo ou pela tentativa de ampliação de um rol que está cada vez mais restrito para a atuação administrativa.

Membros do Ministério Público têm criticado intensamente as alterações legislativas, indicando o esvaziamento da improbidade administrativa e, consequentemente, de suas atuações[6]. As críticas são importantes e devem ser levadas em consideração no debate público que origine eventual avaliação legislativa da Lei nº 12.430/2021[7], necessária ao bom aprimoramento do sistema de justiça como um todo.

2. O conceito legal de dolo para atos de improbidade administrativa

Segundo Juarez Tavares, o dolo será "a consciência e vontade de realizar os elementos objetivos do tipo, tendo como objetivo final a lesão ou o perigo de lesão do bem jurídico"[8], havendo necessidade expressa de se considerar a violação ao bem jurídico e a necessidade de se considerar a "intensidade de ingresso do agente na zona do ilícito"[9]. Tal conceito, emprestado da literatura penal, ajusta-se perfeitamente à nova realidade no âmbito da improbidade administrativa: espera-se que haja a comprovação da relação direta entre a

[6] Um exemplo de recursos que têm sido interpostos pelo Ministério Público pode ser encontrado na notícia a seguir: http://www.mpf.mp.br/regiao4/sala-de-imprensa/noticias-r4/mpf-questiona-entendimento-do-trf4-referente-a-aplicacao-da-nova-lei-de-improbidade--administrativa

[7] Sobre a necessidade de desenvolvimento de estudos de impacto legislativo e medidas de avaliação legislativa, ver FERREIRA, 2016.

[8] TAVARES, Juarez. *Fundamentos de teoria do delito.* São Paulo: Tirant Lo Blanch, 2018, p. 249.

[9] TAVARES, Juarez. *Fundamentos de teoria do delito.* São Paulo: Tirant Lo Blanch, 2018, p. 249.

violação à probidade e a conduta livre e consciente do agente, o que vai requerer dos órgãos de investigação e do Ministério Público esforços lógicos muito maiores do que a simples capitulação legal. Assim, a individualização da conduta e sua análise respectiva, no campo da ação diretamente desenhada e de sua reprovabilidade, são fundamentais, especialmente, após a entrada em vigor da Lei nº 14.430/2021.

Especificamente em relação ao dolo na improbidade administrativa, em pesquisa realizada em 2019, Vivian Maria Pereira Ferreira explica que a jurisprudência do Superior Tribunal de Justiça indicava discordância entre Primeira e Segunda Turmas: enquanto a Primeira Turma considerava que "o silêncio da lei afasta as condutas culposas dos atos de improbidade pelos artigos 9º e 11 da Lei nº 8.429/1992, por entender que a técnica de elaboração da lei de improbidade assemelha-se à técnica penal"[10], a Segunda Turma entendia que o art. 11 da Lei de Improbidade elencaria infrações em que seria desnecessário examinar a prática de conduta dolosa ou culposa por parte do gestor público, já que a ofensa ao princípio da moralidade administrativa já seria suficiente para a tutela estatal. Mais recentemente, a jurisprudência do STJ se firmou no sentido de considerar necessária a demonstração de dolo para as condutas previstas no art. 11 da Lei nº 8.49/2/1992. Segundo Ferreira,

> "a consolidação desse entendimento pelo STJ foi claramente relatada nos autos do Recurso Especial n. 875.163/RS (Rel. Min. Mauro Campbell Marques, 1ª Seção, j. 23/06/2010), quando, em um caso concreto, o tribunal foi chamado a esclarecer a divergência de entendimentos entre as turmas. Na oportunidade, decidiu: "2. O tema central do presente recurso está limitado à análise da necessidade da presença de elemento subjetivo para a configuração de ato de improbidade administrativa por violação de princípios da Administração Pública, previsto no art. 11 da Lei 8.429/92. Efetivamente, as Turmas de Direito Público desta Corte Superior divergiam sobre o tema, pois a Primeira Turma entendia ser indispensável a demonstração de conduta dolosa

[10] FERREIRA, Vivian Maria Pereira. O dolo da improbidade administrativa. *Revista Direito GV*, São Paulo, v. 15, n. 3, e1937, 2019. Disponível em: https://www.scielo.br/j/rdgv/a/t4j9F3M36jfcvPddbKMnXFK/?format=pdf&lang=pt Acesso em 25 fev. 2022.

> para a tipificação do referido ato de improbidade administrativa, enquanto a Segunda Turma exigia para a configuração a mera violação dos princípios da Administração Pública, independentemente da existência do elemento subjetivo"[11].

Nesse mesmo sentido, são o Recurso Especial nº 604.151/RS (Rel. Min. José Delgado, Primeira Turma, DJe 25/04/2006), o Recurso Especial nº 734.984 (Rel. Min. José Delgado, Primeira Turma, DJe 18/12/2007). O ponto inovador da Lei nº 14.230/2021 reside na definição formal de dolo (específico) para as ações de improbidade, reafirmando a jurisprudência do Superior Tribunal de Justiça nesse sentido e o conceito de que, para a definição de uma conduta dolosa, não é suficiente a voluntariedade, caracterizada como "movimento involuntário, sendo indiferente quais consequências queria produzir o autor; [...] de outro lado, a vontade tem conteúdo próprio inerente ao comportamento humano, e diz respeito a um resultado querido" (FERREIRA, 2019).

Nesse sentido, há discussão sobre a necessidade de previsão legal expressa para um conceito mais específico de dolo, quando nem o Código Penal o prevê: o conceito mais amplo, neste diploma, é o definido no art. 18, I, segundo o qual constitui crime "doloso, quando o agente quis o resultado ou assumiu o risco de produzi-lo" (BRASIL, 1940); o parágrafo único do mesmo artigo ainda indica a regra interpretativa no sentido de que "salvo os casos expressos em lei, ninguém poderá ser punido por fato definido como crime, senão quando o pratica dolosamente" (BRASIL, 1940). Assim, esse ponto ganha especial relevo, tanto para quem se aprofunda nas discussões sob a ótica penal quanto em matéria administrativa.

À mesma conclusão chega José Trindade Cavalcante Filho (2021), ao examinar os sistemas normativos de Portugal, Itália, França, Espanha e Argentina, além das decisões do Tribunal Europeu de Direitos Humanos, compreendendo que a retroatividade das leis se aplica aos sistemas de direito administrativo sancionador examinados, havendo, nesses países,

[11] FERREIRA, Vivian Maria Pereira. O dolo da improbidade administrativa. *Revista Direito GV*, São Paulo, v. 15, n. 3, e1937, 2019. Disponível em: https://www.scielo.br/j/rdgv/a/t4j9F3M36jfcvPddbKMnXFK/?format=pdf&lang=pt Acesso em 25 fev. 2022)

forte incidência de princípios constitucionais, aplicáveis diretamente ou por força de mediação legislativa; a aproximação entre a dogmática penal e a do Direito Administrativo Sancionador, inclusive por influência e decisão do Tribunal Europeu de Direitos Humanos; e a positivação ou reconhecimento de alguns princípios básicos do Direito Sancionador, tais como a legalidade (no aspecto da anterioridade), a tipicidade, a proporcionalidade, a ampla defesa e o contraditório, a culpabilidade, a presunção de inocência e, em maior ou menor medida, a proibição ou restrição do bis in idem".

3. Breves reflexões: qual será o futuro do Direito Penal Sancionador?

O Superior Tribunal de Justiça possui entendimento de que a retroatividade de lei mais benéfica é um princípio geral do Direito Sancionatório[12]. Tais precedentes, inclusive, foram citados em parecer da Comissão de Constituição e Justiça, quando da discussão do Projeto de Lei que culminou na Lei nº 14.231/2021, em relação à análise da necessidade ou não de inserção de dispositivo expresso que se referisse à retroatividade da lei. No processo legislativo, considerou-se desnecessária tal indicação e, como fundamentação, o Relator do Projeto de Lei mencionou, expressamente, o posicionamento

[12] "'Quando uma lei é alterada, significa que o Direito está aperfeiçoando-se, evoluindo, em busca de soluções mais próximas do pensamento e anseios da sociedade. Desse modo, se a lei superveniente deixa de considerar como infração um fato anteriormente assim considerado, ou minimiza uma sanção aplicada a uma conduta infracional já prevista, entendo que tal norma deva retroagir para beneficiar o infrator. Constato, portanto, ser possível extrair do art. 5º, XL, da Constituição da República princípio implícito do Direito Sancionatório, qual seja: a lei mais benéfica retroage. Isso porque, se até no caso de sanção penal, que é a mais grave das punições, a Lei Maior determina a retroação da lei mais benéfica, com razão é cabível a retroatividade da lei no caso de sanções menos graves, como a administrativa" (Recurso Especial nº 1153083/MT, Rel. Ministro SÉRGIO KUKINA, Rel. p/ Acórdão Ministra REGINA HELENA COSTA, PRIMEIRA TURMA, julgado em 06/11/2014, DJe 19/11/2014). No mesmo sentido, "a norma administrativa mais benéfica, no que deixa de sancionar determinado comportamento, é dotada de eficácia retroativa" (REsp 1402893/MG, Rel. Ministro SÉRGIO KUKINA, PRIMEIRA TURMA, julgado em 11/04/2019, DJe 22/04/2019).

do Superior Tribunal de Justiça sobre a matéria[13]. Assim, trazendo a questão para a dimensão penal, a retroatividade da lei torna-se ainda mais necessária para que não sejam realizadas injustiças ou interpretações desproporcionais em relação à necessidade (ou não) de tutela penal.

As relações entre Direito Administrativo (Sancionatório) e o Direito Penal são objeto de constantes discussões; se os limites do Direito Administrativo, tanto a título de responsabilização da pessoa jurídica quanto em relação às possíveis sanções são mais altas, para o Direito Penal – sobretudo para as relações processuais penais -, os limites são mais específicos, as dimensões são mais reduzidas, especialmente porque a tutela estatal, no âmbito penal, é delineada sob aspectos objetivos.

Nesse sentido, as definições da nova lei, tanto em relação ao dolo para a conceituação da improbidade quanto a discussão maior sobre os limites da articulação entre processos administrativos sancionatórios e o direito penal são importantes e devem ser considerados de forma positiva – em relação à obediência ao princípio da legalidade, há avanços significativos promovidos pela Lei nº 14.231/2021.

Sabe-se que algumas questões muito relevantes serão, em breve, analisadas pormenorizadamente pelo Supremo Tribunal Federal, quando da análise do Tema nº 1.199, em especial, a discussão sobre a (ir)retroatividade da interpretação da nova Lei de Improbidade e da definição específica de dolo indicada na lei.

[13] "A Emenda nº 40, do Senador Dário Berger, propõe a inclusão de artigo, onde couber, no Projeto de Lei nº 2.505, de 2021, para que as alterações dadas pela presente proposição, se apliquem desde logo em benefício dos réus. Rendendo homenagens ao Senador Dário Berger, deixo de acolher a proposta tendo em vista que já é consolidada a orientação de longa data do Superior Tribunal de Justiça, na linha de que, "considerando os princípios do Direito Sancionador, a novatio legisin mellius deve retroagir para favorecer o apenado (Resp nº 1.153.083/MT, Rel. Min. Sérgio Kukina, julgado em 19/11/2014)" (CAVALCANTE FILHO, José Trindade. Retroatividade da Reforma da Lei de Improbidade Administrativa. *Textos para discussão.* Consultoria Legislativa do Senado Federal. Brasília: Senado Federal, 2021, p. 24. Disponível em: https://www12.senado.leg.br/publicacoes/estudos-legislativos/tipos-de--estudos/textos-para-discussao/td305 Acesso em 15 fev. 2022).

Conclusões

Diante de todo o apresentado neste breve texto, devem ser destacadas as alterações penais e processuais à chamada "nova Lei de Improbidade", especialmente no que se refere ao conceito material-legal de dolo, devidamente previsto, e aos impactos da produção de provas em processos administrativos, cíveis e penais.

O objetivo da lei, ao trazer um conceito legal de dolo, deve ser avaliado de forma positiva, já que complementa a literatura penal, já extensa, sobre a matéria, conferindo mais segurança jurídica ao espaço do processo administrativo, tão necessitado de regulamentações expressas para que se evitem ilegalidades ou atuações estatais desproporcionais.

Percebe-se que Direito Penal e Direito Administrativo Sancionador possuem uma relação ainda mais imbricada, no sentido de se promover as garantias já consolidadas no Processo Penal e a interpretação das inovações da Lei nº 14.231/2021, tanto em relação à lei penal no tempo quanto em relação à interpretação da natureza da conduta.

A intenção legislativa, sem dúvida, foi no sentido do aprimoramento das práticas do sistema de justiça, em andamento há duas décadas, alterações que foram recebidas pela comunidade jurídica com curiosidade e com a inevitável ampliação da discussão sobre o tríplice caráter da improbidade administrativa e nas diferentes possibilidades de alcance de sua interpretação.

Referências

BRASIL. *Decreto-Lei nº 2.848, de 7 de dezembro de 1940.* Disponível em: http://www.planalto.gov.br/ccivil_03/decreto-lei/del2848compilado.htm Acesso em 14 jul. 2022.

BRASIL. *Lei nº 8.429, de 2 de junho de 1992.* Dispõe sobre as sanções aplicáveis em virtude da prática de atos de improbidade administrativa, de que trata o § 4º do art. 37 da Constituição Federal; e dá outras providências. Disponível em: http://www.planalto.gov.br/ccivil_03/LEIS/L8429.htm Acesso em 14 jul. 2022.

BRASIL. Superior Tribunal de Justiça. *Habeas Corpus nº 225.599/SP*. Rel. Min. Laurita Vaz. 5ª Turma. DJe 01/02/2013. Disponível em: https://scon.stj.jus.br/SCON/GetInteiroTeorDoAcordao?num_registro=201102778680&dt_publicacao=01/02/2013 Acesso em 27 jul. 2022.

BRASIL. Superior Tribunal de Justiça. *Recurso Especial nº 1402893/MG*. Rel. Ministro SÉRGIO KUKINA, PRIMEIRA TURMA, julgado em 11/04/2019, DJe 22/04/2019.

BRASIL. Supremo Tribunal Federal. *Ações Diretas de Inconstitucionalidade números 6.581 e 6.582*. DJe 03/05/2022. Disponível em: https://redir.stf.jus.br/paginadorpub/paginador.jsp?docTP=TP&docID=760494131 Acesso em 25 jul. 2022.

BRASIL. Supremo Tribunal Federal. *Questão de Ordem no Inquérito nº 2.424. Brasília, 2007*. Disponível em: https://redir.stf.jus.br/paginadorpub/paginador.jsp?docTP=AC&docID=481962 Acesso em 22 jul. 2022.

BRASIL. Supremo Tribunal Federal. *Súmula Vinculante nº 14. Brasil, 2009.*

BRASIL. Supremo Tribunal Federal. *Tema nº 1.199*. Recurso extraordinário em que se discute, à luz do artigo 37, § 5º, da Constituição Federal, a prescritibilidade dos atos de improbidade administrativa imputados à recorrente, por alegada conduta negligente na condução dos processos judiciais em que atuava como representante contratada do INSS, sem demonstração do elemento subjetivo dolo (Temas 666, 897 e 899 do STF). Delimita-se a temática de repercussão geral em definir se as novidades inseridas na Lei de Improbidade Administrativa (Lei 8.429/1992, com as alterações dadas pela Lei 14.230/2021) devem retroagir para beneficiar aqueles que porventura tenham cometido atos de improbidade administrativa na modalidade culposa, inclusive quanto ao prazo de prescrição para as ações de ressarcimento. Disponível em: https://portal.stf.jus.br/jurisprudenciaRepercussao/verAndamentoProcesso.asp?incidente=4652910&numeroProcesso=843989&classeProcesso=ARE&numeroTema=1199 Acesso em 14 jul. 2022.

CAVALCANTE FILHO, José Trindade. Retroatividade da Reforma da Lei de Improbidade Administrativa. *Textos para discussão*. Consultoria Legislativa do Senado Federal. Brasília: Senado Federal, 2021. Disponível em: https://www12.senado.leg.br/publicacoes/estudos-legislativos/tipos-de-estudos/textos-para-discussao/td305 Acesso em 15 fev. 2022.

FERNANDES, Antonio Scarance. *Processo Penal Constitucional*. São Paulo: Saraiva, 2009.

FERREIRA, Carolina Costa. *A política criminal no processo legislativo*. Belo Horizonte: Editora D'Plácido, 2016.

FERREIRA, Vivian Maria Pereira. O dolo da improbidade administrativa. *Revista Direito GV*, São Paulo, v. 15, n. 3, e1937, 2019. Disponível em: https://www.scielo.br/j/rdgv/a/t4j9F3M36jfcvPddbKMnXFK/?format=pdf&lang=pt Acesso em 25 fev. 2022.

MATTOS, Mauro Roberto Gomes de. *O limite da improbidade administrativa*. Rio de Janeiro: América Jurídica, 2004.

OLIVEIRA, Fábio Gondinho. O controle penal da macrocriminalidade no município de São Francisco do Maranhão: um retrato da seletividade e da manutenção das estruturas de poder nos rincões do Brasil. In: FERREIRA, Carolina Costa. *Macrocriminalidade e sistema de justiça criminal:* aspectos criminológicos e dogmáticos. São Paulo: Saraiva Jur / IDP, 2022, p. 101-110.

TAVARES, Juarez. *Fundamentos de teoria do delito*. São Paulo: Tirant Lo Blanch, 2018.

16
Comentários aos Artigos 21 e 22 da Lei nº 8.429/1992 após as alterações trazidas pela Lei nº 14.230/2021

Délio Lins e Silva Júnior
Caroline Perestrello Gonçalves Machado

Introdução

Um ato ímprobo pode ser definido como um ato, obviamente, desprovido de probidade, ou seja, um ato marcado pelo ideal da desonestidade. Atos ímprobos são, em verdade, atos ilegais praticados contra a Administração pública e aptos a causar-lhe algum prejuízo, seja material ou moralmente, de modo a ensejar àquele que os pratica, dentre outras penas, a suspensão de seus direitos políticos, a perda de sua função pública, a indisponibilidade de seus bens e o ressarcimento ao erário.

Na maioria das vezes, o conceito doutrinariamente atribuído ao ato ímprobo inclui em seu desfecho as penas que podem ser acometidas ao agente que o pratica, o que nos leva à conclusão de que tais penas são marcas expressivas da improbidade administrativa, o que, por sua vez, acaba por lhe conferir um caráter eminentemente sancionador, à semelhança, como será aqui abordado, da própria legislação penal.

Pois bem, o presente capítulo dedicar-se-á a um breve estudo dos artigos 21 e 22 da Lei de Improbidade Administrativa (LIA), recentemente modificada pela Lei nº 14.230/2021[1], bem como tornará clarividente a interlocução entre a ação de improbidade administrativa e a legislação penal. Aliás, tal interlocução pode ser verificada, de certa maneira, desde o título do Capítulo VI da LIA, que abriga os dois artigos a serem aqui dissecados, qual seja o referido título: "Das Disposições Penais".

A verdade, como será visto a seguir, é que a lei ora em análise, publicada em outubro de 2021, consolidou demandas antigas das ações de improbidade administrativa ao fazer valer uma mitigação do princípio da independência entre as instâncias penal e civil/administrativa. Tendo-se, pois, em geral, por pertinentes muitas das mudanças ou inserções trazidas pela Lei nº 14.230/2021, sobretudo no que tange à aplicação das sanções cabíveis nos casos de improbidade, passando-se a adotar critérios que melhor correspondem com o princípio da proporcionalidade e da razoabilidade.

1. Artigo 21, da Lei nº 8.429/1992 após alterações da Lei 14.230/2021

O artigo 21 em relação ao qual ora se procede à análise, desde o nascedouro da Lei de Improbidade Administrativa (LIA)[2], em 1992, dispõe sobre a aplicação das sanções cabíveis quando da constatação da prática de atos ímprobos e isso não foi modificado pela Lei 14.230/2021, prevalecendo, portanto, até então, o objetivo precípuo do dispositivo, ou seja, ele ainda continua se prestando a ditar a forma de aplicação das sanções.

O que fez a nova lei foi acrescer maior detalhamento a tal aplicação de penas, despindo de generalidade o dispositivo e, ao mesmo tempo, expandindo sua abrangência.

Para melhor visualização das alterações incidentes, faz-se válido aqui apresentar, de forma comparativa, o dispositivo anterior e o dispositivo posterior à Lei 14.230/2021, veja-se:

[1] BRASIL. *Lei nº 14.230*, de 25 de outubro de 2021. Altera a Lei nº 8.429, de 2 de junho de 1992, que dispõe sobre improbidade administrativa. Disponível em: <http://www.planalto.gov.br/ccivil_03/_ato2019-2022/2021/lei/L14230.htm>. Acesso em: 14 mar. 2022.

[2] BRASIL. *Lei nº 8.429*, de 2 de junho de 1992. Altera a Lei nº 8.429, de 2 de junho de 1992, que dispõe sobre improbidade administrativa. Dispõe sobre as sanções aplicáveis em virtude da prática de atos de improbidade administrativa, de que trata o § 4º do art. 37 da Constituição Federal; e dá outras providências. Disponível em: <http://www.planalto.gov.br/ccivil_03/leis/l8429.htm>. Acesso em: 14 mar. 2022.

Lei nº 8.429/1992 Redação anterior à Lei nº 14.230/2021	Lei nº 8.429/1992 Redação atual (Lei 14.230/2021)
Art. 21. A aplicação das sanções previstas nesta lei independe: I – da efetiva ocorrência de dano ao patrimônio público, salvo quanto à pena de ressarcimento; II – da aprovação ou rejeição das contas pelo órgão de controle interno ou pelo Tribunal ou Conselho de Contas.	Art. 21. A aplicação das sanções previstas nesta lei independe: I – da efetiva ocorrência de dano ao patrimônio público, salvo quanto à pena de ressarcimento e às condutas previstas no art. 10 desta Lei; II – da aprovação ou rejeição das contas pelo órgão de controle interno ou pelo Tribunal ou Conselho de Contas. §1º Os atos do órgão de controle interno ou externo serão considerados pelo juiz quando tiverem servido de fundamento para a conduta do agente público. §2º As provas produzidas perante os órgãos de controle e as correspondentes decisões deverão ser consideradas na formação da convicção do juiz, sem prejuízo da análise acerca do dolo na conduta do agente. §3º As sentenças civis e penais produzirão efeitos em relação à ação de improbidade quando concluírem pela inexistência da conduta ou pela negativa de autoria. §4º A absolvição criminal em ação que discuta os mesmos fatos, confirmada por decisão colegiada, impede o trâmite da ação da qual trata esta Lei, havendo comunicação com todos os fundamentos de absolvição previstos no art. 386 do Decreto-Lei nº 3.689, de 3 de outubro de 1941 (Código de Processo Penal). §5º Sanções eventualmente aplicadas em outras esferas deverão ser compensadas com as sanções aplicadas nos termos desta Lei.

1.1. A aplicação das sanções previstas para os atos de improbidade administrativa e seus desdobramentos

Da tabela comparativa acima exposta, verifica-se que, de fato, houve uma expansão do dispositivo e, por consequência, um maior detalhamento da forma como devem ser aplicadas as sanções constantes da lei.

Logo de início já pode ser percebido um acréscimo ao primeiro inciso do artigo 21, tendo sido criada mais uma exceção à regra de aplicação das penas independentemente de efetiva ocorrência de dano ao patrimônio público; tal exceção diz respeito aos atos cuja própria tipificação já engloba um prejuízo ao erário, são os atos de improbidade previstos no artigo 10.

Ora, pode-se dizer que o mencionado acréscimo se faz lógico e necessário, sobretudo pela natureza dos atos de improbidade previstos no referido artigo 10 da LIA. Veja-se: se a improbidade é verificada exatamente pelo ocasionamento de prejuízo ao erário, por óbvio, a aplicação de qualquer sanção dependerá, necessariamente, da efetiva ocorrência de dano ao patrimônio público, isso porque não tem como haver dano ao patrimônio público sem haver consequente prejuízo ao erário e vice-versa, trata-se basicamente de uma relação de causa e consequência.

Contraditório, e até arbitrário, seria dispensar a comprovação da efetiva existência de dano à coisa pública e ainda assim penalizar um indivíduo por suposta conduta ímproba ocasionadora de prejuízo ao erário.

Sendo assim, tem-se que a aplicação de sanções da maneira irrestrita constante do art. 21, inciso I, da Lei 8.429/1992, apenas incidirá sobre atos de improbidade que atentem contra os princípios da Administração Pública (art. 11, da LIA) e sobre aqueles que acarretem enriquecimento ilícito (art. 9º, da LIA), excluindo-se os atos que ocasionem prejuízo ao erário.

Além do que dispõe o inciso I, do artigo 21, da Lei de Improbidade Administrativa, que esta obra se presta a analisar, há também a previsão, no inciso II do mesmo artigo, de aplicação das sanções de forma independente de qualquer aprovação ou rejeição de contas por órgão de controle interno ou externo ou ainda pelo Tribunal ou Conselho de Contas.

Essa disposição, por sua vez, já constava da redação anterior da LIA e registra claramente uma independência da apuração de ato de improbidade administrativa em relação a qualquer julgamento emitido por órgãos de controle, o que significa dizer, por exemplo, que um parecer do Tribunal de Contas, seja ele favorável ou desfavorável ao indivíduo, não poderá vincular o resultado de uma ação, ou investigação, que apura suposta improbidade, ou seja, não tem poderes vinculativos ou restritivos sobre tal procedimento, mais especificamente sobre uma eventual condenação ou absolvição por ato ímprobo.

Desse modo, mesmo que o Tribunal de Contas entenda pela existência de algum vício fiscal ou que conclua apontando possível ocorrência de prejuízo ao erário, enriquecimento ilícito ou violação a princípios da Administração Pública, ainda assim poderá ser, no âmbito da ação de improbidade administrativa, absolvido o indivíduo alvo das apurações em razão de constatação, por exemplo, de ausência de dolo, que, conforme dispõem os §§ 1º, 2º e 3º, do artigo 1º da LIA, constitui elemento indispensável para a prática de ato ímprobo.[3]

Neste ponto, deve-se ressaltar que a previsão constante do dispositivo em questão vem sendo reforçada pela Suprema Corte há algum tempo, visto que ela tem se posicionado em favor de um caráter meramente opinativo, e não vinculante, dos pareceres técnicos dos Tribunais de Contas (Vide Temas 157 e 835 do STF). Lembrando que tal caráter meramente opinativo não deve valer quando a apreciação de contas, ao invés de ser feita pelo Tribunal de Contas, é realizada por órgão legislativo competente para tanto. Neste caso, a decisão da Casa Legislativa refletirá na ação de improbidade movida pelo Poder Judiciário, que poderá, por exemplo, deixar de aplicar sanção ao acusado de irregularidade de contas em razão da aprovação de suas contas pelo Legislativo.[4]

Pois bem, apesar de a redação do inciso II ser anterior à lei nº 14.230/2021, os §§1º e 2º do artigo 21 foram por ela acrescidos e trazem disposições concernentes aos atos dos órgãos de controle interno e externo, determinando que o juiz responsável pela ação de improbidade administrativa leve em conta atos e provas advindas dos referidos órgãos quando da formação de sua convicção.

[3] GAJARDONI, Fernando Fonseca et al. *Comentários à nova lei de improbidade administrativa*: Lei 8.429/1992, com as alterações da lei 14.230/2021. 5. ed. São Paulo: Revista dos Tribunais, 2022.

[4] NEVES, Daniel Amorim Assumpção. OLIVEIRA, Rafael Carvalho Rezende. *Comentários à reforma da Lei de Improbidade Administrativa*: Lei 14.230, de 25.10.2021 comentada artigo por artigo. 1. ed. Rio de Janeiro: Forense, 2022.

Ora, isso significa dizer que, apesar de não haver vinculação entre a aplicação de pena na ação de improbidade e a aprovação ou rejeição de contas pelo órgão de controle interno ou externo, há uma vinculação às provas produzidas no âmbito de tais órgãos de controle, determinando a lei que o juiz as considere para formar convicção.

Perceba-se que o uso do verbo "dever", no §2º ora sob análise, lhe imprime um caráter impositivo, não conferindo qualquer discricionariedade ao juiz e gerando, de certa forma, uma "contradição" com a independência de esferas consignada na redação do inciso II.

Pois bem, apesar de vincular o juízo às provas produzidas perante os órgãos de controle, o §2º aqui abordado resguarda o que dispõe a lei, em seu artigo 1º, §§1º, 2º e 3º, ao consagrar que a consideração das decisões e provas produzidas perante os órgãos de controle não poderá acarretar qualquer prejuízo à análise da existência de dolo na conduta do agente. Ou seja, tem-se aqui a salvaguarda de uma das modificações mais emblemáticas trazidas pela Lei 14.230/2021, qual seja: a necessidade de comprovação da presença de efetivo dolo na conduta do agente para que haja improbidade administrativa.

Sendo assim, a análise das provas e decisões advindas de feitos que tramitam perante um órgão de controle, seja externo ou interno, não pode, de forma alguma, impedir o juiz de realizar a devida apreciação quanto à real existência de dolo na conduta do agente sob julgamento, não sendo possível, portanto, uma condenação por improbidade baseada nas tais provas dos órgãos de controle sem a devida comprovação da existência de dolo.

Sendo assim, deve haver enorme cuidado quando da leitura dos dispositivos em questão, visto que há uma linha muito tênue entre o que é aqui vinculativo e o que o deixa de ser. Veja-se: com base na redação do inciso II, o juiz não está vinculado aos atos dos tribunais de contas ou dos órgãos de controle interno para aplicação das sanções da LIA; no entanto, baseando-se na redação dos §§1º e 2º, está obrigado a analisar os elementos advindos desses atos para formar sua convicção, o que, por certo, acabará por influenciar sua conclusão em relação à aplicação das sanções ao final do julgamento.

Diante dessa ponderação, o questionamento que aqui se faz é: as disposições constantes dos §§1º e 2º teriam o condão de "corromper" ou "inviabilizar" a "independência de instâncias" proposta pelo inciso II? Mesmo que apenas indiretamente, crê-se que sim. A questão é saber se tal independência deve ser aplicada à lei de improbidade administrativa de maneira irrestrita ou com algumas ponderações como ocorre aqui.

1.2. A relativização/mitigação do princípio de independência entre as instâncias

Entendida a aplicação do que dispõem os §§1º e 2º do artigo 21, da Lei 8.429/2021, passa-se à apreciação do que consta do §3º do mesmo artigo.

Como é cediço, um ato praticado por um agente público no exercício de sua função pode gerar distintos efeitos em esferas também distintas no que tange à sua responsabilização, podendo ser sua conduta "julgada" no bojo de um processo de cunho civil, de improbidade administrativa, penal, administrativo disciplinar, de controle ou até por eventual responsabilidade política. Via de regra, tais esferas são independentes, ou seja, cada uma delas tem sua autonomia, de modo que o resultado de uma não interfere no resultado da outra ainda que apurem fatos idênticos, trazendo também consequências distintas.[5]

Tal independência foi, de início, "importada" para os casos de improbidade administrativa em decorrência do que consta no artigo 37, §4º, da Constituição Federal, que admite a aplicação independente de sanções em cada esfera. Essa independência é, inclusive, reforçada pela legislação civil e pela legislação processual penal através dos artigos 935, do CC[6], e 66, do CPP.[7] [8]

Apesar de ser a regra, o ordenamento jurídico brasileiro, como é cediço, estabelece que a referida independência é mitigada nos casos de absolvição no âmbito criminal em razão de negativa de autoria ou inexistência do fato. Tal mitigação resta consagrada no artigo 126, da Lei 8.112/1990[9]; no já mencionado artigo 935, do CC; no artigo 66, do CPP; e ainda em diversos

[5] GAJARDONI, Fernando Fonseca et al. *Comentários à nova lei de improbidade administrativa*: Lei 8.429/1992, com as alterações da lei 14.230/2021. 5. ed. São Paulo: Revista dos Tribunais, 2022.

[6] BRASIL. *Lei nº 10.406*, de 10 de janeiro de 2002. Código Civil. Disponível em: <planalto.gov.br/ccivil_03/leis/2002/l10406compilada.htm>. Acesso em: 20 de mar. 2022.

[7] GAJARDONI, Fernando Fonseca et al. *Comentários à nova lei de improbidade administrativa*: Lei 8.429/1992, com as alterações da lei 14.230/2021. 5. ed. São Paulo: Revista dos Tribunais, 2022.

[8] BRASIL. *Decreto-Lei nº 3.689*, de 3 de outubro de 1941. Código de Processo Penal. Disponível em: http://www.planalto.gov.br/ccivil_03/decreto-lei/del3689compilado.htm. Acesso em: 15 mar. 2022.

[9] BRASIL. *Lei nº 8.112*, de 11 de dezembro de 1990. Dispõe sobre o regime jurídico dos servidores públicos civis da União, das autarquias e das fundações públicas federais. Disponível em: < http://www.planalto.gov.br/ccivil_03/leis/l8112cons.htm>. Acesso em: 20 mar. 2022.

julgados das Cortes Superiores do país. Desse modo, o acréscimo trazido pela Lei 14.230/2021 no que tange ao §3º do artigo 21, não inovou muito, apenas consignando o que já era consagrado no ordenamento jurídico brasileiro.

Apesar de já ser de conhecimento geral tal norma de mitigação de esferas quando da declaração, em âmbito criminal, da inexistência do fato/conduta ou da negativa de autoria, é válido aqui registrar posicionamento favorável à referida mitigação, que, ao nosso ver, faz-se completamente óbvia e necessária, sobretudo por resguardar a segurança jurídica, já que impede a prolação de decisões conflitantes em relação ao fato e ao seu autor.

Ademais, o posicionamento favorável a tal mitigação pode ser também bem explicado a partir do exemplo a seguir. Veja-se: se, após devida apuração no bojo de uma ação penal, que, via de regra, é instruída de forma minuciosa e submetida sempre ao devido contraditório e à ampla defesa, restar comprovado que a conduta apurada jamais existiu ou, ainda, que o indivíduo que está sendo acusado não foi o autor dos fatos sob apuração, não faz nem mesmo sentido despender de recursos e de tempo de outros órgãos para analisar a ocorrência de improbidade administrativa numa suposta conduta que sequer existiu ou que não foi praticada pelo indivíduo acusado.

Ora, apesar de não ter trazido grande inovação a partir da inserção do supramencionado §3º, do artigo 21, a Lei nº 14.230/2021 consolidou importante novidade aos casos de improbidade administrativa com o que dispõe o §4º do mesmo artigo, que acabou por ampliar a mitigação da aqui trabalhada independência das esferas, o que será detalhadamente visto a seguir.

1.2.1. A pertinência dos reflexos da absolvição criminal na ação de improbidade administrativa

A partir da leitura de seu art. 21, §4º, pode-se dizer, grosso modo, que a Lei de improbidade importou do Código de Processo Penal todas as suas principais causas de absolvição, expandindo de forma considerável a mitigação de instâncias timidamente apontada no §3º.

De início, faz-se válido aqui ressaltar a total pertinência da inclusão de tal "regramento", sobretudo pelo caráter sancionador da ação de improbidade administrativa, que, para bem dizer, acaba muitas vezes quase que se confundindo com um procedimento penal, mas sem a aplicação de todas as garantias constantes do processo penal. Sendo assim, tem-se na ação de improbidade uma busca pelo atendimento da pretensão punitiva do estado através do Ministério Público, tal como ocorre na ação penal propriamente dita, com a diferença de que, na ação de improbidade, aplica-se o regramento processual civil, que acaba não assumindo uma posição tão garantista quanto a do regramento processual penal.

No que tange a esse caráter penal da ação de improbidade administrativa e às similitudes dela com a própria legislação penal, há que se falar aqui que, à vista do que dispõe o artigo 37, §4º, da CF[10], foi dada ao legislador a missão de redigir uma norma infraconstitucional reguladora que trouxesse previsão de sanções capazes de punir atos de improbidade administrativa, devendo, no entanto, tais sanções ter um caráter bem mais brando que aquelas constantes do Direito Penal, a fim de não prejudicar a ação penal cabível.

Ocorre que, com a edição da Lei 8.429/1992, o que se viu foi a criação de sanções até mesmo bem "mais graves" do que aquelas previstas nas normas de cunho penal, o que trouxe certa "confusão" para o caráter da ação de improbidade administrativa, visto que este acabou sendo considerado muito mais voltado à repressão de ilícitos através da imposição de penas severas, que podem, inclusive, ser aplicadas com um intuito de utilização exemplar de penalidade, voltado à "prevenção" de novos atos de improbidade a partir da implantação do medo.[11]

Essa extrema gravidade das penas aplicáveis ao findar de uma ação de improbidade administrativa pode ser bem percebida no exemplo descrito pelo ilustre doutrinador Fernando Capez, veja-se:

> Com efeito, ao cotejarem-se as penas criminais previstas, por exemplo, para o delito de peculato (CP, art. 312, *caput*), com as estabelecidas pela Lei de Improbidade Administrativa para o mesmo fato (Lei n. 8.429/92, arts. 9º e 10), conclui-se serem mais temíveis as consequências da referida Lei do que as do Código Penal. Isto porque a

[10] BRASIL. *Constituição da República Federativa do Brasil*, de 5 de outubro de 1988. Disponível em: < http://www.planalto.gov.br/ccivil_03/constituicao/constituicao.htm>. Acesso em: 14 mar. 2022.

[11] CAPEZ, Fernando. *Improbidade Administrativa: limites constitucionais*. 2. ed. São Paulo: Saraiva, 2015.

> pena mínima cominada para o peculato, aquela normalmente aplicada pelo juiz, corresponde a apenas 2 anos de reclusão, podendo, portanto, o agente ser beneficiado com a suspensão condicional da pena (CP, art. 77), a sua substituição por restritiva de direitos (CP, art. 44) ou ter o seu cumprimento iniciado em regime aberto (CP, art. 33, §2º, *c*). A possibilidade de um funcionário público peculatório ter sua liberdade cerceada por sentença penal condenatória é quase nenhuma. Em contrapartida, quando submetido à Lei de Improbidade Administrativa, as sanções previstas no art. 12, I e II, da Lei n. 8.429/92, para o mesmo fato em face da violação aos arts. 9º e 10 do referido Diploma Legal, consistem em perda da função pública, ressarcimento integral do dano, suspensão dos direitos políticos por, no mínimo, 8 anos, multa civil de até três vezes o valor desviado, dentre outras, sem contar com o sequestro ou a indisponibilidade cautelar do patrimônio, comumente decretados ao início da ação (Lei n. 8.429/92, art. 16) e que são mantidos por anos, às vezes décadas, até o julgamento final da ação por ato de improbidade, mantendo o réu num estado de "coma civil".[12]

Apesar de tal exemplo ter sido escrito antes da vigência da nova lei, que, por sua vez, trouxe modificações aos artigos 9º e 10 mencionados, as penas deles constantes ainda são dotadas de gravidade tamanha que pode superar a penalidade de cunho criminal que seria imposta a um agente pelo mesmo fato, o que aponta para o cabimento de aplicação da mesma lógica aplicada ao Direito Penal, dado o caráter absolutamente sancionador da ação de improbidade.

Destaque-se, por oportuno, que as sanções previstas na LIA não podem ser consideradas sanções de caráter cível já que não se limitam à função de ressarcimento, como ocorre no âmbito civil.

Aliás, o caráter punitivo da ação de improbidade administrativa pode ser ainda devidamente verificado a partir do disposto no artigo 17-D, também inaugurado pela lei nº 14.230/2021, que registra o caráter "não civil" da LIA, conferindo-lhe, no lugar deste último, um caráter puramente sancionatório e, por consequência, prestigiando o julgamento do órgão jurisdicional ordinariamente voltado para a aplicação de penas/ sanções, qual seja: o juízo criminal.

[12] Ibid.

Desse modo, ante a idêntica natureza sancionatória constante do Direito Penal e da LIA, tem-se por pertinente a extensão do bom resultado da ação penal à ação de improbidade. De maneira que, entendendo o juiz da ação penal pelo cabimento de absolvição do réu por uma das hipóteses previstas no artigo 386, do CPP, o juiz da ação de improbidade administrativa voltada à apuração dos mesmos fatos deverá fazer cessar o andamento desta última.

Para melhor entendimento do dispositivo em questão, faz-se válido aqui destrinchar as hipóteses de absolvição constantes do artigo 386, do Código de Processo Penal, que assim dispõe, *ipsis litteris:*

> Art. 386. O juiz absolverá o réu, mencionando a causa na parte dispositiva, desde que reconheça:
> I – estar provada a inexistência do fato;
> II – não haver prova da existência do fato;
> III – não constituir o fato infração penal;
> IV – estar provado que o réu não concorreu para a infração penal;
> V – não existir prova de ter o réu concorrido para a infração penal;
> VI – existirem circunstâncias que excluam o crime ou isentem o réu de pena (arts. 20, 21, 22, 23, 26 e §1º do art. 28, todos do Código Penal), ou mesmo se houver fundada dúvida sobre sua existência;
> VII – não existir prova suficiente para a condenação.

As hipóteses constantes dos incisos I e IV, do artigo acima colacionado são exatamente aquelas elencadas no §3º, do artigo 21, da Lei 8.429/1992, acrescido pela Lei 14.230/2021, de tal modo que, como já visto anteriormente, não houve novidade quanto à extensão dos efeitos da sentença absolutória criminal à ação de improbidade administrativa quando a motivação for a inexistência do fato ou a negativa de autoria.

A maior novidade diz respeito às hipóteses dos demais incisos, que anteriormente não se estendiam aos processos voltados à apuração de improbidade administrativa.

No que tange ao inciso II, por exemplo, tem-se que a absolvição criminal ocorrerá quando o magistrado, mesmo após toda a instrução processual, ainda não acreditar que os elementos constantes dos autos são suficientes para provar a ocorrência do fato. Ora, se não restar provada a existência do fato em si, não há que se falar nem em condenação criminal e nem em qualquer outra esfera, sobretudo a de improbidade administrativa, até porque sem prova, não há como dizer que a conduta ocorreu; e sem conduta, não há como estabelecer nexo causal com um resultado que pudesse causar dano ao erário ou a qualquer princípio da Administração Pública e, muito menos, enriquecimento ilícito, que, por sua natureza, já exige o mínimo lastro probatório para condenação.

Por sua vez, o terceiro inciso do artigo 386 da norma processual penal estabelece a necessidade de absolvição do indivíduo quando o fato não constituir infração penal, ou seja, quando o fato, apesar de ter existido, não configurar crime. Talvez esse seja um dos pontos de maior discordância daqueles que defendem a completa independência entre as esferas, sob o argumento de que, ainda que o fato não configure um crime, ele poderá causar algum dano ao erário importante de ser "reprimido". Ocorre que, na prática, dificilmente, uma conduta que seja efetivamente ímproba, não será tida pelo órgão julgador como uma infração penal.

Já a hipótese do inciso IV, conforme já aqui antes mencionado, assim como do inciso I, foi abordada quando da análise do que dispõe o §3º da Lei 8.429/1992, razão pela qual passa-se à tratativa dos incisos remanescentes.

Pois bem, no que tange à absolvição pela ausência de prova de que o réu teria concorrido para a infração penal (art. 386, V, CPP), vê-se uma razoável existência de dúvida acerca da autoria do acusado em relação aos fatos apurados. Ora, não pode um indivíduo ser condenado com base em dúvidas, seja no âmbito criminal, seja no âmbito do Direito Administrativo Sancionador, como é o caso da ação de improbidade administrativa; de tal modo que o alcance desta última pela hipótese em questão faz-se pertinente, evitando-se uma injusta e descabida aplicação de sanção a indivíduo que pode não ter sequer concorrido para o acontecimento do fato sob apuração.

De maneira parecida, o inciso VII, do art. 386, do CPP, ainda traz a necessidade de absolvição nos casos em que não houver prova suficiente para a condenação. Ou seja, tem-se um apanhado de hipóteses relacionadas à insuficiência de provas, o que, quando aplicado às ações de improbidade administrativa, evidencia uma importação do chamado princípio do *in dubio pro reo*, amplamente aplicado no Direito Processual Penal e decorrente do princípio constitucional da presunção de inocência. Tal importação se mostra cabível e necessária se considerarmos o caráter punitivo da ação de improbidade e a condição de acusado à qual é submetido o réu, não podendo, pois, ser ele sujeito a uma condenação desacompanhada do devido lastro probatório.

Ainda, e por fim, o dispositivo processual penal sob análise, através de seu inciso VI, faz constar a necessidade de absolvição quando existirem circunstâncias que excluam o crime ou que isentem o réu de pena, que são as hipóteses de: erro de tipo, erro de proibição, coação irresistível, obediência hierárquica, estado de necessidade, legítima defesa, estrito cumprimento do dever legal, exercício regular de direito, inimputabilidade penal por doença mental ou por desenvolvimento mental incompleto ou ainda por embriaguez completa proveniente de caso fortuito ou força maior.

A extensão de tais hipóteses às ações de improbidade administrativa faz-se conveniente, visto que, no caso de o indivíduo, por exemplo, agir em desconformidade com algum princípio da Administração Pública para repelir uma agressão injusta, atual ou iminente, que coloque em risco sua própria vida ou a vida de outrem, ter-se-ia a defesa da vida em detrimento do cumprimento de um princípio, sendo completamente razoável a primazia da primeira, não havendo que se falar em aplicação de sanção por ato ímprobo. Ou ainda, quando, por exemplo, por ordem de superior hierárquico, o agente público acaba causando eventual prejuízo ao erário, é certo que não houve dolo em sua conduta, na verdade ele agiu em obediência, ou até mesmo por coação, de modo que não poderá ser penalizado por improbidade.

Ante a toda esta "importação" do Direito Processual Penal para os casos de improbidade administrativa, deve ser levantada a seguinte questão: e o princípio da insignificância, pode ser aplicado também aos casos de improbidade?

Pois bem, neste aspecto, deve-se ressaltar que, segundo a melhor doutrina e jurisprudência no âmbito do Direito Penal, a aplicação do princípio da insignificância enseja a exclusão da tipicidade da conduta, o que, por sua vez, é causa de absolvição prevista no artigo 386, III, do CPP, visto que, de acordo com a teoria tripartida do crime, para constituir uma infração penal, o fato deverá ser típico, ilícito e culpável; uma vez ausente um desses elementos, não há que se falar em crime. Sendo assim, aplicando-se de forma literal o que dispõe o §4º, do artigo 21, da Lei nº 8.429/1992 inserido pela Lei nº 14.230/2021, o princípio da insignificância seria sim aplicável aos casos de improbidade administrativa, até porque tal aplicação pode ser feita como um desdobramento dos princípios da proporcionalidade e da razoabilidade quando da individualização da sanção[13].

Destaque-se aqui que a comunicação dos princípios do Direito Penal aos atos de improbidade administrativa se faz completamente cabível em razão de ambos acabarem por constituir um sistema único de direito sancionatório. Daí outra explicação para a aplicabilidade do princípio da insignificância.[14] Neste ponto, faz-se válido ressaltar o que dispôs Nelson Hungria, veja-se:

> A ilicitude jurídica é uma só, do mesmo modo que um só, na sua essência, é o dever jurídico. Dizia BENTHAM que as leis são divididas apenas por comodidade de distribuição: todas podiam ser, por sua identidade substancial, dispostas 'sobre um mesmo plano, sobre um só mapamundi'. Assim, não há falar-se de um ilícito administrativo ontologicamente distinto de um ilícito penal. A separação entre um e outro entende apenas a critério de conveniência ou de oportunidade, afeiçoados à medida do interesse da sociedade e do Estado, variável no tempo e no espaço.[15]

O Superior Tribunal de Justiça, por sua vez, aponta para a inexistência de "improbidade administrativa insignificante" (*leading case* derivado do julgamento do REsp 892818/RS)[16], apesar de entender pela impossibilidade de uso da LIA para punir meras irregularidades administrativas (REsp 1245622/

[13] NUCCI, Guilherme de Souza. *Manual de direito penal.* 10.ed. Rio de Janeiro: Forense, 2014.

[14] CUCINELLI, Otavio Henrique Simão e. *Da aplicação do princípio da insignificância aos atos da improbidade administrativa.* 2015. Dissertação (Mestrado em Direito do Estado). Faculdade de Direito, Universidade de São Paulo, São Paulo, 2015. doi:10.11606/D.2.2015.tde-08122015-104502. Acesso em: 16 mar. 2022.

[15] HUNGRIA, Nelson. *Ilícito administrativo e ilícito penal.* In: SELEÇÃO Histórica da Revista de Direito Administrativo: 50 anos de Revista de Direito Administrativo, v. 1-150, 1945-1995. Rio de Janeiro: Renovar, 1995.

[16] BRASIL. Superior Tribunal de Justiça. Recurso Especial. *REsp 892818/RS.* Segunda Turma. Recorrente: Ministério Público do Estado do Rio Grande do Sul. Recorrido: João Amaro Borges da Silva. Min. Herman Benjamin. Brasília, 11 nov. 2008. Disponível em: <https://processo.stj.jus.br/processo/pesquisa/?tipoPesquisa=tipoPesquisaNumeroRegistro&termo=200602191826&totalRegistrosPorPagina=40&aplicacao=processos.ea >. Acesso em: 21 mar. 2022.

RS)[17]. Tem-se por impertinente, portanto, o entendimento do STJ, sobretudo após a vigência da Lei n. 14.230/2021.

Desse modo, tem-se que, uma vez proferida sentença de absolvição no processo criminal com base em uma das hipóteses constantes do artigo 386 do CPP, e confirmada tal sentença por órgão colegiado, a ação de improbidade que apura os mesmos fatos não poderá prosseguir. Lembrando que a devida atenção deve ser dada aqui quando se fala em "mesmos fatos", visto que a única hipótese que poderá impedir a extensão dos casos de absolvição na ação penal para a ação de improbidade é quando não houver identidade entre os fatos apurados em uma e outra ação. Sendo assim, deve-se ater para, quando alegada a diversidade entre as demandas, ser realizada a devida verificação a fim de checar se de fato há divergência ou se trata-se de mera manobra de acusação.

Ademais, destaque-se que, apesar de depender de confirmação da sentença criminal por órgão colegiado, entende-se que a suspensão da ação de improbidade poderá ser aplicada, ao arbítrio do magistrado, desde a prolação da sentença absolutória no âmbito criminal, sob o fundamento de economia processual, até que haja decisão colegiada, invocando o que dispõe o artigo 315 do CPC[18].

1.2.2. Compensação das sanções aplicadas em outras esferas com as sanções aplicadas nos termos da Lei de Improbidade Administrativa

Finalmente, no que tange ao §5º, do artigo 21 da LIA, há que se falar na confirmação de uma preocupação trazida pela Lei nº 14.230/2021 e implantada ao longo de toda a Lei 8.429/1992, qual seja: a adoção de um critério de proporcionalidade quando da aplicação de sanções ao indivíduo acusado de cometer ato ímprobo, de maneira que sejam levadas em consideração as penas

[17] BRASIL. Superior Tribunal de Justiça. Recurso Especial. *REsp 1245622/RS*. Segunda Turma. Recorrente: Ministério Público do Estado do Rio Grande do Sul. Recorrido: Alberto Olivier. Min. Humberto Martins. Brasília, 16 jun. 2011. Disponível em: < https://processo.stj.jus.br/processo/pesquisa/?termo=REsp+1245622&aplicacao=processos.ea&tipoPesquisa=tipoPesquisaGenerica&chkordem=DESC&chkMorto=MORTO >. Acesso em: 21 mar. 2022.

[18] BRASIL. *Lei nº 13.105*, de 16 de março de 2015. Código de Processo Civil. Disponível em: < http://www.planalto.gov.br/ccivil_03/_ato2015-2018/2015/lei/l13105.htm>. Acesso em: 19 mar. 2022.

já impostas a ele quando de seu sancionamento no bojo da ação penal[19]; o que reflete, mais uma vez, uma semelhança com o processo penal; semelhança esta que diz respeito à aplicação do que lá se chama de *non bis in idem*, evitando-se a dupla penalização da mesma conduta, com a diferença de que aqui está a se considerar como "dupla" a penalização promovida em esferas distintas, o que, mais uma vez, evidencia também a mitigação da independência das esferas promovida pela Lei 14.230/2021.

Tem-se por pertinente também a inserção do referido dispositivo à LIA, sobretudo por imprimir uma valorosa coerência ao exercício do *jus puniendi* estatal ao fazer a compensação de sanções aplicadas nas diferentes esferas.[20]

2. Artigo 22, da Lei nº 8.429/1992 após alterações da Lei 14.230/2021

De início, deve-se ressaltar que o artigo 22 ora sob análise foge um pouco do que dispõe o Capítulo VI da Lei de Improbidade Administrativa (LIA), uma vez que este é dedicado à tratativa das "Disposições Penais", ou seja, está mais voltado à tratativa das sanções a serem aplicadas aos atos ímprobos ou aos desdobramentos a eles inerentes do que à fase mais embrionária de investigação de ilícitos de que trata o artigo 22. Sendo assim, o que se observa é que talvez a localização do referido dispositivo não foi tão bem escolhida, o que, no entanto, não prejudica o conteúdo e a aplicação deste.

Neste ponto, para fins didáticos, assim como feito em relação ao artigo 21, entende-se por pertinente a utilização de tabela comparativa entre o artigo 22 anterior e posterior à Lei nº 14.230/2021, veja-se:

[19] JUSTEN FILHO, Marçal. *Reforma da lei de improbidade administrativa comparada e comentada*: Lei 14.230, de 25 de outubro de 2021. 1. ed. Rio de Janeiro: Forense, 2022.

[20] NEVES, Daniel Amorim Assumpção. OLIVEIRA, Rafael Carvalho Rezende. *Comentários à reforma da Lei de Improbidade Administrativa*: Lei 14.230, de 25.10.2021 comentada artigo por artigo. 1. ed. Rio de Janeiro: Forense, 2022.

Lei nº 8.429/1992 Redação anterior à Lei nº 14.230/2021	Lei nº 8.429/1992 Redação atual (Lei nº 14.230/2021)
Art. 22. Para apurar qualquer ilícito previsto nesta lei, o Ministério Público, de ofício, a requerimento de autoridade administrativa ou mediante representação formulada de acordo com o disposto no art. 14, poderá requisitar a instauração de inquérito policial ou procedimento administrativo.	Art. 22. Para apurar qualquer ilícito previsto nesta Lei, o Ministério Público, de ofício, a requerimento de autoridade administrativa ou mediante representação formulada de acordo com o disposto no art. 14 desta Lei, poderá instaurar inquérito civil ou procedimento investigativo assemelhado e requisitar a instauração de inquérito policial. Parágrafo único: Na apuração dos ilícitos previstos nesta Lei, será garantido ao investigado a oportunidade de manifestação por escrito e de juntada de documentos que comprovem suas alegações e auxiliem na elucidação dos fatos.

2.1. Os meios investigativos a serem propostos pelo Ministério Público para apuração de ilícitos de improbidade administrativa

Pois bem, partindo para a análise de conteúdo do artigo 22, tem-se aqui uma previsão expressa que acaba por estimular a instauração do devido procedimento investigatório para apuração de qualquer ato de improbidade. Tal instauração deverá ser feita por parte do Ministério Público, podendo ser praticada de ofício, a requerimento de autoridade administrativa ou por meio de representação de outrem.

A referida apuração poderá se dar através de inquérito civil ou por procedimento de investigação semelhante e, além disso, poderá também o Ministério Público requisitar a instauração de inquérito policial, ou seja, poderá, caso entenda existente um ilícito de ordem criminal, requisitar que a autoridade de polícia investigue.

Entende-se por inquérito civil o procedimento "pré-processual" instaurado pelo Ministério Público para apuração de fatos que possam ter ensejado algum dano a interesses transindividuais de modo a motivar a instauração de uma ação civil pública ou algum outro procedimento mais adequado ao caso. Por essa conceituação pode-se facilmente perceber que tal instrumento investigatório teve suas bases inspiradas no próprio inquérito policial, que, sendo anterior ao inquérito civil, se presta à investigação de fatos que possam configurar algum ilícito de natureza penal. Encontra-se, pois, aqui mais um ponto de similitude das disposições constantes da LIA com o Processo Penal.

Pois bem, apesar de o dispositivo em análise conferir um caráter aparentemente facultativo à instauração do inquérito civil ("o Ministério Público [...] poderá"), entendemos que há aqui a possibilidade de enxergar a existência de um verdadeiro "poder-dever", visto que o inquérito prestar-se-á a recrutar elementos que componham a justa causa, condição que, pela redação do art. 17, §6º, da Lei nº 8.429/1992, é necessária à propositura de uma ação de improbidade, cuja inicial deve ser precisa e delimitar corretamente o perímetro da demanda.

Em relação à dita "justa causa", tem entendido o Superior Tribunal de Justiça, conforme se verifica da ementa do REsp 1040440/RN[21], pela necessidade da devida delimitação dos fatos e utilização de um lastro probatório suficiente, assim como também se manifestou o Ministro Gilmar Mendes, do STF, ao criticar que ações de improbidade administrativa têm sido propostas de forma genérica ou até irresponsável (Pet 3240/DF)[22].[23]

Desse modo, apesar de ser utilizado o verbo "poder" na redação do artigo 22, entende-se que o Ministério Público acaba tendo aqui um "poder-dever" de instaurar procedimento de investigação sempre que, de início, já não disponha de elementos suficientes à demonstração de existência de improbidade na conduta do agente.

[21] BRASIL. Superior Tribunal de Justiça. Recurso Especial. *REsp 1040440/RN*. Segunda Turma. Recorrente: Marcelo Mario Porto. Recorrido: Ministério Público Federal. Relator: Min. Herman Benjamin. Brasília, 2 Abr. 2009. Disponível em: <https://processo.stj.jus.br/processo/revista/documento/mediado/?componente=ITA&sequencial=870302&num_registro=200800592838&data=20090423&formato=PDF >. Acesso em: 19 mar. 2022.

[22] BRASIL. Supremo Tribunal Federal. *Pet 3240/DF*. Plenário. Requerente: Eliseu Lemos Padilha. Requerido: Ministério Público Federal. Relator: Min. Ayres Brito. Brasília, 19 nov. 2014. Disponível em: < http://portal.stf.jus.br/processos/downloadPeca.asp?id=315062116&ext=.pdf>. Acesso em: 19 mar. 2022.

[23] BADARÓ, Gustavo Henrique. *Processo Penal*. 4. ed. rev. atual. e ampl. São Paulo: Revistas dos Tribunais, 2016.

Neste ponto, ressalta-se também a importância que tem o Inquérito Civil para evitar a propositura de ações de improbidade administrativa advindas de representações feitas perante o Ministério Público contra um agente público por mera inimizade ou desapreço por parte de quem promove a representação.[24].

Aliás, destaque-se, inclusive, a possibilidade de o Ministério Público, no caso de dúvida sobre a própria legitimidade do fato a ser investigado, determinar a realização de um procedimento preparatório de Inquérito Civil, com o intuito de averiguar a viabilidade e necessidade de instauração do próprio Inquérito Civil.[25]

Ainda, vale aqui ser levantada uma reflexão fazendo um "cruzamento" entre o que dispõe o §4º do artigo 21 e o que dispõe o artigo 22, ambos da LIA. Explica-se: se todas as causas de absolvição aplicáveis quando da prolação da sentença penal são extensíveis à ação de improbidade de modo a paralisá-la, não poderia a mesma consequência, guardadas as devidas proporções, ser aplicada quando se fala em inquérito policial e inquérito civil? Esclareça-se: no caso, por exemplo, de a autoridade policial, no bojo de inquérito policial, entender pela atipicidade da conduta do indivíduo e emitir relatório manifestando-se pelo arquivamento do feito, não poderia tal disposição ser importada para o inquérito civil que investiga os mesmos fatos, por analogia? Opinamos de forma afirmativa.

Finalmente, ressalte-se que, por óbvio, a investigação contra um indivíduo, seja ela de cunho civil ou criminal, é um procedimento muito sério e demanda uma considerável responsabilidade de quem a conduz. Desse modo, certamente, deve ser responsabilizado o membro do Ministério Público que instaura Inquérito Civil ou que insta a autoridade policial a instaurar Inquérito Policial com fins "espúrios", ou seja, com o intuito de prejudicar o investigado, de se autopromover ou de atender a algum interesse pessoal. Também por tal razão, entende-se de suma importância que os membros do MP, até para se

[24] GAJARDONI, Fernando Fonseca et al. *Comentários à nova lei de improbidade administrativa*: Lei 8.429/1992, com as alterações da lei 14.230/2021. 5. ed. São Paulo: Revista dos Tribunais, 2022.

[25] Ibid.

resguardarem, façam severo uso de motivação e de detalhada fundamentação quando da instauração de um procedimento como o Inquérito Civil. [26]

2.2. Do direito ao "contraditório" no bojo da investigação que antecede uma ação de improbidade administrativa

> O Capítulo VI da LIA é finalizado com a invocação de uma espécie de "contraditório" aos procedimentos de investigação instaurados para apuração de atos ímprobos, trazendo uma conotação, literalmente, bem "garantista" à Lei de Improbidade Administrativa ao "garantir" ao investigado "a oportunidade de manifestação por escrito e de juntada de documentos que comprovem suas alegações e auxiliem na elucidação dos fatos".

Pode-se chamar de "garantista" tal disposição sobretudo pelo fato de que nem mesmo no inquérito policial há previsão de contraditório, sobretudo em razão de sua natureza inquisitiva. Desse modo, tem-se aqui uma maior aproximação dos procedimentos de cunho administrativo, em que também há garantia do contraditório.

Apesar de o Inquérito Civil ser agora submetido ao contraditório, entendemos que os elementos colhidos ao longo de sua tramitação não podem ser tomados por absolutos, de modo que, quando da instrução da ação de improbidade administrativa, deverão ser devidamente confirmados; isso não significa que eles não são legítimos e válidos, mas que simplesmente não são dotados de valoração absoluta.

Já que se está aqui a falar do Inquérito Civil, destaque-se que, nos termos do artigo 17-B, também inserido na LIA através da Lei nº 14.230/2021, a partir dos elementos coletados no bojo dele, faz-se possível a celebração de acordo de não persecução civil com o indivíduo investigado.

Ademais, vale ressaltar que, antes da vigência da lei 14.230/2021, a Corte Superior de Justiça (STJ) e o Supremo Tribunal Federal (STF) tinham entendimento consolidado no sentido de dispensabilidade de contraditório no

[26] GAJARDONI, Fernando Fonseca et al. *Comentários à nova lei de improbidade administrativa*: Lei 8.429/1992, com as alterações da lei 14.230/2021. 5. ed. São Paulo: Revista dos Tribunais, 2022.

inquérito civil; agora, com a entrada em vigor da referida lei, há que se esperar para ver se o entendimento das Cortes Superiores mencionadas irá se adequar à legislação superveniente ou se esta é que sofrerá algum tipo de impacto.

A garantia do contraditório no âmbito do Inquérito Civil com certeza será muito importante para uma melhor condução, por parte do Ministério Público, de uma ação de improbidade administrativa, até mesmo no que tange à propositura ou não dela, uma vez que, oportunizada ao investigado a juntada de documentos e o que entender necessário para melhor elucidação dos fatos, poderá o órgão ministerial (MP), por exemplo, desde logo, a partir dos tais documentos, enxergar a desnecessidade de mover uma ação, o que privilegiaria a economia processual.

3. A retroatividade da norma mais benéfica. Aplicação das disposições da nova lei aos casos anteriores à sua entrada em vigor

Ante toda a análise detalhada aqui feita dos artigos 21 e 22, da LIA, há que se tecer considerações a respeito da aplicação de todas as "benesses" trazidas pela Lei nº 14.230/2021 aos casos anteriores à sua vigência.

Desde sua entrada em vigor, alguns vinham defendendo a não aplicabilidade do princípio da retroatividade da lei nos casos que envolvam Improbidade Administrativa, especificamente no que tange à aplicação das disposições constantes da Lei nº 14.230/2021 às ações que tenham sido propostas antes da entrada em vigor da referida legislação.

Quem defende a não adoção do princípio da retroatividade nos casos de Improbidade tem como um dos argumentos a questão de que tal princípio é exclusivo do Direito Penal (art. 5º, XL, da CF)[27], não sendo aplicável aos casos de ação voltada à apuração de suposta conduta ímproba pelo fato de esta não ser um procedimento de cunho criminal.

Ao contrário de tal argumentação, há ainda quem defenda a completa retroatividade da lei, entendendo que o mencionado princípio pertence primordialmente ao Direito Constitucional e consiste em um princípio geral de

[27] BRASIL. *Constituição da República Federativa do Brasil*, de 5 de outubro de 1988. Disponível em: < http://www.planalto.gov.br/ccivil_03/constituicao/constituicao.htm>. Acesso em: 14 mar. 2022.

Direito, não se limitando à esfera penal. Isso porque a retroatividade de uma norma sancionadora mais benéfica constitui, em verdade, um direito humano do cidadão, de modo a ocupar o próprio rol de direitos civis e da Convenção Americana de Direitos Humanos.[28]

Sendo assim, poder-se-ia dizer que a retroatividade da norma mais benéfica em questão, deveria ser sim adotada nos casos de improbidade administrativa anteriores à sua entrada em vigor, sob pena de violação ao princípio da isonomia, já que a vedação à aplicação da norma mais benéfica ensejaria um cenário com indivíduos praticantes de conduta idêntica com condenação a penas distintas tão somente em decorrência de um lapso temporal existente entre um fato e outro ou entre uma propositura e outra da ação de Improbidade.

Ocorre que, confirmando a posição voltada à irretroatividade da Lei nº 14.230/2021, recentemente a Suprema Corte, ao julgar o ARE nº 843.989/PR, fixou tese de repercussão geral (Tema 1199) firmando o entendimento de que "a norma benéfica da Lei 14.230/2021 – revogação da modalidade culposa do ato de improbidade administrativa –, é irretroativa, em virtude do artigo 5º, inciso XXXVI, da Constituição Federal, não tendo incidência em relação à eficácia da coisa julgada; nem tampouco durante o processo de execução das penas e seus incidentes".[29]

Isso significa que, a partir do entendimento do Supremo Tribunal Federal, não há que se falar na aplicação retroativa da Lei nº 14.230/2021 às ações de improbidade administrativa já encerradas pelo trânsito em julgado. Já aos casos que ainda estejam em tramitação, ou seja, que não tenham sido alcançados pelo trânsito em julgado, as benesses da referida legislação deverão ser aplicadas de forma retroativa, ainda que os fatos apurados sejam anteriores à lei.

Apesar disso, falando-se na aplicação de princípios originalmente do Direito Penal no âmbito administrativo e retomando a questão da similitude entre o Direito Administrativo Sancionador, especificamente no que tange à Lei de Improbidade Administrativa, e a legislação penal, há que se ressaltar que a

[28] BRASIL. *Decreto n. 678*, de 6 de novembro de 1992.Disponível em: <http://www.planalto.gov.br/ccivil_03/decreto/d0678.htm >. Acesso em 22 mar. 2022.

[29] BRASIL. Supremo Tribunal Federal. *ARE 843989/PR*. Recorrente: Rosemary Terezinha Cordova. Recorrido: Instituto Nacional do Seguro Social – INSS, 03 mar. 2022. Disponível em: < https://jurisprudencia.stf.jus.br/pages/search/repercussao-geral12362/false >. Acesso em: 23 jan. 2023.

aplicação dos mesmos princípios, especialmente aqueles voltados à salvaguarda da pessoa humana contra o poder punitivo estatal, se faz cabível e possível em razão da identidade da natureza dos ilícitos penais e administrativos, que acabam sendo definidos, em verdade, como institutos que contrariam a ordem jurídica como um todo. Tem-se, pois, duas espécies do mesmo gênero.[30]

Desse modo, em concordância com renomados doutrinadores, defende-se aqui uma leitura mais humanizada da LIA. [31]

Referências

AMORIM JUNIOR, Silvio Roberto Oliveira de. *A questão das sanções da Lei da improbidade administrativa: contribuições para procedimento e aplicação racional.* 2014. Dissertação. Universidade Federal de Sergipe. Disponível em: <https://ri.ufs.br/jspui/handle/riufs/4349>. Acesso em: 16 mar. 2022.

BADARÓ, Gustavo Henrique. *Processo Penal.* 4. ed. rev. atual. e ampl. São Paulo: Revistas dos Tribunais, 2016.

BRASIL. *Constituição da República Federativa do Brasil,* de 5 de outubro de 1988. Disponível em: <http://www.planalto.gov.br/ccivil_03/constituicao/constituicao.htm>. Acesso em: 14 mar. 2022.

BRASIL. *Decreto n. 678,* de 6 de novembro de 1992.Disponível em: <http://www.planalto.gov.br/ccivil_03/decreto/d0678.htm>. Acesso em 22 mar. 2022.

BRASIL. *Decreto-Lei nº 2.848,* de 7 de dezembro de 1940. Código Penal. Disponível em: <http://www.planalto.gov.br/ccivil_03/decreto-lei/del2848compilado.htm>. Acesso em: 15 mar. 2022.

BRASIL. *Decreto-Lei nº 3.689,* de 3 de outubro de 1941. Código de Processo Penal. Disponível em: <http://www.planalto.gov.br/ccivil_03/decreto-lei/del3689compilado.htm>. Acesso em: 15 mar. 2022.

BRASIL. *Lei nº 8.112,* de 11 de dezembro de 1990. Dispõe sobre o regime jurídico dos servidores públicos civis da União, das autarquias e das fundações públicas federais. Disponível em: <http://www.planalto.gov.br/ccivil_03/leis/l8112cons.htm>. Acesso em: 20 mar. 2022.

BRASIL. *Lei nº 8.429,* de 2 de junho de 1992. Altera a Lei nº 8.429, de 2 de junho de 1992, que dispõe sobre improbidade administrativa. Dispõe sobre as sanções aplicáveis em virtude da prática de atos de improbidade administrativa, de que trata o § 4º do art. 37 da Constituição Federal; e dá outras providências. Disponível em: <http://www.planalto.gov.br/ccivil_03/leis/l8429.htm>. Acesso em: 14 mar. 2022.

[30] CAPEZ, Fernando. Improbidade Administrativa: limites constitucionais. 2. ed. São Paulo: Saraiva, 2015.

[31] Ibid.

BRASIL. *Lei nº 10.406*, de 10 de janeiro de 2002. Código Civil. Disponível em: <planalto.gov.br/ccivil_03/leis/2002/l10406compilada.htm>. Acesso em: 20 mar. 2022.

BRASIL. *Lei nº 13.105*, de 16 de março de 2015. Código de Processo Civil. Disponível em: <http://www.planalto.gov.br/ccivil_03/_ato2015-2018/2015/lei/l13105.htm>. Acesso em: 19 mar. 2022.

BRASIL. *Lei nº 14.230*, de 25 de outubro de 2021. Altera a Lei nº 8.429, de 2 de junho de 1992, que dispõe sobre improbidade administrativa. Disponível em: <http://www.planalto.gov.br/ccivil_03/_ato2019-2022/2021/lei/L14230.htm>. Acesso em: 14 mar. 2022.

BRASIL. Superior Tribunal de Justiça. Recurso Especial. *REsp 892818/RS*. Segunda Turma. Recorrente: Ministério Público do Estado do Rio Grande do Sul. Recorrido: João Amaro Borges da Silva. Min. Herman Benjamin. Brasília, 11 nov. 2008. Disponível em: <https://processo.stj.jus.br/processo/pesquisa/?tipoPesquisa=tipoPesquisaNumeroRegistro&termo=200602191826&totalRegistrosPorPagina=40&aplicacao=processos.ea>. Acesso em: 21 mar. 2022.

BRASIL. Superior Tribunal de Justiça. Recurso Especial. *REsp 1245622/RS*. Segunda Turma. Recorrente: Ministério Público do Estado do Rio Grande do Sul. Recorrido: Alberto Olivier. Min. Humberto Martins. Brasília, 16 jun. 2011. Disponível em: <https://processo.stj.jus.br/processo/pesquisa/?termo=REsp+1245622&aplicacao=processos.ea&tipoPesquisa=tipoPesquisaGenerica&chkordem=DESC&chkMorto=MORTO >. Acesso em: 21 mar. 2022.

BRASIL. Superior Tribunal de Justiça. Recurso Especial. *REsp 1040440/RN*. Segunda Turma. Recorrente: Marcelo Mario Porto. Recorrido: Ministério Público Federal. Relator: Min. Herman Benjamin. Brasília, 2 Abr. 2009. Disponível em: <https://processo.stj.jus.br/processo/revista/documento/mediado/?componente=ITA&sequencial=870302&num_registro=200800592838&data=20090423&formato=PDF >. Acesso em: 19 mar. 2022.

BRASIL. Supremo Tribunal Federal. *ARE 843989/PR*. Recorrente: Rosemary Terezinha Cordova. Recorrido: Instituto Nacional do Seguro Social – INSS, 03 mar. 2022. Disponível em: <https://jurisprudencia.stf.jus.br/pages/search/repercussao-geral12362/false>. Acesso em: 23 jan. 2023.

BRASIL. Supremo Tribunal Federal. *Pet 3240/DF*. Plenário. Requerente: Eliseu Lemos Padilha. Requerido: Ministério Público Federal. Relator: Min. Ayres Brito. Brasília, 19 nov. 2014. Disponível em: <http://portal.stf.jus.br/processos/downloadPeca.asp?id=315062116&ext=.pdf>. Acesso em: 19 mar. 2022.

CAPEZ, Fernando. Improbidade Administrativa: limites constitucionais. 2. ed. São Paulo: Saraiva, 2015.

CUCINELLI, Otavio Henrique Simão e. *Da aplicação do princípio da insignificância aos atos da improbidade administrativa*. 2015. Dissertação (Mestrado em Direito do Estado). Faculdade de Direito, Universidade de São Paulo, São Paulo, 2015. doi:10.11606/D.2.2015.tde-08122015-104502. Acesso em: 16 mar. 2022.

GAJARDONI, Fernando Fonseca et al. *Comentários à nova lei de improbidade administrativa*: Lei 8.429/1992, com as alterações da lei 14.230/2021. 5. ed. São Paulo: Revista dos Tribunais, 2022.

HUNGRIA, Nelson. *Ilícito administrativo e ilícito penal*. In: SELEÇÃO Histórica da Revista de Direito Administrativo: 50 anos de Revista de Direito Administrativo, v. 1-150, 1945-1995. Rio de Janeiro: Renovar, 1995.

JUSTEN FILHO, Marçal. *Reforma da lei de improbidade administrativa comparada e comentada*: Lei 14.230, de 25 de outubro de 2021. 1. ed. Rio de Janeiro: Forense, 2022.

NEVES, Daniel Amorim Assumpção. OLIVEIRA, Rafael Carvalho Rezende. *Comentários à reforma da Lei de Improbidade Administrativa*: Lei 14.230, de 25.10.2021 comentada artigo por artigo. 1. ed. Rio de Janeiro: Forense, 2022.

NUCCI, Guilherme de Souza. *Código de processo penal comentado*. 19.ed. Rio de Janeiro: Forense. 2020.

NUCCI, Guilherme de Souza. *Manual de direito penal*. 10.ed. Rio de Janeiro: Forense, 2014.

17
Prescrição e improbidade administrativa

Atalá Correia

Art. 23. A ação para a aplicação das sanções previstas nesta Lei prescreve em 8 (oito) anos, contados a partir da ocorrência do fato ou, no caso de infrações permanentes, do dia em que cessou a permanência.
§ 1º A instauração de inquérito civil ou de processo administrativo para apuração dos ilícitos referidos nesta Lei suspende o curso do prazo prescricional por, no máximo, 180 (cento e oitenta) dias corridos, recomeçando a correr após a sua conclusão ou, caso não concluído o processo, esgotado o prazo de suspensão.
§ 2º O inquérito civil para apuração do ato de improbidade será concluído no prazo de 365 (trezentos e sessenta e cinco) dias corridos, prorrogável uma única vez por igual período, mediante ato fundamentado submetido à revisão da instância competente do órgão ministerial, conforme dispuser a respectiva lei orgânica.
§ 3º Encerrado o prazo previsto no § 2º deste artigo, a ação deverá ser proposta no prazo de 30 (trinta) dias, se não for caso de arquivamento do inquérito civil.
§ 4º O prazo da prescrição referido no caput deste artigo interrompe-se: I – pelo ajuizamento da ação de improbidade administrativa; II – pela publicação da sentença condenatória; III – pela publicação de decisão ou acórdão de Tribunal de Justiça ou Tribunal Regional Federal que confirma sentença condenatória ou que reforma sentença de improcedência; IV – pela publicação de decisão ou acórdão do Superior Tribunal de Justiça que confirma acórdão condenatório

ou que reforma acórdão de improcedência; V – pela publicação de decisão ou acórdão do Supremo Tribunal Federal que confirma acórdão condenatório ou que reforma acórdão de improcedência.

§ 5º Interrompida a prescrição, o prazo recomeça a correr do dia da interrupção, pela metade do prazo previsto no caput deste artigo.

§ 6º A suspensão e a interrupção da prescrição produzem efeitos relativamente a todos os que concorreram para a prática do ato de improbidade.

§ 7º Nos atos de improbidade conexos que sejam objeto do mesmo processo, a suspensão e a interrupção relativas a qualquer deles estendem-se aos demais.

§ 8º O juiz ou o tribunal, depois de ouvido o Ministério Público, deverá, de ofício ou a requerimento da parte interessada, reconhecer a prescrição intercorrente da pretensão sancionadora e decretá-la de imediato, caso, entre os marcos interruptivos referidos no § 4º, transcorra o prazo previsto no § 5º deste artigo.

1. A ação não prescreve. A pretensão prescreve

O legislador indicou, no art. 23, *caput,* da Lei de Improbidade Administrativa, que a "ação" prescreve em oito anos. Trata-se de uso atécnico dos conceitos de "ação" e de "prescrição"[1]. De modo mais correto o art. 23, §8, menciona-se a prescrição "da pretensão sancionadora".

Ao longo do Século XX, pacificou-se o entendimento de que o direito processual goza de autonomia frente ao direito material. O conceito de "ação" tornou-se próprio da realidade processual, para designar o direito público subjetivo que todo cidadão tem de buscar prestação jurisdicional. Esse direito independe da existência de relação material subjacente. Nesse sentido, admite-se que qualquer interessado venha a juízo para postular tutela jurisdicional de cunho declaratório negativo, como ocorre, por exemplo, quando o juiz declara que o autor não deve ao réu. Ora, se não deve, é porque não há relação de direito material entre eles. O direito de demandar, como é próprio às democracias, não está sujeito a prazo. O art. 5º, inc. XXXV, da Constituição Federal, indica que "a lei não excluirá da apreciação do Poder

[1] Para uma visão aprofundada desta discussão e de outras aqui trazidas, vide o nosso CORREIA, Atalá. *Prescrição*: entre o passado e o futuro. 1. ed. São Paulo: Almedina, 2021.

Judiciário qualquer lesão ou ameaça a direito", sem qualquer referência à limitação temporal.

Entretanto, ao mesmo passo que a ciência processual cristalizou sua autonomia, o direito material procurou consolidar certos conceitos que lhe são próprios. Naquilo que aqui interessa, restou bastante clara a existência de certa posição jurídica que, sem se confundir com a ideia de direito subjetivo, marca a possibilidade de que o seu titular venha a exigir da contraparte um fazer ou não fazer. Quando esta posição está sujeita a prazo, diz-se que há prescrição.

A pretensão é o poder de exigir de outrem uma ação ou omissão. A pretensão pode ser exigida judicialmente, por meio de ação processual, mas também em esfera extrajudicial, com a prática de atos de cobrança voltados ao devedor ou com simples compensação da dívida, por exemplo. Assim, o direito de demandar que outra pessoa faça ou deixe de fazer um ato sujeita-se à prescrição.

De modo didático, o direito subjetivo é o interesse juridicamente tutelável. Esse direito, quando tem conteúdo prestacional exigível, passa a ser dotado de pretensão, que é a faculdade de exigir do devedor a satisfação do direito subjetivo. O autor pode formular ou não essa exigência. Mas se ela for feita e recusada, nasce a lide. O direito de exigir do Estado-Juiz que lhe entregue uma prestação jurisdicional é chamado, por sua vez, direito processual de ação.

Nessa linha de raciocínio, com a prescrição, o titular perde o poder de exigir a prestação em juízo ou fora dele. Como extingue a pretensão, a prescrição implica julgamento de mérito. Se atingisse apenas a "ação" como direito processual, uma vez vencido o prazo, a exigência extraprocessual ainda seria possível, o que claramente frustraria a premissa de pacificação social ínsita à ideia de prescrição. Ademais, como pretensão é poder, e não exigência de fato, apesar da prescrição, nada impede que o titular venha pedir a prestação, em juízo ou fora dele, mas, se o fizer, contra este pedido o devedor pode apontar a prescrição.

2. Prescrição da Pretensão Punitiva. Imprescritibilidade do Ressarcimento ao Erário

No campo do direito sancionatório, a pretensão de punir, eventualmente chamada punibilidade, se encontra sujeita a limitação temporal. Essa limitação tem fundamentos diversos, mas visa a resguardar, essencialmente, a segurança jurídica. Após certo prazo, as pessoas podem ter a tranquilidade de colocar as relações vividas no passado. Além disso, as dificuldades de cognição, memória e prova fazem com que a reconstrução do passado seja mais difícil na medida em que os anos passam.

As regras de improbidade, de modo bastante evidente após a promulgação da Lei n. 14.230/2021, adotaram a feição de direito sancionador. O art. 23 está a tratar da pretensão para *"aplicação das sanções previstas nesta Lei"*, impondo a elas o prazo prescricional de 8 anos. Por atingir apenas as pretensões punitivas, tem-se que as pretensões de outra natureza não estão sujeitas a este prazo.

Vale lembrar que o art. 37, § 5º, da Constituição Federal, determinou que "a lei estabelecerá os prazos de prescrição para ilícitos praticados por qualquer agente, servidor ou não, que causem prejuízos ao erário, ressalvadas as respectivas ações de ressarcimento".

A norma, em sua interpretação mais literal, indica que as sanções impostas a agentes públicos que causem prejuízos ao erário são prescritíveis, salvo no que diz respeito à pretensão de ressarcimento. Isso significa que, em outras palavras, a qualquer tempo, o Estado pode pretender haver indenização dos agentes públicos que lhe causem prejuízos[2] e, dentro do prazo prescricional, pode pretender punir agentes faltosos.

Sem maiores considerações, a doutrina e jurisprudência vinham estabelecendo imprescritibilidade de modo amplo e geral para qualquer pretensão indenizatória formulada pelo Estado contra agentes públicos ou particulares. Tanto aquele que praticou ato de improbidade administrativa, quanto aquele particular que causou dano a um automóvel de propriedade do Estado deveriam responder a qualquer tempo.

O STF foi chamado a interpretar a regra e acabou por entender que a imprescritibilidade estabelecida no art. 37, § 5º, CF/1988, tem um escopo delimitado e não alcança a pretensão de reparação por ilícito civil, seja ele de origem contratual ou extracontratual. Daí ter concluído que "é prescritível

[2] Nossa visão é, de modo geral, crítica quanto às imprescritibilidades, como motivos mais aprofundamente expostos em CORREIA, Atalá. *Prescrição*: entre o passado e o futuro. 1. ed. São Paulo: Almedina, 2021.

a ação de reparação de danos à Fazenda Pública decorrente de ilícito civil".[3] Por isso, aplica-se o prazo prescricional de cinco anos às demandas que envolvem o ressarcimento de danos causados pelo particular ao erário quando decorrentes de ilícitos indenizatórios, nos termos do art. 1º do Decreto nº 20.910/32. Nesse caso, conta-se o prazo desde "o término do procedimento administrativo de Tomada de Constas Especial".[4] Isso porque "se o Estado dispõe do prazo de cinco anos para ser acionado por seus débitos, nos termos do art. 1º do Decreto n. 20.910/32, a mercê do princípio da isonomia, tal lustro prescricional deve ser aplicado no caso de cobrança do Estado contra o Administrado".[5]

Essa decisão não havia pacificado completamente a controvérsia e, no segundo semestre de 2018, o Supremo Tribunal Federal voltou a discutir a abrangência da referida regra, para concluir que "são imprescritíveis as ações de ressarcimento ao erário fundadas na prática de ato doloso tipificado na Lei de Improbidade Administrativa".[6] *A contrario senso*, são prescritíveis:

[3] STF, *RE 669069*, Rel. Min. Teori Zavaski, Tribunal Pleno, j. em 03/02/2016, DJe divul. 27-04-2016, public. 28-04-2016.

[4] TJDFT, Acórdão n.1045666, *20150111090426APC*, Rel. Alvaro Ciarlini, 3ª Turma Cível, j. 06/09/2017, DJE em 14/09/2017, p. 192/198.

[5] TJDFT, *20050110265337APC*, Rel. Flávio Rostirola, 1ª Turma Cível, j. 28/10/2010, DJ 09/11/2010, p. 98.

[6] "DIREITO CONSTITUCIONAL. DIREITO ADMINISTRATIVO. RESSARCIMENTO AO ERÁRIO. IMPRESCRITIBILIDADE. SENTIDO E ALCANCE DO ART. 37, § 5 º, DA CONSTITUIÇÃO. 1. A prescrição é instituto que milita em favor da estabilização das relações sociais. 2. Há, no entanto, uma série de exceções explícitas no texto constitucional, como a prática dos crimes de racismo (art. 5º, XLII, CRFB) e da ação de grupos armados, civis ou militares, contra a ordem constitucional e o Estado Democrático (art. 5º, XLIV, CRFB). 3. O texto constitucional é expresso (art. 37, § 5º, CRFB) ao prever que a lei estabelecerá os prazos de prescrição para ilícitos na esfera cível ou penal, aqui entendidas em sentido amplo, que gerem prejuízo ao erário e sejam praticados por qualquer agente. 4. A Constituição, no mesmo dispositivo (art. 37, § 5º, CRFB) decota de tal comando para o Legislador as ações cíveis de ressarcimento ao erário, tornando-as, assim, imprescritíveis. 5. São, portanto, imprescritíveis as ações de ressarcimento ao erário fundadas na prática de ato doloso tipificado na Lei de Improbidade Administrativa. 6. Parcial provimento do recurso extraordinário para (i) afastar a prescrição da sanção de ressarcimento e (ii) determinar que o tribunal recorrido, superada a preliminar de mérito pela imprescritibilidade das ações de ressarcimento por improbidade administrativa, aprecie o mérito apenas quanto à pretensão de ressarcimento" (STF, *RE 852475*, Rel. Min. Alexandre de Moraes, Rel. p/ Acórdão: Min. Edson Fachin, Tribunal Pleno, j. 08/08/2018, publc. 25.03.2019; Tema 897).

i) as sanções de direito administrativo ao improbo; ii) a reparação dos danos causados por servidores ao erário e que se encontrem fora do escopo da Lei de Improbidade Administrativa.

Essa conclusão foi encaminhada após amplo debate em plenário. Prevaleceu a tese exposta pelo Min. Edson Fachin, para quem a ressalva contida no art. 37 §5º, CF/1988, tem por objetivo decotar do comando contido na primeira parte da regra as ações cíveis de ressarcimento. Aduziu, então, que a ressalva diz respeito a dois regramentos distintos relacionados à prescrição, um para os ilícitos praticados por agentes, sejam eles servidores ou não, e outro para as ações de ressarcimento decorrentes de atos de improbidade, dotadas de uma especialidade ainda maior. Considerou-se que a imprescritibilidade é o biombo sob o qual se encobrem a corrupção e o dano ao interesse público. No seu entender, a premissa de segurança jurídica não autoriza que seja esquecido o locupletamento indevido de quem lesou o erário.

Na ocasião, restaram vencidos os ministros Alexandre de Moraes, Dias Toffoli, Ricardo Lewandowski, Gilmar Mendes e Marco Aurélio, que negaram provimento ao recurso, sustentando a tese de que não existe a aludida previsão de imprescritibilidade nos §4º e 5º do art. 37, CF/1988. Para a corrente vencida, a sanção de ressarcimento ao erário deveria seguir os mesmos prazos estabelecidos no art. 23 da Lei nº 8.429/1992.

Então, mesmo após o prazo de 8 anos, os entes legitimados podem ajuizar ação para que, reconhecida a improbidade, busquem o ressarcimento. Não poderão, entretanto, punir os agentes que tenham praticado a improbidade.

3. Enriquecimento Sem Causa

Os diversos atos que, por causarem prejuízo ao erário, constituem improbidade, podem ser encontrados, de modo exemplificativo no art. 10 da Lei. Esses atos envolvem perda patrimonial, desvio, apropriação, malbaratamento, dilapidação de bens ou haveres. Não há dúvida de que, quanto a eles, para além das sanções, haja também o dever de ressarcir o erário, o que, como visto, é imprescritível.

Há, entretanto, uma série de atos ímprobos que, sem causar prejuízo ao erário, provocam enriquecimento injustificado do agente público. As hipóteses de enriquecimento ilícito podem ser vistas, de modo exemplificativo, no art. 9º da Lei, e envolvem o auferimento de vantagem patrimonial indevida em razão do exercício de cargo, de mandato, de função, de emprego ou de atividade. Tem-se, por exemplo, a conduta de "receber, para si ou para outrem, dinheiro, bem móvel ou imóvel, ou qualquer outra vantagem econômica, direta ou indireta, a título de comissão, percentagem, gratificação ou presente de quem tenha interesse, direto ou indireto, que possa ser atingido ou amparado por ação ou omissão decorrente das atribuições do agente público" (art. 9º, I).

Seria legítimo, portanto, questionar se a restituição do proveito indevido é também "ressarcir". Em outras palavras, se restituir o enriquecimento ilícito não for equivalente a ressarcir, então, teríamos aqui pretensão sem prazo prescricional claramente regulado. Em resposta, pensamos que sim, restituir é ressarcir. O Código Civil, por exemplo, quando trata da prescrição para o enriquecimento sem causa, menciona expressamente a "a pretensão de ressarcimento" (art. 206, §3º, IV, CC). Em outras palavras, o ressarcimento é a sanção que envolve a recomposição das perdas patrimoniais sofridas pelo lesado e, além disso, a obrigação de verter para o patrimônio da vítima aquilo que outros aferiram ilicitamente sem justa causa. Assim, são imprescritíveis as pretensões reparatórias relacionadas à prática de improbidade com dano ao erário e com enriquecimento ilícito. Por outro lado, são prescritíveis quaisquer pretensões punitivas.

4. Termo Inicial

De modo geral, há dois sistemas possíveis para a configuração do termo inicial da prescrição. Em um sistema objetivo, o prazo flui a partir de um fato bem delimitado, sem considerações sobre a ignorância do lesado e sobre suas possibilidades fáticas de vir a descobri-lo. Assim, se a prescrição corre da data em que o dano ocorreu ou da data em que um certo ato ilícito foi praticado, tem-se um sistema objetivo. Por outro lado, se o termo inicial leva em consideração mais enfaticamente a data em que o lesado tomou conhecimento da lesão ou do ilícito, diz-se que o termo inicial é subjetivo.

Há elementos positivos e negativos em cada um dos dois sistemas. O sistema subjetivo trata a prescrição como sanção à inércia do autor e, por isso, pressupõe que este deva estar ciente da violação de seu direito e que também identifique a figura do causador da lesão. Aqui vale a máxima do *agere non valenti non currit praescriptio*. Essa posição facilita a adoção legal de prazos gerais, cujos termos iniciais podem, por isso, ser verificados em cada situação concreta, mas há dois inconvenientes relevantes: i) prestigia-se a inércia do autor, não criando incentivos para que ele zele por seus direitos e identifique as lesões sofridas; ii) cria-se insegurança, pois o requerido em demanda judicial raramente detém meios de demonstrar a data em que o autor tomou conhecimento da lesão, o que só pode ser feito por inferências, presunções ou critério genérico de razoabilidade.

A regra objetiva, por sua vez, prestigia a segurança. Ocorrida a violação, surge a pretensão e, independentemente de outros fatores subjetivos, pode ser ela atingida pela prescrição. Tem, no entanto, o inconveniente de impor ao credor o ônus de identificar o causador da lesão e, não sendo esta tarefa possível em curto espaço de tempo, essa solução pode revelar injustiças patentes, sobretudo quando o seu rigor não é aplacado por um sistema flexível para a suspensão dos prazos já iniciados. Em outras palavras, o critério objetivo de aferição do termo inicial se compatibiliza melhor com prazos mais longos. Prazos mais curtos sugerem a adoção de critérios subjetivos para a aferição do termo inicial.

O art. 23 da Lei de Improbidade Administrativa adotou um sistema objetivo ao estabelecer que os oito anos são "contados a partir da ocorrência do fato ou, no caso de infrações permanentes, do dia em que cessou a permanência". Não há, como se vê, referência à data em que o Estado ou seus representantes conheceram, ou poderiam conhecer, a conduta improba. Com isso, o Estado e seus agentes devem, no prazo de 8 anos, diligenciar para descobrir eventuais improbidades e devem buscar, nesse período, sancioná-las. O Estado não se exime da prescrição sob o argumento de que a improbidade foi praticada de modo a não deixar vestígios ou sob a escusa de dificuldades materiais na investigação.

Pode-se questionar se a solução legal no caso da Lei de Improbidade é justa ou, de modo mais específico, se assegura aos lesados, de modo razoável, o direito de ação, o acesso ao Poder Judiciário e o devido processo legal. As regras prescricionais não são imunes ao juízo de constitucionalidade e prazos draconianamente curtos certamente violam direitos fundamentais. Entretanto, não parece que, diante da tendência geral de redução dos prazos prescricionais na modernidade, haja prazos demasiadamente curtos na Lei de Improbidade Administrativa. O prazo de 8 anos mostra-se razoável para fins sancionatórios. A comparação com o direito penal nos revela, no entanto, que em casos como o do peculato (art. 312, do Código Penal), haverá mais prazo para punir com prisão do que para punir com sanções de improbidade. Com pena máxima de 12 anos de reclusão, o crime de peculato prescreve em 16 anos (art. 109, II, do Código Penal). A improbidade correlata, como visto, prescreve em 8 anos. Naturalmente, a discussão sobre o tema apenas se inicia e os diversos litígios que daí surgem deverão ser avaliados com maior vagar à luz de suas circunstâncias concretas.

5. Infrações Permanentes

A identificação do que sejam "infrações permanentes" para fins de identificação do *dies a quo* da prescrição é algo que deve gerar debate doutrinário e jurisprudencial.

Muitas são as classificações possíveis para os danos. Entretanto, considerando sua relação com o tempo, há danos que se manifestam pontualmente na realidade fática, como um xingamento verbal que fere a honra do lesado no momento em que é proferido. Todavia, a maior parte dos danos surge pontualmente, mas têm efeitos duradouros. Conforme a teoria da diferença, o dano emergente corresponde à diminuição patrimonial que persiste até o seu efetivo ressarcimento. Em outras palavras, a subtração de R$100,00, causa, num único instante, dano emergente que permanece no tempo, a exigir o ressarcimento deste valor, além de juros e correção monetária. A restituição do valor subtraído repara o dano. Os juros e a correção monetária prestam-se a ressarcir a permanência no tempo da diminuição patrimonial. Há danos, entretanto, que são recorrentes no tempo, acontecendo em diversos momentos bem delimitados, como a sonegação de determinado tributo, que ocorre de maneira recorrente todos os meses. Por fim, há danos que se mantêm no mundo dos fatos por uma persistente ação lesiva, como ocorre com o cárcere privado. Cessada a coação, o agente recobra a liberdade e cessa a lesão.

O mesmo exercício classificatório pode ser feito para a conduta do agente lesante. O ato de improbidade pode ser uma ação pontual, uma conduta pontual de efeitos permanentes, uma ação reiterada ou uma conduta permanente. A teoria do crime costuma falar em crimes instantâneos, instantâneos de efeitos permanentes, crimes reiterados e crimes permanentes.

Considerando que há uma aproximação notória entre as infrações administrativas e o direito penal, a ideia de "infração permanente" remete-se à conduta do agente improbo. Assim, a subtração de um livro da biblioteca, é infração instantânea de efeitos permanentes, mas não uma infração permanente para fins de contagem do prazo prescricional. Naturalmente, podemos imaginar que o bem público subtraído seja continuamente utilizado pelo improbo, mas, neste exemplo, a infração não se configura com o uso do bem público por longo período, mas com a subtração instantânea. Por outro lado, a nomeação e manutenção de parente como subordinado, em violação a regra da proibição de nepotismo, é infração permanente, cujo prazo prescricional só se inicia no dia em que cessou a permanência.

6. Suspensão do Prazo Prescricional

Não se faz necessário, obrigatoriamente que haja inquérito civil para que o Ministério Público apure os fatos e ajuíze ação de improbidade. Há ocasiões em que os fatos se apresentam de maneira patente e, assim, a ação pode ser ajuizada diretamente sem prévio inquérito. De qualquer modo, todas as provas colhidas contra o acusado devem contar do inquérito civil. Não pode o órgão acusador apenas colacionar ao inquérito as provas que considere de seu interesse. O inquérito presta-se a documentar a atividade investigativa, colacionando elementos que possam esclarecer a verdade dos fatos, e não apenas subsidiar a atividade persecutória.

O inquérito civil para apuração do ato de improbidade deve ser concluído no prazo de 365 dias corridos, prorrogável uma única vez por igual período, mediante ato fundamentado submetido à revisão da instância competente do órgão ministerial (art. 23, §2º). Ao final deste prazo, "a ação deverá ser proposta no prazo de 30 (trinta) dias, se não for caso de arquivamento do inquérito civil" (art. 23, §2º).

A lei não estabelece uma sanção específica para o descumprimento dessas regras, o que é coerente com o rigor subsequente para a contagem da prescrição intercorrente. De todo modo, é razoável admitir que o investigado possa trancar as investigações que persistam para além desse prazo. Nada impede, entretanto, que após o encerramento do inquérito o autor se demore para ajuizar a ação de improbidade com pretensão punitiva, desde que o faça no prazo cabível de prescrição.

A vantagem associada à instauração de inquérito civil ou de processo administrativo para apuração dos ilícitos referidos é que eles têm o efeito de suspensão do prazo prescricional, o que ocorre, de modo delimitado, por, no máximo, 180 dias corridos (art. 23, §1º). Se o inquérito se encerra antes de 180 dias, o prazo prescricional recomeça a correr após a sua conclusão. Se o inquérito não é concluído em 180 dias, decorrido este prazo, volta a fluir a prescrição. Assim, se foi instaurado inquérito após um ano do ato improbo, suspende-se o prazo prescricional por 180 dias, aos finais dos quais os sete anos restantes são contados.

7. Causas de Interrupção

A nova redação da Lei de Improbidade Administrativa, nos moldes do que já ocorre na legislação penal, estabeleceu parâmetros bem delimitados para a aplicação de prescrição intercorrente. Isso significa que não vige nesta esfera a ideia presente no direito privado, segundo a qual, uma vez interrompida a prescrição pelo exercício da pretensão e ajuizamento da ação, o prazo só volta a correr ao final do processo.

De modo semelhante ao que ocorria no direito romano clássico, há a hipótese de *mors litis*. Caso não seja julgado o processo em determinado prazo, extingue-se o direito do autor. Em princípio, parece injusto que o autor perca seu direito pela inércia do julgador, sobre quem ele não detém controle. Entretanto, quando se trata de direito sancionador, o Estado é visto como um todo, de modo que à inércia do órgão acusador soma-se a do órgão julgador. Impõem-se prazos para que o processo sancionador cumpra o seu desiderato sob a consideração de que a pena cumpre funções específicas as quais se esvaem com o tempo.

Para regular esta situação, o legislador trouxe 5 hipóteses de interrupção da prescrição, todas atreladas a eventos processuais. Como ocorre nessas hipóteses, a cada um deles, a contagem é retomada de seu início, desconsiderando-se o prazo até então corrido. Assim, interrompe-se o curso da prescrição: (i) pelo ajuizamento da ação de improbidade administrativa, (ii) pela publicação da sentença condenatória, (iii) pela publicação de decisão ou acórdão de Tribunal de Justiça ou Tribunal Regional Federal que confirma sentença condenatória ou que reforma sentença de improcedência, (iv) pela publicação de decisão ou acórdão do Superior Tribunal de Justiça que confirma acórdão condenatório ou que reforma acórdão de improcedência; (v) pela publicação de decisão ou acórdão do Supremo Tribunal Federal que confirma acórdão condenatório ou que reforma acórdão de improcedência (art. 23, §4º).

A cada interrupção, o prazo é retomado desde seu início. Conta-se, entretanto, pela metade (art. 23, §5º). Isso significa que, após o ajuizamento da ação, o processo de improbidade deve ser julgado em 4 anos. Do mesmo modo, após a publicação da sentença, reinicia-se o prazo por mais 4 anos até a publicação do acórdão pelo Tribunal respectivo.

8. Comunicação subjetiva das causas de interrupção e suspensão

O art. 23, § 6º, da Lei de Improbidade, de forma esclarecedora, estabeleceu como se comportam as suspensões e interrupções quando há concurso de pessoas. De modo geral, as causas de suspensão e interrupção podem ser estritamente individuais, aplicadas *a persona ad personam*, ou, de modo diverso, podem comunicar-se aos demais réus tão logo se apliquem a um deles. Assim, "a suspensão e a interrupção da prescrição produzem efeitos relativamente a todos os que concorreram para a prática do ato de improbidade".

Como a lei não faz esta restrição, a regra se aplica até mesmo a agentes que, envolvidos na improbidade, não sejam corréus nos mesmos autos. Vale dizer, se é ajuizada ação de improbidade para sancionar o agente A, mas após descobre-se o envolvimento do agente B, contra este a prescrição também se interrompeu com o ajuizamento da ação. Uma nova ação poderia ser ajuizada, então, contra o agente B, quando a interrupção também prejudicaria o agente A.

Tome-se um segundo exemplo, em que o Ministério Público postulou a condenação por improbidade de diversos agentes. Caso o juiz opte pela técnica do julgamento parcial de mérito (art. 356, CPC), de forma a julgar apenas o pedido formulado contra o agente A, condenando-o, a interrupção prejudica todos os demais réus. Naturalmente, deve-se questionar, dentro desse problema, se múltiplas interrupções podem ocorrer, mas a lei não aponta um limite para essa possibilidade.

O art. 23, § 7º, da Lei de Improbidade, com esse mesmo espírito, esclareceu que, "nos atos de improbidade conexos que sejam objeto do mesmo processo, a suspensão e a interrupção relativas a qualquer deles estendem-se aos demais". Nessa situação, se um mesmo agente é acusado por dois atos de improbidade conexos, em um mesmo processo, o julgamento parcial, com relação ao primeiro, interrompe o prazo para com relação ao segundo. A abertura de inquérito para apuração de um fato suspende o prazo para investigação de outros conexos.

9. Cognoscibilidade de Ofício

As regras de prescrição têm natureza de ordem pública. Isto está a indicar, tal como ocorre no direito privado, que as partes não podem ajustar prazos maiores ou menores, termo inicial diverso daquele previsto na lei, tampouco outras hipóteses de suspensão e interrupção.

De modo específico, o art. 23, § 8º, destacou que a prescrição não é uma exceção. As exceções são as defesas processuais que só podem ser conhecidas após provocação das partes. A prescrição na Lei de Improbidade Administrativa é verdadeira objeção de mérito, porque pode ser conhecida de ofício, ainda que nenhuma das partes a tenha apontada. O juiz ou o tribunal, depois de ouvido o Ministério Público, deverá, de ofício ou a requerimento da parte interessada, reconhecer a prescrição da pretensão punitiva, inclusive a intercorrente, e decretá-la de imediato.

A imparcialidade dos julgadores faz com que esta regra seja vista com algum cuidado. É razoável que, ao vislumbrar a possibilidade de prescrição, o julgador provoque as partes para se manifestar sobre sua possível ocorrência, quando, então, podem ser esclarecidos os detalhes fáticos que cercam a aplicação da regra, como termo inicial e causas de suspensão. Isso evita que o caso seja julgado de modo precipitado sem todos os elementos necessários.

10. *Novatio Legis in Melius*[7]

Sempre que passa a vigorar nova lei, torna-se necessário avaliar o problema do direito intertemporal. Isto visa a entender como deve ser regida a situação dos atos ímprobos que foram praticados antes da vigência da Lei n. 14.230, de 2021 e que ainda não foram sancionados. Como se sabe, dois grandes sistemas de delineiam nesse campo, um de feição mais privada, segundo o qual a lei nova produz efeitos a partir da sua vigência, sem retroação; e um sistema de feição punitiva, onde admite-se a retroação da lei nova mais benéfica ao sancionado.

Tomemos em consideração inicialmente as mudanças havidas e a investigação sobre o caráter mais benéfico ou não da lei nova.

A Lei de Improbidade Administrativa, na redação original do art. 23, estabelecia prescrição quinquenal[8], cujo prazo era contado do fim do exercício da função pública ou do fim do prazo para a prestação de contas. Durante a vigência desta regra, não se admitia a prescrição intercorrente[9], de modo que a prescrição interrompida só recomeçava a ser contada do último ato do processo para a interromper, tal como dispõe o art. 202, par. único, CC.

[7] O presente tópico coincide em diversos pontos com a aquele escrito com Rafael de A. Araripe Carneiro: CORREIA, Atalá; e CARNEIRO, Rafael de A. Araripe Carneiro. Prescrição, Improbidade e Retroatividade. In *Nova Lei de Improbidade Administrativa*: Inspirações e Desafios. Gilmar Ferreira Mendes e Rafael de A. Araripe Carneiro. São Paulo: Almedina, 2022, p. 137-150.

[8] Art. 23, da Lei n. 8.429, de 2.6.1992."As ações destinadas a levar a efeitos as sanções previstas nesta lei podem ser propostas: I – até cinco anos após o término do exercício de mandato, de cargo em comissão ou de função de confiança; II – dentro do prazo prescricional previsto em lei específica para faltas disciplinares puníveis com demissão a bem do serviço público, nos casos de exercício de cargo efetivo ou emprego. III – até cinco anos da data da apresentação à administração pública da prestação de contas final pelas entidades referidas no parágrafo único do art. 1º desta Lei.".

[9] "(...) 5. O STJ firmou entendimento de inaplicabilidade da prescrição intercorrente às ações de improbidade administrativa, na medida em que o art. 23 da LIA refere-se apenas à prescrição quinquenal para a propositura da ação contados do término do exercício do mandato, cargo em comissão ou função de confiança. Nesse sentido: REsp 1.721.025/SE, Rel. Min. Herman Benjamin, Segunda Turma, DJe 2/8/2018; AgInt no AREsp 962.059/PI, Rel. Min. Benedito Gonçalves, Primeira Turma, DJe 29/5/2017; EDcl no AREsp 156.071/ES, Rel. Min. Olindo Menezes (Desembargador Convocado do TRF 1ª Região), Primeira Turma, DJe 25/2/2016 (...)" (STJ, AgInt no REsp 1872310/PR, Rel. Ministro BENEDITO GONÇALVES, PRIMEIRA TURMA, julgado em 05/10/2021, DJe 08/10/2021)

Como já destacado, esse panorama foi alterado com a promulgação Lei n. 14.230, de 2021. O prazo prescricional passou a ser invariavelmente de 8 anos, contado a partir da ocorrência do fato ou, no caso de infrações permanentes, do dia em que esta cessou. A ocorrência é cognoscível de ofício. Foram reguladas as hipóteses de suspensão e de prescrição intercorrente. O prazo da prescrição interrompe-se por diversos atos processuais. De modo, ainda mais relevante, a reforma indicou que, uma vez interrompida a prescrição, o prazo "recomeça a correr do dia da interrupção, pela metade do prazo de oito anos" (art. 23, §5º). O legislador ainda teve o cuidado de afastar, nas hipóteses de suspensão e interrupção, a pessoalidade de seus efeitos, de modo que, quando beneficiam ou prejudicam um dos devedores, aos demais se estendem (art. 23, §6º e §7º).

O confronto abstrato dessas regras não permite afirmar que a lei nova dispensou, sempre e invariavelmente, um tratamento mais benéfico aos acusados. As regras de prescrição constituem um conjunto de interdependente de soluções e só podem ser entendidas com uma visão ampla do problema. É certo que um prazo de oito anos é maior que o quinquênio. Tomada sob essa perspectiva isolada, a inovação é prejudicial aos acusados, porque dilatou o prazo. No entanto, havia acusados sujeitos a prazos maiores que oito anos, pois não se submetiam ao quinquênio, e sim a prazos maiores, vigentes para a punição de demissão do serviço. Por outro lado, só é possível afirmar que os oito anos são piores se tivermos em consideração, em cada caso, o termo inicial do qual o prazo flui. A regra anterior estabelecia que o prazo se conta do final do exercício da função ou da prestação de contas, mas agora, tem-se um prazo, objetivo, que flui independentemente da possibilidade de conhecimento da autoria do ilícito e já a partir da ocorrência do fato ou, no caso de infrações permanentes, do dia em que cessou a permanência. Por outro lado, a prescrição não era reconhecida no curso do processo, porém, agora, passou a fluir no curso do processo.

Conquanto a lei nova apresente um conjunto de regras mais favoráveis aos acusados, não se pode excluir a possibilidade de que, para casos específicos, a aplicação da regra nova, com 8 anos, tenha o efeito de permitir a manutenção de persecução que, de outro modo, estaria extinta em 5 anos. É necessário perceber, portanto, que a complexidade do tema exigirá do judiciário avaliações casuísticas. Não nos parece possível, entretanto, que os interessados pleiteiem a combinação de leis, para construir a regra mais benéfica possível, aproveitando-se daquilo que lhe for mais favorável entre regras antigas e novas. Vale dizer, aquele que é processado não pode, ao mesmo tempo, postular a aplicação do prazo quinquenal e da prescrição intercorrente.

De todo modo, considerando uma situação concreta específica, pode ser que a aplicação das novas regras seja mais benéfica aos réus. Nessa situação, deve-se perguntar se o direito novo pode retroagir. Em outras palavras, pode haver aplicação retroativa da *novatio legis in melius*? Pensamos que sim. Como as improbidades assumiram feição inegável de direito sancionador, mais próximo do direito penal, como não se trata de regras processuais, e como, em casos específicos, as leis novas podem ser consideradas benéficas, quando isso ocorrer, as regras de prescrição devem retroagir.

Próximo daquilo que aqui defendemos, o Subprocurador-Geral da República, Nicolao Dino, ao manifestar-se nos autos do Recurso Especial n. 1.966.002/SP, Rel. Min. Mauro Campbell Marques, Parecer n. 12.187, apontou a retroatividade da lei, reconhecendo a prescrição intercorrente retroativa, sob o argumento de que "os princípios gerais devem orientar a aplicação do direito de forma horizontal, em suas diversas searas. Se a própria Constituição assegura a retroatividade da lei mais benéfica no Direito Penal – ramo mais rigoroso do ordenamento jurídico –, não é razoável limitá-la e deixar de aplicá-la quanto aos instrumentos de persecução por atos de improbidade, os quais se também encartam no Direito Sancionador"[10].

Entretanto, Supremo Tribunal Federal foi chamado a se manifestar sobre o tema no julgamento do ARE 843989, Rel. Min. Alexandre de Moraes, com repercussão geral reconhecida (Tema 1199), para avaliar a "(i) necessidade da presença do elemento subjetivo – dolo – para configuração do ato de improbidade administrativa, inclusive no artigo 10 da LIA e (ii) a aplicação dos

[10] A defender a retroatividade da lei mais benéfica no âmbito do direito administrativo sancionador, vide VERZOLA, Maysa Abrahão Tavares. *Sanção no Direito Administrativo*. São Paulo: Saraiva, 2011, p. 154-155. Fábio Medina Osório, tratando de modo geral sobre o direito administrativo sancionador, aponta que não há uma perfeita equiparação no ponto entre o direito penal e o direito administrativo. Assim, admite que, sem que haja desproporcionalidade, o legislador vede a retroatividade da lei administrativa sancionadora mais benéfica. De todo modo, no silêncio da lei nova, entende que a retroatividade prevalece (OSÓRIO, Fábio Medina. *Direito Administrativo Sancionador*. 4ª ed. São Paulo: RT, 2011, p. 277-280).

novos prazos de prescrição geral e intercorrente"[11], oportunidade que chegou a solução contrária e, em alguma medida contraditória.

Nessa ocasião, o Supremo Tribunal Federal considerou legítima e constitucional a exigência de que, para a configuração da improbidade, seja exigida prova de dolo. Com isso, deixaram de ser ímprobos os atos meramente culposos. Aplicando a este ponto solução próxima da que se vê em um sistema de direito sancionador, determinou a retroação da lei nova para atingir todos atos que não tenham sido definitivamente julgados. É o que se depreende, *a contrario sensu,* da conclusão de que "a norma benéfica da Lei 14.230/2021 - revogação da modalidade culposa do ato de improbidade administrativa -, é irretroativa, em virtude do artigo 5º, inciso XXXVI, da Constituição Federal, não tendo incidência em relação à eficácia da coisa julgada; nem tampouco durante o processo de execução das penas e seus incidentes". De modo mais direto, a lei nova atinge os atos praticados sob a vigência da lei antiga e os processos então iniciados quando se tratava de improbidade culposa, extinguindo permanentemente a possibilidade de sua punição. Essa a razão pela qual esta mesma decisão afirmou que "a nova Lei 14.230/2021 aplica-se aos atos de improbidade administrativa culposos praticados na vigência do texto anterior da lei, porém sem condenação transitada em julgado, em virtude da revogação expressa do texto anterior; devendo o juízo competente analisar eventual dolo por parte do agente".[12] Não se trata, é verdade, de uma retroação

[11] STF, *ARE 843989,* Rel. Alexandre de Moraes, Pleno, j. em 18/08/2022

[12] Antes desta decisão, alguns tribunais estaduais já apontavam esta solução. O TJSP reconheceu, ao analisar uma situação concreta, que não havia prova de dolo, "elemento subjetivo essencial para a configuração da improbidade administrativa, conforme dispõe a Lei 8.429/92, com a redação dada pela Lei 14.230/2021, que comporta aplicação retroativa por seu caráter sancionatório e por beneficiar o réu" (TJSP; Apelação Cível 1009601-46.2019.8.26.0099; Relator (a): Teresa Ramos Marques; Órgão Julgador: 10ª Câmara de Direito Público; Foro de Bragança Paulista - 4ª Vara Cível; Data do Julgamento: 16/11/2021; Data de Registro: 16/11/2021). No mesmo sentido, vide TJSP; Apelação Cível 1001594-31.2019.8.26.0369; Relator (a): Oswaldo Luiz Palu; Órgão Julgador: 9ª Câmara de Direito Público; Foro de Monte Aprazível - 2ª Vara; Data do Julgamento: 10/11/2021; Data de Registro: 10/11/2021. Aquela mesma Corte, ao apreciar a acusação de improbidade por violação ao princípio da impessoalidade concluiu não estar presente a improbidade, "já que não se encontra descrito na abrangência do rol taxativo do art. 11, da LF nº 8.429/92", cuja aplicação fez retroativamente "por se tratar de legislação superveniente própria do direito material sancionador (art. 1º, §4º, da LF nº 8.429/92, com a redação atribuída pela LF nº 14.230/2021), (...) desde que para beneficiar o réu (art. 5º, inciso XL, da CF/88)" (TJSP; *Apelação Cível 1000554-80.2019.8.26.0638*; Relator

máxima, apta a desfazer a coisa julgada e a possibilitar uma revisão *a posteriori* do que já foi decidido.

Quando tratou da prescrição, que é objeto das considerações aqui traçadas, a solução encontrada pelo Supremo Tribunal Federal foi oposta, aplicando às regras novas a regra intertemporal que se vê no direito processual, seguindo a premissa do *tempus regit actum*. Assim, a conclusão da Corte aponta que "o novo regime prescricional previsto na Lei 14.230/2021 é irretroativo, aplicando-se os novos marcos temporais a partir da publicação da lei". Esta solução visou uma finalidade pública relevante, qual seja a de impedir que prazos mais curtos e um regime de interrupção retroagissem para prejudicar a pretensão punitiva estatal, fazendo com que predominasse o sentimento de impunidade aos atos ímprobos já identificados, porém não julgados definitivamente[13]. A solução não se coaduna, entretanto, com a reconhecida natureza material dos prazos prescricionais e de suas regras, revelando-se atécnica no ponto.

De todo modo, imagine-se um processo iniciado sob a égide da lei anterior, que tramitava há 15 anos sem sentença e é atingido, nesse intervalo, pelo início da vigência Lei 14.230/2021. Ora, o processo tramitou regularmente até então, não se podendo falar em prescrição retroativa. A partir da vigência da lei nova computam-se os novos prazos prescricionais e, em 8 anos, deve ser proferida a sentença. Vale dizer, a pretensão exercida em processo judicial deixa de ser regulada pelos prazos prescricionais da lei anterior. A partir da

(a): Paulo Barcellos Gatti; Órgão Julgador: 4ª Câmara de Direito Público; N/A - N/A; Data do Julgamento: 03/12/2021; Data de Registro: 03/12/2021). O Tribunal de Justiça do Distrito Federal e Territórios, em acórdão que profundamente analisou o tema, também destaca que "o art. 5º, XL, da Constituição da República prevê a possibilidade de retroatividade da lei penal, sendo cabível extrair-se do dispositivo constitucional princípio implícito do Direito Sancionatório, segundo o qual a lei mais benéfica retroage" (TJDFT, Acórdão 1397473, *07001346220208070018*, Rel. Diaulas Costa Ribeiro, 8ª Turma Cível, data de julgamento: 9/2/2022, publicado no DJE: 16/2/2022).

13 Essa solução, de efeitos imediatos para a lei nova, era defendida por Alexandre Jorge Carneiro Cunha Filho, sob o argumento de que "a Lei de Improbidade não é uma lei penal" e que, sem regra expressa, "os dispositivos em comento devam valer somente a partir da entrada em vigor da nova lei; sem alcançar, portanto, processos que já estejam em curso", para que não se imponham "aos atores do processo ônus que não existia antes do advento da Lei 14.230/2021", sempre que não tenham agido com inércia (CUNHA FILHO, Alexandre Jorge Carneiro. Prescrição na Lei de Improbidade Administrativa. In *Lei de Improbidade Administrativa Reformada*. Augusto Neves dal Pozzo e José Roberto Pimenta Oliveira (org). São Paulo: Thompson Reuters, 2022, p. 739-762).

sentença prolatada sob a égide da nova lei, interrompe-se a prescrição e o prazo de oito anos corre pela metade.

Certamente, nos próximos anos, muitos outros debates devem surgir, mas as linhas gerais para o tema estão traçadas.

18
Argumentos históricos e genéricos sobre a Lei nº 8.429/1992: Comentários aos Artigos 24 e 25

Jules Michelet Pereira Queiroz e Silva

Introdução

Desde que a sociedade colocou nas mãos de cidadãos específicos uma parcela do poder, há a preocupação com a possibilidade de sua corrupção. Na tragédia grega *Antígona*, de Sófocles, o debate principal é o desvio de poder por parte de Creonte, rei de Tebas, que deixou de obedecer às normas transcendentais que impunham um funeral digno a Polinice, irmão da personagem-título.

Na República Romana, a Lei das XII Tábuas já previa a pena capital ao juiz que recebesse dinheiro em troca de seus julgamentos.

No Século XVIII, o governador-geral britânico de Bengala, Warren Hastings, sofreu *impeachment* pelo Parlamento sob acusação de abuso de poder e corrupção. Adotou-se na redação do delito a expressão "*high crimes and misdemeanors*", que mais tarde veria a ser utilizada pela Constituição dos Estados Unidos como tipo justificador do *impeachment*[1]. No Império Britânico, em que

[1] BOWMANN III, Frank. *High crimes and misdemeanors*: a history of impeachment for the Age of Trump. Cambridge: Cambridge University Press, 2019, p. 41.

pese o rei não pudesse errar, seus servidores podiam e, se o fizessem, seriam punidos por isso.

Com essas afirmações, quer-se dizer que a preocupação com a probidade na Administração Pública não nasceu em 1992, com a Lei nº 8.492, Lei de Improbidade Administrativa. Muito pelo contrário. A tutela da probidade tem uma trajetória histórica longa no mundo e no Brasil, e o conhecimento dessa trajetória permite o emprego de argumentos *históricos* e *genéticos* na interpretação do atual normativo jurídico que rege o tema.

Um argumento *histórico* é aquele que diz respeito à análise do *problema* que é objeto das normas vigentes, construindo o sentido destas a partir do sentido que tinham ao tempo de sua edição[2]. Já um argumento *genético* é aquele que diz respeito a textos precedentes à norma vigente que permitem reconstruir o sentido deste[3].

O presente artigo tem por objetivo comentar os artigos 24 e 25 da Lei nº 8.429/1992, que são, respectivamente, a *cláusula de vigência* e a *cláusula de revogação* originárias do dispositivo legal, exigidas pelo art. 3º da Lei Complementar nº 95/1998[4].

Os dispositivos têm a seguinte redação:

> CAPÍTULO VIII
>
> Das Disposições Finais
>
> Art. 24. Esta lei entra em vigor na data de sua publicação.
>
> Art. 25. Ficam revogadas as Leis nºs 3.164, de 1º de junho de 1957, e 3.502, de 21 de dezembro de 1958 e demais disposições em contrário.

As Leis nº 3.164, de 1º de junho de 1957, e 3.502, de 21 de dezembro de 1958, ambas sancionadas pelo Presidente Juscelino Kubitschek, regulamentavam a

2 ALEXY, Robert. *Recht, Vernuft, Dirskurs*: Studien zur Rechtsphilosophie. Frankfurt: Suhrkamp, 1995, p. 87.

3 MÜLLER, Friedrich. *Juristiche Methodik*. Berlim: Ducker und Humblot, 1997, p. 245.

4 Art. 3º A lei será estruturada em três partes básicas: [...] III – parte final, compreendendo as disposições pertinentes às medidas necessárias à implementação das normas de conteúdo substantivo, às disposições transitórias, se for o caso, a cláusula de vigência e a cláusula de revogação, quando couber.

perda ou sequestro de bens e valores decorrentes do enriquecimento ilícito de servidor público.

Contudo, subjacente a essas singelas disposições, há várias indagações: o que mudou entre as leis revogadas e a lei ora vigente? Em que medida a nova legislação reflete o novo regime constitucional de tutela da probidade? Como a alteração do regime normativo influi na interpretação da lei vigente?

Se essas perguntas já se mostravam relevantes no passado, tornam-se ainda mais com o advento da Lei nº 14.230/2021, que modificou de maneira substancial o regime jurídico de tutela da probidade. Compreender os fundamentos históricos e genéticos da tutela da probidade no Direito brasileiro permite interpretar e integrar de maneira adequada a novel legislação.

Forte nesses pressupostos, o presente trabalho tem por objetivo analisar não apenas o conteúdo normativo dos art. 24 e 25 da Lei de Improbidade, mas também, à luz deles, observar as circunstâncias que motivaram o atual cenário normativo de tutela da probidade, oferecendo, assim, argumentos históricos e genéticos para a interpretação da legislação vigente.

1. O regime de tutela da probidade até 1992

Todas as constituições do Brasil previram alguma espécie de responsabilização por atos de enriquecimento ilícito de agentes públicos. Contudo, a forma como isso foi feito variou enormemente no decorrer do tempo.

A Constituição monárquica de 1824, embora previsse a inviolabilidade e, por conseguinte, irresponsabilidade do Imperador em si, previu a responsabilização dos Ministros de Estado por "peita, suborno ou concussão" e, ainda, por abuso de poder.

A primeira Constituição republicana, de 1891, passou a prever o *impeachment* do Chefe de Estado, previsão que persistiu em suas sucessoras. Esse texto constitucional também passou a prever em seu art. 82 uma regra segundo a qual os servidores públicos seriam "*responsáveis pelos abusos e omissões em que incorrerem no exercício de seus cargos*".

A Constituição de 1934 previu em seu art. 170 a necessidade de aprovação pelo Congresso de um Estatuto dos Funcionários Públicos. Tal Estatuto deveria veicular a regra de que o "*funcionário que se valer da sua autoridade em favor de Partido Político, ou exercer pressão partidária sobre os seus subordinados, será punido com a perda do cargo, quando provado o abuso, em processo judiciário".*

A Constituição do Estado Novo, de 1937, previu que os

> [...] funcionários públicos são responsáveis solidariamente com a Fazenda nacional, estadual ou municipal por quaisquer prejuízos decorrentes de negligência, omissão ou abuso no exercício dos seu cargos.

Percebe-se que, até a Constituição de 1937, a tutela da probidade na conduta dos agentes públicos era fortemente associada à noção de *abuso de poder*. As condutas típicas que envolviam a corrupção no sentido de enriquecimento ilícito eram punidas pelo Direito Penal, notadamente com o advento do Código Penal de 1940, que desde sua redação original já previa crimes como peculato, concussão, corrupção ativa e passiva.

Mas foi a Constituição de 1946 que inaugurou um novo período na tutela da probidade. O art. 141, § 31, passou a prever que a "*lei disporá sobre o seqüestro e o perdimento de bens, no caso de enriquecimento ilícito, por influência ou com abuso de cargo ou função pública, ou de emprego em entidade autárquica*". Na Carta de 46, embora ainda presente a noção de abuso da função pública, introduziu-se também a figura do *enriquecimento ilícito* e sua respectiva sanção, qual seja, o perdimento dos bens ilicitamente agregados ao patrimônio. Foi com fundamento nessa nova regra que foram editadas as Leis nº 3.164/1957 e 3.502/1958, que foram revogadas pela Lei nº 8.429/1992.

Foram mais de dez anos até que até que o art. 141, § 31, da Constituição de 46 fosse regulamentado pela Lei nº 3.164/1957, chamada *Lei Pitombo-Godói Ilha*, assim apelidada em homenagem ao seu autor – Deputado Ary Pitombo – e relator – Deputado Godói Ilha. A lei previu que sanção de perda ou sequestro de bens e valores seria promovida por ação judicial de natureza civil, tendo como legitimados ativos o Ministério Público ou "qualquer pessoa do povo", criando praticamente uma ação popular em defesa da probidade. A lei também criou o registro público obrigatório dos valores e bens pertencentes ao patrimônio privado de agentes públicos, como forma de prevenção à prática de atos lesivos.

Seguiu-se à Lei Pitombo-Godói Ilha a Lei nº 3.502/1958, apelidada de *Lei Bilac Pinto*, em homenagem ao seu autor, que também foi professor de Direito

Administrativo na Faculdade Nacional de Direito e Presidente da Câmara dos Deputados. A nova Lei não revogou a anterior, mas a complementou em diversos pontos relevantes, como a definição de "servidor público" e criou um rol de atos de enriquecimento ilícito. Interessa notar que, em manifestação doutrinária, o Deputado Bilac Pinto defendia que o rol dos atos de enriquecimento ilícito era meramente exemplificativo[5].

A justificação do Projeto de Lei nº 505, de 1955, que originou a Lei Bilac Pinto, veicula uma racionalidade de todo interessante. Para o parlamentar autor, a complexidade da administração pública, a necessidade de sua intervenção no domínio econômico e a demanda por eficiência impôs a criação de agências governamentais especializadas e de grande autonomia, que ficaram afastadas do controle democrático do Parlamento e do próprio Poder Executivo. Assim, para garantir o devido controle dessas agências, o Deputado apresentou projeto de lei que regulamentava a sanção por enriquecimento ilícito mediante ação judicial. Noutros termos: o regime jurisdicional de defesa da probidade tinha por objetivo complementar (ou substituir) o controle político legislativo e executivo.

Desde sua edição, as Leis Pitombo-Godói e Bilac Pinto foram os marcos legais de responsabilização cível por violação dos deveres de probidade. Todavia, a eficácia das punições deixou a desejar, sobretudo porque a única sanção prevista pela legislação era o perdimento de bens. Na realidade, a responsabilização em âmbito cível do servidor público nesse período era associada a reparação de dano ao erário[6], o que explica o caráter restritivo das sanções. A perda do cargo somente poderia ocorrer por decisão judicial com trânsito em julgado fundada no art. 207 do Estatuto dos Servidores Públicos Civis da União, de 1952, em especial pela prática de crime.

A Constituição de 1967 e a Emenda nº 1, de 1969, mantiveram regime semelhante ao da de 1946, apenas deixando claro que o perdimento de bens e valores poderia se dar tanto em virtude de *dano ao erário* quanto de *enriquecimento ilícito*. Esses diplomas recepcionaram em todos os termos a legislação vigente a respeito do tema. Ainda, a Ditadura Militar editou diversas normas,

[5] PINTO, Francisco Bilac. *Enriquecimento ilícito no exercício de cargos públicos*. Rio de Janeiro: Forense, 1960, p. 137.

[6] FAGUNDES, Miguel Seabra. *O controle dos atos administrativos pelo Poder Judiciário*. Rio de Janeiro: Forense, 1957, p. 130.

sobretudo os Atos Institucionais nº 1 e 5, bem como o Decreto-lei nº 359/1968, que estabeleceu a Comissão Geral de Investigações do Ministério da Justiça, que suspendiam as garantias de vitaliciedade e estabilidade, autorizando a demissão sumária de servidores por várias causas, inclusive por violação à probidade. Cabe destacar, contudo, que esses diplomas foram instrumentos jurídicos de um regime de exceção que não guardam relação com o estrito objeto deste trabalho.

A Constituição de 1988 foi um marco transformador em relação ao regime jurídico anterior. Ao invés de prever a punição apenas do *dano ao erário* e do *enriquecimento ilícito*, a Carta de outubro empregou em seu art. 37, § 4º, a expressão *improbidade administrativa*, um conceito aparentemente mais amplo. Mais que isso, a Constituição previu uma série de sanções além da mera perda dos bens ilicitamente agregados ao patrimônio: "*a suspensão dos direitos políticos, a perda da função pública, a indisponibilidade dos bens e o ressarcimento ao erário, na forma e gradação previstas em lei, sem prejuízo da ação penal cabível*".

Essa previsão foi uma inovação da própria Assembleia Nacional Constituinte, visto que o anteprojeto da Comissão Afonso Arinos previa, em seu art. 34, inciso II, exclusivamente a pena de perdimento de bens no caso de enriquecimento ilícito no exercício da função pública[7].

Embora a própria Constituição não tenha definido de maneira expressa o conceito de "improbidade administrativa", o fato de ter substituído as expressões "dano ao erário" e "enriquecimento ilícito", além de ter previsto sanções mais severas, indica que o constituinte teve a intenção de ampliar o âmbito de incidência da legislação de improbidade[8].

A doutrina analisou extensivamente a abrangência constitucional da expressão "improbidade administrativa". Celso Ribeiro Bastos definiu os atos de improbidade como aqueles comportamentos desonestos que ofendem a moralidade administrativa[9]. No mesmo sentido, Juarez Freitas definiu os atos de improbidade como comportamentos de desonestidade e deslealdade

[7] Insta relembrar que, embora o anteprojeto da Comissão Afonso Arinos não tenha sido enviado à Assembleia Nacional Constituinte, foi um elemento de grande influência nos debates.

[8] DECOMAIN, Pedro Roberto. *Improbidade Administrativa*. São Paulo: Dialética, 2014, p. 20.

[9] BASTOS, Celso Ribeiro. *Comentários à Constituição do Brasil*. V. III, T. III. São Paulo: Saraiva, 1992, p. 163.

contra a Administração praticados por seus agentes, *ainda que sem enriquecimento ilícito destes*[10].

A definição mais analítica e precisa do conceito constitucional de improbidade administrativa, contudo, é indubitavelmente a de Fábio Medina Osório[11]. Para o autor, em síntese, a improbidade administrativa é uma categoria ético normativa, ligada à ideia de honra institucional; uma espécie de má-gestão pública, revestida de desonestidade e ineficiência graves; demanda a vulneração de regras legais e princípios constitucionais que regem a função pública; perfectibiliza-se por normas sancionadoras em branco.

O conceito constitucional de improbidade administrativa, todavia, demanda complementação legal, conforme prevê o próprio art. 37, § 4º. Demandava o constituinte, com efeito, a substituição da legislação então vigente, processo que iniciou em 1991.

2. As transformações promovidas pelo regime da Lei nº 8.429/1992

Em face do novo regramento constitucional da improbidade administrativa, o Presidente Fernando Collor enviou ao Congresso Nacional o Projeto de Lei nº 1.446, de 1991. A exposição de motivos firmada pelo Ministro de Estado da Justiça Jarbas Passarinho, deixa claro que para garantir o princípio do devido processo legal, a proposição apresenta um rol explícito de atos que implicam enriquecimento ilícito do agente público. Contudo, o rol não era taxativo, visto que o parágrafo único do art. 2º do projeto afirma que a enumeração não exclui outros casos de enriquecimento ilícito.

A proposta do Executivo, a nosso ver, incorria no equívoco de regulamentar o art. 37, § 4º, da Constituição, restringindo o conceito de "improbidade administrativa" ao de "enriquecimento ilícito". Era, nesse ponto, de todo semelhante à Lei Bilac Pinto. Chama atenção de que o projeto sequer menciona a expressão "improbidade administrativa", efetivamente substituindo-a por "enriquecimento ilícito".

[10] FREITAS, Juarez. *O controle dos atos administrativos e os princípios fundamentais.* São Paulo: Malheiros, 1999, p. 107.

[11] OSÓRIO, Fábio Medina. *Teoria da Improbidade Administrativa:* má gestão pública, corrupção, ineficiência. 4. ed. São Paulo: Thomson Reuters Brasil, 2018, pp. 393-394.

O substitutivo apresentado na Comissão de Constituição e Justiça e Redação da Câmara dos Deputados manteve o problema. Foi o relator na Comissão de Trabalho, Administração e Serviço Público, Deputado Carlos Alberto Campista, que percebeu a impropriedade ao afirmar:

> [...] Como se comprova pela Exposição de Motivos que acompanha a mensagem enviada pelo Executivo e como tivermos oportunidade de assinalar na introdução deste voto, a proposta do Executivo tem por objetivo dar execução ao art. 37, § 4º, da Carta em vigor. Ora, esqueceu o Executivo de que esse mandamento constitucional não se refere somente a enriquecimento ilícito, reportando-se a todo e qualquer ato de improbidade administrativa, tenha ou não havido enriquecimento do agente em função de sua ação administrativa.
>
> Esse assunto, disfarçado de falsa aparência de mera questão conceitual, tem, contudo, o mais alto interesse para quantos quer que se incomodem com o bom uso da coisa pública neste País. Ao vincular a "improbidade administrativa" citada pela Constituição ao instituto do enriquecimento ilícito, que é meramente uma de suas espécies, não lhe abrangendo todo o conteúdo, o Poder Executivo ameaça institucionalizar práticas até mais nocivas que o hábito de fazer fortuna às custas do erário. [...]

A despeito da crítica, o relator na CTASP rejeitou as emendas que corrigiriam o problema, argumentando falta de tempo e recursos. O texto do Poder Executivo, assim, foi mantido em grande parte nessa Comissão, com alterações pontuais.

A atual redação da Lei nº 8.429/1992 foi gestada no Plenário da Câmara dos Deputados, pela votação em separado de diversas emendas destacadas, em uma constrição coletiva da Casa. Foi nesse momento em que houve a tripartição dos atos de improbidade entre aqueles que causam *enriquecimento ilícito*, *prejuízo ao erário* e *violação de princípios da Administração*. A essa construção foi dado o número de PL 1.446-E.

A matéria foi emendada no Senado Federal, mas as emendas (inclusive na forma de substitutivo) foram rejeitadas em sua maioria pela Câmara e o projeto foi enviado para sanção, a qual se deu em 2 de junho de 1992. Inclusive, como esta nova versão aprovada pela Câmara não foi submetida à votação no Senado, promoveu o Partido Trabalhista Nacional (PTN) ação direta de inconstitucionalidade, arguindo a inconstitucionalidade formal da lei por violação da regra da bicameralidade. Dita ação, contudo, foi julgada improcedente pelo Supremo Tribunal Federal em 2010[12].

Reconheceu-se, portanto, no âmbito do Congresso Nacional, em consonância com a doutrina, que o conceito constitucional de "improbidade administrativa" era mais amplo que o de "enriquecimento ilícito", inspirador tanto da vetusta Lei Bilac Pinto quanto do projeto do Poder Executivo. Dava-se, assim, amplitude ímpar ao campo de atuação da tutela da probidade administrativa em âmbito cível, abrangendo também o prejuízo ao erário e a violação de princípios.

Pode-se dizer que a Lei nº 8.429/1992 teve o papel de legislação interpretativa (ou interpretação autêntica) em relação ao art. 37, § 4º, da Constituição, no sentido de que tem por papel determinar o significado de um enunciado normativo precedente[13]. Além disso, sendo o dispositivo do art. 37, § 4º, da Constituição, disposição de *eficácia limitada*, a Lei nº 8.429/1992 como mecanismo para garantir eficácia à tutela da probidade. É dizer: ao passo em que definiu o que era improbidade, a lei também deu eficácia ao comando constitucional que impunha sua punição.

A nova lei, contudo, inauguraria problemas em decorrência dessa ampliação de significados. Primeiro, porque assim como no projeto do executivo, as condutas descritas na lei sancionada eram *exemplificativas*, mas agora também quanto ao dano ao erário e sobretudo a violação de princípios. A amplitude punitiva da nova lei foi extremamente expandida em relação ao regime anterior.

Mais que isso, em segundo lugar, a Lei de Improbidade passou a abranger condutas bastante semelhantes àquelas que justificam o *impeachment*, definidas na Lei nº 1.079/50. Assim, houve uma aparente sobreposição entre a responsabilidade administrativa e a política, o que gerou – e em certa medida ainda gera – conflito a respeito da sujeição de agentes políticos à Lei de Improbidade.

[12] STF. *ADI 2182*, Relator Min. Marco Aurélio, redatora para o acórdão Min. Cármen Lúcia, Tribunal Pleno, julgado em 12/05/2010.

[13] GUASTINI, Riccardo. *Interpretare e argomentare*. Milão: A. Giuffré Editore, 2011, p. 81.

Perceba-se o curso histórico da questão. O *impeachment* é sem dúvida um antepassado da Lei de Improbidade, visto que foi uma das primeiras formas de responsabilização de agentes públicos. Todavia, pelo menos desde 1934 a *responsabilização política* dos agentes públicas foi separada da *responsabilização estritamente administrativa*. Aprofundou-se essa distinção com o regime das Leis Pitombo-Godói Ilha e Bilac Pinto, em especial quando se observa a já citada justificação deste último diploma legal. A responsabilização judicial por atos ilícitos, com o advento da nova Lei de Improbidade, passou a se sobrepor à responsabilidade política a cargo das Casas Legislativas.

Nesse sentido, Fábio Medina Osório salienta que o fenômeno social da improbidade administrativa não tem um significado unívoco[14], mas sim um caráter multidimensional. Esse fenômeno, assim, pode ser punido em diversos âmbitos, com diversos graus de rigor.

Essa evidente ampliação do campo de aplicação gera efeitos na interpretação dos artigos 24 e 25 da Lei de Improbidade.

O art. 24, quanto à vigência. Poderia a Lei de Improbidade, a despeito da sua vigência imediata, incidir sobre fatos anteriores à sua promulgação? Nos parece que não. Isso por duas razões: (i) a Lei de Improbidade colocou sob seu pálio fatos que, na vigência da Lei Pitombo-Godói Ilha e da Lei Bilac Pinto não eram puníveis nessa seara; (ii) a Lei de Improbidade previu sanções não outrora cominadas para atos de enriquecimento ilícito.

Os fatos praticados ao tempo do ordenamento anterior são inalcançáveis por essas novas disposições, visto que perfeitos e acabados ao tempo da legislação anterior[15], o que impõe a aplicação do princípio da segurança jurídica e da garantia da preservação do ato jurídico perfeito (art. 5º, XXXVI, da Constituição). Há segurança jurídica não apenas quando é possível ao cidadão prever o resultado de suas ações, mas também quando ele pode prever que algumas de suas ações *não terão* consequências jurídicas (previsibilidade negativa)[16].

[14] OSÓRIO, Fábio Medina. *Teoria da Improbidade Administrativa:* má gestão pública, corrupção, ineficiência. 4. ed. São Paulo: Thomson Reuters Brasil, 2018, p. 217.

[15] A respeito da preservação dos atos perfeitos na superveniência de lei nova, cita-se o seminal trabalho de FRANÇA, R. Limongi. *Direito intertemporal brasileiro.* São Paulo: Revista dos Tribunais, 1968, p. 503-505.

[16] GOMETZ, Gianmarco. *La certezza giuridica come prevedibilità.* Torino: Giappicheli Editore, 2005, p. 225.

Ou seja: não se pode pleitear a aplicação retroativa de uma lei que tipifica condutas de improbidade porque isso violaria a previsibilidade negativa. Trata-se da exigência constitucional de *calculabilidade* como elemento constitutivo do princípio da segurança jurídica[17].

Calculabilidade é a capacidade do cidadão antecipar as consequências atribuíveis a fatos e atos, seus e de terceiros, comissivos e omissivos, de modo que a consequência efetivamente ocorrida esteja no raio de possibilidades calculadas. Existe alto grau de calculabilidade quando o indivíduo está em condições de verificar um número reduzido de consequências compreensíveis dentro de um período razoável, assim entendido aquele que permite uma tomada de decisão relativamente a efetuar um planejamento estratégico juridicamente orientado da ação. Só haverá calculabilidade se houver anterioridade, continuidade e vinculatividade.

A *anterioridade* pode ocorrer pela postergação de efeitos das novas normas jurídicas, como imposto pelos princípios constitucionais tributários da anterioridade de exercício e nonagesimal. Contudo, mesmo nos casos em que a Constituição não prevê expressamente um prazo de anterioridade, a alteração normativa deve ser acompanhada de medidas que suavizem a transição. No caso da Lei nº 8.429/1992, não houve sequer *vacatio legis*, contando a novel legislação, como já dito, com vigência imediata. A anterioridade, nesse sentido, foi mitigada.

A *continuidade* decorre da dimensão objetiva do ordenamento jurídico, voltada para o futuro. Um dos deveres da continuidade normativa é a gradualidade da mudança. A calculabilidade não rejeita a mudança, mas é contrária a mudanças que se situem fora do espectro temporal e material de consequências antecipadas pelo contribuinte e que termine por frustrar a sua confiança. A obrigatoriedade de moderação na mudança traz diversas consequências, como a obrigatoriedade de previsão de um tempo mínimo entre a publicação de uma inovação legal e a sua eficácia. Nesse sentido, cabe destacar que a ampliação do escopo da legislação de defesa da probidade não observou originalmente a noção de continuidade. Houve um rompimento com o sistema anterior tanto pela Constituição quanto pela nova Lei de Improbidade.

[17] ÁVILA, Humberto. *Teoria da segurança jurídica*. 5. ed. São Paulo: Malheiros, 2019, p. 622-672

A calculabilidade também é garantida pela *vinculação* da atividade do Estado por regras e princípios jurídicos. Os princípios funcionam como vetores unificadores da interpretação e sua aplicação será tão mais compatível com o princípio da segurança jurídica quando indicar os princípios objeto de ponderação (pré-ponderação), quando houver transparência na ponderação e quando houver fundamentação estruturada (pós-ponderação).

O Poder Legislativo está vinculado externamente à Constituição e a precedentes de força vinculante. Internamente, o Legislativo é vinculado a sua própria atuação, pois tem que ser coerente com critérios distintintivos que tenha adotado, proibida a mudança arbitrária. No caso do sistema de defesa da probidade, o Poder Constituinte de 1988, incorporado pela Assembleia Constituinte, vinculou o legislador ordinário à ampliação do escopo da nova Lei de Improbidade.

Com efeito, impõe-se, no mínimo, a aplicação prospectiva da Lei nº 8.429/1992 por imposição do dever de calculabilidade inerente à segurança jurídica.

Nesse sentido, inclusive, a jurisprudência do Superior Tribunal de Justiça[18], que entendeu pela impossibilidade de aplicação da Lei nº 8.429/1992 a fatos praticados antes de sua vigência.

Quanto ao art. 25, a despeito da expressa revogação, é evidente que as Leis Pitombo-Godói Ilha e Bilac Pinto terão *ultratividade*, ou seja, continuarão regendo os fatos ao tempo de sua vigência, justamente em virtude da impossibilidade de retroação da Lei nº 8.429/1992.

Conclusões

O presente trabalho teve por objetivo analisar o conteúdo normativo dos art. 24 e 25 da Lei de Improbidade, mas também, à luz deles, observar as circunstâncias que motivaram o atual cenário normativo de tutela da probidade, oferecendo, assim, argumentos históricos e genéticos para a interpretação da legislação vigente.

[18] STJ. *REsp n. 1.129.121/GO*, relatora Ministra Eliana Calmon, relator para acórdão Ministro Castro Meira, Segunda Turma, julgado em 3/5/2012, DJe de 15/3/2013.

A partir da análise, nota-se que o curso histórico que encontrou seu ápice na Lei nº 8.429/1992 passa por uma noção de punição (i) do abuso de poder; (ii) do enriquecimento ilícito; (iii) da improbidade. Trata-se de uma progressiva ampliação do regime jurídico de defesa da probidade administrativa, que deve observar, de todo modo, garantias como a segurança jurídica e o devido processo legal.

Nesse sentido, a ampliação do conceito de "abuso de poder" e "enriquecimento ilícito" para "improbidade administrativa" representa um compromisso constitucional com a tutela dos valores constitucionais da Administração Pública, em especial a moralidade e a probidade.

Todavia, o conceito de improbidade demanda complementação legislativa, de modo que há evidente espaço de conformação disponível ao legislador ordinário para definir condutas possivelmente ímprobas.

Mostra-se como desafio do intérprete, assim, equilibrar essas duas limitações: de um lado, a ampliação axiológica constitucional do sistema de proteção à probidade administrativa; de outro, a garantia da segurança jurídica e do devido processo legal. É justamente o equilíbrio desses dois parâmetros que está subjacente à discussão da constitucionalidade e aplicabilidade da Lei nº 14.230/2021, bem como futuras modificações legislativas do sistema de defesa da probidade.

Referências

ALEXY, Robert. *Recht, Vernuft, Dirskurs*: Studien zur Rechtsphilosophie. Frankfurt: Suhrkamp, 1995.

ÁVILA, Humberto. *Teoria da segurança jurídica*. 5. ed. São Paulo: Malheiros, 2019.

BASTOS, Celso Ribeiro. *Comentários à Constituição do Brasil*. V. III, T. III. São Paulo: Saraiva, 1992.

BOWMANN III, Frank. *High crimes and misdemeanors*: a history of impeachment for the Age of Trump. Cambridge: Cambridge University Press, 2019.

DECOMAIN, Pedro Roberto. *Improbidade Administrativa*. São Paulo: Dialética, 2014.

FRANÇA, R. Limongi. *Direito intertemporal brasileiro*. São Paulo: Revista dos Tribunais, 1968.

FREITAS, Juarez. *O controle dos atos administrativos e os princípios fundamentais*. São Paulo: Malheiros, 1999.

GOMETZ, Gianmarco. *La certezza giuridica come prevedibilità*. Torino: Giappicheli Editore, 2005.

GUASTINI, Riccardo. *Interpretare e argomentare*. Milão: A. Giuffré Editore, 2011.

MÜLLER, Friedrich. *Juristiche Methodik*. Berlim: Ducker und Humblot, 1997.

OSÓRIO, Fábio Medina. *Teoria da Improbidade Administrativa:* má gestão pública, corrupção, ineficiência. 4. ed. São Paulo: Thomson Reuters Brasil, 2018.

PINTO, Francisco Bilac. *Enriquecimento ilícito no exercício de cargos públicos*. Rio de Janeiro: Forense, 1960.

FAGUNDES, Miguel Seabra. *O controle dos atos administrativos pelo Poder Judiciário*. Rio de Janeiro: Forense, 1957.